EN LINEA

ONLINE SPANISH LEARNING SYSTEM

COMPANION EDITION

Volume 1
Lessons 1–6

José A. Blanco

Philip Redwine Donley, Late
Austin Community College

VISTA
HIGHER LEARNING

Boston, Massachusetts

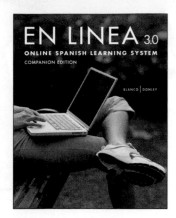

Publisher: José A. Blanco
Managing Editors: Deborah Coffey (Print), Paola Ríos Schaaf (Technology)
Editors: John DeCarli (Technology), Darío González (Technology),
Mónica M. González Peña, Lauren Krolick, Carolina Zapata
Production and Design Director: Marta Kimball
Design and Production Team: Manuela Arango, Natalia Artuz,
María Eugenia Castaño, Oscar Díez, Paula Díez, Mauricio Henao,
Jhoany Jiménez, Susan Prentiss, Erik Restrepo, Sónia Teixeira, Liliana Uribe,
Andrés F. Vanegas García, Nick Ventullo

Library of Congress Control Number: 2010934550

1 2 3 4 5 6 7 8 9 RJ 16 15 14 13 12 11

TO THE STUDENT

It is now our pleasure to welcome you to **EN LINEA 3.0**, the Online Spanish Learning System that delivers the content and pedagogy of **VISTAS, Fourth Edition** in a highly interactive online environment. To Vista Higher Learning's great pride, **VISTAS** became the best-selling new introductory college Spanish program in more than a decade in its first edition, and its success has only grown over time.

A direct result of extensive reviews and ongoing input from students and instructors, **EN LINEA 3.0** includes both the highly successful, ground-breaking features of the original **VISTAS** program, plus many exciting new elements. Here are just some of the features you will encounter:

Original, hallmark features

- A unique, easy-to-navigate design built around color-coded sections that appear either completely on one page or on spreads of two facing pages
- Integration of an appealing video, up-front in each lesson of the student text
- Practical, high-frequency vocabulary in meaningful contexts
- Clear, comprehensive grammar explanations with high-impact graphics and other special features that make structures easier to learn and use
- Ample guided practice to make you comfortable with the vocabulary and grammar you are learning and to give you a solid foundation for communication
- An emphasis on communicative interactions with a classmate, small groups, the full class, and your instructor
- A process approach to the development of reading, writing, and listening skills
- Coverage of the entire Spanish-speaking world and integration of everyday culture
- Unprecedented learning support through on-the-spot student sidebars and on-page correlations to the print and technology ancillaries for each lesson section
- A complete set of print and technology ancillaries to help you learn Spanish

NEW! to EN LINEA 3.0

- A dynamic new **Fotonovela** video that presents language and culture in an engaging context
- In-text integration of the enormously successful **Flash cultura**
- An improved **En pantalla** section, featuring new TV clips as well as authentic short films

EN LINEA 3.0 has eighteen lessons, each of which is organized exactly the same way. To familiarize yourself with the organization of the text, as well as its original and new features, turn to page xiv and take the **at-a-glance** tour.

table of contents

	contextos	**fotonovela**

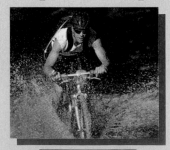

cultura	estructura	adelante

table of contents

	contexts	fotonovela

cultura	estructura	adelante

table of contents

	contextos	fotonovela

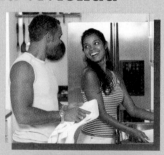

cultura	estructura	adelante

table of contents

	contextos	fotonovela

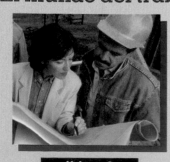

cultura	estructura	adelante

table of contents

	contextos	fotonovela

cultura   estructura   adelante

Lesson Openers
outline the content and features of each lesson.

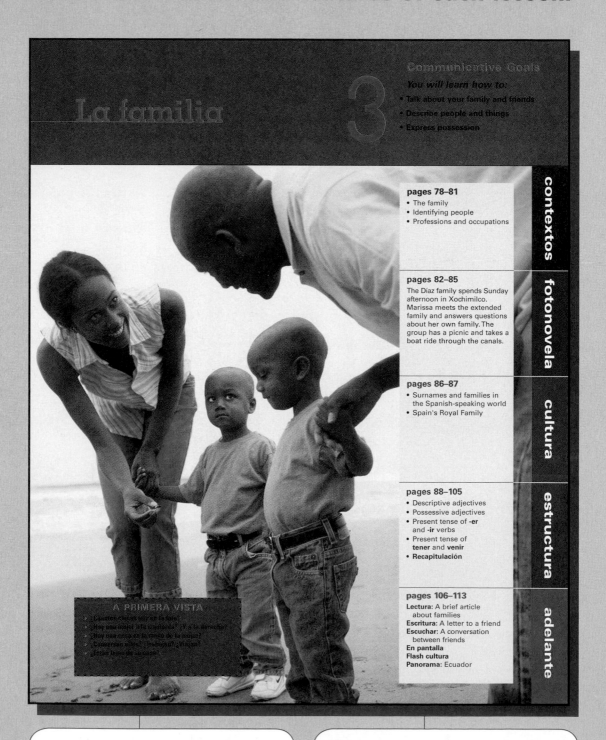

La familia

3

A PRIMERA VISTA

A primera vista activities jump-start the lessons, allowing you to use the Spanish you know to talk about the photos.

Communicative goals highlight the real-life tasks you will be able to carry out in Spanish by the end of each lesson.

Contextos
presents vocabulary in meaningful contexts.

3 | contextos

setenta y nueve **79**

La familia

Más vocabulario

los abuelos	grandparents
el/la bisabuelo/a	great-grandfather/ great-grandmother
el/la gemelo/a	twin
el/la hermanastro/a	stepbrother/stepsister
el/la hijastro/a	stepson/stepdaughter
la madrastra	stepmother
el medio hermano/ la media hermana	half-brother/ half-sister
el padrastro	stepfather
los padres	parents
los parientes	relatives
el/la cuñado/a	brother-in-law/ sister-in-law
la nuera	daughter-in-law
el/la suegro/a	father-in-law/ mother-in-law
el yerno	son-in-law
el/la amigo/a	friend
el apellido	last name; surname
la gente	people
el/la muchacho/a	boy/girl
el/la niño/a	child
el/la novio/a	boyfriend/girlfriend
la persona	person
el/la artista	artist
el/la ingeniero/a	engineer
el/la doctor(a), el/la médico/a	doctor; physician
el/la periodista	journalist
el/la programador(a)	computer programmer

Variación léxica

madre ←→ mamá, mami (coloquial)
padre ←→ papá, papi (coloquial)
muchacho/a ←→ chico/a

recursos

WB pp. 23–24   LM p. 13

La familia de José Miguel Pérez Santoro

Juan Santoro Sánchez — mi abuelo (my grandfather)

Socorro González de Santoro — mi abuela (my grandmother)

Ernesto Santoro González — mi tío (uncle) / hijo (son) de Juan y Socorro

Marina Gutiérrez de Santoro — mi tía (aunt) / esposa (wife) de Ernesto

Mirta Santoro de Pérez — mi madre (mother) / hija de Juan y Socorro

Rubén Ernesto Pérez Gómez — mi padre (father) / esposo de mi madre

Silvia Socorro Santoro Gutiérrez — mi prima (cousin) / hija (daughter) de Ernesto y Marina

Héctor Manuel Santoro Gutiérrez — mi primo (cousin) / nieto (grandson) de Juan y Socorro

Carmen Santoro Gutiérrez — mi prima / hija de Ernesto y Marina

José Miguel Pérez Santoro — hijo de Rubén y de Mirta

Beatriz Alicia Pérez de Morales — mi hermana (sister)

Felipe Morales Zapata — esposo (husband) de Beatriz Alicia

Víctor Miguel Morales Pérez — mi sobrino (nephew) hermano (brother) de Anita

Anita Morales Pérez — mi sobrina (niece) nieta (granddaughter) de mis padres

los hijos (children) de Beatriz Alicia y de Felipe

¡LENGUA VIVA!

In Spanish-speaking countries, it is common for people to go by both their first name and middle name, such as **José Miguel** or **Juan Carlos**. You will learn more about names and naming conventions on p. 86.

Práctica

1 Escuchar Listen to each statement made by José Miguel Pérez Santoro, then indicate whether it is **cierto** or **falso**, based on his family tree.

	Cierto	Falso		Cierto	Falso
1.	○	○	6.	○	○
2.	○	○	7.	○	○
3.	○	○	8.	○	○
4.	○	○	9.	○	○
5.	○	○	10.	○	○

2 Personas Indicate each word that you hear mentioned in the narration.

1. _____ cuñado   4. _____ niño   7. _____ ingeniera
2. _____ tía   5. _____ esposo   8. _____ primo
3. _____ periodista   6. _____ abuelos

3 Emparejar Provide the letter of the phrase that matches each description. Two items will not be used.

1. Mi hermano programa las computadoras.
2. Son los padres de mi esposo.
3. Son los hijos de mis (my) tíos.
4. Mi tía trabaja en un hospital.
5. Es el hijo de mi madrastra y el hijastro de mi padre.
6. Es el esposo de mi hija.
7. Es el hijo de mi hermana.
8. Mi primo dibuja y pinta mucho.
9. Mi hermanastra enseña en la universidad.
10. Mi padre trabaja con planos (blueprints).

a. Es médica.
b. Es mi hermanastro.
c. Es programador.
d. Es ingeniero.
e. Son mis suegros.
f. Es mi novio.
g. Es mi padrastro.
h. Son mis primos.
i. Es artista.
j. Es profesora.
k. Es mi sobrino.
l. Es mi yerno.

4 Definiciones Define these family terms in Spanish.

modelo
hijastro Es el hijo de mi esposo/a, pero no es mi hijo

1. abuela   5. suegra
2. bisabuelo   6. cuñado
3. tío   7. nietos
4. primas   8. medio hermano

Más vocabulario boxes call out other important theme-related vocabulary in easy-to-reference Spanish-English lists.

Illustrations High-frequency vocabulary is introduced through expansive, full-color illustrations.

Práctica This section always begins with two listening exercises and continues with activities that practice the new vocabulary in meaningful contexts.

Variación léxica presents alternate words and expressions used throughout the Spanish-speaking world.

Recursos The icons in the **Recursos** boxes let you know exactly which print and technology ancillaries you can use to reinforce and expand on every section of every lesson.

Comunicación activities allow you to use the vocabulary creatively in interactions with a partner, a small group, or the entire class.

VISTAS at-a-glance

Fotonovela
follows the adventures of a group of students living and traveling in Mexico.

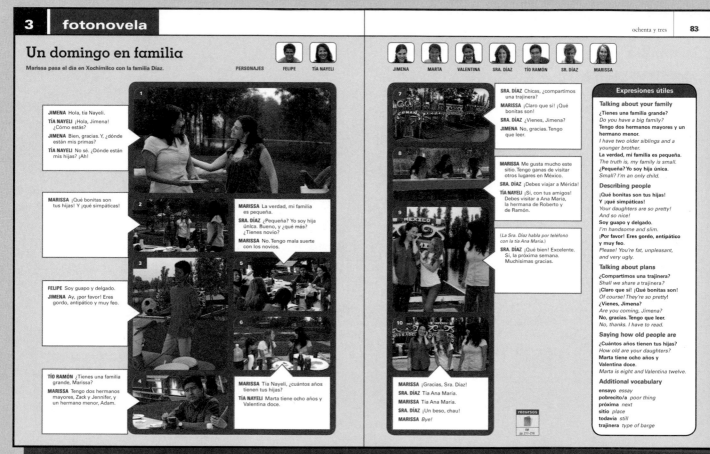

Personajes The photo-based conversations take place among a cast of recurring characters—a Mexican family with two college-age children, and their group of friends.

Fotonovela Video The **NEW!** video episodes that correspond to this section are available for viewing online. For more information on the **Fotonovela** Video, turn to page xxviii.

Conversations Taken from the **NEW! Fotonovela** Video, the conversations reinforce vocabulary from **Contextos**. They also preview structures from the upcoming **Estructura** section in context *and* in a comprehensible way.

Icons signal activities by type (pair, group, audio, info gap) and let you know which activities can be completed online. For a legend explaining all icons used in the student text, see page xxxi.

Expresiones útiles These expressions organize new, active structures by language function so you can focus on using them for real-life, practical purposes.

Pronunciación & Ortografía
present the rules of Spanish pronunciation and spelling.

Pronunciación explains the sounds and pronunciation of Spanish in Lessons 1–9.

Ortografía focuses on topics related to Spanish spelling in Lessons 10–18.

VISTAS at-a-glance

Cultura
exposes you to different aspects
of Hispanic culture tied to the lesson theme.

EN DETALLE

¿Cómo te llamas?

In the Spanish-speaking world, it is common to have two last names: one paternal and one maternal. In some cases, the conjunctions **de** or **y** are used to connect the two. For example, in the name **Juan Martínez de Velasco**, *Martínez* is the paternal surname (**el apellido paterno**), and *Velasco* is the maternal surname (**el apellido materno**); *de* simply links the two. This convention of using two last names (**doble apellido**) is a European tradition that Spaniards brought to the Americas. It continues to be practiced in many countries, including Chile, Colombia, Mexico, Peru, and Venezuela. There are exceptions, however. In Argentina, the prevailing custom is for children to inherit only the father's last name.

When a woman marries in a country where two last names are used, legally she retains her two maiden surnames. However, socially she may take her husband's paternal surname in place of her inherited maternal surname. For example, **Mercedes Barcha**

Gabriel García Márquez   *Mercedes Barcha Pardo*

Rodrigo García Barcha

Pardo, wife of Colombian writer **Gabriel García Márquez**, might use the names **Mercedes Barcha García** or **Mercedes Barcha de García** in social situations (although officially her name remains **Mercedes Barcha Pardo**). Adopting a husband's last name for social purposes, though widespread, is only legally recognized in Ecuador and Peru.

Most parents do not break tradition upon naming their children; regardless of the surnames the mother uses, they use the father's first surname followed by the mother's first surname, as in the name **Rodrigo García Barcha**. However, one should note that both surnames come from the grandfathers, and therefore all **apellidos** are effectively paternal.

Hijos en la casa

In Spanish-speaking countries, family and society place very little pressure on young adults to live on their own (**independizarse**), and children often live with their parents well into their thirties. For example, about 60% of Spaniards under 34 years of age live at home with their parents. This delay in moving out is both cultural and economic—lack of job security or low wages coupled with a high cost of living may make it impractical for young adults to live independently before they marry.

ACTIVIDADES

1 **¿Cierto o falso?** Indicate whether these statements are **cierto** or **falso**. Correct the false statements.

1. Most Spanish-speaking people have three last names.
2. Hispanic last names generally consist of the paternal last name followed by the maternal last name.
3. It is common to see **de** or **y** used in a Hispanic last name.
4. Someone from Argentina would most likely have two last names.
5. Generally, married women legally retain two maiden surnames.
6. In social situations, a married woman often uses her husband's last name in place of her inherited paternal surname.
7. Adopting a husband's surname is only legally recognized in Peru and Ecuador.
8. Hispanic last names are effectively a combination of the maternal surnames from the previous generation.

ASÍ SE DICE

Familia y amigos

el/la bisnieto/a	great-grandson/daughter
el/la chamaco/a (Méx.); el/la chamo/a (Ven.); el/la chaval(a) (Esp.); el/la pibe/a (Arg.)	el/la muchacho/a
mi colega (Esp.); mi cuate (Méx.); mi parcero/a (Col.); mi pana (Ven., P. Rico, Rep. Dom.)	my pal; my buddy
la madrina	godmother
el padrino	godfather
el/la tatarabuelo/a	great-great-grandfather/ great-great-grandmother

EL MUNDO HISPANO

Las familias

Although worldwide population trends show a decrease in average family size, households in many Spanish-speaking countries are still larger than their U.S. counterparts.

- **México** 4,0 personas
- **Colombia** 3,9 personas
- **Argentina** 3,6 personas
- **Uruguay** 3,0 personas
- **España** 2,9 personas
- **Estados Unidos** 2,6 personas

PERFIL

La familia real española

Undoubtedly, Spain's most famous family is **la familia real** (*Royal*). In 1962, then prince **Juan Carlos de Borbón**, living in exile in Italy, married Princess **Sofía** of Greece. Then, in the late 1970s, **el Rey** (*King*) **Juan Carlos** and **la Reina** (*Queen*) **Sofía** returned to Spain and helped transition the country to democracy after a forty-year dictatorship. The royal couple, who enjoys immense public support, has three children: **las infantas** (*Princesses*) **Elena** and **Cristina**, and a son, **el príncipe** (*Prince*) **Felipe**, whose official title is **el Príncipe de Asturias**. In 2004, Felipe married **Letizia Ortiz Rocasolano** (now **la Princesa de Asturias**), a journalist and TV presenter. The future king and queen have two daughters, **las infantas Leonor** (born in 2005) and **Sofía** (born in 2007).

Conexión Internet

What role do **padrinos** and **madrinas** have in today's Hispanic family?

Use the Web to find more cultural information related to this **Cultura** section.

ACTIVIDADES

2 **Comprensión** Complete these sentences.

1. Spain's royals were responsible for guiding in _____.
2. In Spanish, your godmother is called _____.
3. Princess Leonor is the _____ of Queen Sofía.
4. Uruguay's average household has _____ people.
5. If a Venezuelan calls you **mi pana**, you are that person's _____.

3 **Una familia famosa** Create a genealogical tree of a famous family, using photos or drawings labeled with names and ages. Present the family tree to a classmate and explain who the people are and their relationships to each other.

En detalle & Perfil(es) Two articles on the lesson theme focus on a specific place, custom, person, group, or tradition in the Spanish-speaking world. In Spanish starting in Lesson 7, these features also provide reading practice.

Activities check your understanding of the material and lead you to further exploration.

Así se dice & El mundo hispano Lexical and comparative features expand cultural coverage to people, traditions, customs, trends, and vocabulary throughout the Spanish-speaking world.

Coverage While the **Panorama** section takes a regional approach to cultural coverage, **Cultura** is theme-driven, covering several Spanish-speaking regions in every lesson.

Conexión Internet Leads you to research a topic related to the lesson theme.

Estructura
presents Spanish grammar in a graphic-intensive format.

Ante todo This introduction eases you into the grammar with definitions of grammatical terms, reminders about what you already know of English grammar, and Spanish grammar you have learned in earlier lessons.

Compare & Contrast This feature focuses on aspects of grammar that native speakers of English may find difficult, clarifying similarities and differences between Spanish and English.

Diagrams To clarify concepts, clear and easy-to-grasp grammar explanations are reinforced by diagrams that colorfully present sample words, phrases, and sentences.

Charts To help you learn, colorful, easy-to-use charts call out key grammatical structures and forms, as well as important related vocabulary.

Student sidebars provide you with on-the-spot linguistic, cultural, or language-learning information directly related to the materials in front of you.

¡Inténtalo! offers an easy first step into each grammar point.

VISTAS at-a-glance

Estructura
provides directed and communicative practice.

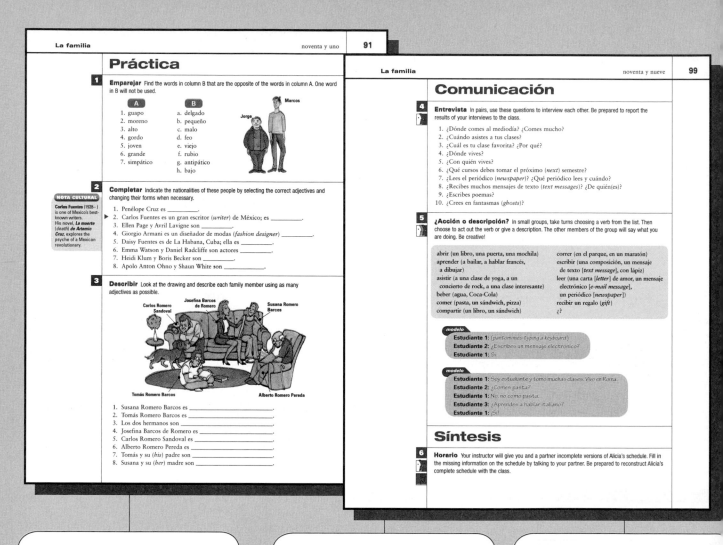

Práctica

1 **Emparejar** Find the words in column B that are the opposite of the words in column A. One word in B will not be used.

A
1. guapo
2. moreno
3. alto
4. gordo
5. joven
6. grande
7. simpático

B
a. delgado
b. pequeño
c. malo
d. feo
e. viejo
f. rubio
g. antipático
h. bajo

NOTA CULTURAL
Carlos Fuentes (1928–) is one of Mexico's best-known writers. His novel, *La muerte (death) de Artemio Cruz*, explores the psyche of a Mexican revolutionary.

2 **Completar** Indicate the nationalities of these people by selecting the correct adjectives and changing their forms when necessary.

1. Penélope Cruz es _____.
2. Carlos Fuentes es un gran escritor (*writer*) de México; es _____.
3. Ellen Page y Avril Lavigne son _____.
4. Giorgio Armani es un diseñador de modas (*fashion designer*) _____.
5. Daisy Fuentes es de La Habana, Cuba; ella es _____.
6. Emma Watson y Daniel Radcliffe son actores _____.
7. Heidi Klum y Boris Becker son _____.
8. Apolo Anton Ohno y Shaun White son _____.

3 **Describir** Look at the drawing and describe each family member using as many adjectives as possible.

Carlos Romero Sandoval · Josefina Barcos de Romero · Susana Romero Barcos · Tomás Romero Barcos · Alberto Romero Pereda

1. Susana Romero Barcos es _____.
2. Tomás Romero Barcos es _____.
3. Los dos hermanos son _____.
4. Josefina Barcos de Romero es _____.
5. Carlos Romero Sandoval es _____.
6. Alberto Romero Pereda es _____.
7. Tomás y su (*his*) padre son _____.
8. Susana y su (*her*) madre son _____.

Comunicación

4 **Entrevista** In pairs, use these questions to interview each other. Be prepared to report the results of your interviews to the class.

1. ¿Dónde comes al mediodía? ¿Comes mucho?
2. ¿Cuándo asistes a tus clases?
3. ¿Cuál es tu clase favorita? ¿Por qué?
4. ¿Dónde vives?
5. ¿Con quién vives?
6. ¿Qué cursos debes tomar el próximo (*next*) semestre?
7. ¿Lees el periódico (*newspaper*)? ¿Qué periódico lees y cuándo?
8. ¿Recibes muchos mensajes de texto (*text messages*)? ¿De quién(es)?
9. ¿Escribes poemas?
10. ¿Crees en fantasmas (*ghosts*)?

5 **¿Acción o descripción?** In small groups, take turns choosing a verb from the list. Then choose to act out the verb or give a description. The other members of the group will say what you are doing. Be creative!

abrir (un libro, una puerta, una mochila)
aprender (a bailar, a hablar francés, a dibujar)
asistir (a una clase de yoga, a un concierto de rock, a una clase interesante)
beber (agua, Coca-Cola)
comer (pasta, un sándwich, pizza)
compartir (un libro, un sándwich)

correr (en el parque, en un maratón)
escribir (una composición, un mensaje de texto [*text message*], con lápiz)
leer (una carta [*letter*] de amor, un mensaje electrónico [*e-mail message*], un periódico [*newspaper*])
recibir un regalo (*gift*)
¿?

modelo
Estudiante 1: (*pantomimes typing a keyboard*)
Estudiante 2: ¿Escribes un mensaje electrónico?
Estudiante 1: Sí.

modelo
Estudiante 1: Soy estudiante y tomo muchas clases. Vivo en Roma.
Estudiante 2: ¿Comes pasta?
Estudiante 1: No, no como pasta.
Estudiante 3: ¿Aprendes a hablar italiano?
Estudiante 1: ¡Sí!

Síntesis

6 **Horario** Your instructor will give you and a partner incomplete versions of Alicia's schedule. Fill in the missing information on the schedule by talking to your partner. Be prepared to reconstruct Alicia's complete schedule with the class.

Práctica A wide range of guided, yet meaningful exercises weave current and previously learned vocabulary together with the current grammar point.

Comunicación Opportunities for creative expression use the lesson's grammar and vocabulary. These activities take place with a partner, in small groups, or with the whole class.

Síntesis activities integrate the current grammar point with previously learned points, providing built-in, consistent review and recycling as you progress through the text.

Information Gap activities engage you and a partner in problem-solving and other situations based on handouts your instructor gives you. However, you and your partner each have only half of the information you need, so you must work together to accomplish the task at hand.

Sidebars The **Notas culturales** expand coverage of the cultures of Spanish-speaking peoples and countries, while **Ayuda** sidebars provide on-the-spot language support.

NEW! Additional activities New to the Fourth Edition, the Activity Pack provides additional communicative and discrete practice for every grammar point. Your instructor will distribute these handouts for review and extra practice.

Estructura
Recapitulación reviews the grammar of each lesson and provides a short self-quiz.

Resumen gramatical This review panel provides you with an easy-to-study summary of the basic concepts of the lesson's grammar, with page references to the full explanations.

Activities A series of activities, moving from directed to open-ended, systematically test your mastery of the lesson's grammar. The section ends with a riddle or puzzle using the grammar from the lesson.

Points Each activity is assigned a point value to help you track your progress. All **Recapitulación** sections add up to fifty points, plus two additional points for successfully completing the bonus activity.

Adelante
Lectura develops reading skills in the context of the lesson theme.

Lectura

Antes de leer

Estrategia
Identifying point of view

You can understand a narrative more completely if you identify the point of view of the narrator. You can do this by simply asking yourself from whose perspective the story is being told. Some stories are narrated in the first person. That is, the narrator is a character in the story, and everything you read is filtered through that person's thoughts, emotions, and opinions. Other stories have an omniscient narrator who is not one of the story's characters and who reports the thoughts and actions of all the characters.

Examinar el texto
Lee brevemente este cuento escrito por Marco Denevi. ¿Crees que se narra en primera persona o tiene un narrador omnisciente? ¿Cómo lo sabes?

_____

Punto de vista
Éstos son fragmentos de *Esquina peligrosa* en los que se cambió el punto de vista° a primera persona. Completa cada oración de manera lógica.

1. Le _____ a mi chofer que me condujese hasta aquel barrio...
2. Al doblar la esquina _____ el almacén, el mismo viejo y sombrío almacén donde _____ había trabajado como dependiente...
3. El recuerdo de _____ niñez me puso nostálgico. Se _____ humedecieron los ojos.
4. Yo _____ la canasta de mimbre, _____ llenándola con paquetes [...] y _____ a hacer el reparto.

punto de vista point of view

Marco Denevi (1922–1998) fue un escritor y dramaturgo argentino. Estudió derecho y más tarde se convirtió en escritor. Algunas de sus obras, como *Rosaura a las diez*, han sido° llevadas al cine. Denevi se caracteriza por su gran creatividad e ingenio, que jamás dejan de sorprender al lector°.

Esquina peligrosa

Marco Denevi

E l señor Epidídimus, el magnate de las finanzas°, uno de los hombres más ricos del mundo, sintió un día el vehemente deseo de visitar el barrio donde había vivido cuando era niño y trabajaba como dependiente de almacén.

Le ordenó a su chofer que lo condujese hasta aquel barrio humilde° y remoto. Pero el barrio estaba tan cambiado que el señor Epidídimus no lo reconoció. En lugar de calles de tierra había bulevares asfaltados°, y las míseras casitas de antaño° habían sido reemplazadas por torres de departamentos°.

Al doblar una esquina vio el almacén, el mismo viejo y sombrío° almacén donde él había trabajado como dependiente cuando tenía doce años.

—Deténgase aquí—le dijo al chofer. Descendió del automóvil y entró en el almacén. Todo se conservaba igual que en la época de su infancia: las estanterías, la anticuada caja registradora°, la balanza de pesas° y, alrededor, el mudo asedio° de la mercadería.

El señor Epidídimus percibió el mismo olor de sesenta años atrás: un olor picante y agridulce a jabón

amarillo, a aserrín° húmedo, a vinagre, a aceitunas, a acaroína°. El recuerdo de su niñez lo puso nostálgico. Se le humedecieron los ojos. Le pareció que retrocedía en el tiempo.

Desde la penumbra del fondo° le llegó la voz ruda del patrón:

—¿Estas son horas de venir? Te quedaste dormido, como siempre.

El señor Epidídimus tomó la canasta de mimbre, fue llenándola con paquetes de azúcar, de yerba y de fideos, y salió a hacer el reparto°.

La noche anterior había llovido y las calles de tierra estaban convertidas en un lodazal°.

(1974)

han sido have been lector reader finanzas finance humilde humble, modest asfaltados paved with asphalt antaño yesteryear torres de departamentos apartment buildings sombrío somber anticuada caja registradora old-fashioned cash register balanza de pesas scale mudo asedio silent siege aserrín sawdust acaroína pesticide penumbra del fondo half-light from the back reparto delivery lodazal bog

Después de leer

Comprensión
Indica si las oraciones son **ciertas** o **falsas**. Corrige las falsas.

Cierto   Falso

_____   _____   1. El señor Epidídimus tiene una tienda con la que gana poco dinero.
_____   _____   2. Epidídimus vivía en un barrio humilde cuando era pequeño.
_____   _____   3. Epidídimus le ordenó al chofer que lo llevara a un barrio de gente con poco dinero.
_____   _____   4. Cuando Epidídimus entró al almacén se acordó de experiencias pasadas.
_____   _____   5. Epidídimus le dio órdenes a los empleados del almacén.

Interpretación
Responde a estas preguntas con oraciones completas.

1. ¿Es rico o pobre Epidídimus? ¿Cómo lo sabes?
2. ¿Por qué Epidídimus va al almacén?
3. ¿De quién es la voz "ruda" que Epidídimus escucha? ¿Qué orden crees que le dio a Epidídimus?
4. ¿Qué hace Epidídimus al final?

Coméntalo
En parejas, hablen de sus impresiones y conclusiones. Tomen como guía estas preguntas.

- ¿Te sorprendió el final de este cuento? ¿Por qué?
- ¿Qué va a hacer Epidídimus el resto del día?
- ¿Crees que Epidídimus niño estaba soñando o Epidídimus adulto estaba recordando?
- ¿Por qué crees que el cuento se llama *Esquina peligrosa*?

Antes de leer Valuable reading strategies and pre-reading activities strengthen your reading abilities in Spanish.

Readings Selections related to the lesson theme recycle vocabulary and grammar you have learned. The selections in Lessons 1–12 are cultural texts, while those in Lessons 13–18 are literary pieces.

Después de leer Activities include post-reading exercises that review and check your comprehension of the reading as well as expansion activities.

NEW! Selections Three readings are new to this edition. Lessons 1 and 11 now offer authentic comics by Quino and Tute, while lesson 14 now has a short story by Marco Denevi.

Adelante
Escritura develops writing skills while *Escuchar* practices listening skills in the context of the lesson theme.

108 ciento ocho   Lección 3   La familia   ciento nueve 109

Estrategia Strategies help you prepare for the writing and listening tasks to come.

Escuchar A recorded conversation or narration develops your listening skills in Spanish. **Preparación** prepares you for listening to the recorded passage.

Escritura The **Tema** describes the writing topic and includes suggestions for approaching it.

Ahora escucha walks you through the passage, and **Comprensión** checks your listening comprehension.

Adelante
En pantalla and *Flash cultura* present additional video tied to the lesson theme.

En pantalla

In the Spanish-speaking world, grandparents play an important role in the nuclear family structure. Even in the U.S., where retirement communities and nursing homes abound, in Latino families it is often expected that members of the older generation will live with their adult children and grandchildren. This living situation usually brings benefits—financial, emotional, and logistical—that improve the quality of life for everyone involved, and it facilitates the passing on of family history and culture.

Vocabulario útil

la canción	song
cocinar	to cook
el espíritu	spirit
los frijoles	beans
la lágrima	tear
el milagro	miracle
romántico/a	romantic
se aparece en	appears in
supersticioso/a	superstitious

Preparación
Have you or anyone in your family ever experienced a situation that seemed supernatural? What happened?

Preguntas
Choose the correct answer for each question.
1. ¿Qué hace (*is she doing*) la abuela?
   a. Prepara tortillas.   b. Come tortillas.
2. ¿Quién escucha una canción?
   a. la abuela   b. el nieto
3. ¿Quién se aparece en la tortilla?
   a. el nieto   b. el abuelo
4. ¿Qué tiene el nieto?
   a. sed   b. hambre

Los personajes
Choose one of the characters and write a description of him or her. Use as many adjectives as you can and mention the person's likes and dislikes. Be creative! Then, in pairs, read your description to a partner.

¿me llamaste? *you called me?*

Tears & Tortillas

Ay, Carlos. Nuestra canción.

¡Beto!... ¡Beto!...

Abuelita... ¿me llamaste?°

Tears & Tortillas forms part of a growing U.S. market for Latino cinema. Director Xóchitl Dorsey's narrative and documentary films have appeared on Showtime and PBS, as well as in various film festivals.

If a Spanish-speaking friend told you he was going to a **reunión familiar**, what type of event would you picture? Most likely, your friend would not be referring to an annual event reuniting family members from far-flung cities. In Hispanic culture, family gatherings are much more frequent and relaxed, and thus do not require intensive planning or juggling of schedules. Some families gather every Sunday afternoon to enjoy a leisurely meal; others may prefer to hold get-togethers on a Saturday evening, with food, music, and dancing. In any case, gatherings tend to be laid-back events in which family members spend hours chatting, sharing stories, and telling jokes.

Vocabulario útil

el Día de la Madre	Mother's Day
estamos celebrando	we are celebrating
familia grande y feliz	a big, happy family
familia numerosa	a large family
hacer (algo) juntos	to do (something) together
el patio interior	courtyard
pelear	to fight
reuniones familiares	family gatherings, reunions

Preparación
What is a "typical family" like where you live? Is there such a thing? What members of a family usually live together?

Completar
Complete this paragraph with the correct options.

Los Valdivieso y los Bolaños son dos ejemplos de familias en Ecuador. Los Valdivieso son una familia (1) _____ (difícil/numerosa). Viven en una casa (2) _____ (grande/buena). En el patio, hacen (*they do*) muchas reuniones (3) _____ (familiares/con amigos). Los Bolaños son una familia pequeña. Ellos comen (4) _____ (separados/juntos) y preparan canelazo, una bebida (*drink*) típica ecuatoriana.

tan *so*

La familia

—Érica, ¿y cómo se llaman tus padres?
—Mi mamá, Lorena y mi papá, Miguel.

¡Qué familia tan° grande tiene!

Te presento a la familia Bolaños.

recursos

En pantalla   TV clips, many **NEW!** to this edition, give you additional exposure to authentic language. The clips include commercials, newscasts, short films, and TV shows that feature the language, vocabulary, and theme of the lesson.

Presentation   Cultural notes, video stills with captions, and vocabulary support all prepare you to view the clips. Activities check your comprehension and expand on the ideas presented.

NEW! Cortometraje   The **En pantalla** sections for lessons 3, 15, and 16 now feature authentic short films from the U.S., Mexico, and Spain. Pre-and post-viewing support is increased in lessons 15 and 16.

Flash cultura   An icon lets you know that the enormously successful **Flash cultura** Video offers specially-shot content tied to the lesson theme.

NEW! Activities   Due to the over-whelming popularity of the **Flash cultura** Video, previewing support and comprehension activities are now integrated into the student text. To learn more about the video, turn to page xxvii.

Panorama
presents the nations of the Spanish-speaking world.

El país en cifras presents interesting key facts about the featured country.

Maps point out major cities, rivers, and geographical features and situate the country in the context of its immediate surroundings and the world.

Readings A series of brief paragraphs explores facets of the country's culture such as history, places, fine arts, literature, and aspects of everyday life.

¡Increíble pero cierto! highlights an intriguing fact about the country or its people.

Conexión Internet offers research for additional avenues of discovery.

***Panorama cultural* Video** This video's authentic footage takes you to the featured Spanish-speaking country, letting you experience the sights and sounds of an aspect of its culture. To learn more about the video, turn to page xxvii.

VISTAS at-a-glance

Vocabulario
summarizes all the active vocabulary of the lesson.

La familia

el/la abuelo/a	grandfather/grandmother
los abuelos	grandparents
el apellido	last name; surname
el/la bisabuelo/a	great-grandfather/great-grandmother
el/la cuñado/a	brother-in-law/sister-in-law
el/la esposo/a	husband; wife; spouse
la familia	family
el/la gemelo/a	twin
el/la hermanastro/a	stepbrother/stepsister
el/la hermano/a	brother/sister
el/la hijastro/a	stepson/stepdaughter
el/la hijo/a	son/daughter
los hijos	children
la madrastra	stepmother
la madre	mother
el/la medio/a hermano/a	half-brother/half-sister
el/la nieto/a	grandson/granddaughter
la nuera	daughter-in-law
el padrastro	stepfather
el padre	father
los padres	parents
los parientes	relatives
el/la primo/a	cousin
el/la sobrino/a	nephew/niece
el/la suegro/a	father-in-law/mother-in-law
el/la tío/a	uncle/aunt
el yerno	son-in-law

Otras personas

el/la amigo/a	friend
la gente	people
el/la muchacho/a	boy/girl
el/la niño/a	child
el/la novio/a	boyfriend/girlfriend
la persona	person

Profesiones

el/la artista	artist
el/la doctor(a), el/la médico/a	doctor; physician
el/la ingeniero/a	engineer
el/la periodista	journalist
el/la programador(a)	computer programmer

Adjetivos

alto/a	tall
antipático/a	unpleasant
bajo/a	short (in height)
bonito/a	pretty
buen, bueno/a	good
delgado/a	thin; slender
difícil	difficult; hard
fácil	easy
feo/a	ugly
gordo/a	fat
gran, grande	big; large
guapo/a	handsome; good-looking
importante	important
inteligente	intelligent
interesante	interesting
joven (sing.), jóvenes (pl.)	young
mal, malo/a	bad
mismo/a	same
moreno/a	brunet(te)
mucho/a	much; many; a lot of
pelirrojo/a	red-haired
pequeño/a	small
rubio/a	blond(e)
simpático/a	nice; likeable
tonto/a	silly; foolish
trabajador(a)	hard-working
viejo/a	old

Nacionalidades

alemán, alemana	German
argentino/a	Argentine
canadiense	Canadian
chino/a	Chinese
costarricense	Costa Rican
cubano/a	Cuban
ecuatoriano/a	Ecuadorian
español(a)	Spanish
estadounidense	from the U.S.
francés, francesa	French
inglés, inglesa	English
italiano/a	Italian
japonés, japonesa	Japanese
mexicano/a	Mexican
norteamericano/a	(North) American
puertorriqueño/a	Puerto Rican
ruso/a	Russian

Verbos

abrir	to open
aprender (a + *inf.*)	to learn
asistir (a)	to attend
beber	to drink
comer	to eat
compartir	to share
comprender	to understand
correr	to run
creer (en)	to believe (in)
deber (+ *inf.*)	should; must; ought to
decidir (+ *inf.*)	to decide
describir	to describe
escribir	to write
leer	to read
recibir	to receive
tener	to have
venir	to come
vivir	to live

Possessive adjectives	See page 93.
Expressions with *tener*	See page 101.
Expresiones útiles	See page 83.

recursos

LM
p. 18

Recorded vocabulary The headset icon, and **Recursos** boxes highlight that the active lesson vocabulary is recorded for convenient study.

EN PANTALLA
VIDEO PROGRAM

EN LINEA 3.0 features an authentic video clip for each lesson. Clip formats include commercials, news stories, and even short films. These clips have been carefully chosen to be comprehensible for students learning Spanish, and are accompanied by activities and vocabulary lists to facilitate understanding. More importantly, though, these clips are a fun and motivating way to improve your Spanish!

Here are the countries represented in each lesson in **En pantalla:**

Lesson 1 U.S.	Lesson 7 Argentina	Lesson 13 Argentina
Lesson 2 Chile	Lesson 8 Peru	Lesson 14 Argentina
Lesson 3 U.S.	Lesson 9 Chile	Lesson 15 Mexico
Lesson 4 Peru	Lesson 10 Argentina	Lesson 16 Spain
Lesson 5 Mexico	Lesson 11 Colombia	Lesson 17 Mexico
Lesson 6 Mexico	Lesson 12 Argentina	Lesson 18 Mexico

FLASH CULTURA
VIDEO PROGRAM

In the dynamic **Flash cultura** Video, young people from all over the Spanish-speaking world share aspects of life in their countries with you. The similarities and differences among Spanish-speaking countries that come up through their adventures will challenge you to think about your own cultural practices and values. The segments provide valuable cultural insights as well as linguistic input; the episodes will introduce you to a variety of accents and vocabulary as they gradually move into Spanish.

PANORAMA CULTURAL
VIDEO PROGRAM

The **Panorama cultural** Video is integrated with the **Panorama** section in each lesson. Each segment is 2–3 minutes long and consists of documentary footage from each of the countries featured. The images were specially chosen for interest level and visual appeal, while the all-Spanish narrations were carefully written to reflect the vocabulary and grammar covered in the textbook.

FOTONOVELA VIDEO PROGRAM

The cast NEW!

Here are the main characters you will meet in the **Fotonovela** Video:

From Mexico,
Jimena Díaz Velázquez

From Argentina,
Juan Carlos Rossi

From Mexico,
Felipe Díaz Velázquez

From the U.S.,
Marissa Wagner

From Mexico,
**María Eugenia (Maru)
Castaño Ricaurte**

From Spain,
**Miguel Ángel
Lagasca Martínez**

Brand-new and fully integrated with your text, the **Fotonovela** Video is a dynamic and contemporary window into the Spanish language. The new video centers around the Díaz family, whose household includes two college-aged children and a visiting student from the U.S. Over the course of an academic year, Jimena, Felipe, Marissa, and their friends explore **el D.F.** and other parts of Mexico as they make plans for their futures. Their adventures take them through some of the greatest natural and cultural treasures of the Spanish-speaking world, as well as the highs and lows of everyday life.

The **Fotonovela** section in each textbook lesson is actually an abbreviated version of the dramatic episode featured in the video. Therefore, each **Fotonovela** section can be done before you see the corresponding video episode, after it, or as a section that stands alone.

In each dramatic segment, the characters interact using the vocabulary and grammar you are studying. As the storyline unfolds, the episodes combine new vocabulary and grammar with previously taught language, exposing you to a variety of authentic accents along the way. At the end of each episode, the **Resumen** section highlights the grammar and vocabulary you are studying.

We hope you find the new **Fotonovela** Video to be an engaging and useful tool for learning Spanish!

ICONS AND *RECURSOS* BOXES

Icons

Familiarize yourself with these icons that appear throughout **the program**.

Icons legend	
Listening activity/section	Hoja de actividades
Pair activity	Information Gap activity
Group activity	

- The Information Gap activities and those involving **Hojas de actividades** (*activity sheets*) require handouts that your instructor will give you.

- You will see the listening icon in each lesson's **Contextos**, **Pronunciación**, **Escuchar**, and **Vocabulario** sections.

Recursos

Recursos boxes let you know exactly what print and technology ancillaries you can use to reinforce and expand on every section of the lessons in your textbook. They even include page numbers when applicable. See the next page for a description of the ancillaries.

Recursos boxes legend		
WB pp. 37–38 Workbook	VM p. 19 Lab Manual	LM pp. 219–220 Video Manual

On behalf of its authors and editors, Vista Higher Learning expresses its sincere appreciation to the many instructors and college professors across the U.S. and Canada who contributed their ideas and suggestions. Their insights and detailed comments were invaluable to us as we created this edition.

VISTAS, Fourth Edition, and **EN LINEA 3.0** are the direct result of extensive reviews and ongoing input from both students and instructors. Accordingly, we gratefully acknowledge those who shared their suggestions, recommendations, and ideas as we prepared this edition.

We express our sincere appreciation to over 150 instructors using the **VISTAS**, Third Edition, who completed our online review. Their comments and suggestions were instrumental in shaping the entire **VISTAS 4/e** program.

Finally, we thank those instructors who also served as editors and writers, including Martín Gaspar of Harvard University, Ronna Feit of Nassau Community College, and Mercedes Hussey Pailos of Brevard Community College.

Reviewers

Joseph Alonso
The Evergreen State College, WA

Aleta Anderson
Grand Rapids Community College, MI

Blanca Anderson
Loyola University, LA

Patricia Antunez
Choate Rosemary Hall, CT

Damian Bacich
San Jose State University, CA

Vicki Baggia
Phillips Exeter Academy, NH

Christine Bain
Drake University, IA

Catherine R. Baranello
SUNY Cortland, NY

Cindy Barnett
Murray State University, KY

Kevin Beard
Richland College, TX

Leon Bensadon
University of Washington, WA

Leela Bingham
San Diego Mesa College, CA

Joelle Bonamy
Nicholls State University, LA

Josephine Books
Inver Hills Community College, MN

Genevieve Breedon
Darton College, GA

Amy Brevik
Concordia College, MN

Carol Brinks
Interlochen Arts Academy, MI

Froylan Cabuto
Cerritos College, CA

Ramiro F. Canto-Lugo
Yuba College, CA

Ezequiel Cardenas
Cuyamaca College, CA

Beth Cardon
Georgia Perimeter College, GA

Monica Casco
Queens College, NY

Kirby Chadwick
Scottsdale Community College, AZ

Donald R. Clymer
Eastern Mennonite University, VA

Vilma Concha-Chiaraviglio
Meredith College, NC

Mary Condon
Park Center International
Baccalaureate School, MN

Lisa Contreras
Transylvania University, KY

Raymond D. Cornelius III
Daytona State College/DeLand
Campus, FL

Dominic Corraro
Notre Dame High School, CT

Antonio Crespo
Grossmont College, CA

Miryam Criado
Hanover College, IN

José Cruz
Fayetteville Technical Community
College, NC

William R. Cummins
Ashland University, OH

Debra Currere
Rock Valley College, IL

Deborah Cutler
Pima Community College, AZ

acknowledgments

Patricia S. Davis
Darton College, GA

Callie K. DeBellis
Meredith College, NC

Alberto Descalzo de Blas
Franciscan University of
Steubenville, OH

Rejane Dias
Lake Land College, IL

Lucia Dzikowski
Seminole Community College, FL

Teresa Dombrowski
John Tyler Community College, VA

Hayden D. Duncan
Gustavus Adolphus College, MN

Deborah Edson
Tidewater Community College, VA

Steven Egland
Husson University, ME

Kristen Elley
Kennesaw State University, GA

Carol Faber
Grand Valley State University, MI

Joseph Fallis
John Tyler Community College, VA

Mary Farsaci
North Yarmouth Academy, ME

Linda Fix
Minnesota School of Business, MN

Ruston Ford
Indian Hills Community College, IA

Flor Frau
Knox College, IL

Sarah Fritz
Madison Area Technical College, WI

Dianne Fruit
Cascadia Community College, WA

Prospero N. Garcia
University of Massachusetts,
Amherst, MA

LeeAnn Gilroy
Solon High School, IA

Guillermo Giron
San Joaquin Delta College, CA

Angela M. Gonzales
University of Kentucky, KY

Lucila Gonzalez-Cirre
Cerro Coso Community College, CA

Kate Grovergrys
Madison Area Technical College, WI

Marta C. Gumpert
Southeastern Louisiana University, LA

John Hall
Minnesota State University,
Moorhead, MN

Richard Heath
Kirkwood Community College, IA

Claudio Hidalgo
Kirkwood Community College, IA

Carmen M. Hernández
Grossmont College, CA

Karla Hernández
Cuyamaca College, CA

Maria Eugenia Hernandez-Hall
Scottsdale College, AZ

Nan Hussey
Houghton College, NY

Stewart James-Lejarcegui
Iowa Wesleyan College, IA

Hilda M. Kachmar
College of St. Catherine, MN

Richard Keenan
Corpus Christi College, BC

Ruthanne Keenan Orihuela
University of Idaho, ID

Darcie Khanukayev
Cerro Coso Community College, CA

Telma Koch
Oakwood Friends, NY

Ruth F. Konopka
Grossmont College, CA

Marcela Labounty
College of Southern Nevada, NV

Stephanie Langston
Georgia Perimeter College, GA

Louis Lanni
Edison State College,
Collier Campus, FL

Jean LeLoup
SUNY Cortland, NY

Raul de Leon
San Diego Mesa College, CA

Patricia M. Lestrade
Mississippi State University, MS

Carla Ligo
Grove City College, PA

Pamela Llorens
Miami Dade College, FL

Debora Maldonado-DeOliveira
Meredith College, NC

Jodie Marion
Mt. Hood Community College, WA

Nereyda Maroot
Fresno City College, CA

Patricia Martin
Calvary Christian School, KY

Laura Martinez
Centralia College, WA

María Inés Martínez
University of Manitoba, Canada

Fernando Mayoral
Edison State College, FL

Leticia McGrath
Georgia Southern University, GA

Michael McGrath
Georgia Southern University, GA

MaryYetta McKelva
Grayson County College, TX

Albert Meggers
Cosby High School, VA

Luis Millan
Minnesota School of Business, MN

David Miller
St. Andrew's School of Delaware, D

Jerome Miner
Knox College, IL

Deborah Mistron
Middle Tennessee State University, TN

Clayton Mitchell
Drake University, IA

Laura Lee Moore
Pearl River Community College, MS

Iani Moreno
Suffolk University, MA

Gabriel Mucino
Concordia University, WI

Jose A. Narbona
Rice University, TX

Kelly Negaard
Minnesota School of Business, MN

Sherry Pachman
St. Michael's College, VT

Joseph Palumbo
College of Southern Nevada, NV

Elizabeth Parr
Darton College, GA

Maria C. Perez
Iowa Western Community College, IA

Maria Elena Perez
Lubbock Christian University, TX

Martha Perez-Bendorf
Kirkwood Commuity College, IA

Jennifer Perry
East Carolina University, NC

Melissa Pilkington
Georgia Institute of Technology, GA

Lori Piotrowski
College of Southern Nevada, NV

Thomas R. Porter
Southern Virginia University, VA

Antonio Prado
Knox College, IL

Kay Queen
Lon Morris College, TX

Robin Ragan
Knox College, IL

Aida Ramos-Sellman
Goucher College, MD

Jacqueline M. Ramsey
Concordia University Wisconsin, WI

Kenneth Randall
Cincinnati Country Day School, OH

Caterina Reitano
University of Manitoba, Canada

Jose Manuel Reyes
Hanover College, KY

Nelly Rios-Freund
University of Saint Thomas, MN

Monica Rivas
Mission College, FL

Wallace J. Robertson
Ivy Tech Community College, IN

Patricia Robitaille
Cincinnati Country Day School, OH

Monica Rodriguez
Lyon College, AR

Amie Russell
Mississippi State University, MS

Virginia Sánchez-Bernardy
San Diego Mesa College, CA

Eduardo Santa Cruz
Hanover College, IN

Jeffrey Schmidt
Crafton Hill College, CA

Dora Schoenbrun-Fernandez
San Diego Mesa College, CA

Elizabeth Schwartz
San Joaquin Delta College, CA

Amber Schwegman
Northwest Nazarene University, ID

Linda Q. Sites
Piedmont Virginia Community
College, VA

Anita Smith
Pitt Community College, NC

Nancy Smith
Allegheny College, PA

Kathleen Spinnenweber
Franciscan University, OH

Carol Stuardo
Cuyamaca College, CA

Cristina Szterensus
Rock Valley College, IL

Roy Tanner
Truman State University, MO

Ron Tapia
Ivy Tech Community College, IN

Alison Tatum-Davis
Goucher College, MD

John Nicholas Tavernakis
College of San Mateo, CA

Robert Taylor
Grand Rapids Community College, MI

Rachel Tease
National-Louis University, WI

Daniel G. Tight
University of St. Thomas, MN

Linda Tracy
Santa Rosa Junior College, CA

Jorge Trinchet
Murray State University, KY

James R. Wilson
Madison Area Technical College, WI

Wendy Valenteen
Mercersburg Academy, PA

María Villagomez
Napa Valley College, CA

María Villalobos-Buehner
Grand Valley State University, MI

Hilde Votaw
University of Oklahoma, OK

Virginia Young
Grossmont College, CA

Hola, ¿qué tal?

Communicative Goals

You will learn how to:

- Greet people in Spanish
- Say goodbye
- Identify yourself and others
- Talk about the time of day

A PRIMERA VISTA

- Guess what the people on the photo are saying:
  a. Adiós. b. Hola. c. salsa
- Most likely they would also say:
  a. Gracias. b. fiesta c. Buenos días.
- The women are:
  a. amigas b. chicos c. señores

Hola, ¿qué tal?

Más vocabulario

Buenos días.	*Good morning.*
Buenas noches.	*Good evening; Good night.*
Hasta la vista.	*See you later.*
Hasta pronto.	*See you soon.*
¿Cómo se llama usted?	*What's your name? (form.)*
Le presento a…	*I would like to introduce you to (name). (form.)*
Te presento a…	*I would like to introduce you to (name). (fam.)*
el nombre	*name*
¿Cómo estás?	*How are you? (fam.)*
No muy bien.	*Not very well.*
¿Qué pasa?	*What's happening?; What's going on?*
por favor	*please*
De nada.	*You're welcome.*
No hay de qué.	*You're welcome.*
Lo siento.	*I'm sorry.*
Gracias.	*Thank you; Thanks.*
Muchas gracias.	*Thank you very much; Thanks a lot.*

Variación léxica

Items are presented for recognition purposes only.

Buenos días.	⟷	Buenas.
De nada.	⟷	A la orden.
Lo siento.	⟷	Perdón.
¿Qué tal?	⟷	¿Qué hubo? *(Col.)*
Chau.	⟷	Ciao; Chao.

recursos

WB pp. 1–2   LM p. 1

1

ELENA Patricia, éste es el señor Perales.
PATRICIA Encantada.
SEÑOR PERALES Igualmente. ¿De dónde es usted, señorita?
PATRICIA Soy de México. ¿Y usted?
SEÑOR PERALES De Puerto Rico.

2

TOMÁS ¿Qué tal, Alberto?
ALBERTO Regular. ¿Y tú?
TOMÁS Bien. ¿Qué hay de nuevo?
ALBERTO Nada.

3

SEÑOR VARGAS Buenas tardes, señora Wong. ¿Cómo está usted?
SEÑORA WONG Muy bien, gracias. ¿Y usted, señor Vargas?
SEÑOR VARGAS Bien, gracias.
SEÑORA WONG Hasta mañana, señor Vargas. Saludos a la señora Vargas.
SEÑOR VARGAS Adiós.

BERTA Hasta luego, Tere.
TERESA Chau, Berta. Nos vemos mañana.

ARMEN Buenas tardes. Me llamo Carmen.
¿Cómo te llamas tú?
NTONIO Buenas tardes. Me llamo Antonio.
Mucho gusto.
ARMEN El gusto es mío. ¿De dónde eres?
NTONIO Soy de los Estados Unidos, de California.

Práctica

1

Escuchar 🎧 Listen to each question or statement, then choose the correct response.

1. a. Muy bien, gracias.   b. Me llamo Graciela.
2. a. Lo siento.   b. Mucho gusto.
3. a. Soy de Puerto Rico.   b. No muy bien.
4. a. No hay de qué.   b. Regular.
5. a. Mucho gusto.   b. Hasta pronto.
6. a. Nada.   b. Igualmente.
7. a. Me llamo Guillermo Montero.   b. Muy bien, gracias.
8. a. Buenas tardes. ¿Cómo estás?   b. El gusto es mío.
9. a. Saludos a la Sra. Ramírez.   b. Encantada.
10. a. Adiós.   b. Regular.

2

Identificar 🎧 You will hear a series of expressions. Identify the expression (**a**, **b**, **c**, or **d**) that does not belong in each series.

1. ____   3. ____
2. ____   4. ____

3

Escoger For each expression, write another word or phrase that expresses a similar idea.

modelo
¿Cómo estás?   ¿Qué tal?

1. De nada.   4. Te presento a Antonio.
2. Encantado.   5. Hasta la vista.
3. Adiós.   6. Mucho gusto.

4

Ordenar Work with a partner to put this scrambled conversation in order. Then act it out.

—Muy bien, gracias. Soy Rosabel.
—Soy de México. ¿Y tú?
—Mucho gusto, Rosabel.
—Hola. Me llamo Carlos. ¿Cómo estás?
—Soy de Argentina.
—Igualmente. ¿De dónde eres, Carlos?

CARLOS _____
ROSABEL _____
CARLOS _____
ROSABEL _____
CARLOS _____
ROSABEL _____

5

Completar Work with a partner to complete these dialogues.

> **modelo**
>
> **Estudiante 1:** ¿Cómo estás?
> **Estudiante 2:** Muy bien, gracias.

1. **Estudiante 1:** _____
   Estudiante 2: Buenos días. ¿Qué tal?

2. **Estudiante 1:** _____
   Estudiante 2: Me llamo Carmen Sánchez.

3. **Estudiante 1:** _____
   Estudiante 2: De Canadá.

4. **Estudiante 1:** Te presento a Marisol.
   Estudiante 2: _____

5. **Estudiante 1:** Gracias.
   Estudiante 2: _____

6. **Estudiante 1:** _____
   Estudiante 2: Regular.

7. **Estudiante 1:** _____
   Estudiante 2: Nada.

8. **Estudiante 1:** ¡Hasta la vista!
   Estudiante 2: _____

6

Cambiar Work with a partner and correct the second part of each conversation to make it logical.

> **modelo**
>
> **Estudiante 1:** ¿Qué tal?
> **Estudiante 2:** *No hay de qué.* Bien. ¿Y tú?

1. **Estudiante 1:** Hasta mañana, señora Ramírez. Saludos al señor Ramírez.
   Estudiante 2: *Muy bien, gracias.*

2. **Estudiante 1:** ¿Qué hay de nuevo, Alberto?
   Estudiante 2: *Sí, me llamo Alberto. ¿Cómo te llamas tú?*

3. **Estudiante 1:** Gracias, Tomás.
   Estudiante 2: *Regular. ¿Y tú?*

4. **Estudiante 1:** Miguel, ésta es la señorita Perales.
   Estudiante 2: *No hay de qué, señorita.*

5. **Estudiante 1:** ¿De dónde eres, Antonio?
   Estudiante 2: *Muy bien, gracias. ¿Y tú?*

6. **Estudiante 1:** ¿Cómo se llama usted?
   Estudiante 2: *El gusto es mío.*

7. **Estudiante 1:** ¿Qué pasa?
   Estudiante 2: *Hasta luego, Alicia.*

8. **Estudiante 1:** Buenas tardes, señor. ¿Cómo está usted?
   Estudiante 2: *Soy de Puerto Rico.*

Comunicación

7 **Diálogos** With a partner, complete and act out these conversations.

Conversación 1

—Hola. Me llamo Teresa. ¿Cómo te llamas tú?

—_____

—Soy de Puerto Rico. ¿Y tú?

—_____

Conversación 2

—_____

—Muy bien, gracias. ¿Y usted, señora López?

—_____

—Hasta luego, señora. Saludos al señor López.

—_____

Conversación 3

—_____

—Regular. ¿Y tú?

—_____

—Nada.

8 **Conversaciones** This is the first day of class. Write four short conversations based on what the people in this scene would say.

9 **Situaciones** In groups of three, write and act out these situations.

1. On your way out of class on the first day of school, you strike up a conversation with the two students who were sitting next to you. You find out each student's name and where he or she is from before you say goodbye and go to your next class.
2. At the next class you meet up with a friend and find out how he or she is doing. As you are talking, your friend Elena enters. Introduce her to your friend.
3. As you're leaving the bookstore, you meet your parents' friends Mrs. Sánchez and Mr. Rodríguez. You greet them and ask how each person is. As you say goodbye, you send greetings to Mrs. Rodríguez.
4. Make up and act out a real-life situation that you and your classmates can role-play with the language you've learned.

Bienvenida, Marissa

Marissa llega a México para pasar un año con la familia Díaz.

PERSONAJES   MARISSA   SRA. DÍAZ

MARISSA ¿Usted es de Cuba?

SRA. DÍAZ Sí, de La Habana. Y Roberto es de Mérida. Tú eres de Wisconsin, ¿verdad?

MARISSA Sí, de Appleton, Wisconsin.

MARISSA ¿Quiénes son los dos chicos de las fotos? ¿Jimena y Felipe?

SRA. DÍAZ Sí. Ellos son estudiantes.

DON DIEGO Buenas tardes, señora. Señorita, bienvenida a la Ciudad de México.

MARISSA ¡Muchas gracias!

MARISSA ¿Cómo se llama usted?

DON DIEGO Yo soy Diego. Mucho gusto.

MARISSA El gusto es mío, don Diego.

DON DIEGO ¿Cómo está usted hoy, señora Carolina?

SRA. DÍAZ Muy bien, gracias. ¿Y usted?

DON DIEGO Bien, gracias.

SRA. DÍAZ Ahí hay dos maletas. Son de Marissa.

DON DIEGO Con permiso.

DON DIEGO

SR. DÍAZ

FELIPE

JIMENA

7

SR. DÍAZ ¿Qué hora es?

FELIPE Son las cuatro y veinticinco.

8

SRA. DÍAZ Marissa, te presento a Roberto, mi esposo.

SR. DÍAZ Bienvenida, Marissa.

MARISSA Gracias, señor Díaz.

9

JIMENA ¿Qué hay en esta cosa?

MARISSA Bueno, a ver, hay tres cuadernos, un mapa... ¡Y un diccionario!

JIMENA ¿Cómo se dice mediodía en inglés?

FELIPE "Noon".

10

FELIPE Estás en México, ¿verdad?

MARISSA ¿Sí?

FELIPE Nosotros somos tu diccionario.

recursos
VM
pp. 213–214

Expresiones útiles

Identifying yourself and others
¿Cómo se llama usted?
What's your name?
Yo soy Diego, el portero. Mucho gusto.
I'm Diego, the doorman. Nice to meet you.
¿Cómo te llamas?
What's your name?
Me llamo Marissa.
My name is Marissa.
¿Quién es...? / ¿Quiénes son...?
Who is...? / Who are...?
Es mi esposo.
He's my husband.
Tú eres..., ¿verdad?/¿cierto?/¿no?
You are..., right?

Identifying objects
¿Qué hay en esta cosa?
What's in this thing?
Bueno, a ver, aquí hay tres cuadernos...
Well, let's see, here are three notebooks...
Oye/Oiga, ¿cómo se dice *suitcase* en español?
Hey, how do you say suitcase in Spanish?
Se dice *maleta*.
You say maleta.

Saying what time it is
¿Qué hora es?
What time is it?
Es la una. / Son las dos.
It's one o'clock. / It's two o'clock.
Son las cuatro y veinticinco.
It's four twenty-five.

Polite expressions
Con permiso.
Pardon me; Excuse me. (to request permission)
Perdón.
Pardon me; Excuse me. (to get someone's attention or excuse yourself)
¡Bienvenido/a! *Welcome!*

¿Qué pasó?

1 **¿Cierto o falso?** Indicate if each statement is **cierto** or **falso**. Then correct the false statements.

	Cierto	Falso
1. La Sra. Díaz es de Caracas.	○	○
2. El Sr. Díaz es de Mérida.	○	○
3. Marissa es de Los Ángeles, California.	○	○
4. Jimena y Felipe son profesores.	○	○
5. Las dos maletas son de Jimena.	○	○
6. El Sr. Díaz pregunta "¿qué hora es?".	○	○
7. Hay un diccionario en la mochila (*backpack*) de Marissa.	○	○

2 **Identificar** Indicate which person would make each statement. One name will be used twice.

1. Son las cuatro y veinticinco, papá.
2. Roberto es mi esposo.
3. Yo soy de Wisconsin, ¿de dónde es usted?
4. ¿Qué hay de nuevo, doña Carolina?
5. Yo soy de Cuba.
6. ¿Qué hay en la mochila, Marissa?

MARISSA   **FELIPE**   **SRA. DÍAZ**

DON DIEGO   **JIMENA** ◀

3 **Completar** Complete the conversation between Don Diego and Marissa.

DON DIEGO   Hola, (1)_____.
MARISSA   Hola, señor. ¿Cómo se (2)_____ usted?
DON DIEGO   Yo me llamo Diego, ¿y (3)_____?
MARISSA   Yo me llamo Marissa. (4)_____.
DON DIEGO   (5)_____, señorita Marissa.
MARISSA   Nos (6)_____, don Diego.
DON DIEGO   Hasta (7)_____, señorita Marissa.

4 **Conversar** Imagine that you are chatting with a traveler you just met at the airport. With a partner, prepare a conversation using these cues.

Estudiante 1	Estudiante 2
Say "good afternoon" to your partner and ask for his or her name.	→ Say hello and what your name is. Then ask what your partner's name is.
Say what your name is and that you are glad to meet your partner.	→ Say that the pleasure is yours.
Ask how your partner is.	→ Say that you're doing well, thank you.
Ask where your partner is from.	→ Say where you're from.
Say it's one o'clock and say goodbye.	→ Say goodbye.

Pronunciación 🎧
The Spanish alphabet

The Spanish and English alphabets are almost identical, with a few exceptions. For example, the Spanish letter **ñ (eñe)** doesn't occur in the English alphabet. Furthermore, the letters **k (ka)** and **w (doble ve)** are used only in words of foreign origin. Examine the chart below to find other differences.

Letra	Nombre(s)	Ejemplos	Letra	Nombre(s)	Ejemplos
a	a	adiós	m	eme	mapa
b	be	bien, problema	n	ene	nacionalidad
c	ce	cosa, cero	ñ	eñe	mañana
ch	che	chico	o	o	once
d	de	diario, nada	p	pe	profesor
e	e	estudiante	q	cu	qué
f	efe	foto	r	ere	regular, señora
g	ge	gracias, Gerardo, regular	s	ese	señor
h	hache	hola	t	te	tú
i	i	igualmente	u	u	usted
j	jota	Javier	v	ve	vista, nuevo
k	ka, ca	kilómetro	w	doble ve	*walkman*
l	ele	lápiz	x	equis	existir, México
ll	elle	llave	y	i griega, ye	yo
			z	zeta, ceta	zona

El alfabeto Repeat the Spanish alphabet and example words after your instructor.

Práctica Spell these words aloud in Spanish.

1. nada
2. maleta
3. quince
4. muy
5. hombre
6. por favor
7. San Fernando
8. Estados Unidos
9. Puerto Rico
10. España
11. Javier
12. Ecuador
13. Maite
14. gracias
15. Nueva York

Refranes Read these sayings aloud.

Ver es creer.[1]

En boca cerrada no entran moscas.[2]

1 Seeing is believing. 2 Silence is golden.

Saludos y besos en los países hispanos

Greeting someone with a **beso** varies according to gender and region. Men generally greet each other with a hug or warm handshake, with the exception of Argentina, where male friends and relatives lightly kiss on the cheek. Greetings between men and women, and between women, generally include kissing, but can differ depending on the country and context. In Spain, it is customary to give **dos besos**, starting with the right cheek first. In Latin American countries, including Mexico, Costa Rica, Colombia, and Chile, a greeting consists of a single "air kiss" on the right cheek. Peruvians also "air kiss," but

strangers will simply shake hands. In Colombia, female acquaintances tend to simply pat each other on the right forearm or shoulder.

In Spanish-speaking countries, kissing on the cheek is a customary way to greet friends and family members. Even when people are introduced for the first time, it is common for them to kiss, particularly in non-business settings. Whereas North Americans maintain considerable personal space when greeting, Spaniards and Latin Americans tend to decrease their personal space and give one or two kisses (**besos**) on the cheek, sometimes accompanied by a handshake or a hug. In formal business settings, where associates do not know one another on a personal level, a simple handshake is appropriate.

Tendencias

País	Beso	País	Beso
Argentina	💋	España	💋💋
Bolivia	😊	México	💋
Chile	💋	Paraguay	💋💋
Colombia	💋	Puerto Rico	💋
El Salvador	💋	Venezuela	💋/💋💋

1 **¿Cierto o falso?** Indicate whether these statements are true (**cierto**) or false (**falso**). Correct the false statements.

1. Hispanic people use less personal space when greeting than in the U.S.

2. Men never greet with a kiss in Spanish-speaking countries.

3. Shaking hands is not appropriate for a business setting in Latin America.

4. Spaniards greet with one kiss on the right cheek.

5. In Mexico, people greet with an "air kiss."

6. Gender can play a role in the type of greeting given.

7. If two women acquaintances meet in Colombia, they should exchange two kisses on the cheek.

8. In Peru, a man and a woman meeting for the first time would probably greet each other with an "air kiss."

ASÍ SE DICE

Saludos y despedidas

¿Cómo te/le va?	*How are things going (for you)?*
¡Cuánto tiempo!	*It's been a long time!*
Hasta ahora.	*See you soon.*
¿Qué hay?	*What's new?*
¿Qué onda? (Méx., Arg., Chi.); ¿Qué más? (Ven., Col.)	*What's going on?*

EL MUNDO HISPANO

Parejas y amigos famosos

Here are some famous couples and friends from the Spanish-speaking world.

- **Jennifer López** y **Marc Anthony** (Estados Unidos/ Puerto Rico) Both singers, the couple married in **2004**, and often perform together. They both starred in the **2007** film *El Cantante.*

- **Gael García Bernal** (México) y **Diego Luna** (México) These lifelong friends became famous when they starred in the 2001 Mexican film *Y tu mamá también*. They continue to work together on projects, such as the 2008 film, *Rudo y Cursi*.

- **Salma Hayek** (México) y **Penélope Cruz** (España) These two close friends developed their acting skills in their countries of origin before meeting in Hollywood.

PERFIL

La plaza principal

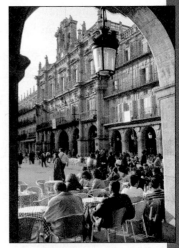

La Plaza Mayor de Salamanca

In the Spanish-speaking world, public space is treasured. Small city and town life revolves around the **plaza principal.** Often surrounded by cathedrals or municipal buildings like the **ayuntamiento** (*city hall*), the pedestrian **plaza** is designated as a central meeting place for family and friends. During warmer months, when outdoor cafés usually line the **plaza**, it is a popular spot to have a leisurely cup of coffee, chat, and people watch. Many town festivals, or **ferias**, also take place in this space. One of the most famous town squares is the **Plaza Mayor** in the university town of Salamanca, Spain. Students gather underneath its famous clock tower to meet up with friends or simply take a coffee break.

La Plaza de Armas, Lima, Perú

Conexión Internet

What are the **plazas principales** in large cities such as Mexico City and Caracas?

Use the Web to find more cultural information related to this **Cultura** section.

ACTIVIDADES

2 **Comprensión** Answer these questions.
1. What are two types of buildings found on the **plaza principal**?
2. What two types of events or activities are common at a **plaza principal?**
3. How would Diego Luna greet his friends?
4. Would Salma Hayek and Jennifer López greet each other with one kiss or two?

3 **Saludos** Role-play these greetings with a partner. Include a verbal greeting as well as a kiss or handshake, as appropriate.
1. friends in Mexico
2. business associates at a conference in Chile
3. friends meeting in Madrid's Plaza Mayor
4. Peruvians meeting for the first time
5. relatives in Argentina

1.1 Nouns and articles

Spanish nouns

ANTE TODO A noun is a word used to identify people, animals, places, things, or ideas. Unlike English, all Spanish nouns, even those that refer to non-living things, have gender; that is, they are considered either masculine or feminine. As in English, nouns in Spanish also have number, meaning that they are either singular or plural.

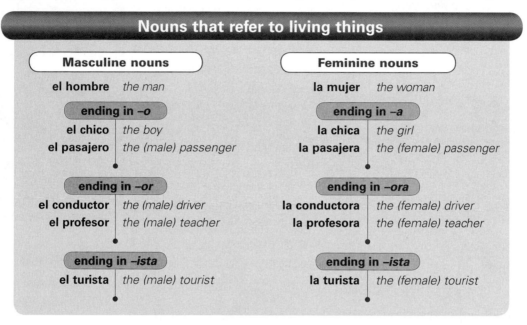

Nouns that refer to living things

Masculine nouns		Feminine nouns	
el hombre	*the man*	**la mujer**	*the woman*
ending in –o		**ending in –a**	
el chico	*the boy*	**la chica**	*the girl*
el pasajero	*the (male) passenger*	**la pasajera**	*the (female) passenger*
ending in –or		**ending in –ora**	
el conductor	*the (male) driver*	**la conductora**	*the (female) driver*
el profesor	*the (male) teacher*	**la profesora**	*the (female) teacher*
ending in –ista		**ending in –ista**	
el turista	*the (male) tourist*	**la turista**	*the (female) tourist*

▶ Generally, nouns that refer to males, like **el hombre**, are masculine, while nouns that refer to females, like **la mujer**, are feminine.

▶ Many nouns that refer to male beings end in **–o** or **–or**. Their corresponding feminine forms end in **–a** and **–ora**, respectively.

el conductor   la profesora

▶ The masculine and feminine forms of nouns that end in **–ista**, like **turista**, are the same, so gender is indicated by the article **el** (masculine) or **la** (feminine). Some other nouns have identical masculine and feminine forms.

el joven	**la** joven
the youth; the young man	*the youth; the young woman*
el estudiante	**la** estudiante
the (male) student	*the (female) student*

¡LENGUA VIVA!

Profesor(a) and **turista** are *cognates*— words that share similar spellings and meanings in Spanish and English. Recognizing cognates will help you determine the meaning of many Spanish words. Here are some other cognates: **la administración, el animal, el apartamento, el cálculo, el color, la decisión, la historia, la música, el restaurante, el/la secretario/a.**

AYUDA

Cognates can certainly be very helpful in your study of Spanish. Beware, however, of "false" cognates, those that have similar spellings in Spanish and English, but different meanings: **la carpeta** *folder* **el/la conductor(a)** *driver* **el éxito** *success* **la fábrica** *factory*

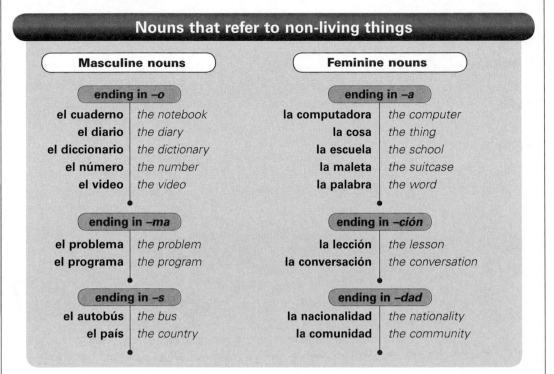

Nouns that refer to non-living things

Masculine nouns

ending in –o

el cuaderno	*the notebook*
el diario	*the diary*
el diccionario	*the dictionary*
el número	*the number*
el video	*the video*

ending in –ma

el problema	*the problem*
el programa	*the program*

ending in –s

el autobús	*the bus*
el país	*the country*

Feminine nouns

ending in –a

la computadora	*the computer*
la cosa	*the thing*
la escuela	*the school*
la maleta	*the suitcase*
la palabra	*the word*

ending in –ción

la lección	*the lesson*
la conversación	*the conversation*

ending in –dad

la nacionalidad	*the nationality*
la comunidad	*the community*

¡LENGUA VIVA!

The Spanish word for *video* can be pronounced with the stress on the **i** or the **e**. For that reason, you might see the word written with or without an accent: **video** or **vídeo**.

▶ As shown above, certain noun endings are strongly associated with a specific gender, so you can use them to determine if a noun is masculine or feminine.

▶ Because the gender of nouns that refer to non-living things cannot be determined by foolproof rules, you should memorize the gender of each noun you learn. It is helpful to learn each noun with its corresponding article, **el** for masculine and **la** for feminine.

▶ Another reason to memorize the gender of every noun is that there are common exceptions to the rules of gender. For example, **el mapa** (*map*) and **el día** (*day*) end in **–a**, but are masculine. **La mano** (*hand*) ends in **–o**, but is feminine.

Plural of nouns

▶ To form the plural, add **–s** to nouns that end in a vowel. For nouns that end in a consonant, add **–es**. For nouns that end in **z,** change the **z** to **c**, then add **–es**.

el chic**o** ⟶ los chic**os**	la nacionalida**d** ⟶ las nacionalida**des**
el diari**o** ⟶ los diari**os**	el paí**s** ⟶ los país**es**
el problem**a** ⟶ los problem**as**	el lápi**z** (*pencil*) ⟶ los lápi**ces**

CONSULTA

You will learn more about accent marks in **Lección 4, Pronunciación**, p. 123.

▶ In general, when a singular noun has an accent mark on the last syllable, the accent is dropped from the plural form.

la lecci**ó**n ⟶ las lecci**ones**	el autob**ú**s ⟶ los autob**uses**

▶ Use the masculine plural form to refer to a group that includes both males and females.

1 pasajer**o** + 2 pasajer**as** = 3 pasajer**os**   2 chic**os** + 2 chic**as** = 4 chic**os**

Spanish articles

ANTE TODO As you know, English often uses definite articles (*the*) and indefinite articles (*a, an*) before nouns. Spanish also has definite and indefinite articles. Unlike English, Spanish articles vary in form because they agree in gender and number with the nouns they modify.

Definite articles

▶ Spanish has four forms that are equivalent to the English definite article *the*. Use definite articles to refer to specific nouns.

Masculine		Feminine	
SINGULAR	**PLURAL**	**SINGULAR**	**PLURAL**
el diccionario	**los** diccionarios	**la** computadora	**las** computadoras
the dictionary	*the dictionaries*	*the computer*	*the computers*

Indefinite articles

▶ Spanish has four forms that are equivalent to the English indefinite article, which according to context may mean *a, an,* or *some*. Use indefinite articles to refer to unspecified persons or things.

Masculine		Feminine	
SINGULAR	**PLURAL**	**SINGULAR**	**PLURAL**
un pasajero	**unos** pasajeros	**una** fotografía	**unas** fotografías
a (one) passenger	*some passengers*	*a (one) photograph*	*some photographs*

¡INTÉNTALO! Provide a definite article for each noun in the first column and an indefinite article for each noun in the second column.

¿el, la, los o las?	¿un, una, unos o unas?
1. ___la___ chica	1. ___un___ autobús
2. _____ chico	2. _____ escuelas
3. _____ maleta	3. _____ computadora
4. _____ cuadernos	4. _____ hombres
5. _____ lápiz	5. _____ señora
6. _____ mujeres	6. _____ lápices

Práctica

1 **¿Singular o plural?** If the word is singular, make it plural. If it is plural, make it singular.

1. el número
2. un diario
3. la estudiante
4. el conductor
5. el país
6. las cosas
7. unos turistas
8. las nacionalidades
9. unas computadoras
10. los problemas
11. una fotografía
12. los profesores
13. unas señoritas
14. el hombre
15. la maleta
16. la señora

2 **Identificar** For each drawing, provide the noun with its corresponding definite and indefinite articles.

> **modelo**
> las maletas, unas maletas

1. _____

2. _____

3. _____

4. _____

5. _____

6. _____

7. _____

8. _____

Comunicación

3 **Charadas** In groups, play a game of charades. Individually, think of two nouns for each charade, for example, a boy using a computer (**un chico**; **una computadora**). The first person to guess correctly acts out the next charade.

(1.2) Numbers 0–30

Los números 0 a 30		
0 cero		
1 uno	**11** once	**21** veintiuno
2 dos	**12** doce	**22** veintidós
3 tres	**13** trece	**23** veintitrés
4 cuatro	**14** catorce	**24** veinticuatro
5 cinco	**15** quince	**25** veinticinco
6 seis	**16** dieciséis	**26** veintiséis
7 siete	**17** diecisiete	**27** veintisiete
8 ocho	**18** dieciocho	**28** veintiocho
9 nueve	**19** diecinueve	**29** veintinueve
10 diez	**20** veinte	**30** treinta

AYUDA

Though it is less common, the numbers 16 through 29 (except 20) can also be written as three words: **diez y seis, diez y siete...**

▶ The number **uno** (*one*) and numbers ending in **–uno**, such as **veintiuno**, have more than one form. Before masculine nouns, **uno** shortens to **un**. Before feminine nouns, **uno** changes to **una**.

un hombre ⟶ veinti**ún** hombres   **una** mujer ⟶ veinti**una** mujeres

▶ **¡Atención!** The forms **uno** and **veintiuno** are used when counting (**uno, dos, tres... veinte, veintiuno, veintidós...**). They are also used when the number *follows* a noun, even if the noun is feminine: **la lección uno**.

▶ To ask *how many people* or *things* there are, use **cuántos** before masculine nouns and **cuántas** before feminine nouns.

▶ The Spanish equivalent of both *there is* and *there are* is **hay**. Use **¿Hay...?** to ask *Is there...?* or *Are there...?* Use **no hay** to express *there is not* or *there are not*.

—**¿Cuántos** estudiantes **hay?**   —**¿Hay** chicos en la fotografía?
How many students are there?   *Are there guys in the picture?*

—**Hay** seis estudiantes en la foto.   —**Hay** tres chicas y **no hay** chicos.
There are six students in the photo.   *There are three girls, and there are no guys.*

recursos

WB
p. 4

LM
p. 4

¡INTÉNTALO!   Provide the Spanish words for these numbers.

1. **7** _____
2. **16** _____
3. **29** _____
4. **1** _____

5. **0** _____
6. **15** _____
7. **21** _____
8. **9** _____

9. **23** _____
10. **11** _____
11. **30** _____
12. **4** _____

13. **12** _____
14. **28** _____
15. **14** _____
16. **10** _____

Práctica

1 **Contar** Following the pattern, write out the missing numbers in Spanish.

1. 1, 3, 5, ..., 29
2. 2, 4, 6, ..., 30
3. 3, 6, 9, ..., 30
4. 30, 28, 26, ..., 0
5. 30, 25, 20, ..., 0
6. 28, 24, 20, ..., 0

2 **Resolver** Solve these math problems with a partner.

AYUDA

+	→	**más**
–	→	**menos**
=	→	**son**

modelo

5 + 3 =
Estudiante 1: *cinco más tres son…*
Estudiante 2: *ocho*

1. **2 + 15 =**
2. **20 – 1 =**
3. **5 + 7 =**
4. **18 + 12 =**
5. **3 + 22 =**

6. **6 – 3 =**
7. **11 + 12 =**
8. **7 – 2 =**
9. **8 + 5 =**
10. **23 – 14 =**

3 **¿Cuántos hay?** How many persons or things are there in these drawings?

modelo

Hay tres maletas.

1. _____   2. _____

3. _____   4. _____   5. _____

6. _____   7. _____   8. _____

Comunicación

4

En la clase With a classmate, take turns asking and answering these questions about your classroom.

1. ¿Cuántos estudiantes hay?
2. ¿Cuántos profesores hay?
3. ¿Hay una computadora?
4. ¿Hay una maleta?
5. ¿Cuántos mapas hay?

6. ¿Cuántos lápices hay?
7. ¿Hay cuadernos?
8. ¿Cuántos diccionarios hay?
9. ¿Hay hombres?
10. ¿Cuántas mujeres hay?

5

Preguntas With a classmate, take turns asking and answering questions about the drawing. Talk about:

1. how many children there are
2. how many women there are
3. if there are some photographs
4. if there is a boy
5. how many notebooks there are

6. if there is a bus
7. if there are tourists
8. how many pencils there are
9. if there is a man
10. how many computers there are

1.3 Present tense of ser

Subject pronouns

ANTE TODO   In order to use verbs, you will need to learn about subject pronouns. A subject pronoun replaces the name or title of a person or thing and acts as the subject of a verb. In both Spanish and English, subject pronouns are divided into three groups: first person, second person, and third person.

	SINGULAR		PLURAL	
FIRST PERSON	**yo**	*I*	**nosotros**	*we* (masculine)
			nosotras	*we* (feminine)
SECOND PERSON	**tú**	*you* (familiar)	**vosotros**	*you* (masc., fam.)
	usted (Ud.)	*you* (formal)	**vosotras**	*you* (fem., fam.)
			ustedes (Uds.)	*you* (form.)
THIRD PERSON	**él**	*he*	**ellos**	*they* (masc.)
	ella	*she*	**ellas**	*they* (fem.)

Subject pronouns

▶ Spanish has two subject pronouns that mean *you* (singular). Use **tú** when addressing a friend, a family member, or a child you know well. Use **usted** to address a person with whom you have a formal or more distant relationship, such as a superior at work, a professor, or an older person.

Tú eres de Canadá, ¿verdad, David?
You are from Canada, right, David?

¿**Usted** es la profesora de español?
Are you the Spanish professor?

▶ The masculine plural forms **nosotros**, **vosotros**, and **ellos** refer to a group of males or to a group of males and females. The feminine plural forms **nosotras**, **vosotras**, and **ellas** can refer only to groups made up exclusively of females.

nosotros, vosotros, ellos

nosotros, vosotros, ellos

nosotras, vosotras, ellas

▶ There is no Spanish equivalent of the English subject pronoun *it*. Generally *it* is not expressed in Spanish.

Es un problema.
It's a problem.

Es una computadora.
It's a computer.

The present tense of **ser**

ANTE TODO   In **Contextos** and **Fotonovela**, you have already used several present-tense forms of **ser** (*to be*) to identify yourself and others, and to talk about where you and others are from. **Ser** is an irregular verb; its forms do not follow the regular patterns that most verbs follow. You need to memorize the forms, which appear in this chart.

The verb **ser** (*to be*)		
SINGULAR FORMS	yo **soy**	*I am*
	tú **eres**	*you are* (fam.)
	Ud./él/ella **es**	*you are* (form.); *he/she is*
PLURAL FORMS	nosotros/as **somos**	*we are*
	vosotros/as **sois**	*you are* (fam.)
	Uds./ellos/ellas **son**	*you are* (form.); *they are*

Uses of *ser*

▶ Use **ser** to identify people and things.

—¿Quién **es** él?
Who is he?

—¿Qué **es**?
What is it?

—**Es** Felipe Díaz Velázquez.
He's Felipe Díaz Velázquez.

—**Es** un mapa de España.
It's a map of Spain.

Es Marissa.

Es una maleta.

▶ **Ser** also expresses possession, with the preposition **de**. There is no Spanish equivalent of the English construction [*noun*] + 's (*Maru's*). In its place, Spanish uses [*noun*] + **de** + [*owner*].

—¿**De** quién **es**?
Whose is it?

—¿**De** quién **son**?
Whose are they?

—**Es** el diario **de** Maru.
It's Maru's diary.

—**Son** los lápices **de** la chica.
They are the girl's pencils.

▶ When **de** is followed by the article **el**, the two combine to form the contraction **del**. **De** does *not* contract with **la**, **las**, or **los**.

—**Es** la computadora **del** conductor.
It's the driver's computer.

—**Son** las maletas **del** chico.
They are the boy's suitcases.

¡LENGUA VIVA!

Some geographic locations can be referred to either with or without a definite article: **Soy de Estados Unidos./Soy de los Estados Unidos.**

• • •

Sometimes a definite article is a part of a proper name, as in **El Salvador, El Paso,** and **Los Ángeles.** In these cases, **de** and **el** do not contract: **Soy de El Salvador.**

▶ **Ser** also uses the preposition **de** to express origin.

¿De dónde eres?

Yo soy de Wisconsin.

¿De dónde es usted?

Yo soy de Cuba.

—¿**De** dónde **es** Juan Carlos?
Where is Juan Carlos from?

—**Es de** Argentina.
He's from Argentina.

—¿**De** dónde **es** Maru?
Where is Maru from?

—**Es de** Costa Rica.
She's from Costa Rica.

▶ Use **ser** to express profession or occupation.

Don Francisco **es conductor**.
Don Francisco is a driver.

Yo **soy estudiante**.
I am a student.

CONSULTA

You will learn more about adjectives in **Estructura 3.1,** pp. 88–90.

▶ Unlike English, Spanish does not use the indefinite article (**un, una**) after **ser** when referring to professions, unless accompanied by an adjective or other description.

Marta **es** profesora.
Marta is a teacher.

Marta **es una** profesora excelente.
Marta is an excellent teacher.

Somos Perú

LanPerú

recursos

WB
pp. 5–6

LM
p. 5

¡INTÉNTALO! Provide the correct subject pronouns and the present forms of **ser**.

1. Gabriel ____él____ ____es____
2. Juan y yo _____ _____
3. Óscar y Flora _____ _____
4. Adriana _____ _____
5. las turistas _____ _____
6. el chico _____ _____
7. los conductores _____ _____
8. los señores Ruiz _____ _____

Práctica

1 **Pronombres** What subject pronouns would you use to (a) talk *to* these people directly and (b) talk *about* them to others?

> **modelo**
>
> un joven tú, él

1. una chica
2. el presidente de México
3. tres chicas y un chico

4. un estudiante
5. la señora Ochoa
6. dos profesoras

2 **Identidad y origen** With a partner, take turns asking and answering these questions about the people indicated: **¿Quién es?/¿Quiénes son?** and **¿De dónde es?/¿De dónde son?**

> **modelo**
>
> Selena Gomez (Estados Unidos)
> **Estudiante 1:** ¿Quién es?   **Estudiante 1:** ¿De dónde es?
> **Estudiante 2:** Es Selena Gomez.   **Estudiante 2:** Es de los Estados Unidos.

1. Enrique Iglesias (España)

2. Robinson Canó (República Dominicana)

3. Rebecca Lobo y Martin Sheen (Estados Unidos)

4. Carlos Santana y Salma Hayek (México)

5. Shakira (Colombia)

6. Antonio Banderas y Penélope Cruz (España)

7. Taylor Swift y Demi Lovato (Estados Unidos)

8. Daisy Fuentes (Cuba)

3 **¿Qué es?** Ask your partner what each object is and to whom it belongs.

> **modelo**
>
> **Estudiante 1:** ¿Qué es?   **Estudiante 1:** ¿De quién es?
> **Estudiante 2:** Es un diccionario.   **Estudiante 2:** Es del profesor Núñez.

1.   2.   3.   4.

Comunicación

4

Preguntas Using the items in the word bank, ask your partner questions about the ad. Be imaginative in your responses.

¿Cuántas?	¿De dónde?	¿Qué?
¿Cuántos?	¿De quién?	¿Quién?

SOMOS ECOTURISTA, S.A.
Los autobuses oficiales de la Ruta Maya

- 25 autobuses en total
- 30 conductores del área
- pasajeros internacionales
- mapas de la región

¡Todos a bordo!

5

¿Quién es? In small groups, take turns pretending to be a famous person from a Spanish-speaking country (such as Spain, Mexico, Puerto Rico, Cuba, or the United States). Use the list of professions to think of people from a variety of backgrounds. Your partners will ask you questions and try to guess who you are.

actor *actor*	cantante *singer*	escritor(a) *writer*
actriz *actress*	deportista *athlete*	músico/a *musician*

modelo

Estudiante 3: ¿Eres de Puerto Rico?
Estudiante 1: No. Soy de Colombia.
Estudiante 2: ¿Eres hombre?
Estudiante 1: Sí. Soy hombre.
Estudiante 3: ¿Eres escritor?
Estudiante 1: No. Soy actor.
Estudiante 2: ¿Eres John Leguizamo?
Estudiante 1: ¡Sí! ¡Sí!

1.4 Telling time

ANTE TODO   In both English and Spanish, the verb *to be* (**ser**) and numbers are used to tell time.

▶ To ask what time it is, use **¿Qué hora es?** When telling time, use **es + la** with **una** and **son + las** with all other hours.

     Es la una.   **Son las** dos.   **Son las** seis.

▶ As in English, you express time in Spanish from the hour to the half-hour by adding minutes.

    Son las cuatro **y cinco**.   Son las once **y veinte**.

▶ You may use either **y cuarto** or **y quince** to express fifteen minutes or quarter past the hour. For thirty minutes or half past the hour, you may use either **y media** or **y treinta**.

   Es la una   Son las nueve
   y cuarto.   **y quince**.

                      Son las doce   Son las siete
                      y media.   **y treinta**.

▶ You express time from the half-hour to the hour in Spanish by subtracting minutes or a portion of an hour from the next hour.

   Es la una   Son las tres   Son las ocho   Son las tres
 menos cuarto.   **menos quince**.   **menos veinte**.   **menos diez**.

▶ To ask at what time a particular event takes place, use the phrase **¿A qué hora (...)?** To state at what time something takes place, use the construction **a la(s)** + *time*.

¿A qué hora es la clase de biología?
(At) what time is biology class?

La clase es **a las dos**.
The class is at two o'clock.

¿A qué hora es la fiesta?
(At) what time is the party?

A las ocho.
At eight.

▶ Here are some useful words and phrases associated with telling time.

Son las ocho **en punto**.
It's 8 o'clock on the dot/sharp.

Es **el mediodía**.
It's noon.

Es **la medianoche**.
It's midnight.

Son las nueve **de la mañana**.
It's 9 a.m./in the morning.

Son las cuatro y cuarto **de la tarde**.
It's 4:15 p.m./in the afternoon.

Son las diez y media **de la noche**.
It's 10:30 p.m./at night.

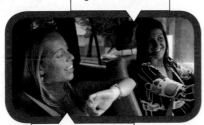

¿Qué hora es?

Son las cuatro menos diez.

¿Qué hora es?

Son las cuatro y veinticinco.

¡INTÉNTALO!   Practice telling time by completing these sentences.

1. (1:00 a.m.) Es la _____una_____ de la mañana.
2. (2:50 a.m.) Son las tres _____ diez de la mañana.
3. (4:15 p.m.) Son las cuatro y _____ de la tarde.
4. (8:30 p.m.) Son las ocho y _____ de la noche.
5. (9:15 a.m.) Son las nueve y quince de la _____.
6. (12:00 p.m.) Es el _____.
7. (6:00 a.m.) Son las seis de la _____.
8. (4:05 p.m.) Son las cuatro y cinco de la _____.
9. (12:00 a.m.) Es la _____.
10. (3:45 a.m.) Son las cuatro menos _____ de la mañana.
11. (2:15 a.m.) Son las _____ y cuarto de la mañana.
12. (1:25 p.m.) Es la una y _____ de la tarde.
13. (6:50 a.m.) Son las _____ menos diez de la mañana.
14. (10:40 p.m.) Son las once menos veinte de la _____.

Práctica

1 **Ordenar** Put these times in order, from the earliest to the latest.

a. Son las dos de la tarde.
b. Son las once de la mañana.
c. Son las siete y media de la noche.

d. Son las seis menos cuarto de la tarde.
e. Son las dos menos diez de la tarde.
f. Son las ocho y veintidós de la mañana.

2 **¿Qué hora es?** Give the times shown on each clock or watch.

modelo
Son las cuatro y cuarto/quince de la tarde.

 p.m.

 p.m.
 p.m.
a.m.

1. _____ 2. _____ 3. _____ 4. _____ 5. _____

 a.m.

 a.m.
 p.m.

6. _____ 7. _____ 8. _____ 9. _____ 10. _____

3 **¿A qué hora?** Ask your partner at what time these events take place. Your partner will answer according to the cues provided.

modelo
la clase de matemáticas (2:30 p.m.)
Estudiante 1: *¿A qué hora es la clase de matemáticas?*
Estudiante 2: *Es a las dos y media de la tarde.*

1. el programa *Las cuatro amigas* (11:30 a.m.)
2. el drama *La casa de Bernarda Alba* (7:00 p.m.)
3. el programa *Las computadoras* (8:30 a.m.)
4. la clase de español (10:30 a.m.)
5. la clase de biología (9:40 a.m.)
6. la clase de historia (10:50 a.m.)
7. el partido (*game*) de béisbol (5:15 p.m.)
8. el partido de tenis (12:45 p.m.)
9. el partido de baloncesto (*basketball*) (7:45 p.m.)

NOTA CULTURAL

Many Spanish-speaking countries use both the 12-hour clock and the 24-hour clock (that is, military time). The 24-hour clock is commonly used in written form on signs and schedules. For example, 1 p.m. is **13h**, 2 p.m. is **14h** and so on. See the photo on p. 33 for a sample schedule.

NOTA CULTURAL

La casa de Bernarda Alba is a famous play by Spanish poet and playwright **Federico García Lorca** (1898–1936). Lorca was one of the most famous writers of the 20th century and a close friend of Spain's most talented artists, including the painter Salvador Dalí and the filmmaker Luis Buñuel.

Comunicación

4

En la televisión With a partner, take turns asking questions about these television listings.

> **modelo**
>
> **Estudiante 1:** ¿A qué hora es el documental *Las computadoras*?
> **Estudiante 2:** Es a las nueve en punto de la noche.

▶

TV Hoy – Programación

11:00 am	Telenovela: *La casa de la familia Díaz*	**5:00 pm**	Telenovela: *Tres mujeres*
12:00 pm	Película: *El cóndor* (drama)	**6:00 pm**	Noticias
2:00 pm	Telenovela: *Dos mujeres y dos hombres*	**7:00 pm**	Especial musical: *Música folklórica de México*
3:00 pm	Programa juvenil: *Fiesta*	**7:30 pm**	La naturaleza: *Jardín secreto*
3:30 pm	Telenovela: *¡Sí, sí, sí!*	**8:00 pm**	Noticiero: *Veinticuatro horas*
4:00 pm	Telenovela: *El diario de la Sra. González*	**9:00 pm**	Documental: *Las computadoras*

5

Preguntas With a partner, answer these questions based on your own knowledge.

1. Son las tres de la tarde en Nueva York. ¿Qué hora es en Los Ángeles?

2. Son las ocho y media en Chicago. ¿Qué hora es en Miami?

3. Son las dos menos cinco en San Francisco. ¿Qué hora es en San Antonio?

4. ¿A qué hora es el programa *Saturday Night Live?*; ¿A qué hora es el programa *American Idol?*

6

Más preguntas Using the questions in the previous activity as a model, make up four questions of your own. Then get together with a classmate and take turns asking and answering each other's questions.

Síntesis

7

Situación With a partner, play the roles of a journalism student interviewing a visiting literature professor (**profesor(a) de literatura**) from Venezuela. Be prepared to act out the conversation for your classmates.

Estudiante	**Profesor(a) de literatura**
Ask the professor his/her name.	→ Ask the student his/her name.
Ask the professor what time his/her literature class is.	→ Ask the student where he/she is from.
Ask how many students are in his/her class.	→ Ask to whom the notebook belongs.
Say thank you and goodbye.	→ Say thank you and you are pleased to meet him/her.

RESUMEN GRAMATICAL

Review the grammar concepts you have learned in this lesson by completing these activities.

1   **Completar** Complete the charts according to the models. **14 pts.**

Masculino	Femenino
el chico	la chica
	la profesora
	la amiga
el señor	
	la pasajera
el estudiante	
	la turista
el joven	

Singular	Plural
una cosa	unas cosas
un libro	
	unas clases
una lección	
un conductor	
	unos países
	unos lápices
un problema	

2   **En la clase** Complete each conversation with the correct word. **11 pts.**

 César   Beatriz

CÉSAR ¿(1) _____ (Cuántos/Cuántas) chicas hay en la (2) _____ (maleta/clase)?

BEATRIZ Hay (3) _____ (catorce/cuatro) [14] chicas.

CÉSAR Y, ¿(4) _____ (cuántos/cuántas) chicos hay?

BEATRIZ Hay (5) _____ (tres/trece) [13] chicos.

CÉSAR Entonces (*Then*), en total hay (6) _____ (veintiséis/veintisiete) (7) _____ (estudiantes/chicas) en la clase.

 Ariana   Daniel

ARIANA ¿Tienes (*Do you have*) (8) _____ (un/una) diccionario?

DANIEL No, pero (*but*) aquí (9) _____ (es/hay) uno.

ARIANA ¿De quién (10) _____ (son/es)?

DANIEL (11) _____ (Son/Es) de Carlos.

1.1 Nouns and articles *pp. 12–14*

Gender of nouns

Nouns that refer to living things

	Masculine		Feminine
-o	el chico	-a	la chica
-or	el profesor	-ora	la profesora
-ista	el turista	-ista	la turista

Nouns that refer to non-living things

	Masculine		Feminine
-o	el libro	-a	la cosa
-ma	el programa	-ción	la lección
-s	el autobús	-dad	la nacionali...

Plural of nouns

▶ ending in vowel + -s   la chica → las chicas

▶ ending in consonant + -es   el señor → los señores

     (-z → -ces   un lápiz → unos lápices)

▶ Definite articles: el, la, los, las

▶ Indefinite articles: un, una, unos, unas

1.2 Numbers 0–30 *p. 16*

0	cero	8	ocho	16	dieciséis
1	uno	9	nueve	17	diecisiete
2	dos	10	diez	18	dieciocho
3	tres	11	once	19	diecinueve
4	cuatro	12	doce	20	veinte
5	cinco	13	trece	21	veintiuno
6	seis	14	catorce	22	veintidós
7	siete	15	quince	30	treinta

1.3 Present tense of ser *pp. 19–21*

yo	**soy**	nosotros/as	som...
tú	**eres**	vosotros/as	sois
Ud./él/ella	**es**	Uds./ellos/ellas	son

3 **Presentaciones** Complete this conversation with the correct form of the verb **ser**. `6 pts.`

JUAN   ¡Hola! Me llamo Juan. (1) _____ estudiante en la clase de español.

DANIELA   ¡Hola! Mucho gusto. Yo (2) _____ Daniela y ella (3) _____ Mónica. ¿De dónde (4) _____ (tú), Juan?

JUAN   De California. Y ustedes, ¿de dónde (5) _____ ?

MÓNICA   Nosotras (6) _____ de Florida.

`1.4` ~~Telling time~~	
Es la una.	*It's 1:00.*
Son las dos.	*It's 2:00.*
Son las tres y diez.	*It's 3:10.*
Es la una y cuarto/ quince.	*It's 1:15.*
Son las siete y media/ treinta.	*It's 7:30.*
Es la una menos cuarto/quince.	*It's 12:45.*
Son las once menos veinte.	*It's 10:40.*
Es el mediodía.	*It's noon.*
Es la medianoche.	*It's midnight.*

4 **¿Qué hora es?** Write out in words the following times, indicating whether it's morning, noon, afternoon, or night. `10 pts.`

1. It's 12:00 p.m.

_____

2. It's 7:05 a.m.

_____

3. It's 9:35 p.m.

_____

4. It's 5:15 p.m.

_____

5. It's 1:30 p.m.

_____

5 **¡Hola!** Write five sentences introducing yourself and talking about your classes. You may want to include: your name, where you are from, who your Spanish teacher is, the time of your Spanish class, how many students are in the class, etc. `9 pts.`

_____

_____

_____

_____

6 **Canción** Use the two appropriate words from the list to complete this children's song. `2 EXTRA points!`

cinco	cuántas	cuatro	media	quiénes

" ¿ _____ patas°
tiene un gato°?
Una, dos, tres y
_____ . "

patas *legs*   tiene un gato *does a cat have*

Lectura

Antes de leer

Estrategia
Recognizing cognates

As you learned earlier in this lesson, cognates are words that share similar meanings and spellings in two or more languages. When reading in Spanish, it's helpful to look for cognates and use them to guess the meaning of what you're reading. But watch out for false cognates. For example, **librería** means *bookstore*, not *library*, and **embarazada** means *pregnant*, not *embarrassed*. Look at this list of Spanish words, paying special attention to prefixes and suffixes. Can you guess the meaning of each word?

importante	oportunidad
farmacia	cultura
inteligente	activo
dentista	sociología
decisión	espectacular
televisión	restaurante
médico	policía

Examinar el texto
Glance quickly at the reading selection and guess what type of document it is. Explain your answer.

Cognados
Read the document and make a list of the cognates you find. Guess their English equivalents, then compare your answers with those of a classmate.

Joaquín Salvador Lavado nació (*was born*) en Argentina en 1932 (mil novecientos treinta y dos). Su nombre profesional es **Quino**. Es muy popular en Latinoamérica, Europa y Canadá por sus tiras cómicas (*comic strips*). Mafalda es su serie más famosa. La protagonista, Mafalda, es una chica muy inteligente de seis años (*years*). La tira cómica ilustra las aventuras de ella y su grupo de amigos. Las anécdotas de Mafalda y los chicos también presentan tema (*themes*) importantes como la paz (*peace*) y los derechos humanos (*human rights*).

Después de leer

Preguntas
Answer these questions.

1. What is Joaquín Salvador Lavado's pen name?
2. What is Mafalda like?
3. Where is Mafalda in panel 1? What is she doing?
4. What happens to the sheep in panel 3? Why?
5. Why does Mafalda wake up?
6. What number corresponds to the sheep in panel 5?
7. In panel 6, what is Mafalda doing? How do you know?

os animales

his comic strip uses a device called onomatopoeia: a word at represents the sound that it stands for. Did you know at many common instances of onomatopoeia are different om language to language? The noise a sheep makes in nglish is *baaaah*, but in Mafalda's language it is **béeeee**. o you think you can match these animals with their panish sounds? First, practice saying aloud each animal ound in group B. Then, match each animal with its sound Spanish. If you need help remembering the sounds the phabet makes in Spanish, see p. 9.

A

1. ___ **gato** 2. ___ **perro** 3. ___ **vacas** 4. ___ **gallo**

5. ___ **rana** 6. ___ **pato** 7. ___ **cerdo**

B

a. kikirikí   b. muuu   c. croac   d. guau

e. cuac cuac   f. miau   g. oinc

Escritura

Estrategia
Writing in Spanish

Why do we write? All writing has a purpose. For example, we may write an e-mail to share important information or compose an essay to persuade others to accept a point of view. Proficient writers are not born, however. Writing requires time, thought, effort, and a lot of practice. Here are some tips to help you write more effectively in Spanish.

DO

- ▶ Try to write your ideas in Spanish
- ▶ Use the grammar and vocabulary that you know
- ▶ Use your textbook for examples of style, format, and expression in Spanish
- ▶ Use your imagination and creativity
- ▶ Put yourself in your reader's place to determine if your writing is interesting

AVOID

- ▶ Translating your ideas from English to Spanish
- ▶ Simply repeating what is in the textbook or on a web page
- ▶ Using a dictionary until you have learned how to use foreign language dictionaries

Tema

Hacer una lista

Create a telephone/address list that includes important names, numbers, and websites that will be helpful to you in your study of Spanish. Make whatever entries you can in Spanish without using a dictionary. You might want to include this information:

- ▶ The names, phone numbers, and e-mail addresses of at least four classmates
- ▶ Your professor's name, e-mail address, and office hours
- ▶ Three phone numbers and e-mail addresses of campus offices or locations related to your study of Spanish
- ▶ Five electronic resources for students of Spanish, such as chat rooms and sites dedicated to the study of Spanish a: a second language

Nombre *Sally (la chica de Indiana)*
Teléfono 655-8888
Dirección electrónica *sally@uru.edu*

Nombre *Profesor José Ramón Casas*
Teléfono 655-8090
Dirección electrónica *jrcasas@uru.edu*
Horas de oficina *12 a 12:30*

Nombre *Biblioteca* 655-7000
Dirección electrónica *library@uru.edu*

Escuchar

Estrategia
Listening for words you know

You can get the gist of a conversation by listening for words and phrases you already know.

 To help you practice this strategy, listen to the following sentence and make a list of the words you have already learned.

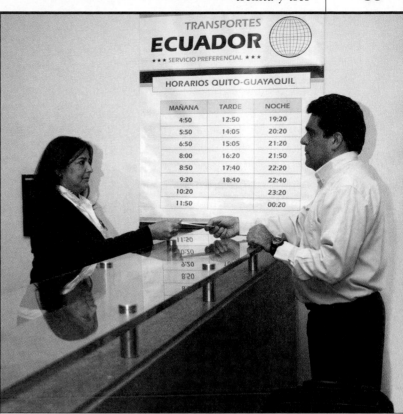

Preparación

Based on the photograph, what do you think Dr. Cavazos and Srta. Martínez are talking about? How would you get the gist of their conversation, based on what you know about Spanish?

Ahora escucha

Now you are going to hear Dr. Cavazos's conversation with Srta. Martínez. List the familiar words and phrases each person says.

Dr. Cavazos	Srta. Martínez
1. _____	9. _____
2. _____	10. _____
3. _____	11. _____
4. _____	12. _____
5. _____	13. _____
6. _____	14. _____
7. _____	15. _____
8. _____	16. _____

With a classmate, use your lists of familiar words as a guide to come up with a summary of what happened in the conversation.

Comprensión

Identificar
Who would say the following things, Dr. Cavazos or Srta. Martínez?

1. Me llamo…
2. De nada.
3. Gracias. Muchas gracias.
4. Aquí tiene usted los documentos de viaje (*trip*) señor.
5. Usted tiene tres maletas, ¿no?
6. Tengo dos maletas.
7. Hola, señor.
8. ¿Viaja usted a Buenos Aires?

Contestar
1. Does this scene take place in the morning, afternoon, or evening? How do you know?

2. How many suitcases does Dr. Cavazos have?

3. Using the words you already know to determine the context, what might the following words and expressions mean?

   - boleto
   - pasaporte
   - un viaje de ida y vuelta
   - ¡Buen viaje!

En pantalla

Latinos form the largest-growing minority group in the United States. This trend is expected to continue; the Census Bureau projects that by the year 2050, the Latino population will grow to 30 percent. Viewership of the two major Spanish-language TV stations, **Univisión** and **Telemundo**, has skyrocketed, at times surpassing that of the four major English-language networks. With Latino purchasing power estimated at 1.3 trillion dollars for 2015, many companies have responded by adapting successful marketing campaigns to target a Spanish-speaking audience. Turn on a Spanish-language channel any night of the week, and you'll see ads for the world's biggest consumer brands, from soft drinks to car makers; many of these advertisements are adaptations of their English-language counterparts. Bilingual ads, which use English and Spanish in a way that is accessible to all viewers, have become popular during events such as the Super Bowl, where advertisers want to appeal to a diverse market.

Vocabulario útil

carne en salsa	*beef with sauce*
copa de helado	*cup of ice cream*
no tiene precio	*priceless*
plato principal	*main course*
un domingo en familia	*Sunday with the family*

Emparejar

Match each item with its price according to the ad.
¡Ojo! (*Careful!*) One of the responses will not be used.

_____ 1. aperitivo   a. quince dólares
_____ 2. plato principal   b. ocho dólares
_____ 3. postre   c. treinta dólares
                             d. seis dólares

Un comercial

With a partner, brainstorm and write a MasterCard-like TV ad about something you consider priceless. Then read it to the class. Use as much Spanish as you can.

Aperitivo *Appetizer* Postre *Dessert*

Anuncio de MasterCard

Aperitivo°...

Postre°...

Un domingo en familia...

The **Plaza de Mayo** in Buenos Aires, Argentina, is perhaps best known as a place of political protest. Aptly nicknamed **Plaza de Protestas** by the locals, it is the site of weekly demonstrations. Despite this reputation, for many it is also a traditional **plaza**, a spot to escape from the hustle of city life. In warmer months, office workers from neighboring buildings flock to the plaza during lunch hour. **Plaza de Mayo** is also a favorite spot for families, couples, and friends to gather, stroll, or simply sit and chat. Tourists come year-round to take in the iconic surroundings: **Plaza de Mayo** is flanked by the rose-colored presidential palace (**Casa Rosada**), city hall (**municipalidad**), a colonial-era museum (**Cabildo**), and a spectacular cathedral (**Catedral Metropolitana**).

Vocabulario útil

abrazo	*hug*
¡Cuánto tiempo!	*It's been a long time!*
encuentro	*encounter*
plaza	*city or town square*
¡Qué bueno verte!	*It's great to see you!*
¡Qué suerte verlos!	*How lucky to see you!*

Preparación

Where do you and your friends usually meet? Are there public places where you get together? What activities do you take part in there?

Identificar

Identify the person or people who make(s) each of these statements.

1. ¿Cómo están ustedes?   a. Gonzalo
2. ¡Qué bueno verte!   b. Mariana
3. Bien, ¿y vos?   c. Mark
4. Hola.   d. Silvina
5. ¡Qué suerte verlos!

Encuentros en la plaza

Today we are at the Plaza de Mayo.

People come to walk and get some fresh air...

And children come to play...

Estados Unidos

El país en cifras°

- **Población° de los EE.UU.:** 310 millones
- **Población de origen hispano:** 49 millones
- **País de origen de hispanos en los EE.UU.:**

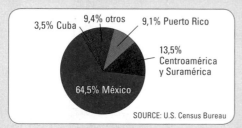

- 3,5% Cuba
- 9,4% otros
- 9,1% Puerto Rico
- 13,5% Centroamérica y Suramérica
- 64,5% México

SOURCE: U.S. Census Bureau

- **Estados con la mayor° población hispana:**

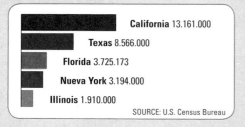

- **California** 13.161.000
- **Texas** 8.566.000
- **Florida** 3.725.173
- **Nueva York** 3.194.000
- **Illinois** 1.910.000

SOURCE: U.S. Census Bureau

Canadá

El país en cifras

- **Población de Canadá:** 34 millones
- **Población de origen hispano:** 700.000
- **País de origen de hispanos en Canadá:**

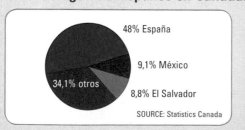

- 48% España
- 9,1% México
- 8,8% El Salvador
- 34,1% otros

SOURCE: Statistics Canada

- **Ciudades° con la mayor población hispana:**
  Montreal, Toronto, Vancouver

en cifras *by the numbers* Población *Population* mayor *largest*
Ciudades *Cities* creció *grew* más *more* cada *every* niños *children*
Se estima *It is estimated* va a ser *it is going to be*

Mission District, en San Francisco

AK

HI

CANADÁ

Vancouver
Calgary

Ottawa

Toronto

San Francisco

Chicago

Nueva York

Las Vegas

EE.UU.

Los Ángeles

San Diego

Washington, D

San Antonio

Oc
Atl

Miami

Golfo de México

MÉXICO

Mar Caribe

El Álamo, en San Antonio, Texas

recursos

WB
pp. 9–10

VM
pp. 249–250

¡Increíble pero cierto!

La población hispana en los EE.UU. creció° un 3,2% entre los años 2007 (dos mil siete) y 2008 (dos mil ocho) (1,5 millones de personas más°). Hoy, uno de cada° cinco niños° en los EE.UU. es de origen hispano. Se estima° que en el año 2021 va a ser° uno de cada tres.

SOURCE: U.S. Census Bureau and The Associated Press

Comida • La comida mexicana

La comida° mexicana es muy popular en los Estados Unidos. Los tacos, las enchiladas, las quesadillas y los frijoles frecuentemente forman parte de las comidas de muchos norteamericanos. También° son populares las variaciones de la comida mexicana en los Estados Unidos: el tex-mex y el cali-mex.

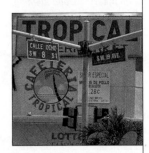

Lugares • La Pequeña Habana

La Pequeña Habana° es un barrio° de Miami, Florida, donde viven° muchos cubanoamericanos. Es un lugar° donde se encuentran° las costumbres° de la cultura cubana, los aromas y sabores° de su comida y la música salsa. La Pequeña Habana es una parte de Cuba en los Estados Unidos.

Costumbres • Desfile puertorriqueño

Cada junio, desde° 1951 (mil novecientos cincuenta y uno), los puertorriqueños celebran su cultura con un desfile° en Nueva York. Es un gran espectáculo con carrozas° y música salsa, merengue y hip-hop. Muchos espectadores llevan° la bandera° de Puerto Rico en su ropa° o pintada en la cara°.

Comunidad • Hispanos en Canadá

En Canadá viven° muchos hispanos. Toronto y Montreal son las ciudades° con mayor° población hispana. Muchos de ellos tienen estudios universitarios° y hablan° una de las lenguas° oficiales: inglés o francés°. Los hispanos participan activamente en la vida cotidiana° y profesional de Canadá.

¿Qué aprendiste? Completa las frases con la información adecuada (*appropriate*).

1. Hay _____ de personas de origen hispano en los Estados Unidos.

2. Los cuatro estados con las poblaciones hispanas más grandes son (en orden) _____, Texas, Florida y _____.

3. Toronto, Montreal y _____ son las ciudes con más población hispana de Canadá.

4. Las quesadillas y las enchiladas son platos (*dishes*) _____.

5. La Pequeña _____ es un barrio de Miami.

6. En Miami hay muchas personas de origen _____.

7. Cada junio se celebra en Nueva York un gran desfile para personas de origen _____.

8. Muchos hispanos en Canadá hablan _____ o francés.

Conexión Internet Investiga estos temas en Internet.

1. Haz (*Make*) una lista de seis hispanos célebres de los EE.UU. o Canadá. Explica (*Explain*) por qué (*why*) son célebres.

2. Escoge (*Choose*) seis lugares en los Estados Unidos con nombres hispanos e investiga sobre el origen y el significado (*meaning*) de cada nombre.

---

comida *food* También *Also* La Pequeña Habana *Little Havana* barrio *neighborhood* viven *live* lugar *place* se encuentran *are found* costumbres *customs* sabores *flavors* Cada junio desde *Each June since* desfile *parade* con carrozas *with floats* llevan *wear* bandera *flag* ropa *clothing* cara *face* viven *live* ciudades *cities* mayor *most* tienen estudios universitarios *have a degree* hablan *speak* lenguas *languages* inglés o francés *English or French* vida cotidiana *daily life*

Saludos

Hola.	Hello; Hi.
Buenos días.	Good morning.
Buenas tardes.	Good afternoon.
Buenas noches.	Good evening; Good night.

Despedidas

Adiós.	Goodbye.
Nos vemos.	See you.
Hasta luego.	See you later.
Hasta la vista.	See you later.
Hasta pronto.	See you soon.
Hasta mañana.	See you tomorrow.
Saludos a...	Greetings to…
Chau.	Bye.

¿Cómo está?

¿Cómo está usted?	How are you? (form.)
¿Cómo estás?	How are you? (fam.)
¿Qué hay de nuevo?	What's new?
¿Qué pasa?	What's happening?; What's going on?
¿Qué tal?	How are you?; How is it going?
(Muy) bien, gracias.	(Very) well, thanks.
Nada.	Nothing.
No muy bien.	Not very well.
Regular.	So-so; OK.

Expresiones de cortesía

Con permiso.	Pardon me; Excuse me.
De nada.	You're welcome.
Lo siento.	I'm sorry.
(Muchas) gracias.	Thank you (very much); Thanks (a lot).
No hay de qué.	You're welcome.
Perdón.	Pardon me; Excuse me.
por favor	please

Títulos

señor (Sr.); don	Mr.; sir
señora (Sra.); doña	Mrs.; ma'am
señorita (Srta.)	Miss

Presentaciones

¿Cómo se llama usted?	What's your name? (form.)
¿Cómo te llamas?	What's your name? (fam.)
Me llamo...	My name is…
¿Y usted?	And you? (form.)
¿Y tú?	And you? (fam.)
Mucho gusto.	Pleased to meet you.
El gusto es mío.	The pleasure is mine.
Encantado/a.	Delighted; Pleased to meet you.
Igualmente.	Likewise.
Éste/Ésta es...	This is…
Le presento a...	I would like to introduce you to (name). (form.)
Te presento a...	I would like to introduce you to (name). (fam.)
el nombre	name

¿De dónde es?

¿De dónde es usted?	Where are you from? (form.)
¿De dónde eres?	Where are you from? (fam.)
Soy de...	I'm from…

Palabras adicionales

¿cuánto(s)/a(s)?	how much/many?
¿de quién...?	whose…? (sing.)
¿de quiénes...?	whose…? (plural)
(no) hay	there is (not); there are (not)

Países

Argentina	Argentina
Costa Rica	Costa Rica
Cuba	Cuba
Ecuador	Ecuador
España	Spain
Estados Unidos (EE.UU.)	United States
México	Mexico
Puerto Rico	Puerto Rico

Sustantivo

el autobús	bus
la capital	capital city
el chico	boy
la chica	girl
la computadora	computer
la comunidad	community
el/la conductor(a)	driver
la conversación	conversation
la cosa	thing
el cuaderno	notebook
el día	day
el diario	diary
el diccionario	dictionary
la escuela	school
el/la estudiante	student
la foto(grafía)	photograph
el hombre	man
el/la joven	youth; young person
el lápiz	pencil
la lección	lesson
la maleta	suitcase
la mano	hand
el mapa	map
la mujer	woman
la nacionalidad	nationality
el número	number
el país	country
la palabra	word
el/la pasajero/a	passenger
el problema	problem
el/la profesor(a)	teacher
el programa	program
el/la turista	tourist
el video	video

Verbo

ser	to be

Numbers 0–30	See page 16.
Telling time	See pages 24–25.
Expresiones útiles	See page 7.

recursos

LM
p. 6

En la universidad **2**

You will learn how to:

• Talk about your classes and school life
• Discuss everyday activities
• Ask questions in Spanish
• Describe the location of people and things

A PRIMERA VISTA

• ¿Hay dos chicos en la foto?
• ¿Hay tres cuadernos o siete?
• ¿Son turistas o estudiantes?
• ¿Qué hora es, la una de la mañana o de la tarde?

En la universidad

Más vocabulario

la biblioteca	library
la cafetería	cafeteria
la casa	house; home
el estadio	stadium
el laboratorio	laboratory
la librería	bookstore
la residencia estudiantil	dormitory
la universidad	university; college
el/la compañero/a de clase	classmate
el/la compañero/a de cuarto	roommate
la clase	class
el curso	course
la especialización	major
el examen	test; exam
el horario	schedule
la prueba	test; quiz
el semestre	semester
la tarea	homework
el trimestre	trimester; quarter
la administración de empresas	business administration
el arte	art
la biología	biology
las ciencias	sciences
la computación	computer science
la contabilidad	accounting
la economía	economics
el español	Spanish
la física	physics
la geografía	geography
la música	music

Variación léxica

pluma ←→ bolígrafo
pizarra ←→ tablero (Col.)

recursos

WB
pp. 11–12

LM
p. 7

el mapa

la pizarra

LAS MATERIAS	COURSES
la historia	history
las humanidades	humanities
el inglés	English
las lenguas extranjeras	foreign languages
la literatura	literature
las matemáticas	mathematics
el periodismo	journalism
la psicología	psychology
la química	chemistry
la sociología	sociology

l papel

el borrador

la tiza

la papelera

el escritorio

la mochila

la estudiante

la silla

Práctica

1

Escuchar 🎧 Listen to Professor Morales talk about her Spanish classroom, then check the items she mentions.

puerta	○	tiza	○	plumas	○
ventanas	○	escritorios	○	mochilas	○
pizarra	○	sillas	○	papel	○
borrador	○	libros	○	reloj	○

2

Identificar 🎧 You will hear a series of words. Write each one in the appropriate category.

Personas	Lugares	Materias
_____	_____	_____
_____	_____	_____
_____	_____	_____

3

Emparejar Match each question with its most logical response. **¡Ojo!** (*Careful!*) One response will not be used.

1. ¿Qué clase es?
2. ¿Quiénes son?
3. ¿Quién es?
4. ¿De dónde es?
5. ¿A qué hora es la clase de inglés?
6. ¿Cuántos estudiantes hay?

a. Hay veinticinco.
b. Es un reloj.
c. Es de Perú.
d. Es la clase de química.
e. Es el señor Bastos.
f. Es a las nueve en punto.
g. Son los profesores.

4

Identificar Identify the word that does not belong in each group.

1. examen • casa • tarea • prueba
2. economía • matemáticas • biblioteca • contabilidad
3. pizarra • tiza • borrador • librería
4. lápiz • cafetería • papel • cuaderno
5. veinte • diez • pluma • treinta
6. conductor • laboratorio • autobús • pasajero

5

¿Qué clase es? Name the class associated with the subject matter.

> **modelo**
> los elementos, los átomos   *Es la clase de química.*

1. Abraham Lincoln, Winston Churchill
2. Picasso, Leonardo da Vinci
3. Freud, Jung
4. África, el océano Pacífico
5. la cultura de España, verbos
6. Hemingway, Shakespeare
7. geometría, calculadora

Los días de la semana

¿Qué día es hoy (today)?

Hoy es martes.

¿Cuándo (When) es el examen?

Es el viernes.

¡LENGUA VIVA!

The days of the week are never capitalized in Spanish.

• • •

Monday is considered the first day of the week in Spanish-speaking countries.

CONSULTA

Note that September in Spanish is **septiembre**. For all of the months of the year, go to **Contextos, Lección 5,** p. 154.

septiembre

lunes	martes	miércoles	jueves	viernes	sábado	domingo
	1	2	3	4	5	6
7	8	9	10			

6 **¿Qué día es hoy?** Complete each statement with the correct day of the week.

1. Hoy es martes. Mañana es _____. Ayer fue (*Yesterday was*) _____.
2. Ayer fue sábado. Mañana es _____. Hoy es _____.
3. Mañana es viernes. Hoy es _____. Ayer fue _____.
4. Ayer fue domingo. Hoy es _____. Mañana es _____.
5. Hoy es jueves. Ayer fue _____. Mañana es _____.
6. Mañana es lunes. Hoy es _____. Ayer fue _____.

7 **Analogías** Use these words to complete the analogies. Some words will not be used.

arte	día	martes	pizarra
biblioteca	domingo	matemáticas	profesor
catorce	estudiante	mujer	reloj

1. maleta ←→ pasajero ⊜ mochila ←→ _____
2. chico ←→ chica ⊜ hombre ←→ _____
3. pluma ←→ papel ⊜ tiza ←→ _____
4. inglés ←→ lengua ⊜ miércoles ←→ _____
5. papel ←→ cuaderno ⊜ libro ←→ _____
6. quince ←→ dieciséis ⊜ lunes ←→ _____
7. Cervantes ←→ literatura ⊜ Dalí ←→ _____
8. autobús ←→ conductor ⊜ clase ←→ _____
9. los EE.UU. ←→ mapa ⊜ hora ←→ _____
10. veinte ←→ veintitrés ⊜ jueves ←→ _____

Comunicación

8

Horario Choose three courses from the chart to create your own class schedule, then discuss it with a classmate.

materia	horas	días	profesor(a)
historia	9–10	lunes, miércoles	Prof. Ordóñez
biología	12–1	lunes, jueves	Profa. Dávila
periodismo	2–3	martes, jueves	Profa. Quiñones
matemáticas	2–3	miércoles, jueves	Prof. Jiménez
arte	12–1:30	lunes, miércoles	Prof. Molina

modelo

Estudiante 1: Tomo (*I take*) biología los lunes y jueves, de 12 a 1, con (*with*) la profesora Dávila.

Estudiante 2: ¿Sí? Yo no tomo biología. Yo tomo arte los lunes y miércoles, de 12 a 1:30, con el profesor Molina.

9

Memoria How well do you know your Spanish classroom? Take a good look around and then close your eyes. Your partner will ask you questions about the classroom, using these words and other vocabulary. Each person should answer six questions and switch roles every three questions.

escritorio	mapa	pizarra	reloj
estudiante	mesa	profesor(a)	ventana
libro	mochila	puerta	silla

modelo

Estudiante 1: ¿Cuántas ventanas hay?
Estudiante 2: Hay cuatro ventanas.

10

Nuevos amigos During the first week of class, you meet a new student in the cafeteria. With a partner, prepare a conversation using these cues. Then act it out for the class.

Estudiante 1   **Estudiante 2**

Greet your new acquaintance. ⟶ Introduce yourself.

Find out about him or her. ⟶ Tell him or her about yourself.

Ask about your partner's class schedule. ⟶ Compare your schedule to your partner's.

Say nice to meet you and goodbye. ⟶ Say nice to meet you and goodbye.

¿Qué estudias?

Felipe, Marissa, Juan Carlos y Miguel visitan Chapultepec y hablan de las clases.

PERSONAJES

 MARISSA

 FELIPE

FELIPE Dos boletos, por favor.

EMPLEADO Dos boletos son 64 pesos.

FELIPE Aquí están 100 pesos.

EMPLEADO 100 menos 64 son 36 pesos de cambio.

MIGUEL Marissa, hablas muy bien el español... ¿Y dónde está tu diccionario?

MARISSA En casa de los Díaz. Felipe necesita practicar inglés.

MIGUEL ¡Ay, Maru! Chicos, nos vemos más tarde.

FELIPE Ésta es la Ciudad de México.

FELIPE Oye, Marissa, ¿cuántas clases tomas?

MARISSA Tomo cuatro clases: español, historia, literatura y también geografía. Me gusta mucho la cultura mexicana.

FELIPE Juan Carlos, ¿quién enseña la clase de química este semestre?

JUAN CARLOS El profesor Morales. Ah, ¿por qué tomo química y computación?

FELIPE Porque te gusta la tarea.

JUAN CARLOS

MIGUEL

EMPLEADO

MARU

FELIPE Los lunes y los miércoles, economía a las 2:30. Tú tomas computación los martes en la tarde, y química, a ver... Los lunes, los miércoles y los viernes ¿a las 10? ¡Uf!

FELIPE Y Miguel, ¿cuándo regresa?

JUAN CARLOS Hoy estudia con Maru.

MARISSA ¿Quién es Maru?

MIGUEL ¿Hablas con tu mamá?

MARU Mamá habla. Yo escucho. Es la 1:30.

MIGUEL Ay, lo siento. Juan Carlos y Felipe...

MARU Ay, Felipe.

MARU Y ahora, ¿adónde? ¿A la biblioteca?

MIGUEL Sí, pero primero a la librería. Necesito comprar unos libros.

recursos

VM
pp. 215–216

Expresiones útiles

Talking about classes

¿Cuántas clases tomas?
How many classes are you taking?
Tomo cuatro clases.
I'm taking four classes.
Mi especialización es en arqueología.
My major is archeology.
Este año, espero sacar buenas notas y, por supuesto, viajar por el país.
This year, I hope / I'm hoping to get good grades. And, of course, travel through the country.

Talking about likes/dislikes

Me gusta mucho la cultura mexicana.
I like Mexican culture a lot.
Me gustan las ciencias ambientales.
I like environmental science.
Me gusta dibujar.
I like to draw.
¿Te gusta este lugar?
Do you like this place?

Paying for tickets

Dos boletos, por favor.
Two tickets, please.
Dos boletos son sesenta y cuatro pesos.
Two tickets are sixty-four pesos.
Aquí están cien pesos.
Here's a hundred pesos.
Son treinta y seis pesos de cambio.
That's thirty-six pesos change.

Talking about location and direction

¿Dónde está tu diccionario?
Where is your dictionary?
Está en casa de los Díaz.
It's at the Díaz's house.
Y ahora, ¿adónde? ¿A la biblioteca?
And now, where to? To the library?
Sí, pero primero a la librería.
Está al lado.
Yes, but first to the bookstore.
It's next door.

¿Qué pasó?

1 **Escoger** Choose the answer that best completes each sentence.

1. Marissa toma (*is taking*) _____ en la universidad.
   a. español, psicología, economía y música   b. historia, inglés, sociología y periodismo
   c. español, historia, literatura y geografía

2. El profesor Morales enseña (*teaches*) _____.
   a. química   b. matemáticas   c. historia

3. Juan Carlos toma química _____.
   a. los miércoles, jueves y viernes   b. los lunes, miércoles y viernes
   c. los lunes, martes y jueves

4. Miguel necesita ir a (*needs to go to*) _____.
   a. la biblioteca   b. la residencia estudiantil   c. la librería

2 **Identificar** Indicate which person would make each statement. The names may be used more than once.

1. ¿Maru es compañera de ustedes? _____
2. Mi mamá habla mucho. _____
3. El profesor Morales enseña la clase de química este semestre. _____
4. Mi diccionario está en casa de Felipe y Jimena. _____
5. Necesito estudiar con Maru. _____
6. Yo tomo clase de computación los martes por la tarde. _____

MARU

JUAN CARLOS

MARISSA

MIGUEL

NOTA CULTURAL

Maru is a shortened version of the name **María Eugenia**. Other popular "combination names" in Spanish are **Juanjo (Juan José)** and **Maite (María Teresa)**.

3 **Completar** These sentences are similar to things said in the **Fotonovela**. Complete each sentence with the correct word(s).

| Castillo de Chapultepec | estudiar | miércoles |
| clase | inglés | tarea |

1. Marissa, éste es el _____.
2. Felipe tiene (*has*) el diccionario porque (*because*) necesita practicar _____.
3. A Juan Carlos le gusta mucho la _____.
4. Hay clase de economía los lunes y _____.
5. Miguel está con Maru para _____.

NOTA CULTURAL

The **Castillo de Chapultepec** is one of Mexico City's most historic landmarks. Constructed in 1785, it was the residence of emperors and presidents. It has been open to the public since 1944 and now houses the National Museum of History.

4 **Preguntas personales** Interview a classmate about his/her university life.

1. ¿Qué clases tomas en la universidad?
2. ¿Qué clases tomas los martes?
3. ¿Qué clases tomas los viernes?
4. ¿En qué clase hay más chicos?
5. ¿En qué clase hay más chicas?
6. ¿Te gusta la clase de español?

Pronunciación
Spanish vowels

a **e** **i** **o** **u**

Spanish vowels are never silent; they are always pronounced in a short, crisp way without the glide sounds used in English.

Álex	**clase**	**nada**	**encantada**

The letter **a** is pronounced like the *a* in *father*, but shorter.

el	**ene**	**mesa**	**elefante**

The letter **e** is pronounced like the *e* in *they*, but shorter.

Inés	**chica**	**tiza**	**señorita**

The letter **i** sounds like the *ee* in *beet*, but shorter.

hola	**con**	**libro**	**don Francisco**

The letter **o** is pronounced like the *o* in *tone*, but shorter.

uno	**regular**	**saludos**	**gusto**

The letter **u** sounds like the *oo* in *room*, but shorter.

Práctica Practice the vowels by saying the names of these places in Spain.

1. Madrid
2. Alicante
3. Tenerife
4. Toledo
5. Barcelona
6. Granada
7. Burgos
8. La Coruña

Oraciones Read the sentences aloud, focusing on the vowels.

1. Hola. Me llamo Ramiro Morgado.
2. Estudio arte en la Universidad de Salamanca.
3. Tomo también literatura y contabilidad.
4. Ay, tengo clase en cinco minutos. ¡Nos vemos!

Refranes Practice the vowels by reading these sayings aloud.

Cada loco con su tema.[2]

Del dicho al hecho hay un gran trecho.[1]

1 Easier said than done. 2 To each his own.

recursos

LM
p. 8

La elección de una carrera universitaria

Since higher education in the Spanish-speaking world is heavily state-subsidized, tuition is almost free. As a result, public universities see large enrollments. Spanish and Latin American students generally choose their **carrera universitaria** (major) when they're eighteen—which is either the year they enter the university or the year before. In order to enroll, all students must complete a high school degree, known as the **bachillerato**. In countries like Bolivia, Mexico, and Peru, the last year of high school (**colegio***) tends to be specialized in an area of study, such as the arts or natural sciences.

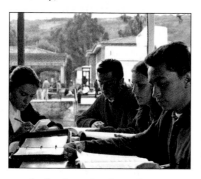

Students then choose their major according to their area of specialization. Similarly, university-bound students in Argentina follow the **polimodal** track during the last three years of high school. **Polimodal** refers to exposure to various disciplines, such as business, social sciences, or design. Based on this coursework, Argentine students choose their **carrera**. Finally, in Spain, students choose their major according to the score they receive on the **prueba de aptitud** (skills test or entrance exam).

University graduates receive a **licenciatura**, or bachelor's degree. In Argentina and Chile, a **licenciatura** takes four to six years to complete,

Universidad Central de Venezuela en Caracas

and may be considered equivalent to a master's degree. In Peru and Venezuela, a bachelor's degree is a five-year process. Spanish and Colombian **licenciaturas** take four to five years, although some fields, such as medicine, require six or more.

> ### Estudiantes hispanos en los EE.UU.
>
> In the 2004–05 academic year, over 13,000 Mexican students (2.3% of all international students) studied at U.S. universities. Colombians were the second-largest Spanish-speaking group, with over 7,000 students.

*¡Ojo! El colegio is a false cognate. In most countries, it means *high school*, but in some regions it refers to an elementary school. All undergraduate study takes place at la universidad.

ACTIVIDADES

1 **¿Cierto o falso?** Indicate whether these statements are **cierto** or **falso**. Correct the false statements.

1. Students in Spanish-speaking countries must pay large amounts of money toward their college tuition.

2. **Carrera** refers to any undergraduate or graduate program that students enroll in to obtain a professional degree.

3. After studying at a **colegio**, students receive their **bachillerato**.

4. Undergraduates study at a **colegio** or an **universidad**.

5. In Latin America and Spain, students usually choose their majors in their second year at the university.

6. The **polimodal** system helps students choose their university major.

7. In Mexico, the **bachillerato** involves specialized study.

8. In Spain, majors depend on entrance exam scores.

9. Venezuelans complete a **licenciatura** in five years.

10. According to statistics, Colombians constitute the third-largest Latin American group studying at U.S. universities.

ASÍ SE DICE

Clases y exámenes

aprobar	to pass
la asignatura (Esp.)	la clase, la materia
la clase anual	year-long course
el examen parcial	midterm exam
la facultad	department, school
la investigación	research
el profesorado	faculty
reprobar; suspender (Esp.)	to fail
sacar buenas/ malas notas	to get good/ bad grades
tomar apuntes	to take notes

EL MUNDO HISPANO

Las universidades hispanas

It is not uncommon for universities in Spain and Latin America to have extremely large student body populations.

- **Universidad de Buenos Aires** (Argentina) 325.000 estudiantes

- **Universidad Autónoma de Santo Domingo** (República Dominicana) 180.000 estudiantes

- **Universidad Complutense de Madrid** (España) 86.200 estudiantes

- **Universidad Central de Venezuela** (Venezuela) 62.600 estudiantes

PERFIL

La Universidad de Salamanca

The University of Salamanca, established in 1218, is the oldest university in Spain. It is located in Salamanca, one of the most spectacular Renaissance cities in Europe. Salamanca is nicknamed **La Ciudad Dorada** (*The Golden City*) for the golden glow of its famous sandstone buildings, and it was declared a UNESCO World Heritage Site in 1968.

Salamanca is a true college town, as its prosperity and city life depend and revolve around the university population. Over 38,000 students from all over Spain, as well as abroad, come to study here each year. The school offers over 250 academic programs, as well as renowned Spanish courses for foreign students. To walk through the university's historic grounds is to follow the footsteps of immortal writers like Miguel de Cervantes and Miguel de Unamuno.

Conexión Internet

To which **facultad** does your major belong in Spain or Latin America?

Use the Web to find more cultural information related to this **Cultura** section.

ACTIVIDADES

2 **Comprensión** Complete these sentences.

1. The University of Salamanca was established in the year _____.

2. A _____ is a year-long course.

3. Salamanca is called _____.

4. Over 300,000 students attend the _____.

5. An _____ occurs about halfway through a course.

3 **La universidad en cifras** With a partner, research a Spanish or Latin American university online and find five statistics about that institution (for instance, the total enrollment, majors offered, year it was founded, etc.). Using the information you found, create a dialogue between a prospective student and a university representative. Present your dialogue to the class.

2.1 Present tense of -ar verbs

ANTE TODO In order to talk about activities, you need to use verbs. Verbs express actions or states of being. In English and Spanish, the infinitive is the base form of the verb. In English, the infinitive is preceded by the word *to*: *to study, to be*. The infinitive in Spanish is a one-word form and can be recognized by its endings: **-ar**, **-er**, or **-ir**.

-ar verb		*-er* verb		*-ir* verb	
estudiar	*to study*	**comer**	*to eat*	**escribir**	*to write*

▶ In this lesson, you will learn the forms of regular **-ar** verbs.

The verb estudiar (*to study*)

SINGULAR FORMS	yo	estudi**o**	*I study*
	tú	estudi**as**	*you* (fam.) *study*
	Ud./él/ella	estudi**a**	*you* (form.) *study; he/she studies*
PLURAL FORMS	nosotros/as	estudi**amos**	*we study*
	vosotros/as	estudi**áis**	*you* (fam.) *study*
	Uds./ellos/ellas	estudi**an**	*you* (form.) *study; they study*

Juan Carlos estudia ciencias ambientales.

Y tú, ¿qué estudias, Miguel?

▶ To create the forms of most regular verbs in Spanish, drop the infinitive endings (**-ar**, **-er**, **-ir**). You then add to the stem the endings that correspond to the different subject pronouns. This diagram will help you visualize verb conjugation.

Conjugation of *-ar* verbs

INFINITIVE	VERB STEM	CONJUGATED FORM
estudi**ar**	estudi-	yo estudi**o**
bail**ar**	bail-	tú bail**as**
trabaj**ar**	trabaj-	nosotros trabaj**amos**

Common -ar verbs

bailar	to dance	**estudiar**	to study
buscar	to look for	**explicar**	to explain
caminar	to walk	**hablar**	to talk; to speak
cantar	to sing	**llegar**	to arrive
cenar	to have dinner	**llevar**	to carry
comprar	to buy	**mirar**	to look (at); to watch
contestar	to answer	**necesitar (+ _inf._)**	to need
conversar	to converse, to chat	**practicar**	to practice
desayunar	to have breakfast	**preguntar**	to ask (a question)
descansar	to rest	**preparar**	to prepare
desear (+ _inf._)	to desire; to wish	**regresar**	to return
dibujar	to draw	**terminar**	to end; to finish
enseñar	to teach	**tomar**	to take; to drink
escuchar	to listen (to)	**trabajar**	to work
esperar (+ _inf._)	to wait (for); to hope	**viajar**	to travel

▶ **¡Atención!** Unless referring to a person, the Spanish verbs **buscar, escuchar, esperar,** and **mirar** do not need to be followed by prepositions as they do in English.

Busco la tarea.
I'm looking for the homework.

Espero el autobús.
I'm waiting for the bus.

Escucho la música.
I'm listening to the music.

Miro la pizarra.
I'm looking at the blackboard.

COMPARE & CONTRAST

English uses three sets of forms to talk about the present: (1) the simple present (_Paco works_), (2) the present progressive (_Paco is working_), and (3) the emphatic present (_Paco does work_). In Spanish, the simple present can be used in all three cases.

Paco **trabaja** en la cafetería.
1. _Paco works in the cafeteria._
2. _Paco is working in the cafeteria._
3. _Paco does work in the cafeteria._

In Spanish and English, the present tense is also sometimes used to express future action.

Marina **viaja** a Madrid mañana.
1. _Marina travels to Madrid tomorrow._
2. _Marina will travel to Madrid tomorrow._
3. _Marina is traveling to Madrid tomorrow._

▶ When two verbs are used together with no change of subject, the second verb is generally in the infinitive. To make a sentence negative in Spanish, the word **no** is placed before the conjugated verb. In this case, **no** means _not_.

Deseo hablar con el señor Díaz.
I want to speak with Mr. Díaz.

Alicia **no** desea bailar ahora.
Alicia doesn't want to dance now.

▶ Spanish speakers often omit subject pronouns because the verb endings indicate who the subject is. In Spanish, subject pronouns are used for emphasis, clarification, or contrast.

—¿Qué enseñan?
What do they teach?

—**Ella** enseña arte y **él** enseña física.
She teaches art, and he teaches physics.

—¿Quién desea trabajar hoy?
Who wants to work today?

—**Yo** no deseo trabajar hoy.
I don't want to work today.

The verb gustar

▶ To express your likes and dislikes, use the expression **(no) me gusta** + **el/la** + [*singular noun*] or **(no) me gustan** + **los/las** + [*plural noun*]. Note: You may use the phrase **a mí** for emphasis, but never the subject pronoun **yo**.

Me gusta la música clásica.
I like classical music.

Me gustan las clases de español y biología.
I like Spanish and biology classes.

A mí me gustan las artes.
I like the arts.

A mí no me gusta el programa.
I don't like the program.

▶ To talk about what you like and don't like to do, use **(no) me gusta** + [*infinitive(s)*]. Note that the singular **gusta** is always used, even with more than one infinitive.

No me gusta viajar en autobús.
I don't like to travel by bus.

Me gusta cantar y **bailar**.
I like to sing and dance.

▶ To ask a classmate about likes and dislikes, use the pronoun **te** instead of **me**. Note: You may use **a ti** for emphasis, but never the subject pronoun **tú**.

—¿**Te gusta la geografía**?
Do you like geography?

—**Sí, me gusta. Y a ti, ¿te gusta el inglés?**
Yes, I like it. And you, do you like English?

▶ You can use this same structure to talk about other people by using the pronouns **nos**, **le**, and **les**. Unless your instructor tells you otherwise, only the **me** and **te** forms will appear on test materials until **Lección 7**.

Nos gusta dibujar. (nosotros)
We like to draw.

Nos gustan las clases de español e inglés. (nosotros)
We like Spanish class and English class.

No le gusta trabajar.
(usted, él, ella)
You don't like to work.
He/She doesn't like to work.

Les gusta el arte.
(ustedes, ellos, ellas)
You like art.
They like art.

¡ATENCIÓN!

Note that **gustar** does not behave like other -ar verbs. You must study its use carefully and pay attention to prepositions, pronouns, and agreement.

AYUDA

Use the construction **a** + [*name/pronoun*] to clarify to whom you are referring. This construction is not always necessary.
A Gabriela le gusta bailar.
A Sara y a él les gustan los animales.
A mí me gusta viajar.
¿A ti te gustan las clases?

CONSULTA

For more on **gustar** and other verbs like it, see **Estructura 7.4**, pp. 246–247.

¡INTÉNTALO! Provide the present tense forms of these verbs. The first items have been done for you.

hablar

1. Yo ___hablo___ español.
2. Ellos _____ español.
3. Inés _____ español.
4. Nosotras _____ español.
5. Tú _____ español.

gustar

1. ___Me gusta___ el café. (a mí)
2. ¿_____ las clases? (a ti)
3. No _____ el café. (a ti)
4. No _____ las clases. (a mí)
5. No _____ el café. (a mí)

recursos

WB
pp. 13–14

LM
p. 9

Práctica

1 Completar Complete the conversation with the appropriate forms of the verbs in parentheses.

JUAN ¡Hola, Linda! ¿Qué tal las clases?

LINDA Bien. (1)_____ (Tomar) tres clases... química, biología y computación. Y tú, ¿cuántas clases (2)_____ (tomar)?

JUAN (3)_____ (Tomar) tres también... biología, arte y literatura. El doctor Cárdenas (4)_____ (enseñar) la clase de biología.

LINDA ¿Ah, sí? Lily, Alberto y yo (5)_____ (tomar) biología a las diez con la profesora Garza.

JUAN ¿(6)_____ (Estudiar) mucho ustedes?

LINDA Sí, porque hay muchos exámenes. Alberto y yo (7)_____ (necesitar) estudiar dos horas todos los días (*every day*).

2 Oraciones Form sentences using the words provided. Remember to conjugate the verbs and add any other necessary words.

1. ustedes / practicar / vocabulario
2. ¿preparar (tú) / tarea?
3. clase de español / terminar / once
4. ¿qué / buscar / ustedes?
5. (nosotros) buscar / pluma
6. (yo) comprar / calculadora

3 Gustos Read what these people do. Then use the information in parentheses to tell what they like.

> **modelo**
> Yo enseño en la universidad. (las clases)   *Me gustan las clases.*

1. Tú deseas mirar cuadros (*paintings*) de Picasso. (el arte)
2. Soy estudiante de economía. (estudiar)
3. Tú estudias italiano y español. (las lenguas extranjeras)
4. No descansas los sábados. (cantar y bailar)
5. Busco una computadora. (la computación)

4 Actividades Get together with a classmate and take turns asking each other if you do these activities. Which activities does your partner like? Which do you both like?

> **modelo**
> tomar el autobús
> **Estudiante 1:** ¿Tomas el autobús?
> **Estudiante 2:** Sí, tomo el autobús, pero (*but*) no me gusta./ No, no tomo el autobús.

bailar merengue	escuchar música rock	practicar el español
cantar bien	estudiar física	trabajar en la universidad
dibujar en clase	mirar la televisión	viajar a Europa

AYUDA
The Spanish **no** translates to both *no* and *not* in English. In negative answers to questions, you will need to use **no** twice:
¿Estudias geografía?
No, no estudio geografía.

Comunicación

5

Describir With a partner, describe what you see in the pictures using the given verbs. Also ask your partner whether or not he/she likes one of the activities.

 modelo

> enseñar
> La profesora enseña química. ¿Te gusta la química?

1. caminar, hablar, llevar

2. buscar, descansar, estudiar

3. dibujar, cantar, escuchar

4. llevar, tomar, viajar

6

Charadas In groups of three, play a game of charades using the verbs in the word bank. For example, if someone is studying, you say "**Estudias**." The first person to guess correctly acts out the next charade.

bailar	cantar	descansar	enseñar	mirar
caminar	conversar	dibujar	escuchar	preguntar

Síntesis

7

Conversación Get together with a classmate and pretend that you are friends who have not seen each other on campus for a few days. Have a conversation in which you catch up on things. Mention how you're feeling, what classes you're taking, what days and times you have classes, and which classes you like and don't like.

⟨2.2⟩ Forming questions in Spanish

ANTE TODO There are three basic ways to ask questions in Spanish. Can you guess what they are by looking at the photos and photo captions on this page?

Te gusta mucho la tarea, ¿no?

¿Hablas con tu mamá?

¿Quién es Maru?

▶ One way to form a question is to raise the pitch of your voice at the end of a declarative sentence. When writing any question in Spanish, be sure to use an upside down question mark (¿) at the beginning and a regular question mark (?) at the end of the sentence.

Statement	Question
Ustedes trabajan los sábados.	¿Ustedes trabajan los sábados?
You work on Saturdays.	*Do you work on Saturdays?*
Carlota busca un mapa.	¿Carlota busca un mapa?
Carlota is looking for a map.	*Is Carlota looking for a map?*

▶ You can also form a question by inverting the order of the subject and the verb of a declarative statement. The subject may even be placed at the end of the sentence.

Statement	Question
SUBJECT VERB	VERB SUBJECT
Ustedes trabajan los sábados.	¿**Trabajan ustedes** los sábados?
You work on Saturdays.	*Do you work on Saturdays?*
SUBJECT VERB	VERB SUBJECT
Carlota regresa a las seis.	¿**Regresa** a las seis **Carlota**?
Carlota returns at six.	*Does Carlota return at six?*

▶ Questions can also be formed by adding the tags ¿no? or ¿verdad? at the end of a statement.

Statement	Question
Ustedes trabajan los sábados.	Ustedes trabajan los sábados, ¿no?
You work on Saturdays.	*You work on Saturdays, don't you?*
Carlota regresa a las seis.	Carlota regresa a las seis, ¿verdad?
Carlota returns at six.	*Carlota returns at six, right?*

Question words

Interrogative words			
¿Adónde?	Where (to)?	**¿De dónde?**	From where?
¿Cómo?	How?	**¿Dónde?**	Where?
¿Cuál?, ¿Cuáles?	Which?; Which one(s)?	**¿Por qué?**	Why?
¿Cuándo?	When?	**¿Qué?**	What?; Which?
¿Cuánto/a?	How much?	**¿Quién?**	Who?
¿Cuántos/as?	How many?	**¿Quiénes?**	Who (plural)?

▶ To ask a question that requires more than a *yes* or *no* answer, use an interrogative word.

¿Cuál de ellos estudia en la biblioteca?
Which of them studies in the library?

¿Cuántos estudiantes hablan español?
How many students speak Spanish?

¿Dónde trabaja Ricardo?
Where does Ricardo work?

¿Qué clases tomas?
What classes are you taking?

¿Adónde caminamos?
Where are we walking?

¿Por qué necesitas hablar con ella?
Why do you need to talk to her?

¿Quién enseña la clase de arte?
Who teaches the art class?

¿Cuánta tarea hay?
How much homework is there?

CONSULTA

You will learn more about the difference between **qué** and **cuál** in **Estructura 9.3**, p. 316.

▶ When pronouncing this type of question, the pitch of your voice falls at the end of the sentence.

¿Cómo llegas a clase?
How do you get to class?

¿Por qué necesitas estudiar?
Why do you need to study?

▶ Notice the difference between **¿por qué?**, which is written as two words and has an accent, and **porque**, which is written as one word without an accent.

¿Por qué estudias español?
Why do you study Spanish?

¡Porque es divertido!
Because it's fun!

▶ In Spanish **no** can mean both *no* and *not*. Therefore, when answering a yes/no question in the negative, you need to use **no** twice.

¿Caminan a la universidad?
Do you walk to the university?

No, no caminamos a la universidad.
No, we do not walk to the university.

¡INTÉNTALO! Make questions out of these statements. Use the intonation method in column 1 and the tag **¿no?** method in column 2.

Statement	Intonation	Tag questions
1. Hablas inglés.	¿Hablas inglés?	Hablas inglés, ¿no?
2. Trabajamos mañana.		
3. Ustedes desean bailar.		
4. Raúl estudia mucho.		
5. Enseño a las nueve.		
6. Luz mira la televisión.		

Práctica

1

Preguntas Change these sentences into questions by inverting the word order.

> **modelo**
>
> Ernesto habla con su compañero de clase.
> ¿Habla Ernesto con su compañero de clase? /
> ¿Habla con su compañero de clase Ernesto?

1. La profesora Cruz prepara la prueba.

2. Sandra y yo necesitamos estudiar.

3. Los chicos practican el vocabulario.

4. Jaime termina la tarea.

5. Tú trabajas en la biblioteca.

2

Completar Irene and Manolo are chatting in the library. Complete their conversation with the appropriate questions.

IRENE   Hola, Manolo. (1)_____

MANOLO Bien, gracias. (2)_____

IRENE   Muy bien. (3)_____

MANOLO Son las nueve.

IRENE   (4)_____

MANOLO Estudio historia.

IRENE   (5)_____

MANOLO Porque hay un examen mañana.

IRENE   (6)_____

MANOLO Sí, me gusta mucho la clase.

IRENE   (7)_____

MANOLO El profesor Padilla enseña la clase.

IRENE   (8)_____

MANOLO No, no tomo psicología este (*this*) semestre.

IRENE   (9)_____

MANOLO Regreso a la residencia a las once.

IRENE   (10)_____

MANOLO No, no deseo tomar una soda. ¡Deseo estudiar!

3

Dos profesores In pairs, create a dialogue, similar to the one in **Actividad 2**, between Professor Padilla and his colleague Professor Martínez. Use question words.

> **modelo**
>
> **Prof. Padilla:** ¿Qué enseñas este semestre?
> **Prof. Martínez:** Enseño dos cursos de sociología.

Comunicación

4 **Encuesta** Your instructor will give you a worksheet. Change the categories in the first column into questions, then use them to survey your classmates. Find at least one person for each category. Be prepared to report the results of your survey to the class.

5 **Un juego** In groups of four or five, play a game (**un juego**) of Jeopardy®. Each person has to write two clues. Then take turns reading the clues and guessing the questions. The person who guesses correctly reads the next clue.

Es algo que...	**Es un lugar donde...**	**Es una persona que...**
It's something that...	*It's a place where...*	*It's a person that...*

> **Estudiante 1:** Es un lugar donde estudiamos.
> **Estudiante 2:** ¿Qué es la biblioteca?
>
> **Estudiante 1:** Es algo que escuchamos.
> **Estudiante 2:** ¿Qué es la música?
>
> **Estudiante 1:** Es un director de España.
> **Estudiante 2:** ¿Quién es Pedro Almodóvar?

NOTA CULTURAL

Pedro Almodóvar is an award-winning film director from Spain. His films are full of both humor and melodrama, and their controversial subject matter has often sparked great debate. His film **Hable con ella** won the Oscar for Best Original Screenplay in 2002. His 2006 hit **Volver** was nominated for numerous awards, and won the Best Screenplay and Best Actress award for the entire female cast at the Cannes Film Festival.

6 **El nuevo estudiante** In pairs, imagine you are a transfer student and today is your first day of Spanish class. Ask your partner questions to find out all you can about the class, your classmates, and the university. Then switch roles.

modelo

> **Estudiante 1:** Hola, me llamo Samuel. ¿Cómo te llamas?
> **Estudiante 2:** Me llamo Laura.
> **Estudiante 1:** ¿Quiénes son ellos?
> **Estudiante 2:** Son Melanie y Lucas.
> **Estudiante 1:** Y él, ¿de dónde es?
> **Estudiante 2:** Es de California.
> **Estudiante 1:** En la universidad hay cursos de ciencias, ¿verdad?
> **Estudiante 2:** Sí, hay clases de biología, química y física.
> **Estudiante 1:** ¿Cuántos exámenes hay en esta clase?
> **Estudiante 2:** Hay dos.

Síntesis

7 **Entrevista** Imagine that you are a reporter for the school newspaper. Write five questions about student life at your school and use them to interview two classmates. Be prepared to report your findings to the class.

2.3 Present tense of **estar**

ANTE TODO In **Lección 1**, you learned how to conjugate and use the verb **ser** *(to be)*. You will now learn a second verb which means *to be*, the verb **estar**. Although **estar** ends in **-ar**, it does not follow the pattern of regular **-ar** verbs. The **yo** form (**estoy**) is irregular. Also, all forms have an accented **á** except the **yo** and **nosotros/as** forms.

The verb estar (*to be*)		
SINGULAR FORMS		
yo	est**oy**	*I am*
tú	est**ás**	*you* (fam.) *are*
Ud./él/ella	est**á**	*you* (form.) *are; he/she is*
PLURAL FORMS		
nosotros/as	est**amos**	*we are*
vosotros/as	est**áis**	*you* (fam.) *are*
Uds./ellos/ellas	est**án**	*you* (form.) *are; they are*

¡Estamos en Perú!

María está en la biblioteca.

COMPARE & CONTRAST

Compare the uses of the verb **estar** to those of the verb **ser**.

Uses of *estar*	Uses of *ser*

Location
Estoy en casa.
I am at home.

Marissa **está** al lado de Felipe.
Marissa is next to Felipe.

Health
Juan Carlos **está** enfermo hoy.
Juan Carlos is sick today.

Well-being
—¿Cómo **estás**, Jimena?
How are you, Jimena?

—**Estoy** muy bien, gracias.
I'm very well, thank you.

Identity
Hola, **soy** Maru.
Hello, I'm Maru.

Occupation
Soy estudiante.
I'm a student.

Origin
—¿**Eres** de México?
Are you from Mexico?

—Sí, **soy** de México.
Yes, I'm from Mexico.

Telling time
Son las cuatro.
It's four o'clock.

▶ **Estar** is often used with certain prepositions to describe the location of a person or an object.

Prepositions often used with estar

al lado de	next to; beside	**delante de**	in front of
a la derecha de	to the right of	**detrás de**	behind
a la izquierda de	to the left of	**en**	in; on
allá	over there	**encima de**	on top of
allí	there	**entre**	between; among
cerca de	near	**lejos de**	far from
con	with	**sin**	without
debajo de	below	**sobre**	on; over

La tiza **está al lado de** la pluma.
The chalk is next to the pen.

Los libros **están encima del** escritorio.
The books are on top of the desk.

El laboratorio **está cerca de** la clase.
The lab is near the classroom.

Maribel **está delante de** José.
Maribel is in front of José.

La maleta **está allí**.
The suitcase is there.

El estadio no **está lejos de** la librería.
The stadium isn't far from the bookstore.

El mapa **está entre** la pizarra y la puerta.
The map is between the blackboard and the door.

Los estudiantes **están en** la clase.
The students are in class.

La calculadora **está sobre** la mesa.
The calculator is on the table.

Los turistas **están allá**.
The tourists are over there.

Hoy estudia con Maru.

La biblioteca está al lado de la librería.

¡INTÉNTALO! Provide the present tense forms of **estar**.

1. Ustedes ___están___ en la clase.
2. José _____ en la biblioteca.
3. Yo _____ bien, gracias.
4. Nosotras _____ en la cafetería.
5. Tú _____ en el laboratorio.
6. Elena _____ en la librería.
7. Ellas _____ en la clase.

8. Ana y yo _____ en la clase.
9. ¿Cómo _____ usted?
10. Javier y Maribel _____ en el estadio.
11. Nosotros _____ en la cafetería.
12. Yo _____ en el laboratorio.
13. Carmen y María _____ enfermas.
14. Tú _____ en la clase.

recursos

WB
pp. 17–18

LM
p. 11

Práctica

1

Completar Daniela has just returned home from the library. Complete this conversation with the appropriate forms of **ser** or **estar**.

MAMÁ   Hola, Daniela. ¿Cómo (1)_____?

▶ **DANIELA** Hola, mamá. (2)_____ bien. ¿Dónde (3)_____ papá?
              ¡Ya (*Already*) (4)_____ las ocho de la noche!

MAMÁ   No (5)_____ aquí. (6)_____ en la oficina.

DANIELA   Y Andrés y Margarita, ¿dónde (7)_____ ellos?

MAMÁ   (8)_____ en el restaurante La Palma con Martín.

DANIELA   ¿Quién (9)_____ Martín?

MAMÁ   (10)_____ un compañero de clase. (11)_____ de México.

DANIELA   Ah. Y el restaurante La Palma, ¿dónde (12)_____?

MAMÁ   (13)_____ cerca de la Plaza Mayor, en San Modesto.

DANIELA   Gracias, mamá. Voy (*I'm going*) al restaurante. ¡Hasta pronto!

2

Escoger Choose the preposition that best completes each sentence.

1. La pluma está (encima de / detrás de) la mesa.
2. La ventana está (a la izquierda de / debajo de) la puerta.
3. La pizarra está (debajo de / delante de) los estudiantes.
4. Las sillas están (encima de / detrás de) los escritorios.
5. Los estudiantes llevan los libros (en / sobre) la mochila.
6. La biblioteca está (sobre / al lado de) la residencia estudiantil.
7. España está (cerca de / lejos de) Puerto Rico.
8. México está (cerca de / lejos de) los Estados Unidos.
9. Felipe trabaja (con / en) Ricardo en la cafetería.

3

La librería Imagine that you are in the school bookstore and can't find various items. Ask the clerk (your partner) the location of five items in the drawing. Then switch roles.

▶ *modelo*

Estudiante 1: ¿Dónde están los diccionarios?
Estudiante 2: Los diccionarios están debajo de los libros de literatura.

Comunicación

4 **¿Dónde estás...?** Get together with a partner and take turns asking each other where you normally are at these times.

> modelo
>
> lunes / 10:00 a.m.
> **Estudiante 1:** ¿Dónde estás los lunes a las diez de la mañana?
> **Estudiante 2:** Estoy en la clase de español.

1. sábados / 6:00 a.m.
2. miércoles / 9:15 a.m.
3. lunes / 11:10 a.m.
4. jueves / 12:30 a.m.

5. viernes / 2:25 p.m.
6. martes / 3:50 p.m.
7. jueves / 5:45 p.m.
8. miércoles / 8:20 p.m.

5 **La ciudad universitaria** You are an exchange student at a Spanish university. Tell a classmate which buildings you are looking for and ask for their location relative to where you are.

> modelo
>
> **Estudiante 1:** ¿Está lejos la Facultad de Medicina?
> **Estudiante 2:** No, está cerca. Está a la izquierda de la Facultad de Administración de Empresas.

Facultad de Medicina · Facultad de Administración de Empresas · Facultad de Filosofía y Letras · Biblioteca · Tú estás aquí. · Colegio Mayor Cervantes · Facultad de Bellas Artes

Síntesis

6 **Entrevista** In groups of three, ask each other these questions.

1. ¿Cómo estás?
2. ¿Dónde tomas la clase de inglés/periodismo/física/computación?
3. ¿Dónde está tu (your) compañero/a de cuarto ahora?
4. ¿Cuántos estudiantes hay en tu clase de historia/literatura/química/matemáticas?
5. ¿Quién(es) no está(n) en la clase hoy?
6. ¿A qué hora terminan tus clases los lunes?
7. ¿Estudias mucho?
8. ¿Cuántas horas estudias para (for) una prueba?

(2.4) Numbers 31 and higher

ANTE TODO You have already learned numbers 0–30. Now you will learn the rest of the numbers.

Numbers 31–100

▶ Numbers 31–99 follow the same basic pattern as 21–29.

	Numbers 31–100				
31	treinta y uno	**40**	cuarenta	**50**	cincuenta
32	treinta y dos	**41**	cuarenta y uno	**51**	cincuenta y uno
33	treinta y tres	**42**	cuarenta y dos	**52**	cincuenta y dos
34	treinta y cuatro	**43**	cuarenta y tres	**60**	sesenta
35	treinta y cinco	**44**	cuarenta y cuatro	**63**	sesenta y tres
36	treinta y seis	**45**	cuarenta y cinco	**64**	sesenta y cuatro
37	treinta y siete	**46**	cuarenta y seis	**70**	setenta
38	treinta y ocho	**47**	cuarenta y siete	**80**	ochenta
39	treinta y nueve	**48**	cuarenta y ocho	**90**	noventa
		49	cuarenta y nueve	**100**	cien, ciento

▶ **Y** is used in most numbers from **31** through **99**. Unlike numbers 21–29, these numbers must be written as three separate words.

Hay **noventa y dos** exámenes.
There are ninety-two exams.

Hay **cuarenta y dos** estudiantes.
There are forty-two students.

Hay cuarenta y siete estudiantes en la clase de geografía.

Cien menos sesenta y cuatro son treinta y seis pesos de cambio.

▶ With numbers that end in **uno** (31, 41, etc.), **uno** becomes **un** before a masculine noun and **una** before a feminine noun.

Hay **treinta y un** chicos.
There are thirty-one guys.

Hay **treinta y una** chicas.
There are thirty-one girls.

▶ **Cien** is used before nouns and in counting. The words **un, una**, and **uno** are never used before **cien** in Spanish. Use **cientos** to say *hundreds*.

Hay **cien** libros y **cien** sillas.
There are one hundred books and one hundred chairs.

¿Cuántos libros hay? **Cientos.**
How many books are there? Hundreds.

Numbers 101 and higher

▶ As shown in the chart, Spanish uses a period to indicate thousands and millions, rather than a comma, as is used in English.

Numbers 101 and higher			
101	ciento uno	**1.000**	mil
200	doscientos/as	**1.100**	mil cien
300	trescientos/as	**2.000**	dos mil
400	cuatrocientos/as	**5.000**	cinco mil
500	quinientos/as	**100.000**	cien mil
600	seiscientos/as	**200.000**	doscientos/as mil
700	setecientos/as	**550.000**	quinientos/as cincuenta mil
800	ochocientos/as	**1.000.000**	un millón (de)
900	novecientos/as	**8.000.000**	ocho millones (de)

▶ Notice that you should use **ciento**, not **cien**, to count numbers over 100.

110 = **ciento diez** 118 = **ciento dieciocho** 150 = **ciento cincuenta**

▶ The numbers 200 through 999 agree in gender with the nouns they modify.

324 plum**as** 3.505 libr**os**
trescient**as** veinticuatro plum**as** tres mil quinient**os** cinco libr**os**

▶ The word **mil**, which can mean *a thousand* and *one thousand*, is not usually used in the plural form to refer to an exact number, but it can be used to express the idea of *a lot*, *many*, or *thousands*. **Cientos** can also be used to express *hundreds* in this manner.

¡Hay **miles** de personas en el estadio! Hay **cientos** de libros en la biblioteca.
There are thousands of people *There are hundreds of books*
in the stadium! *in the library!*

▶ To express a complex number (including years), string together all of its components.

55.422 cincuenta y cinco mil cuatrocientos veintidós

¡VIVA LENGUA!

In Spanish, years are not expressed as pairs of two-digit numbers as they are in English (1979, *nineteen seventy-nine*): 1776, **mil setecientos setenta y seis**; 1945, **mil novecientos cuarenta y cinco**; 2012, **dos mil doce**.

¡ATENCIÓN!

When **millón** or **millones** is used before a noun, the word **de** is placed between the two:

1.000.000 hombres = un millón de hombres
12.000.000 casas = doce millones de casas.

recursos

WB
pp. 19–20

LM
p. 12

¡INTÉNTALO! Write out the Spanish equivalent of each number.

1. **102** _____ciento dos_____
2. **5.000.000** _____
3. **201** _____
4. **76** _____
5. **92** _____
6. **550.300** _____
7. **235** _____
8. **79** _____
9. **113** _____
10. **88** _____
11. **17.123** _____
12. **497** _____

Práctica y Comunicación

1 **Baloncesto** Provide these basketball scores in Spanish.

1. Ohio State 76, Michigan 65
2. Florida 92, Florida State 104
3. Stanford 83, UCLA 89
4. Purdue 81, Indiana 78
5. Princeton 67, Harvard 55
6. Duke 115, Virginia 121

2 **Completar** Following the pattern, write out the missing numbers in Spanish.

1. 50, 150, 250 … 1.050

2. 5.000, 20.000, 35.000 … 95.000

3. 100.000, 200.000, 300.000 … 1.000.000

4. 100.000.000, 90.000.000, 80.000.000 … 0

3 **Resolver** In pairs, take turns reading the math problems aloud for your partner to solve.

AYUDA

+	→	**más**
−	→	**menos**
=	→	**son**

> **modelo**
>
> 200 + 300 =
> **Estudiante 1:** Doscientos más trescientos son…
> **Estudiante 2:** …quinientos.

1. 1.000 + 753 =
2. 1.000.000 – 30.000 =
3. 10.000 + 555 =
4. 15 + 150 =
5. 100.000 + 205.000 =
6. 29.000 – 10.000 =

4 **Entrevista** Find out the telephone numbers and e-mail addresses of four classmates.

AYUDA

arroba *at* (@)
punto *dot* (.)

> **modelo**
>
> **Estudiante 1:** ¿Cuál es tu (*your*) número de teléfono?
> **Estudiante 2:** Es el 635-19-51.
> **Estudiante 1:** ¿Y tu dirección de correo electrónico?
> **Estudiante 2:** Es a-Smith-arroba-pe-ele-punto-e-de-u. (*asmith@pl.edu*)

Síntesis

5 **¿A qué distancia…?** Your instructor will give you and a partner incomplete charts that indicate the distances between Madrid and various locations. Fill in the missing information on your chart by asking your partner questions.

> **modelo**
>
> **Estudiante 1:** ¿A qué distancia está Arganda del Rey?
> **Estudiante 2:** Está a veintisiete kilómetros de Madrid.

SUBJECT → Javier   CONJUGATED FORM   empiezo   Main   Dudan

Recapitulación

Review the grammar concepts you have learned in this lesson by completing these activities.

1 **Completar** Complete the chart with the correct verb forms. **12 pts.**

yo	tú	nosotros	ellas
compro			
	deseas		
		miramos	
			preguntan

2.1 Present tense of -ar verbs *pp. 50–52*

estudiar	
estudio	estudiamos
estudias	estudiáis
estudia	estudian

The verb gustar

(no) me gusta + el/la + [*singular noun*]

(no) me gustan + los/las + [*plural noun*]

(no) me gusta + [*infinitive(s)*]

Note: You may use a mí for emphasis, but never **yo.**

To ask a classmate about likes and dislikes, use **te** instead of **me**, but never **tú.**

¿Te gusta la historia?

2 **Números** Write these numbers in Spanish. **8 pts.**

> **modelo**
> 645: *seiscientos cuarenta y cinco*

1. **49:** _____
2. **97:** _____
3. **113:** _____
4. **632:** _____
5. **1.781:** _____
6. **3.558:** _____
7. **1.006.015:** _____
8. **67.224.370:** _____

2.2 Forming questions in Spanish *pp. 55–56*

▸ ¿Ustedes trabajan los sábados?

▸ ¿Trabajan ustedes los sábados?

▸ Ustedes trabajan los sábados, ¿verdad?/¿no?

Interrogative words		
¿Adónde?	¿Cuánto/a?	¿Por qué?
¿Cómo?	¿Cuántos/as?	¿Qué?
¿Cuál(es)?	¿De dónde?	¿Quién(es)?
¿Cuándo?	¿Dónde?	

3 **Preguntas** Write questions for these answers. **12 pts.**

1. —¿_____ Patricia?
   —Patricia es de Colombia.
2. —¿_____ él?
   —Él es mi amigo (*friend*).
3. —¿_____ (tú)?
   —Hablo dos idiomas (*languages*).
4. —¿_____ (ustedes)?
   —Deseamos tomar café.
5. —¿_____ ?
   —Tomo biología porque me gustan las ciencias.
6. —¿_____ ?
   —Camilo descansa por las mañanas.

2.3 Present tense of *estar* *pp. 59–60*

▸ estar: estoy, estás, está, estamos, estáis, están

2.4 Numbers 31 and higher *pp. 63–64*

31	treinta y uno	101	ciento uno
32	treinta y dos	200	doscientos/as
	(and so on)	500	quinientos/as
40	cuarenta	700	setecientos/as
50	cincuenta	900	novecientos/as
60	sesenta	1.000	mil
70	setenta	2.000	dos mil
80	ochenta	5.100	cinco mil cien
90	noventa	100.000	cien mil
100	cien, ciento	1.000.000	un millón (de)

4 **Al teléfono** Complete this telephone conversation with the correct forms of the verb **estar**.

8 pts.

MARÍA TERESA Hola, señora López. (1) ¿_____ Elisa en casa?

SRA. LÓPEZ Hola, ¿quién es?

MARÍA TERESA Soy María Teresa. Elisa y yo (2) _____ en la misma (*same*) clase de literatura.

SRA. LÓPEZ ¡Ah, María Teresa! ¿Cómo (3) _____?

MARÍA TERESA (4) _____ muy bien, gracias. Y usted, ¿cómo (5) _____?

SRA. LÓPEZ Bien, gracias. Pues, no, Elisa no (6) _____ en casa. Ella y su hermano (*her brother*) (7) _____ en la Biblioteca Cervantes.

MARÍA TERESA ¿Cervantes?

SRA. LÓPEZ Es la biblioteca que (8) _____ al lado del café Bambú.

MARÍA TERESA ¡Ah, sí! Gracias, señora López.

SRA. LÓPEZ Hasta luego, María Teresa.

5 **¿Qué te gusta?** Write a paragraph of at least five sentences stating what you like and don't like about your university. If possible, explain your likes and dislikes. 10 pts.

Me gusta la clase de música porque no hay muchos exámenes. No me gusta cenar en la cafetería...

6 **Canción** Use the appropriate forms of the verb **gustar** to complete the beginning of a popular song by Manu Chao. **2 EXTRA points!**

❝ Me _____ los aviones°, me gustas tú, me _____ viajar, me gustas tú, me gusta la mañana, me gustas tú. ❞

aviones *airplanes*

Lectura

Antes de leer

Estrategia

Predicting Content through Formats

Recognizing the format of a document can help you to predict its content. For instance, invitations, greeting cards, and classified ads follow an easily identifiable format, which usually gives you a general idea of the information they contain. Look at the text and identify it based on its format.

	lunes	martes	miércoles	jueves	viernes
8:30	biología		biología		biología
9:00		historia		historia	
9:30	inglés		inglés		inglés
10:00					
10:30					
11:00					
12:00					
12:30					
1:00					
2:00	arte		arte		arte

If you guessed that this is a page from a student's schedule, you are correct. You can now infer that the document contains information about a student's weekly schedule, including days, times, and activities.

Cognados

With a classmate, make a list of the cognates in the text and guess their English meanings. What do cognates reveal about the content of the document?

Examinar el texto

Look at the format of the document entitled *¡Español en Madrid!* What type of text is it? What information do you expect to find in this type of document?

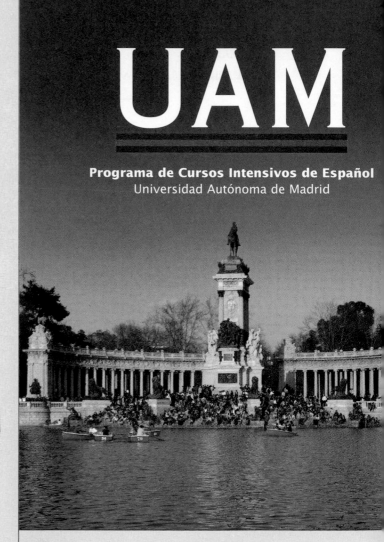

¡ESPAÑOL EN MADRID!

UAM

Programa de Cursos Intensivos de Español
Universidad Autónoma de Madrid

Después de leer

Correspondencias

Provide the letter of each item in Column B that matches the words in Column A. Two items will not be used.

 A   B

1. profesores
2. vivienda
3. Madrid
4. número de teléfono
5. Español 2B
6. número de fax

a. (34) 91 523 4500
b. (34) 91 524 0210
c. 23 junio–30 julio
d. capital cultural de Europa
e. 16 junio–22 julio
f. especializados en enseñar español como lengua extranjera
g. (34) 91 523 4623
h. familias españolas

Universidad Autónoma de Madrid

Madrid, la capital cultural de Europa, y la UAM te ofrecen cursos intensivos de verano° para aprender° español como nunca antes°.

Cursos	Empieza°	Termina
Español 1A	16 junio	22 julio
Español 1B	23 junio	30 julio
Español 1C	30 junio	10 agosto
Español 2A	16 junio	22 julio
Español 2B	23 junio	30 julio
Español 3A	16 junio	22 julio
Español 3B	23 junio	30 julio

¿Dónde?
En el campus de la UAM, edificio° de la Facultad de Filosofía y Letras.

¿Quiénes son los profesores?
Son todos hablantes nativos del español y catedráticos° de la UAM especializados en enseñar el español como lengua extranjera.

¿Qué niveles se ofrecen?
Se ofrecen tres niveles° básicos:
1. Español Elemental, A, B y C
2. Español Intermedio, A y B
3. Español Avanzado, A y B

Viviendas
Para estudiantes extranjeros se ofrece vivienda° con familias españolas.

¿Cuándo?
Este verano desde° el 16 de junio hasta el 10 de agosto. Los cursos tienen una duración de 6 semanas.

Información
Para mayor información, sirvan comunicarse con la siguiente° oficina:

Universidad Autónoma de Madrid
Programa de Español como Lengua Extranjera
Ctra. Colmenar Viejo, Km. 15, 28049 Madrid, España
Tel. (34) 91 523 4500, **Fax** (34) 91 523 4623
www.uam.es

rano *summer* aprender *to learn* nunca antes *never before* edificio *building* catedráticos *professors* niveles *levels* vivienda *housing* desde *from* Empieza *Begins* siguiente *following*

Cierto o falso?
ndicate whether each statement is **cierto** or **falso**.
hen correct the false statements.

	Cierto	Falso
1. La Universidad Autónoma de Madrid ofrece (*offers*) cursos intensivos de italiano.	○	○
2. La lengua nativa de los profesores del programa es el inglés.	○	○
3. Los cursos de español son en la Facultad de Ciencias.	○	○
4. Los estudiantes pueden vivir (*can live*) con familias españolas.	○	○

	Cierto	Falso
5. La universidad que ofrece los cursos intensivos está en Salamanca.	○	○
6. Español 3B termina en agosto.	○	○
7. Si deseas información sobre (*about*) los cursos intensivos de español, es posible llamar al (34) 91 523 4500.	○	○
8. Español 1A empieza en julio.	○	○

Escritura

Estrategia
Brainstorming

How do you find ideas to write about? In the early stages of writing, brainstorming can help you generate ideas on a specific topic. You should spend ten to fifteen minutes brainstorming and jotting down any ideas about the topic. Whenever possible, try to write your ideas in Spanish. Express your ideas in single words or phrases, and jot them down in any order. While brainstorming, don't worry about whether your ideas are good or bad. Selecting and organizing ideas should be the second stage of your writing. Remember that the more ideas you write down while you're brainstorming, the more options you'll have to choose from later when you start to organize your ideas.

Me gusta
- bailar
- viajar
- mirar la televisión
- la clase de español
- la clase de psicología

No me gusta
- cantar
- dibujar
- trabajar
- la clase de química
- la clase de biología

Tema

Una descripción

Write a description of yourself to post in a chat room on a website in order to meet Spanish-speaking people. Include this information in your description:

▶ your name and where you are from, and a photo (optional) of yourself
▶ your major and where you go to school
▶ the courses you are taking
▶ where you work (if you have a job)
▶ some of your likes and dislikes

¡Hola! Me llamo Alicia Roberts. Estudio matemáticas en la Universidad de Toronto.

Escuchar

Estrategia

Listening for cognates

You already know that cognates are words that have similar spellings and meanings in two or more languages: for example, *group* and **grupo** or *stereo* and **estéreo**. Listen for cognates to increase your comprehension of spoken Spanish.

 To help you practice this strategy, you will now listen to two sentences. Make a list of all the cognates you hear.

Preparación

Based on the photograph, who do you think Armando and Julia are? What do you think they are talking about?

Ahora escucha

Now you are going to hear Armando and Julia's conversation. Make a list of the cognates they use.

Armando	Julia
_____	_____
_____	_____
_____	_____
_____	_____

Based on your knowledge of cognates, decide whether the following statements are **cierto** or **falso**.

	Cierto	Falso
1. Armando y Julia hablan de la familia.	○	○
2. Armando y Julia toman una clase de matemáticas.	○	○
3. Julia toma clases de ciencias.	○	○
4. Armando estudia lenguas extranjeras.	○	○
5. Julia toma una clase de religión.	○	○

Comprensión

Preguntas

Answer these questions about Armando and Julia's conversation.

1. ¿Qué clases toma Armando?
   _____
2. ¿Qué clases toma Julia?
   _____

Seleccionar

Choose the answer that best completes each sentence.

1. Armando toma _____ clases en la universidad.
   a. cuatro　　　b. cinco　　　c. seis
2. Julia toma dos clases de _____.
   a. matemáticas　b. lengua　　c. ciencias
3. Armando toma italiano y _____.
   a. astronomía　b. japonés　　c. geología
4. Armando y Julia estudian _____ los martes y jueves.
   a. filosofía　　b. matemáticas　c. italiano

Preguntas personales

1. ¿Cuántas clases tomas tú este semestre?
2. ¿Qué clases tomas este semestre?
3. ¿Qué clases te gustan y qué clases no te gustan?

En pantalla

Christmas isn't always in winter. During the months of cold weather and snow in North America, the southern hemisphere enjoys warm weather and longer days. Since Chile's summer lasts from December to February, school vacation coincides with these months. In Chile, the school year starts in early March and finishes toward the end of December. All schools, from preschools to universities, observe this scholastic calendar, with only a few days' variation between institutions.

Vocabulario útil	
quería	*I wanted*
pedirte	*to ask you*
te preocupa	*it worries you*
ahorrar	*to save (money)*
Navidad	*Christmas*
aprovecha	*take advantage of*
nuestras	*our*
ofertas	*offers, deals*
calidad	*quality*
no cuesta	*doesn't cost*

¿Qué hay?

For each item, write **sí** if it appears in the TV clip or **no** if it does not.

_____ 1. papelera

_____ 2. lápiz

_____ 3. mesa

_____ 4. computadora

_____ 5. diccionario

_____ 6. cuaderno

_____ 7. tiza

_____ 8. ventana

¿Qué quieres?

Write a list of things that you want for your next birthday. Then read it to the class so they know what to get you. Use as much Spanish as you can.

Lista de cumpleaños°

Quiero°...

cumpleaños *birthday* Quiero *I want* Viejito Pascuero *Santa Claus (Chile)*

Anuncio de Jumbo

Viejito Pascuero°...

¿Cómo se escribe *mountain bike*?

M... O...

Mexican author and diplomat Octavio Paz (March 31, 1914–April 19, 1998) studied both law and literature at the **Universidad Nacional Autónoma de México** (**UNAM**), but after graduating he immersed himself in the art of writing. An incredibly prolific writer of novels, poetry, and essays, Paz solidified his prestige as Mexico's preeminent author with his 1950 book *El laberinto de la soledad*, a fundamental study of Mexican identity. Among the many awards he received in his lifetime are the **Premio Miguel de Cervantes** (1981) and Nobel Prize for Literature (1990). Paz foremost considered himself a poet and affirmed that poetry constitutes "**la religión secreta de la edad° moderna**".

Vocabulario útil

¿Cuál es tu materia favorita?	*What is your favorite subject?*
¿Cuántos años tienes?	*How old are you?*
¿Qué estudias?	*What do you study?*
el/la alumno/a	*student*
la carrera (de medicina)	*(medical) degree program, major*
derecho	*law*
reconocido	*well-known*

Preparación

What is the name of your school or university? What degree program are you in? What classes are you taking this semester?

Emparejar

Match the first part of the sentence in the left column with the appropriate ending in the right column.

1. En la UNAM no hay
2. México, D.F. es
3. La UNAM es
4. La UNAM ofrece

   a. una universidad muy grande.
   b. 74 carreras de estudio.
   c. residencias estudiantiles.
   d. la ciudad más grande (*biggest*) de Hispanoamérica.

Los estudios

—¿Qué estudias?
—Ciencias de la comunicación.

Estudio derecho en la UNAM.

¿Conoces a algún° profesor famoso que dé° clases... en la UNAM?

recursos

VM
pp. 293–294

edad *age* ¿Conoces a algún...? *Do you know any...?* que dé *that teaches*

España

El país en cifras

- **Área:** 504.750 km² (kilómetros cuadrados) o 194.884 millas cuadradas°, incluyendo las islas Baleares y las islas Canarias
- **Población:** 47.203.000
- **Capital:** Madrid—6.213.000
- **Ciudades° principales:** Barcelona—5.315.000, Valencia—832.000, Sevilla, Zaragoza

SOURCE: Population Division, UN Secretariat

- **Moneda°:** euro
- **Idiomas°:** español o castellano, catalán, gallego, valenciano, euskera

Gallego · Euskera · Catalán · Español · Valenciano

Regiones lingüísticas

Bandera de España

Españoles célebres

- **Miguel de Cervantes,** escritor° (1547–1616)
- **Pedro Almodóvar,** director de cine° (1949–)
- **Rosa Montero,** escritora y periodista° (1951–)
- **Fernando Alonso,** corredor de autos° (1981–)
- **Paz Vega,** actriz° (1976–)

millas cuadradas *square miles* Ciudades *Cities* Moneda *Currency* Idiomas *Languages* escritor *writer* cine *film* periodista *reporter* corredor de autos *race car driver* actriz *actress* pueblo *town* Cada año *Every year* Durante todo un día *All day long* se tiran *throw at each other* varias toneladas *many tons*

La Sagrada Familia en Barcelona

Plaza Mayor en Madrid

Mar Cantábrico

La Coruña

San Sebastián

FRANCIA

ANDORRA

Pirineos

Zaragoza · Río Ebro

Barcelona

Salamanca

PORTUGAL

ESPAÑA

★ Madrid

Valencia

Menorca

Mallorca

Ibiza

Islas Baleares

Sevilla

Sierra Nevada

Mar Mediterráneo

Estrecho de Gibraltar

Ceuta

Melilla

MARRUECOS

El baile flamenco

Islas Canarias

La Palma · Tenerife · Gran Canaria · Lanzarote · Fuerteventura · Gomera · Hierro

recursos

WB pp. 21–22	VM pp. 251–252

¡Increíble pero cierto!

En Buñol, un pueblo° de Valencia, la producción de tomates es un recurso económico muy importante. Cada año° se celebra el festival de *La Tomatina*. Durante todo un día°, miles de personas se tiran° tomates. Llegan turistas de todo el país, y se usan varias toneladas° de tomates.

Gastronomía • **José Andrés**

José Andrés es un chef español famoso internacionalmente°. Le gusta combinar platos° tradicionales de España con las técnicas de cocina más innovadoras°. Andrés vive° en Washington, DC, es dueño° de varios restaurantes en los EE.UU. y presenta° un programa en PBS (foto, izquierda). También° ha estado° en *Late Show with David Letterman* y *Top Chef*.

Cultura • **La diversidad**

La riqueza° cultural y lingüística de España refleja la combinación de las diversas culturas que han habitado° en su territorio durante siglos°. El español es la lengua oficial del país, pero también° son oficiales el catalán, el gallego, el euskera y el valenciano.

Póster en catalán

Sóc molt fan de la pàgina 335.

Ajuntament de Barcelona

Las meninas, Diego Velázquez, 1656

Artes • **Velázquez y el Prado**

El Prado, en Madrid, es uno de los museos más famosos del mundo°. En el Prado hay pinturas° importantes de Botticelli, de El Greco y de los españoles Goya y Velázquez. *Las meninas* es la obra° más conocida° de Diego Velázquez, pintor° oficial de la corte real° durante el siglo° XVII.

Comida • **La paella**

La paella es uno de los platos más típicos de España. Siempre se prepara° con arroz° y azafrán°, pero hay diferentes recetas°. La paella valenciana, por ejemplo, es de pollo° y conejo°, y la paella marinera es de mariscos°.

La costa de Ibiza

¿Qué aprendiste? Completa las oraciones con la información adecuada.

1. El chef español _____ es muy famoso.
2. El arroz y el azafrán son ingredientes básicos de la _____.
3. El Prado está en _____.
4. José Andrés vive en _____.
5. El chef José Andrés tiene un _____ de televisión en PBS.
6. El gallego es una de las lenguas oficiales de _____.

Conexión Internet Investiga estos temas en Internet.

1. Busca información sobre la Universidad de Salamanca u otra universidad española. ¿Qué cursos ofrece (*does it offer*)? ¿Ofrece tu universidad cursos similares?
2. Busca información sobre un español o una española célebre (por ejemplo, un[a] político/a, un actor, una actriz, un[a] artista). ¿De qué parte de España es y por qué es célebre?

----

internacionalmente *internationally* platos *dishes* más innovadoras *most innovative* vive *lives* dueño *owner* presenta *hosts* También *Also* ha estado *has been* riqueza *richness* han habitado *have lived* durante siglos *for centuries* mundo *world* pinturas *paintings* obra *work* más conocida *best-known* pintor *painter* corte real *royal court* siglo *century* Siempre se prepara *It is always prepared* arroz *rice* azafrán *saffron* recetas *recipes* pollo *chicken* conejo *rabbit* mariscos *seafood*

La clase y la universidad

el/la compañero/a de clase	classmate
el/la compañero/a de cuarto	roommate
el/la estudiante	student
el/la profesor(a)	teacher
el borrador	eraser
la calculadora	calculator
el escritorio	desk
el libro	book
el mapa	map
la mesa	table
la mochila	backpack
el papel	paper
la papelera	wastebasket
la pizarra	blackboard
la pluma	pen
la puerta	door
el reloj	clock; watch
la silla	seat
la tiza	chalk
la ventana	window
la biblioteca	library
la cafetería	cafeteria
la casa	house; home
el estadio	stadium
el laboratorio	laboratory
la librería	bookstore
la residencia estudiantil	dormitory
la universidad	university; college
la clase	class
el curso, la materia	course
la especialización	major
el examen	test; exam
el horario	schedule
la prueba	test; quiz
el semestre	semester
la tarea	homework
el trimestre	trimester; quarter

Las materias

la administración de empresas	business administration
la arqueología	archeology
el arte	art
la biología	biology
las ciencias	sciences
la computación	computer science
la contabilidad	accounting
la economía	economics
el español	Spanish
la física	physics
la geografía	geography
la historia	history
las humanidades	humanities
el inglés	English
las lenguas extranjeras	foreign languages
la literatura	literature
las matemáticas	mathematics
la música	music
el periodismo	journalism
la psicología	psychology
la química	chemistry
la sociología	sociology

Preposiciones

al lado de	next to; beside
a la derecha de	to the right of
a la izquierda de	to the left of
allá	over there
allí	there
cerca de	near
con	with
debajo de	below; under
delante de	in front of
detrás de	behind
en	in; on
encima de	on top of
entre	between; among
lejos de	far from
sin	without
sobre	on; over

Palabras adicionales

¿Adónde?	Where (to)?
ahora	now
¿Cuál?, ¿Cuáles?	Which?; Which one(s)?
¿Por qué?	Why?
porque	because

Verbos

bailar	to dance
buscar	to look for
caminar	to walk
cantar	to sing
cenar	to have dinner
comprar	to buy
contestar	to answer
conversar	to converse, to chat
desayunar	to have breakfast
descansar	to rest
desear	to wish; to desire
dibujar	to draw
enseñar	to teach
escuchar la radio/ música	to listen (to) the radio/music
esperar (+ *inf.*)	to wait (for); to hope
estar	to be
estudiar	to study
explicar	to explain
gustar	to like
hablar	to talk; to speak
llegar	to arrive
llevar	to carry
mirar	to look (at); to watch
necesitar (+ *inf.*)	to need
practicar	to practice
preguntar	to ask (a question)
preparar	to prepare
regresar	to return
terminar	to end; to finish
tomar	to take; to drink
trabajar	to work
viajar	to travel

Los días de la semana

¿Cuándo?	When?
¿Qué día es hoy?	What day is it?
Hoy es…	Today is…
la semana	week
lunes	Monday
martes	Tuesday
miércoles	Wednesday
jueves	Thursday
viernes	Friday
sábado	Saturday
domingo	Sunday

Numbers 31 and higher	See pages 63–64.
Expresiones útiles	See page 45.

recursos

LM
p. 12

La familia

Communicative Goals

You will learn how to:

- Talk about your family and friends
- Describe people and things
- Express possession

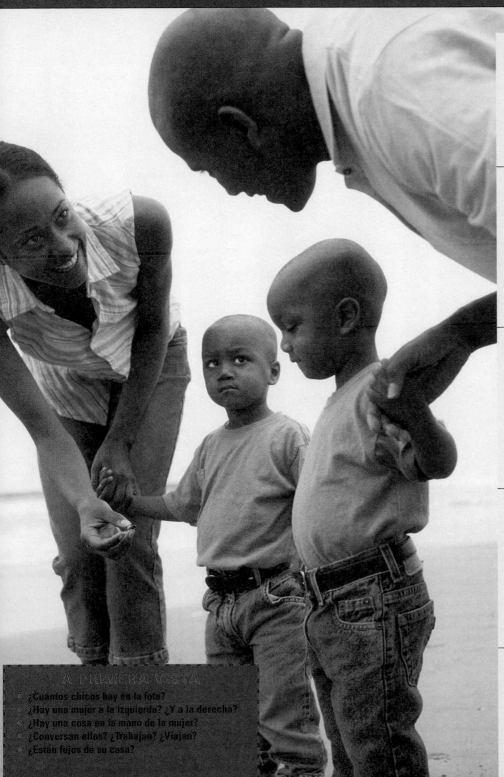

A PRIMERA VISTA

- ¿Cuántos chicos hay en la foto?
- ¿Hay una mujer a la izquierda? ¿Y a la derecha?
- ¿Hay una cosa en la mano de la mujer?
- ¿Conversan ellos? ¿Trabajan? ¿Viajan?
- ¿Están lejos de su casa?

La familia

La familia de José Miguel Pérez Santoro

Juan Santoro Sánchez

mi abuelo (*my grandfather*)

Ernesto Santoro González

mi tío (*uncle*)
hijo (*son*) de Juan y Socorro

Marina Gutiérrez de Santoro

mi tía (*aunt*)
esposa (*wife*) de Ernesto

Silvia Socorro Santoro Gutiérrez

mi prima (*cousin*)
hija (*daughter*) de Ernesto y Marina

Héctor Manuel Santoro Gutiérrez

mi primo (*cousin*)
nieto (*grandson*) de Juan y Socorro

Carmen Santoro Gutiérrez

mi prima
hija de Ernesto y Mari

Socorro González de Santoro

abuela (*my grandmother*)

Mirta Santoro de Pérez

mi madre (*mother*)
ija de Juan y Socorro

Rubén Ernesto Pérez Gómez

mi padre (*father*)
esposo de mi madre

José Miguel érez Santoro

o de Rubén y
de Mirta

Beatriz Alicia Pérez de Morales

mi hermana
(*sister*)

Felipe Morales Zapata

esposo (*husband*)
de Beatriz Alicia

Víctor Miguel Morales Pérez

mi sobrino (*nephew*)
hermano (*brother*)
de Anita

Anita Morales Pérez

mi sobrina (*niece*)
nieta (*granddaughter*)
de mis padres

los hijos (*children*) **de Beatriz Alicia y de Felipe**

Práctica

1 **Escuchar** 🎧 Listen to each statement made by José Miguel Pérez Santoro, then indicate whether it is **cierto** or **falso**, based on his family tree.

	Cierto	Falso		Cierto	Falso
1.	○	○	6.	○	○
2.	○	○	7.	○	○
3.	○	○	8.	○	○
4.	○	○	9.	○	○
5.	○	○	10.	○	○

2 **Personas** 🎧 Indicate each word that you hear mentioned in the narration.

1. _____ cuñado   4. _____ niño   7. _____ ingeniera
2. _____ tía   5. _____ esposo   8. _____ primo
3. _____ periodista   6. _____ abuelos

3 **Emparejar** Provide the letter of the phrase that matches each description. Two items will not be used.

1. Mi hermano programa las computadoras.
2. Son los padres de mi esposo.
3. Son los hijos de mis (*my*) tíos.
4. Mi tía trabaja en un hospital.
5. Es el hijo de mi madrastra y el hijastro de mi padre.
6. Es el esposo de mi hija.
7. Es el hijo de mi hermana.
8. Mi primo dibuja y pinta mucho.
9. Mi hermanastra enseña en la universidad.
10. Mi padre trabaja con planos (*blueprints*).

a. Es médica.
b. Es mi hermanastro.
c. Es programador.
d. Es ingeniero.
e. Son mis suegros.
f. Es mi novio.
g. Es mi padrastro.
h. Son mis primos.
i. Es artista.
j. Es profesora.
k. Es mi sobrino.
l. Es mi yerno.

4 **Definiciones** Define these family terms in Spanish.

> **modelo**
> hijastro *Es el hijo de mi esposo/a, pero no es mi hijo.*

1. abuela   5. suegra
2. bisabuelo   6. cuñado
3. tío   7. nietos
4. primas   8. medio hermano

5 **Escoger** Complete the description of each photo using words you have learned in **Contextos**.

1. La _____ de Sara
   es grande.

2. Héctor y Lupita son _____.

3. Maira Díaz es _____.

4. Rubén habla con su _____.

5. Los dos _____ están
   en el parque.

6. Irene es _____.

7. Elena Vargas Soto es _____.

8. Don Manuel es el _____
   de Martín.

Comunicación

6

Una familia With a classmate, identify the members in the family tree by asking questions about how each family member is related to Graciela Vargas García.

> **modelo**
>
> **Estudiante 1:** ¿Quién es Beatriz Pardo de Vargas?
> **Estudiante 2:** Es la abuela de Graciela.

CONSULTA

To see the cities where these family members live, look at the map in **Panorama** on p. 112.

David Vargas Olmedo — de Quito

Beatriz Pardo de Vargas — de Ibarra

Carlos Antonio López Ríos — de Cuenca

Lupe Vargas de López — de Quito

Juan Vargas Pardo — de Quito

María Susana García de Vargas — de Guayaquil

Ernesto López Vargas — de Loja

Ramón Vargas García — de Machala

Graciela Vargas García — de Machala

Now take turns asking each other these questions. Then invent three original questions.

1. ¿Cómo se llama el primo de Graciela?
2. ¿Cómo se llama la hija de David y de Beatriz?
3. ¿De dónde es María Susana?
4. ¿De dónde son Ramón y Graciela?
5. ¿Cómo se llama el yerno de David y de Beatriz?
6. ¿De dónde es Carlos Antonio?
7. ¿De dónde es Ernesto?
8. ¿Cuáles son los apellidos del sobrino de Lupe?

7

Preguntas personales With a classmate, take turns asking each other these questions.

1. ¿Cuántas personas hay en tu familia?
2. ¿Cómo se llaman tus padres? ¿De dónde son? ¿Dónde trabajan?
3. ¿Cuántos hermanos tienes? ¿Cómo se llaman? ¿Dónde estudian o trabajan?
4. ¿Cuántos primos tienes? ¿Cuáles son los apellidos de ellos? ¿Cuántos son niños y cuántos son adultos? ¿Hay más chicos o más chicas en tu familia?
5. ¿Eres tío/a? ¿Cómo se llaman tus sobrinos/as? ¿Dónde estudian o trabajan?
6. ¿Quién es tu pariente favorito?
7. ¿Tienes novio/a? ¿Tienes esposo/a? ¿Cómo se llama?

AYUDA

tu *your* (sing.)
tus *your* (plural)
mi *my* (sing.)
mis *my* (plural)
tienes *you have*
tengo *I have*

Un domingo en familia

Marissa pasa el día en Xochimilco con la familia Díaz.

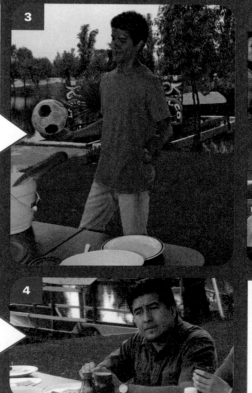

JIMENA Hola, tía Nayeli.

TÍA NAYELI ¡Hola, Jimena! ¿Cómo estás?

JIMENA Bien, gracias. Y, ¿dónde están mis primas?

TÍA NAYELI No sé. ¿Dónde están mis hijas? ¡Ah!

MARISSA ¡Qué bonitas son tus hijas! Y ¡qué simpáticas!

MARISSA La verdad, mi familia es pequeña.

SRA. DÍAZ ¿Pequeña? Yo soy hija única. Bueno, y ¿qué más? ¿Tienes novio?

MARISSA No. Tengo mala suerte con los novios.

FELIPE Soy guapo y delgado.

JIMENA Ay, ¡por favor! Eres gordo, antipático y muy feo.

TÍO RAMÓN ¿Tienes una familia grande, Marissa?

MARISSA Tengo dos hermanos mayores, Zack y Jennifer, y un hermano menor, Adam.

MARISSA Tía Nayeli, ¿cuántos años tienen tus hijas?

TÍA NAYELI Marta tiene ocho años y Valentina doce.

JIMENA
 MARTA
 VALENTINA
 SRA. DÍAZ
 TÍO RAMÓN
SR. DÍAZ
MARISSA

7

SRA. DÍAZ Chicas, ¿compartimos una trajinera?

MARISSA ¡Claro que sí! ¡Qué bonitas son!

SRA. DÍAZ ¿Vienes, Jimena?

JIMENA No, gracias. Tengo que leer.

8

MARISSA Me gusta mucho este sitio. Tengo ganas de visitar otros lugares en México.

SRA. DÍAZ ¡Debes viajar a Mérida!

TÍA NAYELI ¡Sí, con tus amigos! Debes visitar a Ana María, la hermana de Roberto y de Ramón.

9

(La Sra. Díaz habla por teléfono con la tía Ana María.)

SRA. DÍAZ ¡Qué bien! Excelente. Sí, la próxima semana. Muchísimas gracias.

10

MARISSA ¡Gracias, Sra. Díaz!
SRA. DÍAZ Tía Ana María.
MARISSA Tía Ana María.
SRA. DÍAZ ¡Un beso, chau!
MARISSA *Bye!*

 recursos VM pp. 217–218

Expresiones útiles

Talking about your family

¿Tienes una familia grande?
Do you have a big family?
Tengo dos hermanos mayores y un hermano menor.
I have two older siblings and a younger brother.
La verdad, mi familia es pequeña.
The truth is, my family is small.
¿Pequeña? Yo soy hija única.
Small? I'm an only child.

Describing people

¡Qué bonitas son tus hijas!
Y ¡qué simpáticas!
Your daughters are so pretty!
And so nice!
Soy guapo y delgado.
I'm handsome and slim.
¡Por favor! Eres gordo, antipático y muy feo.
Please! You're fat, unpleasant, and very ugly.

Talking about plans

¿Compartimos una trajinera?
Shall we share a trajinera?
¡Claro que sí! ¡Qué bonitas son!
Of course! They're so pretty!
¿Vienes, Jimena?
Are you coming, Jimena?
No, gracias. Tengo que leer.
No, thanks. I have to read.

Saying how old people are

¿Cuántos años tienen tus hijas?
How old are your daughters?
Marta tiene ocho años y Valentina doce.
Marta is eight and Valentina twelve.

Additional vocabulary

ensayo *essay*
pobrecito/a *poor thing*
próxima *next*
sitio *place*
todavía *still*
trajinera *type of barge*

¿Qué pasó?

1 **¿Cierto o falso?** Indicate whether each sentence is **cierto** or **falso**. Correct the false statements.

	Cierto	Falso
1. Marissa dice que (*says that*) tiene una familia grande.	○	○
2. La Sra. Díaz tiene dos hermanos.	○	○
3. Marissa no tiene novio.	○	○
4. Valentina tiene veinte años.	○	○
5. Marissa comparte una trajinera con la Sra. Díaz y la tía Nayeli.	○	○
6. A Marissa le gusta mucho Xochimilco.	○	○

NOTA CULTURAL

Xochimilco is famous for its system of canals and **chinampas,** or artificial islands, which have been used for agricultural purposes since Pre-Hispanic times. In 1987, UNESCO declared **Xochimilco** a World Heritage Site.

2 **Identificar** Indicate which person would make each statement. The names may be used more than once. **¡Ojo!** One name will not be used.

1. Felipe es antipático y feo.
2. Mis hermanos se llaman Jennifer, Adam y Zack.
3. ¡Soy un joven muy guapo!
4. Mis hijas tienen ocho y doce años.
5. ¡Qué bonitas son las trajineras!
6. Ana María es la hermana de Ramón y Roberto.
7. No puedo (*I can't*) compartir una trajinera porque tengo que leer.
8. Tus hijas son bonitas y simpáticas, tía Nayeli.

SRA. DÍAZ

JIMENA

MARISSA

FELIPE

TÍA NAYELI

NOTA CULTURAL

Trajineras are large passenger barges that you can rent in **Xochimilco.** Each boat is named and decorated and has a table and chairs so passengers can picnic while they ride.

3 **Escribir** In pairs, choose Marissa, Sra. Díaz, or tía Nayeli and write a brief description of her family. Be creative!

MARISSA

SRA. DÍAZ

TÍA NAYELI

Marissa es de los EE.UU. ¿Cómo es su familia?

La Sra. Díaz es de Cuba. ¿Cómo es su familia?

La tía Nayeli es de México. ¿Cómo es su familia?

4 **Conversar** With a partner, use these questions to talk about your families.

1. ¿Cuántos años tienes?
2. ¿Tienes una familia grande?
3. ¿Tienes hermanos o hermanas?
4. ¿Cuántos años tiene tu abuelo (tu hermana, tu primo, etc.)?
5. ¿De dónde son tus padres?

AYUDA

Here are some expressions to help you talk about age.

Yo tengo… años.
I am… years old.

Mi abuelo tiene… años.
My grandfather is… years old.

Pronunciación

Diphthongs and linking

hermano	**niña**	**cuñado**

In Spanish, **a**, **e**, and **o** are considered strong vowels. The weak vowels are **i** and **u**.

ruido	**parientes**	**periodista**

A diphthong is a combination of two weak vowels or of a strong vowel and a weak vowel. Diphthongs are pronounced as a single syllable.

mi hijo   **una clase excelente**

Two identical vowel sounds that appear together are pronounced like one long vowel.

la abuela

con Natalia	**sus sobrinos**	**las sillas**

Two identical consonants together sound like a single consonant.

es ingeniera	**mis abuelos**	**sus hijos**

A consonant at the end of a word is linked with the vowel at the beginning of the next word.

mi hermano	**su esposa**	**nuestro amigo**

A vowel at the end of a word is linked with the vowel at the beginning of the next word.

Práctica Say these words aloud, focusing on the diphthongs.

1. historia	5. residencia	9. lenguas
2. nieto	6. prueba	10. estudiar
3. parientes	7. puerta	11. izquierda
4. novia	8. ciencias	12. ecuatoriano

Oraciones Read these sentences aloud to practice diphthongs and linking words.

1. Hola. Me llamo Anita Amaral. Soy del Ecuador.
2. Somos seis en mi familia.
3. Tengo dos hermanos y una hermana.
4. Mi papá es del Ecuador y mi mamá es de España.

Refranes Read these sayings aloud to practice diphthongs and linking sounds.

Cuando una puerta se cierra, otra se abre.[1]

Hablando del rey de Roma, por la puerta se asoma.[2]

1 When one door closes, another opens. 2 Speak of the devil and he will appear.

recursos

LM
p. 14

¿Cómo te llamas?

In the Spanish-speaking world, it is common to have two last names: one paternal and one maternal. In some cases, the conjunctions **de** or **y** are used to connect the two. For example, in the name **Juan Martínez de Velasco,** *Martínez* is the paternal surname (**el apellido paterno**), and *Velasco* is the maternal surname (**el apellido materno**); **de** simply links the two. This convention of using two last names (**doble apellido**) is a European tradition that Spaniards brought to the Americas. It continues to be practiced in many countries, including Chile, Colombia, Mexico, Peru, and Venezuela. There are exceptions, however. In Argentina, the prevailing custom is for children to inherit only the father's last name.

When a woman marries in a country where two last names are used, legally she retains her two maiden surnames. However, socially she may take her husband's paternal surname in place of her inherited maternal surname. For example, **Mercedes Barcha**

Gabriel García Márquez

Mercedes Barcha Pardo

Rodrigo García Barcha

Pardo, wife of Colombian writer **Gabriel García Márquez,** might use the names **Mercedes Barcha García** or **Mercedes Barcha de García** in social situations (although officially her name remains **Mercedes Barcha Pardo**). Adopting a husband's last name for social purposes, though widespread, is only legally recognized in Ecuador and Peru.

Most parents do not break tradition upon naming their children; regardless of the surnames the mother uses, they use the father's first surname followed by the mother's first surname, as in the name **Rodrigo García Barcha.** However, one should note that both surnames come from the grandfathers, and therefore all **apellidos** are effectively paternal.

Hijos en la casa

In Spanish-speaking countries, family and society place very little pressure on young adults to live on their own (**independizarse**), and children often live with their parents well into their thirties. For example, about 60% of Spaniards under 34 years of age live at home with their parents. This delay in moving out is both cultural and economic—lack of job security or low wages coupled with a high cost of living may make it impractical for young adults to live independently before they marry.

ACTIVIDADES

1 **¿Cierto o falso?** Indicate whether these statements are **cierto** or **falso**. Correct the false statements.

1. Most Spanish-speaking people have three last names.
2. Hispanic last names generally consist of the paternal last name followed by the maternal last name.
3. It is common to see **de** or **y** used in a Hispanic last name.
4. Someone from Argentina would most likely have two last names.
5. Generally, married women legally retain two maiden surnames.
6. In social situations, a married woman often uses her husband's last name in place of her inherited paternal surname.
7. Adopting a husband's surname is only legally recognized in Peru and Ecuador.
8. Hispanic last names are effectively a combination of the maternal surnames from the previous generation.

ASÍ SE DICE

Familia y amigos

el/la bisnieto/a	*great-grandson/daughter*
el/la chamaco/a (Méx.); el/la chamo/a (Ven.); el/la chaval(a) (Esp.); el/la pibe/a (Arg.)	el/la muchacho/a
mi colega (Esp.); mi cuate (Méx.); mi parcero/a (Col.); mi pana (Ven., P. Rico, Rep. Dom.)	*my pal; my buddy*
la madrina	*godmother*
el padrino	*godfather*
el/la tatarabuelo/a	*great-great-grandfather/ great-great-grandmother*

EL MUNDO HISPANO

Las familias

Although worldwide population trends show a decrease in average family size, households in many Spanish-speaking countries are still larger than their U.S. counterparts.

- **México** 4,0 personas
- **Colombia** 3,9 personas
- **Argentina** 3,6 personas
- **Uruguay** 3,0 personas
- **España** 2,9 personas
- **Estados Unidos** 2,6 personas

PERFIL

La familia real española

Undoubtedly, Spain's most famous family is **la familia real** (*Royal*). In 1962, then prince **Juan Carlos de Borbón**, living in exile in Italy, married Princess **Sofía** of Greece. Then, in the late 1970s, **el Rey** (*King*) **Juan Carlos** and **la Reina** (*Queen*) **Sofía** returned to Spain and helped transition the country to democracy after a forty-year dictatorship. The royal couple, who enjoys immense public support, has three children: las **infantas** (*Princesses*) **Elena** and **Cristina**, and a son, **el príncipe** (*Prince*) **Felipe**, whose official title is **el Príncipe de Asturias**. In 2004, Felipe married **Letizia Ortiz Rocasolano** (now **la Princesa de Asturias**), a journalist and TV presenter. The future king and queen have two daughters, **las infantas Leonor** (born in 2005) and **Sofía** (born in 2007).

Conexión Internet

What role do **padrinos** and **madrinas** have in today's Hispanic family?	Use the Web to find more cultural information related to this **Cultura** section.

ACTIVIDADES

2 **Comprensión** Complete these sentences.
1. Spain's royals were responsible for guiding in _____.
2. In Spanish, your godmother is called _____.
3. Princess Leonor is the _____ of Queen Sofía.
4. Uruguay's average household has _____ people.
5. If a Venezuelan calls you **mi pana**, you are that person's _____.

3 **Una familia famosa** Create a genealogical tree of a famous family, using photos or drawings labeled with names and ages. Present the family tree to a classmate and explain who the people are and their relationships to each other.

3.1 Descriptive adjectives

ANTE TODO Adjectives are words that describe people, places, and things. In Spanish, descriptive adjectives are used with the verb **ser** to point out characteristics such as nationality, size, color, shape, personality, and appearance.

Forms and agreement of adjectives

COMPARE & CONTRAST

In English, the forms of descriptive adjectives do not change to reflect the gender (masculine/feminine) and number (singular/plural) of the noun or pronoun they describe.

*Juan is **nice**.*   *Elena is **nice**.*   *They are **nice**.*

In Spanish, the forms of descriptive adjectives agree in gender and/or number with the nouns or pronouns they describe.

Juan es simpátic**o**.   Elena es simpátic**a**.   Ellos son simpátic**os**.

▶ Adjectives that end in **-o** have four different forms. The feminine singular is formed by changing the **-o** to **-a**. The plural is formed by adding **-s** to the singular forms.

Masculine		**Feminine**	
SINGULAR	PLURAL	SINGULAR	PLURAL
el muchach**o** alt**o**	los muchach**os** alt**os**	la muchach**a** alt**a**	las muchach**as** alt**as**

¡Qué bonitas son tus hijas, tía Nayeli!

Felipe es gordo, antipático y muy feo.

▶ Adjectives that end in **-e** or a consonant have the same masculine and feminine forms.

Masculine		**Feminine**	
SINGULAR	PLURAL	SINGULAR	PLURAL
el chico inteligent**e**	los chicos inteligent**es**	la chica inteligent**e**	las chicas inteligent**es**
el examen difíci**l**	los exámenes difíci**les**	la clase difíci**l**	las clases difíci**les**

▶ Adjectives that end in **-or** are variable in both gender and number.

Masculine		**Feminine**	
SINGULAR	PLURAL	SINGULAR	PLURAL
el hombre trabajad**or**	los hombres trabajad**ores**	la mujer trabajad**ora**	las mujeres trabajad**oras**

▶ Use the masculine plural form to refer to groups that include males and females.

Manuel es alt**o**. Lola es alt**a**. Manuel y Lola son alt**os**.

Common adjectives

alto/a	tall	**gordo/a**	fat	**moreno/a**	brunet(te)
antipático/a	unpleasant	**grande**	big; large	**mucho/a**	much; many;
bajo/a	short (in	**guapo/a**	handsome;		a lot of
	height)		good-looking	**pelirrojo/a**	red-haired
bonito/a	pretty	**importante**	important	**pequeño/a**	small
bueno/a	good	**inteligente**	intelligent	**rubio/a**	blond(e)
delgado/a	thin; slender	**interesante**	interesting	**simpático/a**	nice; likeable
difícil	hard; difficult	**joven**	young	**tonto/a**	silly; foolish
fácil	easy	**malo/a**	bad	**trabajador(a)**	hard-working
feo/a	ugly	**mismo/a**	same	**viejo/a**	old

Adjectives of nationality

▶ Unlike in English, Spanish adjectives of nationality are **not** capitalized. Proper names of countries, however, are capitalized.

Some adjectives of nationality

alemán, alemana	German	**francés, francesa**	French
argentino/a	Argentine	**inglés, inglesa**	English
canadiense	Canadian	**italiano/a**	Italian
chino/a	Chinese	**japonés, japonesa**	Japanese
costarricense	Costa Rican	**mexicano/a**	Mexican
cubano/a	Cuban	**norteamericano/a**	(North) American
ecuatoriano/a	Ecuadorian	**puertorriqueño**	Puerto Rican
español(a)	Spanish	**ruso/a**	Russian
estadounidense	from the U.S.		

▶ Adjectives of nationality are formed like other descriptive adjectives. Those that end in **-o** change to **-a** when forming the feminine.

chin**o** ⟶ chin**a**   mexican**o** ⟶ mexican**a**

The plural is formed by adding an **-s** to the masculine or feminine form.

argentin**o** ⟶ argentin**os**   cuban**a** ⟶ cuban**as**

▶ Adjectives of nationality that end in **-e** have only two forms, singular and plural.

canadiens**e** ⟶ canadiens**es**   estadounidens**e** ⟶ estadounidens**es**

▶ To form the feminine of adjectives of nationality that end in a consonant, add **–a**.

alemá**n** ⟶ alema**na**   españo**l** ⟶ españo**la**
japoné**s** ⟶ japone**sa**   inglé**s** ⟶ ingle**sa**

Position of adjectives

▶ Descriptive adjectives and adjectives of nationality generally follow the nouns they modify.

El niño **rubio** es de España.
The blond boy is from Spain.

La mujer **española** habla inglés.
The Spanish woman speaks English.

▶ Unlike descriptive adjectives, adjectives of quantity precede the modified noun.

Hay **muchos** libros en la biblioteca.
There are many books in the library.

Hablo con **dos** turistas puertorriqueños.
I am talking with two Puerto Rican tourists.

▶ **Bueno/a** and **malo/a** can appear before or after a noun. When placed before a masculine singular noun, the forms are shortened: **bueno** → **buen; malo** → **mal.**

Joaquín es un **buen** amigo.
Joaquín es un amigo **bueno.** ⟶ *Joaquín is a good friend.*

Hoy es un **mal** día.
Hoy es un día **malo.** ⟶ *Today is a bad day.*

▶ When **grande** appears before a singular noun, it is shortened to **gran,** and the meaning of the word changes: **gran** = *great* and **grande** = *big, large.*

Don Francisco es un **gran** hombre.
Don Francisco is a great man.

La familia de Inés es **grande**.
Inés' family is large.

¡LENGUA VIVA!

Like **bueno** and **grande**, **santo** (*saint*) is also shortened before masculine nouns (unless they begin with **To-** or **Do-**): **San Francisco, San José,** (but: **Santo Tomás, Santo Domingo**). **Santa** is used with names of female saints: **Santa Bárbara, Santa Clara.**

¡INTÉNTALO!   Provide the appropriate forms of the adjectives.

simpático

1. Mi hermano es _simpático_.
2. La profesora Martínez es _____.
3. Rosa y Teresa son _____.
4. Nosotros somos _____.

alemán

1. Hans es _alemán_.
2. Mis primas son _____.
3. Marcus y yo somos _____.
4. Mi tía es _____.

difícil

1. La química es _difícil_.
2. El curso es _____.
3. Las pruebas son _____.
4. Los libros son _____.

guapo

1. Su esposo es _guapo_.
2. Mis sobrinas son _____.
3. Los padres de ella son _____.
4. Marta es _____.

recursos

WB
pp. 25–26

LM
p. 15

Práctica

1 **Emparejar** Find the words in column B that are the opposite of the words in column A. One word in B will not be used.

A	B
1. guapo	a. delgado
2. moreno	b. pequeño
3. alto	c. malo
4. gordo	d. feo
5. joven	e. viejo
6. grande	f. rubio
7. simpático	g. antipático
	h. bajo

Marcos

Jorge

2 **Completar** Indicate the nationalities of these people by selecting the correct adjectives and changing their forms when necessary.

NOTA CULTURAL

Carlos Fuentes (1928–) is one of Mexico's best-known writers. His novel, ***La muerte*** (*death*) ***de Artemio Cruz***, explores the psyche of a Mexican revolutionary.

1. Penélope Cruz es _____.
▶ 2. Carlos Fuentes es un gran escritor (*writer*) de México; es _____.
3. Ellen Page y Avril Lavigne son _____.
4. Giorgio Armani es un diseñador de modas (*fashion designer*) _____.
5. Daisy Fuentes es de La Habana, Cuba; ella es _____.
6. Emma Watson y Daniel Radcliffe son actores _____.
7. Heidi Klum y Boris Becker son _____.
8. Apolo Anton Ohno y Shaun White son _____.

3 **Describir** Look at the drawing and describe each family member using as many adjectives as possible.

Carlos Romero Sandoval

Josefina Barcos de Romero

Susana Romero Barcos

Tomás Romero Barcos

Alberto Romero Pereda

1. Susana Romero Barcos es _____.
2. Tomás Romero Barcos es _____.
3. Los dos hermanos son _____.
4. Josefina Barcos de Romero es _____.
5. Carlos Romero Sandoval es _____.
6. Alberto Romero Pereda es _____.
7. Tomás y su (*his*) padre son _____.
8. Susana y su (*her*) madre son _____.

Comunicación

4

¿Cómo es? With a partner, take turns describing each item on the list. Tell your partner whether you agree (**Estoy de acuerdo**) or disagree (**No estoy de acuerdo**) with their descriptions.

> **modelo**
>
> San Francisco
> **Estudiante 1:** San Francisco es una ciudad (city) muy bonita.
> **Estudiante 2:** No estoy de acuerdo. Es muy fea.

1. Nueva York
2. Steve Carell
3. las canciones (songs) de Celine Dion
4. el presidente de los Estados Unidos
5. Steven Spielberg
6. la primera dama (first lady) de los Estados Unidos
7. el/la profesor(a) de español
8. las personas de Los Ángeles
9. las residencias de mi universidad
10. mi clase de español

5

Anuncio personal Write a personal ad that describes yourself and your ideal boyfriend, girlfriend, or mate. Then compare your ad with a classmate's. How are you similar and how are you different? Are you looking for the same things in a romantic partner?

SOY ALTA, morena y bonita. Soy cubana, de Holguín. Estudio arte en la universidad. Busco un chico similar. Mi novio ideal es alto, moreno, inteligente y muy simpático.

Síntesis

6

Diferencias Your instructor will give you and a partner each a drawing of a family. Describe your version of the drawing to your partner in order to find at least five differences between your picture and your partner's.

> **modelo**
>
> **Estudiante 1:** Susana, la madre, es rubia.
> **Estudiante 2:** No, la madre es morena.

(3.2) Possessive adjectives

ANTE TODO   Possessive adjectives, like descriptive adjectives, are words that are used to qualify people, places, or things. Possessive adjectives express the quality of ownership or possession.

Forms of possessive adjectives

SINGULAR FORMS	PLURAL FORMS	
mi	**mis**	*my*
tu	**tus**	*your* (fam.)
su	**sus**	*his, her, its, your* (form.)
nuestro/a	**nuestros/as**	*our*
vuestro/a	**vuestros/as**	*your* (fam.)
su	**sus**	*their, your* (form.)

COMPARE & CONTRAST

In English, possessive adjectives are invariable; that is, they do not agree in gender and number with the nouns they modify. Spanish possessive adjectives, however, do agree in number with the nouns they modify.

my cousin	*my cousins*	*my aunt*	*my aunts*
mi primo	**mis** primos	**mi** tía	**mis** tías

The forms **nuestro** and **vuestro** agree in both gender and number with the nouns they modify.

nuestr**o** prim**o**	nuestr**os** prim**os**	nuestr**a** tí**a**	nuestr**as** tí**as**

▶ Possessive adjectives are always placed before the nouns they modify.

—¿Está **tu novio** aquí?   —No, **mi novio** está en la biblioteca.
Is your boyfriend here?   *No, my boyfriend is in the library.*

▶ Because **su** and **sus** have multiple meanings (*your, his, her, their, its*), you can avoid confusion by using this construction instead: [*article*] + [*noun*] + **de** + [*subject pronoun*].

sus parientes ◀

los parientes **de él/ella**	*his/her relatives*
los parientes **de Ud./Uds.**	*your relatives*
los parientes **de ellos/ellas**	*their relatives*

¡INTÉNTALO!   Provide the appropriate form of each possessive adjective.

recursos

WB
pp. 27–28

LM
p. 16

1. Es _____**mi**_____ (*my*) libro.
2. _____ (*My*) familia es ecuatoriana.
3. ____ (*Your*, fam.) esposo es italiano.
4. _____ (*Our*) profesor es español.
5. Es _____ (*her*) reloj.
6. Es _____ (*your*, fam.) mochila.
7. Es _____ (*your*, form.) maleta.
8. _____ (*Their*) sobrina es alemana.

1. _____**Sus**_____ (*Her*) primos son franceses.
2. _____ (*Our*) primos son canadienses.
3. Son _____ (*their*) lápices.
4. _____ (*Their*) nietos son japoneses.
5. Son _____ (*our*) plumas.
6. Son _____ (*my*) papeles.
7. _____ (*My*) amigas son inglesas.
8. Son _____ (*his*) cuadernos.

Práctica

1 La familia de Manolo Complete each sentence with the correct possessive adjective from the options in parentheses. Use the subject of each sentence as a guide.

1. Me llamo Manolo, y _____ (nuestro, mi, sus) hermano es Federico.
2. _____ (Nuestra, Sus, Mis) madre Silvia es profesora y enseña química.
3. Ella admira a _____ (tu, nuestro, sus) estudiantes porque trabajan mucho.
4. Yo estudio en la misma universidad, pero no tomo clases con _____ (mi, nuestras, tus) madre.
5. Federico trabaja en una oficina con _____ (mis, tu, nuestro) padre.
6. _____ (Mi, Su, Tu) oficina está en el centro de la Ciudad de México.
7. Javier y Óscar son _____ (mis, mi, sus) tíos de Oaxaca.
8. ¿Y tú? ¿Cómo es _____ (mi, su, tu) familia?

AYUDA

Remember that possessive adjectives don't agree in number or gender with the owner of an item; they always agree with the item(s) being possessed.

2 Clarificar Clarify each sentence with a prepositional phrase. Follow the model.

> **modelo**
> Su hermana es muy bonita. (ella)
> *La hermana de ella es muy bonita.*

1. Su casa es muy grande. (ellos) _____
2. ¿Cómo se llama su hermano? (ellas) _____
3. Sus padres trabajan en el centro. (ella) _____
4. Sus abuelos son muy simpáticos. (él) _____
5. Maribel es su prima. (ella) _____
6. Su primo lee los libros. (ellos) _____

3 ¿Dónde está? With a partner, imagine that you can't remember where you put some of the belongings you see in the pictures. Your partner will help you by reminding you where your things are. Take turns playing each role.

> **modelo**
> **Estudiante 1:** ¿Dónde está mi mochila?
> **Estudiante 2:** Tu mochila está encima del escritorio.

CONSULTA

For a list of useful prepositions, refer to the table *Prepositions often used with estar*, in **Estructura 2.3**, p. 60.

1.   2.   3.

4.   5.   6.

Comunicación

4

Describir With a partner, describe the people and places listed below. Make note of any similarities and be prepared to share them with the class.

> **modelo**
>
> la biblioteca de su universidad
> La biblioteca de nuestra universidad es muy grande. Hay muchos libros en la biblioteca. Mis amigos y yo estudiamos en la biblioteca.

1. tu profesor favorito
2. tu profesora favorita
3. su clase de español
4. la librería de su universidad
5. tus padres

6. tus abuelos
7. tu mejor (*best*) amigo
8. tu mejor amiga
9. su universidad
10. tu país de origen

5

Una familia famosa Assume the identity of a member of a famous family, real or fictional (the Hiltons, Cyruses, Simpsons, Clintons, Beckhams, Jolie-Pitts, etc.) and write a description of "your" family. Be sure not to use any names! Then, in small groups, take turns reading the descriptions aloud. The other group members may ask follow-up questions to help them identify the famous person.

> **modelo**
>
> **Estudiante 1:** Hay cuatro personas en mi familia. Mi padre es delgado y muy trabajador. Su trabajo (*job*) es importante; él viaja mucho. Mi madre es guapa e inteligente. Tengo una hermana mayor. Ella y yo estudiamos en una escuela privada. Nuestra casa está en la capital.
> **Estudiante 2:** ¿Son ustedes de la capital?
> **Estudiante 1:** No, somos de Chicago.
> **Estudiante 3:** ¿Eres Sasha Obama?
> **Estudiante 1:** Sí.

Síntesis

6

Describe a tu familia Get together with two classmates and describe your family to them in several sentences (**Mi padre es alto y moreno. Mi madre es delgada y muy bonita. Mis hermanos son…**). They will work together to try to repeat your description (**Su padre es alto y moreno. Su madre…**). If they forget any details, they can ask you questions (**¿Es alto tu hermano?**). Alternate roles until all of you have described your families.

3.3 Present tense of -er and -ir verbs

ANTE TODO In **Lección 2,** you learned how to form the present tense of regular -ar verbs. You also learned about the importance of verb forms, which change to show who is performing the action. The chart below shows the forms from two other important groups, **-er** verbs and **-ir** verbs.

CONSULTA

To review the conjugation of **-ar** verbs, see **Estructura 2.1**, p. 50.

Present tense of -er and -ir verbs		
	comer (to eat)	**escribir** (to write)
SINGULAR FORMS		
yo	com**o**	escrib**o**
tú	com**es**	escrib**es**
Ud./él/ella	com**e**	escrib**e**
PLURAL FORMS		
nosotros/as	com**emos**	escrib**imos**
vosotros/as	com**éis**	escrib**ís**
Uds./ellos/ellas	com**en**	escrib**en**

▶ **-Er** and **-ir** verbs have very similar endings. Study the preceding chart to detect the patterns that make it easier for you to use them to communicate in Spanish.

AYUDA

Here are some tips on learning Spanish verbs:
1) Learn to identify the verb's stem, to which all endings attach.
2) Memorize the endings that go with each verb and verb tense.
3) As often as possible, practice using different forms of each verb in speech and writing.
4) Devote extra time to learning irregular verbs, such as **ser** and **estar**.

Felipe y su tío comen.

Jimena lee.

▶ Like **-ar** verbs, the **yo** forms of **-er** and **-ir** verbs end in **-o.**

Yo com**o**.   Yo escrib**o**.

▶ Except for the **yo** form, all of the verb endings for **-er** verbs begin with **-e.**

-es	-emos	-en
-e	-éis	

▶ **-Er** and **-ir** verbs have the exact same endings, except in the **nosotros/as** and **vosotros/as** forms.

nosotros ◀ com**emos** / escrib**imos**   vosotros ◀ com**éis** / escrib**ís**

Common -er and -ir verbs

-er verbs		-ir verbs	
aprender (a + *inf.*)	*to learn*	**abrir**	*to open*
beber	*to drink*	**asistir (a)**	*to attend*
comer	*to eat*	**compartir**	*to share*
comprender	*to understand*	**decidir (+ *inf.*)**	*to decide*
correr	*to run*	**describir**	*to describe*
creer (en)	*to believe (in)*	**escribir**	*to write*
deber (+ *inf.*)	*should; must; ought to*	**recibir**	*to receive*
leer	*to read*	**vivir**	*to live*

Ellos **corren** en el parque.

Él **escribe** una carta.

¡INTÉNTALO!   Provide the appropriate present tense forms of these verbs.

correr

1. Graciela _corre_.
2. Tú _____.
3. Yo _____.
4. Sara y Ana _____.
5. Usted _____.
6. Ustedes _____.
7. La gente _____.
8. Marcos y yo _____.

abrir

1. Ellos _abren_ la puerta.
2. Carolina _____ la maleta.
3. Yo _____ las ventanas.
4. Nosotras _____ los libros.
5. Usted _____ el cuaderno.
6. Tú _____ la ventana.
7. Ustedes _____ las maletas.
8. Los muchachos _____ los cuadernos.

aprender

1. Él _aprende_ español.
2. Maribel y yo _____ inglés.
3. Tú _____ japonés.
4. Tú y tu hermanastra _____ francés.
5. Mi hijo _____ chino.
6. Yo _____ alemán.
7. Usted _____ inglés.
8. Nosotros _____ italiano.

Práctica

1 **Completar** Complete Susana's sentences about her family with the correct forms of the verbs in parentheses. One of the verbs will remain in the infinitive.

1. Mi familia y yo _____ (vivir) en Mérida, Yucatán.
2. Tengo muchos libros. Me gusta _____ (leer).
3. Mi hermano Alfredo es muy inteligente. Alfredo _____ (asistir) a clases los lunes, miércoles y viernes.
4. Los martes y jueves Alfredo y yo _____ (correr) en el Parque del Centenario.
5. Mis padres _____ (comer) mucha lasaña los domingos y se quedan dormidos (*they fall asleep*).
6. Yo _____ (creer) que (*that*) mis padres deben comer menos (*less*).

2 **Oraciones** Juan is talking about what he and his friends do after school. Form complete sentences by adding any other necessary elements.

> **modelo**
> yo / correr / amigos / lunes y miércoles
> *Yo corro con mis amigos los lunes y miércoles.*

1. Manuela / asistir / clase / yoga
2. Eugenio / abrir / correo electrónico (*e-mail*)
3. Isabel y yo / leer / biblioteca
4. Sofía y Roberto / aprender / hablar / inglés
5. tú / comer / cafetería / universidad
6. mi novia y yo / compartir / libro de historia

3 **Consejos** Mario and his family are spending a year abroad to learn Japanese. In pairs, use the words below to say what he and/or his family members are doing or should do to adjust to life in Japan. Then, create one more sentence using a verb not on the list.

> **modelo**
> recibir libros / deber practicar japonés
> **Estudiante 1:** *Mario y su esposa reciben muchos libros en japonés.*
> **Estudiante 2:** *Los hijos deben practicar japonés.*

aprender japonés	decidir explorar el país
asistir a clases	escribir listas de palabras en japonés
beber sake	leer novelas japonesas
deber comer cosas nuevas	vivir con una familia japonesa
¿?	¿?

Comunicación

4 **Entrevista** In pairs, use these questions to interview each other. Be prepared to report the results of your interviews to the class.

1. ¿Dónde comes al mediodía? ¿Comes mucho?
2. ¿Cuándo asistes a tus clases?
3. ¿Cuál es tu clase favorita? ¿Por qué?
4. ¿Dónde vives?
5. ¿Con quién vives?
6. ¿Qué cursos debes tomar el próximo (*next*) semestre?
7. ¿Lees el periódico (*newspaper*)? ¿Qué periódico lees y cuándo?
8. ¿Recibes muchos mensajes de texto (*text messages*)? ¿De quién(es)?
9. ¿Escribes poemas?
10. ¿Crees en fantasmas (*ghosts*)?

5 **¿Acción o descripción?** In small groups, take turns choosing a verb from the list. Then choose to act out the verb or give a description. The other members of the group will say what you are doing. Be creative!

abrir (un libro, una puerta, una mochila)
aprender (a bailar, a hablar francés, a dibujar)
asistir (a una clase de yoga, a un concierto de rock, a una clase interesante)
beber (agua, Coca-Cola)
comer (pasta, un sándwich, pizza)
compartir (un libro, un sándwich)

correr (en el parque, en un maratón)
escribir (una composición, un mensaje de texto [*text message*], con lápiz)
leer (una carta [*letter*] de amor, un mensaje electrónico [*e-mail message*], un periódico [*newspaper*])
recibir un regalo (*gift*)
¿?

modelo

Estudiante 1: (*pantomimes typing a keyboard*)
Estudiante 2: ¿Escribes un mensaje electrónico?
Estudiante 1: Sí.

modelo

Estudiante 1: Soy estudiante y tomo muchas clases. Vivo en Roma.
Estudiante 2: ¿Comes pasta?
Estudiante 1: No, no como pasta.
Estudiante 3: ¿Aprendes a hablar italiano?
Estudiante 1: ¡Sí!

Síntesis

6 **Horario** Your instructor will give you and a partner incomplete versions of Alicia's schedule. Fill in the missing information on the schedule by talking to your partner. Be prepared to reconstruct Alicia's complete schedule with the class.

3.4 Present tense of tener and venir

ANTE TODO   The verbs **tener** (*to have*) and **venir** (*to come*) are among the most frequently used in Spanish. Because most of their forms are irregular, you will have to learn each one individually.

The verbs tener and venir

		tener	venir
SINGULAR FORMS	yo	ten**go**	ven**go**
	tú	tie**nes**	vie**nes**
	Ud./él/ella	tie**ne**	vie**ne**
PLURAL FORMS	nosotros/as	ten**emos**	ven**imos**
	vosotros/as	ten**éis**	ven**ís**
	Uds./ellos/ellas	tie**nen**	vie**nen**

▶ The endings are the same as those of regular **-er** and **-ir** verbs, except for the **yo** forms, which are irregular: **tengo, vengo.**

▶ In the **tú, Ud.,** and **Uds.** forms, the **e** of the stem changes to **ie,** as shown below.

INFINITIVE	VERB STEM	VERB FORM
tener ⟶	ten- ⟶	tú t**ie**nes
		Ud./él/ella t**ie**ne
		Uds./ellos/ellas t**ie**nen
venir ⟶	ven- ⟶	tú v**ie**nes
		Ud./él/ella v**ie**ne
		Uds./ellos/ellas v**ie**nen

¿Tienes una familia grande, Marissa?

No, tengo una familia pequeña.

▶ Only the **nosotros** and **vosotros** forms are regular. Compare them to the forms of **comer** and **escribir** that you learned on page 96.

	tener	comer	venir	escribir
nosotros/as	ten**emos**	com**emos**	ven**imos**	escrib**imos**
vosotros/as	ten**éis**	com**éis**	ven**ís**	escrib**ís**

▶ In certain idiomatic or set expressions in Spanish, you use the construction **tener** + [*noun*] to express *to be* + [*adjective*]. This chart contains a list of the most common expressions with **tener**.

Expressions with tener

tener… años	*to be… years old*	tener (mucha) prisa	*to be in a (big) hurry*
tener (mucho) calor	*to be (very) hot*	tener razón	*to be right*
tener (mucho) cuidado	*to be (very) careful*	no tener razón	*to be wrong*
tener (mucho) frío	*to be (very) cold*	tener (mucha) sed	*to be (very) thirsty*
tener (mucha) hambre	*to be (very) hungry*	tener (mucho) sueño	*to be (very) sleepy*
tener (mucho) miedo (de)	*to be (very) afraid/ scared (of)*	tener (mucha) suerte	*to be (very) lucky*

—¿**Tienen** hambre ustedes?
Are you hungry?

—Sí, y **tenemos** sed también.
Yes, and we're thirsty, too.

▶ To express an obligation, use **tener que** (*to have to*) + [*infinitive*].

—¿Qué **tienes que** estudiar hoy?
What do you have to study today?

—**Tengo que** estudiar biología.
I have to study biology.

▶ To ask people if they feel like doing something, use **tener ganas de** (*to feel like*) + [*infinitive*].

—¿**Tienes ganas de** comer?
Do you feel like eating?

—No, **tengo ganas de** dormir.
No, I feel like sleeping.

miciudad.com

Usted tiene que visitarnos.

¡INTÉNTALO! Provide the appropriate forms of **tener** and **venir**.

recursos

WB
pp. 31–32

LM
p. 18

tener

1. Ellos ___tienen___ dos hermanos.
2. Yo _____ una hermana.
3. El artista _____ tres primos.
4. Nosotros _____ diez tíos.
5. Eva y Diana _____ un sobrino.
6. Usted _____ cinco nietos.
7. Tú _____ dos hermanastras.
8. Ustedes _____ cuatro hijos.
9. Ella _____ una hija.

venir

1. Mis padres ___vienen___ de México.
2. Tú _____ de España.
3. Nosotras _____ de Cuba.
4. Pepe _____ de Italia.
5. Yo _____ de Francia.
6. Ustedes _____ de Canadá.
7. Alfonso y yo _____ de Portugal.
8. Ellos _____ de Alemania.
9. Usted _____ de Venezuela.

Práctica

1 **Emparejar** Find the expression in column B that best matches an item in column A. Then, come up with a new item that corresponds with the leftover expression in column B.

A

1. el Polo Norte
2. una sauna
3. la comida salada (*salty food*)
4. una persona muy inteligente
5. un abuelo
6. una dieta

B

a. tener calor
b. tener sed
c. tener frío
d. tener razón
e. tener ganas de
f. tener hambre
g. tener 75 años

2 **Completar** Complete the sentences with the correct forms of **tener** or **venir**.

1. Hoy nosotros _____ una reunión familiar (*family reunion*).
2. Yo _____ en autobús de la Universidad de Quito.
3. Todos mis parientes _____, excepto mi tío Manolo y su esposa.
4. Ellos no _____ ganas de venir porque viven en Portoviejo.
5. Mi prima Susana y su novio no _____ hasta las ocho porque ella _____ que trabajar.
6. En las fiestas, mi hermana siempre (*always*) _____ muy tarde (*late*).
7. Nosotros _____ mucha suerte porque las reuniones son divertidas (*fun*).
8. Mi madre cree que mis sobrinos son muy simpáticos. Creo que ella _____ razón.

3 **Describir** Describe what these people are doing or feeling using an expression with **tener**.

1. _____

2. _____

3. _____

4. _____

5. _____

6. _____

Comunicación

4

¿Sí o no? Indicate whether these statements apply to you by checking either **Sí** or **No**.

	Sí	No
1. Mi padre tiene 50 años.	○	○
2. Mis amigos vienen a mi casa todos los días (*every day*).	○	○
3. Vengo a la universidad los martes.	○	○
4. Tengo hambre.	○	○
5. Tengo dos computadoras.	○	○
6. Tengo sed.	○	○
7. Tengo que estudiar los domingos.	○	○
8. Tengo una familia grande.	○	○

Now interview a classmate by transforming each statement into a question. Be prepared to report the results of your interview to the class.

> **modelo**
>
> **Estudiante 1:** ¿Tiene tu padre 50 años?
> **Estudiante 2:** No, no tiene 50 años. Tiene 65.

5

Preguntas Get together with a classmate and ask each other these questions.

1. ¿Tienes que estudiar hoy?
2. ¿Cuántos años tienes? ¿Y tus hermanos/as?
3. ¿Cuándo vienes a la clase de español?
4. ¿Cuándo vienen tus amigos a tu casa, apartamento o residencia estudiantil?
5. ¿De qué tienes miedo? ¿Por qué?
6. ¿Qué tienes ganas de hacer esta noche (*tonight*)?

6

Conversación Use an expression with **tener** to hint at what's on your mind. Your partner will ask questions to find out why you feel that way. If your partner cannot guess what's on your mind after three attempts, tell him/her. Then switch roles.

> **modelo**
>
> **Estudiante 1:** Tengo miedo.
> **Estudiante 2:** ¿Tienes que hablar en público?
> **Estudiante 1:** No.
> **Estudiante 2:** ¿Tienes un examen hoy?
> **Estudiante 1:** Sí, y no tengo tiempo para estudiar.

Síntesis

7

Minidrama Act out this situation with a partner: you are introducing your boyfriend/girlfriend to your extended family. To avoid any surprises before you go, talk about who is coming and what each family member is like. Switch roles.

Review the grammar concepts you have learned in this lesson
by completing these activities.

1 Adjetivos Complete each phrase with the appropriate adjective from the
list. Make all necessary changes. **6 pts.**

antipático	interesante	mexicano
difícil	joven	moreno

1. Mi tía es _____. Vive en Guadalajara.
2. Mi primo no es rubio, es _____.
3. Mi novio cree que la clase no es fácil; es _____.
4. Los libros son _____; me gustan mucho.
5. Mis hermanos son _____; no tienen muchos amigos.
6. Las gemelas tienen quince años. Son _____.

2 Completar For each set of sentences, provide the appropriate form of
the verb **tener** and the possessive adjective. Follow the model. **12 pts.**

> **modelo**
> Él *tiene* un libro. Es *su* libro.

1. Esteban y Julio _____ una tía. Es _____ tía.
2. Yo _____ muchos amigos. Son _____ amigos.
3. Tú _____ tres primas. Son _____ primas.
4. María y tú _____ un hermano. Es _____ hermano.
5. Nosotras _____ unas mochilas. Son _____ mochilas.
6. Usted _____ dos sobrinos. Son _____ sobrinos.

3 Oraciones Arrange the words in the correct order to form complete
logical sentences. ¡Ojo! Don't forget to conjugate the verbs. **10 pts.**

1. libros / unos / tener / interesantes / tú / muy
   _____

2. dos / leer / fáciles / compañera / tu / lecciones
   _____

3. mi / francés / ser / amigo / buen / Hugo
   _____

4. ser / simpáticas / dos / personas / nosotras
   _____

5. a / clases / menores / mismas / sus / asisitir / hermanos / las
   _____

3.1 Descriptive adjectives *pp. 88–90*

Forms and agreement of adjectives

Masculine		Feminine	
Singular	**Plural**	**Singular**	**Plural**
alto	altos	alta	altas
inteligente	inteligentes	inteligente	inteligentes
trabajador	trabajadores	trabajadora	trabajadoras

▶ Descriptive adjectives follow the noun:
  el chico rubio

▶ Adjectives of nationality also follow the noun:
  la mujer española

▶ Adjectives of quantity precede the noun:
  muchos libros, dos turistas

▶ When placed before a singular masculine noun,
  these adjectives are shortened.

  bueno → buen   malo → mal

▶ When placed before a singular noun, **grande** is
  shortened to **gran**.

3.2 Possessive adjectives *p. 93*

Singular		Plural	
mi	nuestro/a	mis	nuestros/as
tu	vuestro/a	tus	vuestros/as
su	su	sus	sus

3.3 Present tense of -er and -ir verbs *pp. 96–9*

comer		escribir	
como	comemos	escribo	escribimos
comes	coméis	escribes	escribís
come	comen	escribe	escriben

3.4 Present tense of tener and venir *pp. 100–10*

tener		venir	
tengo	tenemos	vengo	venimos
tienes	tenéis	vienes	venís
tiene	tienen	viene	vienen

4   **Carta** Complete this letter with the appropriate forms of the verbs in the word list. Not all verbs will be used. **10 pts.**

abrir	correr	recibir
asistir	creer	tener
compartir	escribir	venir
comprender	leer	vivir

Hola, Ángel:

¿Qué tal? (Yo) (1) _____ esta carta (this letter) en la biblioteca. Todos los días (2) _____ aquí y (3) _____ un buen libro. Yo (4) _____ que es importante leer por diversión. Mi compañero de apartamento no (5) _____ por qué me gusta leer. Él sólo (6) _____ los libros de texto. Pero nosotros (7) _____ unos intereses. Por ejemplo, los dos somos atléticos; por las mañanas nosotros (8) _____. También nos gustan las ciencias; por las tardes (9) _____ a nuestra clase de biología. Y tú, ¿cómo estás? ¿(Tú) (10) _____ mucho trabajo (work)?

5   **Su familia** Write a brief description of a friend's family. Describe the family members using vocabulary and structures from this lesson. Write at least five sentences. **12 pts.**

> **modelo**
>
> La familia de mi amiga Gabriela es grande. Ella tiene tres hermanos y una hermana. Su hermana mayor es periodista...

6   **Proverbio** Complete this proverb with the correct forms of the verbs in parentheses. **2 EXTRA points!**

   **" Dos andares° _____ (tener) el dinero°,
_____ (venir) despacio°
y se va° ligero°. "**

andares *speeds* dinero *money* despacio *slowly*
se va *it leaves* ligero *quickly*

Lectura

Antes de leer

Estrategia

Guessing meaning from context

As you read in Spanish, you'll often come across words you haven't learned. You can guess what they mean by looking at the surrounding words and sentences. Look at the following text and guess what **tía abuela** means, based on the context.

¡Hola, Claudia!

¿Qué hay de nuevo?

¿Sabes qué? Ayer fui a ver a mi tía abuela, la hermana de mi abuela. Tiene 85 años, pero es muy independiente. Vive en un apartamento en Quito con su prima Lorena, quien también tiene 85 años.

If you guessed *great-aunt*, you are correct, and you can conclude from this word and the format clues that this is a letter about someone's visit with his or her great-aunt.

Examinar el texto

Quickly read through the paragraphs and find two or three words you don't know. Using the context as your guide, guess what these words mean. Then glance at the paragraphs where these words appear and try to predict what the paragraphs are about.

Examinar el formato

Look at the format of the reading. What clues do the captions, photos, and layout give you about its content?

Gente... Las familias

1. Me llamo Armando y tengo setenta años, pero no me considero viejo. Tengo seis nietas y un nieto. Vivo con mi hija y tengo la oportunidad de pasar mucho tiempo con ella y con mi nieto. Por las tardes salgo a pasear° por el parque con él y por la noche le leo cuentos°.

Armando. Tiene seis nietas y un nieto.

2. Mi prima Victoria y yo nos llevamos muy bie[n] Estudiamos juntas° en la universidad y compartim[os] un apartamento. Ella es muy inteligente y me ayud[a] con los estudios. Además°, es muy simpática y generosa. Si necesito cualquier° cosa, ¡ella me la compra!

Diana. Vive con su prima.

3. Me llamo Ramona y soy paraguaya, aunqu[e] ahora vivo en los Estados Unidos. Tengo tres hijos, uno de nueve años, uno de doce y el mayor de quince. Es difícil a veces, pero mi esposo y yo tratamos° de ayudarlos y comprenderlos siempre°.

Ramona. Sus hijos son muy important[es] para ella.

4. Tengo mucha suerte. Aunque mis padres están divorciados, tengo una familia muy unida. Tengo dos hermanos y dos hermanas. Me gusta hablar y salir a fiestas con ellos. Ahora tengo novio en la universidad y él no conoce a mis hermanos. ¡Espero que se lleven bien!

Ana María. Su familia es muy unida.

5. Antes quería° tener hermanos, pero ya no° tan importante. Ser hijo único tiene muchas ventajas°: no tengo que compartir mis cosas con hermanos, no hay discusiones° y, como soy nieto único también, ¡mis abuelos piensan° que soy perfecto!

Fernando. Es hijo único.

6. Como soy joven todavía°, no tengo ni esposa ni hijos. Pero tengo un sobrino, el hijo de mi hermano, que es muy especial para mí. Se llama Benjamín y tiene diez años. Es un muchacho muy simpático. Siempre tiene hambre y por lo tanto vamos° frecuentemente a comer hamburguesas. Nos gusta también ir al cine° a ver películas de acción.

Hablamos de todo. ¡Creo que ser tío es mejor que ser padre!

Santiago. Cree que ser tío es divertido.

go a pasear *I go take a walk* cuentos *stories* juntas *together* ayuda *she helps me* Además *Besides* cualquier *any* aunque *although* tamos *we try* siempre *always* quería *I wanted* ya no *no longer* tajas *advantages* discusiones *arguments* piensan *think* todavía *still* nos *we go* ir al cine *to go to the movies*

Después de leer

Emparejar

Glance at the paragraphs and see how the words and phrases in column A are used in context. Then find their definitions in column B.

A

1. me la compra
2. nos llevamos bien
3. no conoce
4. películas
5. mejor que
6. el mayor

B

a. the oldest
b. movies
c. the youngest
d. buys it for me
e. borrows it from me
f. we see each other
g. doesn't know
h. we get along
i. portraits
j. better than

Seleccionar

Choose the sentence that best summarizes each paragraph.

1. Párrafo 1
   a. Me gusta mucho ser abuelo.
   b. No hablo mucho con mi nieto.
   c. No tengo nietos.
2. Párrafo 2
   a. Mi prima es antipática.
   b. Mi prima no es muy trabajadora.
   c. Mi prima y yo somos muy buenas amigas.
3. Párrafo 3
   a. Tener hijos es un gran sacrificio, pero es muy bonito también.
   b. No comprendo a mis hijos.
   c. Mi esposo y yo no tenemos hijos.
4. Párrafo 4
   a. No hablo mucho con mis hermanos.
   b. Comparto mis cosas con mis hermanos.
   c. Mis hermanos y yo somos como (*like*) amigos.
5. Párrafo 5
   a. Me gusta ser hijo único.
   b. Tengo hermanos y hermanas.
   c. Vivo con mis abuelos.
6. Párrafo 6
   a. Mi sobrino tiene diez años.
   b. Me gusta mucho ser tío.
   c. Mi esposa y yo no tenemos hijos.

Escritura

Estrategia

Using idea maps

How do you organize ideas for a first draft? Often, the organization of ideas represents the most challenging part of the process. Idea maps are useful for organizing pertinent information. Here is an example of an idea map you can use:

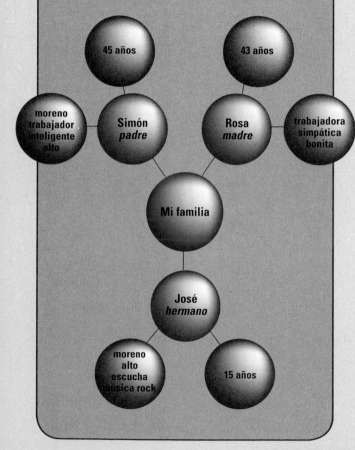

MAPA DE IDEAS

- 45 años
- 43 años
- moreno trabajador inteligente alto
- Simón *padre*
- Rosa *madre*
- trabajadora simpática bonita
- Mi familia
- José *hermano*
- moreno alto escucha música rock
- 15 años

Tema

Escribir un mensaje electrónico

A friend you met in a chat room for Spanish speakers wants to know about your family. Using some of the verbs and adjectives you have learned in this lesson, write a brief e-mail describing your family or an imaginary family, including:

▶ Names and relationships
▶ Physical characteristics
▶ Hobbies and interests

Here are some useful expressions for writing an e-mail or letter in Spanish:

Salutations

Estimado/a Julio/Julia:	*Dear Julio/Julia,*
Querido/a Miguel/Ana María:	*Dear Miguel/Ana María,*

Closings

Un abrazo,	*A hug,*
Abrazos,	*Hugs,*
Cariños,	*Much love,*
¡Hasta pronto!	*See you soon!*
¡Hasta la próxima semana!	*See you next week!*

Escuchar

Estrategia

Asking for repetition/ Replaying the recording

Sometimes it is difficult to understand what people say, especially in a noisy environment. During a conversation, you can ask someone to repeat by saying **¿Cómo?** (*What?*) or **¿Perdón?** (*Pardon me?*). In class, you can ask your teacher to repeat by saying **Repita, por favor** (*Repeat, please*). If you don't understand a recorded activity, you can simply replay it.

 To help you practice this strategy, you will listen to a short paragraph. Ask your professor to repeat it or replay the recording, and then summarize what you heard.

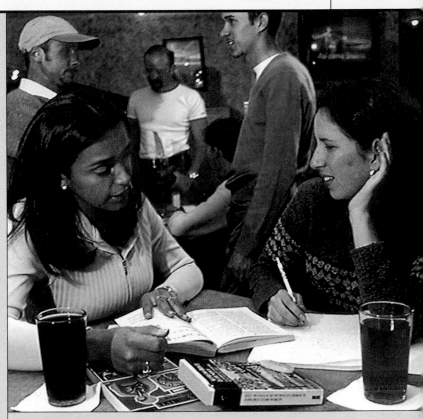

Preparación

Based on the photograph, where do you think Cristina and Laura are? What do you think Laura is saying to Cristina?

Ahora escucha

Now you are going to hear Laura and Cristina's conversation. Use **R** to indicate which adjectives describe Cristina's boyfriend, Rafael. Use **E** for adjectives that describe Laura's boyfriend, Esteban. Some adjectives will not be used.

___ rubio	___ interesante
___ feo	___ antipático
___ alto	___ inteligente
___ trabajador	___ moreno
___ un poco gordo	___ viejo

Comprensión

Identificar

Which person would make each statement: Cristina or Laura?

	Cristina	Laura
1. Mi novio habla sólo de fútbol y de béisbol.	○	○
2. Tengo un novio muy interesante y simpático.	○	○
3. Mi novio es alto y moreno.	○	○
4. Mi novio trabaja mucho.	○	○
5. Mi amiga no tiene buena suerte con los muchachos.	○	○
6. El novio de mi amiga es un poco gordo, pero guapo.	○	○

¿Cierto o falso?

Indicate whether each sentence is **cierto** or **falso**, then correct the false statements.

	Cierto	Falso
1. Esteban es un chico interesante y simpático.	○	○
2. Laura tiene mala suerte con los chicos.	○	○
3. Rafael es muy interesante.	○	○
4. Laura y su novio hablan de muchas cosas.	○	○

En pantalla

In the Spanish-speaking world, grandparents play an important role in the nuclear family structure. Even in the U.S., where retirement communities and nursing homes abound, in Latino families it is often expected that members of the older generation will live with their adult children and grandchildren. This living situation usually brings benefits—financial, emotional, and logistical—that improve the quality of life for everyone involved, and it facilitates the passing on of family history and culture.

Vocabulario útil

la canción	song
cocinar	to cook
el espíritu	spirit
los frijoles	beans
la lágrima	tear
el milagro	miracle
romántico/a	romantic
se aparece en	appears in
supersticioso/a	superstitious

Preparación

Have you or anyone in your family ever experienced a situation that seemed supernatural? What happened?

Preguntas

Choose the correct answer for each question.

1. ¿Qué hace (*is she doing*) la abuela?
   a. Prepara tortillas. b. Come tortillas.
2. ¿Quién escucha una canción?
   a. la abuela   b. el nieto
3. ¿Quién se aparece en la tortilla?
   a. el nieto   b. el abuelo
4. ¿Qué tiene el nieto?
   a. sed   b. hambre

Los personajes

Choose one of the characters and write a description of him or her. Use as many adjectives as you can and mention the person's likes and dislikes. Be creative! Then, in pairs, read your description to a partner.

Tears & Tortillas

Ay, Carlos. Nuestra canción.

¡Beto!... ¡Beto!...

Abuelita... ¿me llamaste?°

Tears & Tortillas forms part of a growing U.S. market for Latino cinema. Director Xóchitl Dorsey's narrative and documentary films have appeared on Showtime and PBS, as well as in various film festivals.

¿me llamaste? *you called me?*

If a Spanish-speaking friend told you he was going to a **reunión familiar,** what type of event would you picture? Most likely, your friend would not be referring to an annual event reuniting family members from far-flung cities. In Hispanic culture, family gatherings are much more frequent and relaxed, and thus do not require intensive planning or juggling of schedules. Some families gather every Sunday afternoon to enjoy a leisurely meal; others may prefer to hold get-togethers on a Saturday evening, with food, music, and dancing. In any case, gatherings tend to be laid-back events in which family members spend hours chatting, sharing stories, and telling jokes.

La familia

—**Érica, ¿y cómo se llaman tus padres?**
—**Mi mamá, Lorena y mi papá, Miguel.**

Vocabulario útil	
el Día de la Madre	*Mother's Day*
estamos celebrando	*we are celebrating*
familia grande y feliz	*a big, happy family*
familia numerosa	*a large family*
hacer (algo) juntos	*to do (something) together*
el patio interior	*courtyard*
pelear	*to fight*
reuniones familiares	*family gatherings, reunions*

¡Qué familia tan° grande tiene!

Preparación

What is a "typical family" like where you live? Is there such a thing? What members of a family usually live together?

Completar

Complete this paragraph with the correct options.

Los Valdivieso y los Bolaños son dos ejemplos de familias en Ecuador. Los Valdivieso son una familia (1) _____ (difícil/numerosa). Viven en una casa (2) _____ (grande/buena). En el patio, hacen (*they do*) muchas reuniones (3) _____ (familiares/con amigos). Los Bolaños son una familia pequeña. Ellos comen (4) _____ (separados/juntos) y preparan canelazo, una bebida (*drink*) típica ecuatoriana.

Te presento a la familia Bolaños.

recursos

VM
pp. 295–296

tan *so*

Ecuador

El país en cifras

▶ **Área:** 283.560 km^2 (109.483 millas^2), *incluyendo las islas Galápagos, aproximadamente el área de Colorado*

▶ **Población:** 14.596.000

▶ **Capital:** Quito — 2.035.000

▶ **Ciudades° principales:**
Guayaquil — 2.941.000, Cuenca, Machala, Portoviejo

SOURCE: Population Division, UN Secretariat

▶ **Moneda:** dólar estadounidense

▶ **Idiomas:** español (oficial), quichua

La lengua oficial de Ecuador es el español, pero también se hablan° otras° lenguas en el país. Aproximadamente unos 4.000.000 de ecuatorianos hablan lenguas indígenas; la mayoría° de ellos habla quichua. El quichua es el dialecto ecuatoriano del quechua, la lengua de los incas.

Bandera de Ecuador

Ecuatorianos célebres

▶ **Francisco Eugenio De Santa Cruz y Espejo,** médico, periodista y patriota (1747–1795)

▶ **Juan León Mera,** novelista (1832–1894)

▶ **Eduardo Kingman,** pintor° (1913–1998)

▶ **Rosalía Arteaga,** abogada°, política y ex vicepresidenta (1956–)

Ciudades *cities* se hablan *are spoken* otras *other* mayoría *majority* pintor *painter* abogada *lawyer* sur *south* mundo *world* pies *feet* dos veces más alto que *twice as tall as*

Las islas Galápagos

ESTADOS UNIDOS
OCÉANO PACÍFICO
OCÉANO ATLÁNTICO
ECUADOR
AMÉRICA DEL SUR

COLOMBIA

Indígenas Amazon

Río Esmeraldas

• Ibarra

Quito ⭐

Volcán Cotopaxi ▲

Río Napo

Portoviejo •

Volcán Tungurahua ▲

Río Pastaza

Río Daule

Guayaquil •

Cordillera de los Andes

Volcán Chimborazo ▲

Océano Pacífico

Cuenca •

Muchos indígenas de Ecuador hablan quichua.

Machala •

• Loja

La ciudad de Quito y la Cordillera de los Andes

Catedral de Guayaquil

PERÚ

recursos

| WB pp. 33–34 | VM pp. 253–254 |

¡Increíble pero cierto!

El volcán Cotopaxi, situado a unos 60 kilómetros al sur° de Quito, es considerado el volcán activo más alto del mundo°. Tiene una altura de 5.897 metros (19.340 pies°). Es dos veces más alto que° el monte Santa Elena (2.550 metros o 9.215 pies) en el estado de Washington.

Lugares • Las islas Galápagos

Muchas personas vienen de lejos a visitar las islas Galápagos porque son un verdadero tesoro° ecológico. Aquí Charles Darwin estudió° las especies que inspiraron° sus ideas sobre la evolución. Como las Galápagos están lejos del continente, sus plantas y animales son únicos. Las islas son famosas por sus tortugas° gigantes.

Artes • Oswaldo Guayasamín

Oswaldo Guayasamín fue° uno de los artistas latinoamericanos más famosos del mundo. Fue escultor° y muralista. Su expresivo estilo viene del cubismo y sus temas preferidos son la injusticia y la pobreza° sufridas° por los indígenas de su país.

Madre y niño en azul, 1986, Oswaldo Guayasamín

Deportes • El *trekking*

El sistema montañoso de los Andes cruza° y divide Ecuador en varias regiones. La Sierra, que tiene volcanes, grandes valles y una variedad increíble de plantas y animales, es perfecta para el *trekking*. Muchos turistas visitan Ecuador cada° año para hacer° *trekking* y escalar montañas°.

Lugares • Latitud 0

Hay un monumento en Ecuador, a unos 22 kilómetros (14 millas) de Quito, donde los visitantes están en el hemisferio norte y el hemisferio sur a la vez°. Este monumento se llama la Mitad del Mundo° y es un destino turístico muy popular.

Explosión del volcán Tungurahua en 1999

¿Qué aprendiste? Completa las oraciones con la información correcta.

1. La ciudad más grande (*biggest*) de Ecuador es _____.
2. La capital de Ecuador es _____.
3. Unos 4.000.000 de ecuatorianos hablan _____.
4. Darwin estudió el proceso de la evolución en _____.
5. Dos temas del arte de _____ son la pobreza y la _____.
6. Un monumento muy popular es _____.
7. La Sierra es un lugar perfecto para el _____.
8. El volcán _____ es el volcán activo más alto del mundo.

Conexión Internet Investiga estos temas en Internet.

1. Busca información sobre una ciudad de Ecuador. ¿Te gustaría (*Would you like*) visitar la ciudad? ¿Por qué?
2. Haz una lista de tres animales o plantas que viven sólo en las islas Galápagos. ¿Dónde hay animales o plantas similares?

verdadero tesoro *true treasure* estudió *studied* inspiraron *inspired* tortugas *tortoises* fue *was* escultor *sculptor* pobreza *poverty* sufridas *suffered* cruza *crosses* cada *every* hacer *to do* escalar montañas *to climb mountains* a la vez *at the same time* Mitad del Mundo *Equatorial Line Monument (lit. Midpoint of the World)*

La familia

el/la abuelo/a	grandfather/grandmother
los abuelos	grandparents
el apellido	last name; surname
el/la bisabuelo/a	great-grandfather/great-grandmother
el/la cuñado/a	brother-in-law/sister-in-law
el/la esposo/a	husband; wife; spouse
la familia	family
el/la gemelo/a	twin
el/la hermanastro/a	stepbrother/stepsister
el/la hermano/a	brother/sister
el/la hijastro/a	stepson/stepdaughter
el/la hijo/a	son/daughter
los hijos	children
la madrastra	stepmother
la madre	mother
el/la medio/a hermano/a	half-brother/half-sister
el/la nieto/a	grandson/granddaughter
la nuera	daughter-in-law
el padrastro	stepfather
el padre	father
los padres	parents
los parientes	relatives
el/la primo/a	cousin
el/la sobrino/a	nephew/niece
el/la suegro/a	father-in-law/mother-in-law
el/la tío/a	uncle/aunt
el yerno	son-in-law

Otras personas

el/la amigo/a	friend
la gente	people
el/la muchacho/a	boy/girl
el/la niño/a	child
el/la novio/a	boyfriend/girlfriend
la persona	person

Profesiones

el/la artista	artist
el/la doctor(a), el/la médico/a	doctor; physician
el/la ingeniero/a	engineer
el/la periodista	journalist
el/la programador(a)	computer programmer

Adjetivos

alto/a	tall
antipático/a	unpleasant
bajo/a	short (in height)
bonito/a	pretty
buen, bueno/a	good
delgado/a	thin; slender
difícil	difficult; hard
fácil	easy
feo/a	ugly
gordo/a	fat
gran, grande	big; large
guapo/a	handsome; good-looking
importante	important
inteligente	intelligent
interesante	interesting
joven (sing.), jóvenes (pl.)	young
mal, malo/a	bad
mismo/a	same
moreno/a	brunet(te)
mucho/a	much; many; a lot of
pelirrojo/a	red-haired
pequeño/a	small
rubio/a	blond(e)
simpático/a	nice; likeable
tonto/a	silly; foolish
trabajador(a)	hard-working
viejo/a	old

Nacionalidades

alemán, alemana	German
argentino/a	Argentine
canadiense	Canadian
chino/a	Chinese
costarricense	Costa Rican
cubano/a	Cuban
ecuatoriano/a	Ecuadorian
español(a)	Spanish
estadounidense	from the U.S.
francés, francesa	French
inglés, inglesa	English
italiano/a	Italian
japonés, japonesa	Japanese
mexicano/a	Mexican
norteamericano/a	(North) American
puertorriqueño/a	Puerto Rican
ruso/a	Russian

Verbos

abrir	to open
aprender (a + inf.)	to learn
asistir (a)	to attend
beber	to drink
comer	to eat
compartir	to share
comprender	to understand
correr	to run
creer (en)	to believe (in)
deber (+ inf.)	should; must; ought to
decidir (+ inf.)	to decide
describir	to describe
escribir	to write
leer	to read
recibir	to receive
tener	to have
venir	to come
vivir	to live

Possessive adjectives	See page 93.
Expressions with *tener*	See page 101.
Expresiones útiles	See page 83.

recursos
LM p. 18

Los pasatiempos

4

Communicative Goals

You will learn how to:

- Talk about pastimes, weekend activities, and sports
- Make plans and invitations

A PRIMERA VISTA

- ¿Es esta persona un atleta o un artista?
- ¿En qué tiene interés, en el ciclismo o en el tenis?
- ¿Es viejo? ¿Es delgado?
- ¿Tiene frío o calor?

Los pasatiempos

Más vocabulario

el béisbol	baseball
el ciclismo	cycling
el esquí (acuático)	(water) skiing
el fútbol americano	football
el golf	golf
el hockey	hockey
la natación	swimming
el tenis	tennis
el vóleibol	volleyball
el equipo	team
el parque	park
el partido	game; match
la plaza	city or town square
andar en patineta	to skateboard
bucear	to scuba dive
escalar montañas (f., pl.)	to climb mountains
esquiar	to ski
ganar	to win
ir de excursión	to go on a hike
practicar deportes (m., pl.)	to play sports
escribir una carta/ un mensaje electrónico	to write a letter/ an e-mail
leer correo electrónico	to read e-mail
leer una revista	to read a magazine
deportivo/a	sports-related

Variación léxica

piscina ⟷ pileta (*Arg.*); alberca (*Méx.*)
baloncesto ⟷ básquetbol (*Amér. L.*)
béisbol ⟷ pelota (*P. Rico, Rep. Dom.*)

Práctica

1 **Escuchar** 🎧 Indicate the letter of the activity in Column B that best corresponds to each statement you hear. Two items in Column B will not be used.

A

1. _____
2. _____
3. _____
4. _____
5. _____
6. _____

B

a. leer correo electrónico
b. tomar el sol
c. pasear en bicicleta
d. ir a un partido de fútbol americano
e. escribir una carta
f. practicar muchos deportes
g. nadar
h. ir de excursión

2 **Ordenar** 🎧 Order these activities according to what you hear in the narration.

_____ a. pasear en bicicleta
_____ b. nadar
_____ c. leer una revista
_____ d. tomar el sol
_____ e. practicar deportes
_____ f. patinar en línea

3 **¿Cierto o falso?** Indicate whether each statement is **cierto** or **falso** based on the illustration.

	Cierto	Falso
1. Un hombre nada en la piscina.	○	○
2. Un hombre lee una revista.	○	○
3. Un chico pasea en bicicleta.	○	○
4. Dos muchachos esquían.	○	○
5. Una mujer y dos niños visitan un monumento.	○	○
6. Un hombre bucea.	○	○
7. Hay un equipo de hockey.	○	○
8. Una mujer toma el sol.	○	○

4 **Clasificar** Fill in the chart below with as many terms from **Contextos** as you can.

Actividades	Deportes	Personas

na en línea.
patinar)

el jugador

el baloncesto

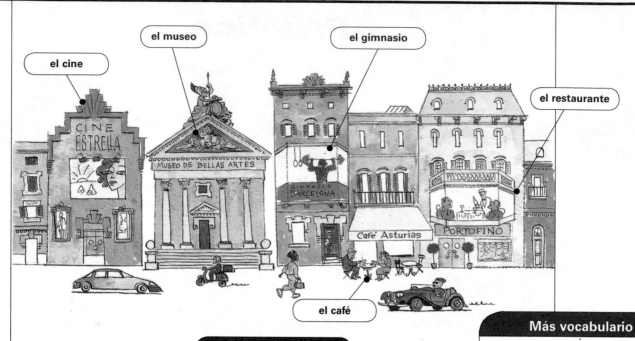

el cine
el museo
el gimnasio
el restaurante
el café

En el centro

5 **Identificar** Identify the place where these activities would take place.

> **modelo**
> **Esquiamos.** Es una montaña.

1. Tomamos una limonada.
2. Vemos una película.
3. Nadamos y tomamos el sol.
4. Hay muchos monumentos.
5. Comemos tacos y fajitas.
6. Miramos pinturas (*paintings*) de Diego Rivera y Frida Kahlo.
7. Hay mucho tráfico.
8. Practicamos deportes.

6 **Preguntar** Ask a classmate what he or she does in the places mentioned below. Your classmate will respond using verbs from the word bank.

> **modelo**
> una plaza
> **Estudiante 1:** ¿Qué haces (*do you do*) cuando estás en una plaza?
> **Estudiante 2:** Camino por la plaza y miro a las personas.

beber	escalar	mirar	practicar
caminar	escribir	nadar	tomar
correr	leer	patinar	visitar

1. una biblioteca
2. un estadio
3. una plaza
4. una piscina
5. las montañas
6. un parque
7. un café
8. un museo

Comunicación

7 **Crucigrama** Your instructor will give you and your partner an incomplete crossword puzzle. Yours has the words your partner needs and vice versa. In order to complete the puzzle, take turns giving each other clues, using definitions, examples, and phrases.

> **modelo**
>
> **2 horizontal:** Es un deporte que practicamos en la piscina.
> **6 vertical:** Es un mensaje que escribimos con lápiz o con pluma.

8 **Entrevista** In pairs, take turns asking and answering these questions.

1. ¿Hay un café cerca de la universidad? ¿Dónde está?
2. ¿Cuál es tu restaurante favorito?
3. ¿Te gusta viajar y visitar monumentos? ¿Por qué?
4. ¿Te gusta ir al cine los fines de semana?
5. ¿Cuáles son tus películas favoritas?
6. ¿Te gusta practicar deportes?
7. ¿Cuáles son tus deportes favoritos? ¿Por qué?
8. ¿Cuáles son tus pasatiempos favoritos?

CONSULTA

To review expressions with **gustar**, see **Estructura 2.1**, p. 52.

9 **Conversación** Using the words and expressions provided, work with a partner to prepare a short conversation about pastimes.

> ¿a qué hora?   ¿con quién(es)?   ¿dónde?
> ¿cómo?   ¿cuándo?   ¿qué?

> **modelo**
>
> **Estudiante 1:** ¿Cuándo patinas en línea?
> **Estudiante 2:** Patino en línea los domingos. Y tú, ¿patinas en línea?
> **Estudiante 1:** No, no me gusta patinar en línea. Me gusta practicar el béisbol.

10 **Pasatiempos** In pairs, tell each other what pastimes three of your friends and family members enjoy. Be prepared to share with the class any pastimes you noticed they have in common.

> **modelo**
>
> **Estudiante 1:** Mi hermana pasea mucho en bicicleta, pero mis padres practican la natación. Mi hermano no nada, pero visita muchos museos.
> **Estudiante 2:** Mi primo lee muchas revistas, pero no practica muchos deportes. Mis tíos esquían y practican el golf...

Fútbol, cenotes y mole

Maru, Miguel, Jimena y Marissa visitan un cenote, mientras Felipe y Juan Carlos van a un partido de fútbol.

PERSONAJES MIGUEL PABLO

MIGUEL Buenos días a todos.

TÍA ANA MARÍA Hola Miguel. Maru, ¿qué van a hacer hoy?

MARU Miguel y yo vamos a llevar a Marissa a un cenote.

MARISSA ¿No vamos a nadar? ¿Qué es un cenote?

MIGUEL Sí, sí vamos a nadar. Un cenote... difícil de explicar. Es una piscina natural en un hueco profundo.

MARU ¡Ya vas a ver! Seguro que te va a gustar.

(*unos minutos después*)

EDUARDO Hay un partido de fútbol en el parque. ¿Quieren ir conmigo?

PABLO Y conmigo. Si no consigo más jugadores, nuestro equipo va a perder.

ANA MARÍA Marissa, ¿qué te gusta hacer? ¿Escalar montañas? ¿Ir de excursión?

MARISSA Sí, me gusta ir de excursión y practicar el esquí acuático. Y usted, ¿qué prefiere hacer en sus ratos libres?

PABLO Mi mamá tiene muchos pasatiempos y actividades.

EDUARDO Sí. Ella nada y juega al tenis y al golf.

PABLO Va al cine y a los museos.

ANA MARÍA Sí, salgo mucho los fines de semana.

FELIPE ¿Recuerdas el restaurante del mole?

EDUARDO ¿Qué restaurante?

JIMENA El mole de mi tía Ana María es mi favorito.

MARU Chicos, ya es hora. ¡Vamos!

ANA MARÍA

MARU

MARISSA

EDUARDO

FELIPE

JUAN CARLOS

JIMENA

DON GUILLERMO

7

(más tarde, en el parque)

PABLO No puede ser. ¡Cinco a uno!

FELIPE ¡Vamos a jugar! Si perdemos, compramos el almuerzo. Y si ganamos...

EDUARDO ¡Empezamos!

8

(mientras tanto, en el cenote)

MARISSA ¿Hay muchos cenotes en México?

MIGUEL Sólo en la península de Yucatán.

MARISSA ¡Vamos a nadar!

9

(Los chicos visitan a don Guillermo, un vendedor de paletas heladas.)

JUAN CARLOS Don Guillermo, ¿dónde podemos conseguir un buen mole?

FELIPE Eduardo y Pablo van a pagar el almuerzo. Y yo voy a pedir un montón de comida.

10

FELIPE Sí, éste es el restaurante. Recuerdo la comida.

EDUARDO Oye, Pablo... No tengo...

PABLO No te preocupes, hermanito.

FELIPE ¿Qué buscas? *(muestra la cartera de Pablo)* ¿Esto?

recursos

VM
pp. 219–220

Expresiones útiles

Making invitations

Hay un partido de fútbol en el parque. ¿Quieren ir conmigo?
There's a soccer game in the park. Do you want to come with me?

¡Yo puedo jugar!
I can play!

Mmm... no quiero.
Hmm... I don't want to.

Lo siento, pero no puedo.
I'm sorry, but I can't.

¡Vamos a nadar!
Let's go swimming!

Sí, vamos.
Yes, let's go.

Making plans

¿Qué van a hacer hoy?
What are you going to do today?

Vamos a llevar a Marissa a un cenote.
We are taking Marissa to a cenote.

Vamos a comprar unas paletas heladas.
We're going to buy some popsicles.

Vamos a jugar. Si perdemos, compramos el almuerzo.
Let's play. If we lose, we'll buy lunch.

Talking about pastimes

¿Qué te gusta hacer? ¿Escalar montañas? ¿Ir de excursión?
What do you like to do? Mountain climbing? Hiking?

Sí, me gusta ir de excursión y practicar esquí acuático.
Yes, I like hiking and water skiing.

Y usted, ¿qué prefiere hacer en sus ratos libres?
And you, what do you like to do in your free time?

Salgo mucho los fines de semana.
I go out a lot on the weekends.

Voy al cine y a los museos.
I go to the movies and to museums.

Additional vocabulary

la cartera *wallet*   **el hueco** *hole*
un montón de *a lot of*

¿Qué pasó?

1 **Escoger** Choose the answer that best completes each sentence.

1. Marissa, Maru y Miguel desean _____.
   a. nadar   b. correr por el parque   c. leer el periódico

2. A Marissa le gusta _____.
   a. el tenis   b. el vóleibol   c. ir de excursión y practicar esquí acuático

3. A la tía Ana María le gusta _____.
   a. jugar al hockey   b. nadar y jugar al tenis y al golf   c. hacer ciclismo

4. Pablo y Eduardo pierden el partido de _____.
   a. fútbol   b. béisbol   c. baloncesto

5. Juan Carlos y Felipe desean _____.
   a. patinar   b. esquiar   c. comer mole

NOTA CULTURAL

Mole is a typical sauce in Mexican cuisine. It is made from pumpkin seeds, chile, and chocolate, and it is usually served with chicken, beef, or pork. To learn more about **mole**, go to page 272.

2 **Identificar** Identify the person who would make each statement.

1. A mí me gusta nadar, pero no sé qué es un cenote. _____
2. Mamá va al cine y al museo en sus ratos libres. _____
3. Yo voy a pedir mucha comida. _____
4. ¿Quieren ir a jugar al fútbol con nosotros en el parque? _____
5. Me gusta salir los fines de semana. _____

MARISSA

FELIPE

EDUARDO

PABLO

TÍA ANA MARÍA

NOTA CULTURAL

Cenotes are deep, freshwater sinkholes found in caves throughout the Yucatán peninsula. They were formed in prehistoric times by the erosion and collapse of cave walls. The Mayan civilization considered the **cenotes** sacred, and performed rituals there. Today, they are popular destinations for swimming and diving.

3 **Preguntas** Answer the questions using the information from the **Fotonovela**.

1. ¿Qué van a hacer Miguel y Maru?

2. ¿Adónde van Felipe y Juan Carlos mientras sus amigos van al cenote?

3. ¿Quién gana el partido de fútbol?

4. ¿Quiénes van al cenote con Maru y Miguel?

4 **Conversación** With a partner, prepare a conversation in which you talk about pastimes and invite each other to do some activity together. Use these expressions and also look at **Expresiones útiles** on the previous page.

¿A qué hora? *(At) What time?*	**¿Dónde?** *Where?*	**Nos vemos a las siete.** *See you at seven.*
contigo *with you*	**No puedo porque...** *I can't because...*	

▶ ¿Eres aficionado/a a...?   ▶ ¿Por qué no...?   ▶ ¿Qué vas a hacer esta noche?

▶ ¿Te gusta...?   ▶ ¿Quieres... conmigo?

Pronunciación

Word stress and accent marks

pe-lí-cu-la	e-di-fi-cio	ver	yo

Every Spanish syllable contains at least one vowel. When two vowels are joined in the same syllable they form a **diphthong***. A **monosyllable** is a word formed by a single syllable.

bi-blio-te-ca	vi-si-tar	par-que	fút-bol

The syllable of a Spanish word that is pronounced most emphatically is the "stressed" syllable.

pe-lo-ta	pis-ci-na	ra-tos	ha-blan

Words that end in **n, s,** or a **vowel** are usually stressed on the next to last syllable.

na-ta-ción	pa-pá	in-glés	Jo-sé

If words that end in **n, s,** or a **vowel** are stressed on the last syllable, they must carry an accent mark on the stressed syllable.

bai-lar	es-pa-ñol	u-ni-ver-si-dad	tra-ba-ja-dor

Words that do *not* end in **n, s,** or a **vowel** are usually stressed on the last syllable.

béis-bol	lá-piz	ár-bol	Gó-mez

If words that do *not* end in **n, s,** or a **vowel** are stressed on the next to last syllable, they must carry an accent mark on the stressed syllable.

*The two vowels that form a diphthong are either both weak or one is weak and the other is strong.

En la unión está la fuerza.[2]

Práctica Pronounce each word, stressing the correct syllable. Then give the word stress rule for each word.

1. profesor
2. Puebla
3. ¿Cuántos?
4. Mazatlán
5. examen
6. ¿Cómo?
7. niños
8. Guadalajara
9. programador
10. México
11. están
12. geografía

Oraciones Read the conversation aloud to practice word stress.

MARINA Hola, Carlos. ¿Qué tal?
CARLOS Bien. Oye, ¿a qué hora es el partido de fútbol?
MARINA Creo que es a las siete.
CARLOS ¿Quieres ir?
MARINA Lo siento, pero no puedo. Tengo que estudiar biología.

Quien ríe de último, ríe mejor.[1]

Refranes Read these sayings aloud to practice word stress.

1 He who laughs last, laughs best.
2 United we stand.

recursos

LM
p. 20

Real Madrid y Barça: rivalidad total

Soccer in Spain is a force to be reckoned with, and no two teams draw more attention than **Real Madrid** and the **Fútbol Club Barcelona.** Whether the venue is Madrid's **Santiago Bernabéu** or Barcelona's **Camp Nou,** the two cities shut down for the showdown, paralyzed by **fútbol** fever. A ticket to the actual game is always the hottest ticket in town.

The rivalry between **Real Madrid** and **Barça** is about more than soccer. As the two biggest, most powerful cities in Spain, Barcelona and Madrid are constantly compared to one another and have a natural rivalry. There is also a political component to the dynamic. Barcelona, with its distinct language and culture, has long struggled for increased autonomy from Madrid's centralized government. Under Francisco Franco's rule (1939–1975), when repression of the Catalan identity was at its height, a game between **Real Madrid** and **FC Barcelona** was wrapped up with all the symbolism of the regime versus the resistance, even though both teams suffered casualties in Spain's civil war and the subsequent Franco dictatorship.

Although the dictatorship is far behind, the momentum of all those decades of competition still transforms both cities into a frenzied, tense panic leading up to the game. Once the final score is announced, one of those cities is transformed again, this time into the best party in the country.

Rivalidades del fútbol

Argentina: Boca Juniors vs River Plate

México: Águilas del América vs Chivas del Guadalajara

Chile: Colo Colo vs Universidad de Chile

Guatemala: Comunicaciones vs Municipal

Uruguay: Peñarol vs Nacional

Colombia: Millonarios vs Independiente Santa Fe

ACTIVIDADES

1 **¿Cierto o falso?** Indicate whether each statement is **cierto** or **falso**. Correct the false statements.

1. People from Spain don't like soccer.
2. Madrid and Barcelona are the most important cities in Spain.
3. Santiago Bernabéu is a stadium in Barcelona.
4. The rivalry between Real Madrid and FC Barcelona is not only in soccer.
5. Barcelona has resisted Madrid's centralized government.
6. Only the FC Barcelona team was affected by the civil war.
7. During Franco's regime, the Catalan culture thrived.
8. There are many famous rivalries between soccer teams in the Spanish-speaking world.
9. River Plate is a popular team from Argentina.
10. Comunicaciones and Peñarol are famous rivals in Guatemala.

Los deportes

el/la árbitro/a	referee
el/la atleta	athlete
la bola; el balón	**la pelota**
el campeón/ la campeona	champion
la carrera	race
competir	to compete
empatar	to draw; to tie
la medalla	medal
el/la mejor	the best
mundial	worldwide
el torneo	tournament

Atletas importantes

World-renowned Hispanic athletes:

- **Rafael Nadal** (España) is one of the best tennis players in the world. His medals include six Grand Slam singles titles and the 2008 Olympic gold medal in singles.

- **Dayron Robles** (Cuba), an Olympic champion hurdler, holds the world record in the 110-meter hurdles.

- **Carolina Ruiz Castillo** (España), an alpine skier, competed in the 2006 and 2010 Olympics.

- **Paola Milagros Espinosa Sánchez** (México) has made two Olympic appearances (2004, 2008) in diving. She and her partner, Tatiana Ortiz, took home the bronze medal in 2008.

Lionel Messi y Lorena Ochoa

Lionel Andrés Messi is considered one of the best soccer players of his generation. Born in 1987 in Argentina, Messi suffered a hormone deficiency that conflicted with his athletic dreams. He moved to Spain as a teenager and, at just 17, played his first game for the team **Fútbol Club Barcelona**. He is now the highest-paid player in the Spanish league.

Mexican golfer **Lorena Ochoa**, born in 1981, took up the sport at the age of five and won her first national event two years later. Winner of the LPGA Tour Player of the Year award every year from 2006-2009, Ochoa was ranked number one worldwide among female golfers when she retired in 2010.

Conexión Internet

¿Qué deportes son populares en los países hispanos?

Use the Web to find more cultural information related to this **Cultura** section.

2 **Comprensión** Write the name of the athlete described in each sentence.

1. Es un jugador de fútbol de Argentina. _____

2. Es una chica que practica el golf. _____

3. Es una chica española a la que le gusta esquiar. _____

4. Es una chica mexicana que practica un deporte en la piscina. _____

3 **¿Quién es?** Write a short paragraph describing an athlete that you like, but do not mention their name. What do they look like? What sport do they play? Where do they live? Read your description to the class to see if they can guess who they are.

4.1 Present tense of **ir**

ANTE TODO The verb **ir** (*to go*) is irregular in the present tense. Note that, except for the **yo** form (**voy**) and the lack of a written accent on the **vosotros** form (**vais**), the endings are the same as those for regular present tense **-ar** verbs.

The verb ir (*to go*)

Singular forms		Plural forms	
yo	**voy**	nosotros/as	**vamos**
tú	**vas**	vosotros/as	**vais**
Ud./él/ella	**va**	Uds./ellos/ellas	**van**

▶ **Ir** is often used with the preposition **a** (*to*). If **a** is followed by the definite article **el**, they combine to form the contraction **al**. If **a** is followed by the other definite articles (**la, las, los**), there is no contraction.

a + el = al

Voy **al** parque con Juan.
I'm going to the park with Juan.

Mis amigos van **a las** montañas.
My friends are going to the mountains.

▶ The construction **ir a** + [*infinitive*] is used to talk about actions that are going to happen in the future. It is equivalent to the English *to be going* + [*infinitive*].

Va a leer el periódico.
He is going to read the newspaper.

Van a pasear por el pueblo.
They are going to walk around town.

¡Voy a ir con ellos!

Ella va al cine y a los museos.

▶ **Vamos a** + [*infinitive*] can also express the idea of *let's (do something)*.

Vamos a pasear.
Let's take a stroll.

¡Vamos a ver!
Let's see!

CONSULTA

To review the contraction **de + el**, see **Estructura 1.3**, pp. 20–21.

AYUDA

When asking a question that contains a form of the verb **ir**, remember to use **adónde**:
¿Adónde vas?
(To) Where are you going?

recursos

WB pp. 39–40

LM p. 21

¡INTÉNTALO! Provide the present tense forms of **ir**.

1. Ellos ___van___.
2. Yo _____.
3. Tu novio _____.
4. Adela _____.
5. Mi prima y yo _____.
6. Tú _____.
7. Ustedes _____.
8. Nosotros _____.
9. Usted _____.
10. Nosotras _____.
11. Miguel _____.
12. Ellas _____.

Práctica

1

¿Adónde van? Everyone in your neighborhood is dashing off to various places.
Say where they are going.

1. la señora Castillo / el centro
2. las hermanas Gómez / la piscina
3. tu tío y tu papá / el partido de fútbol
4. yo / el Museo de Arte Moderno
5. nosotros / el restaurante Miramar

2

¿Qué van a hacer? These sentences describe what several students in a college
hiking club are doing today. Use **ir a** + [*infinitive*] to say that they are also going to do the
same activities tomorrow.

> **modelo**
>
> Martín y Rodolfo nadan en la piscina.
> Van a nadar en la piscina mañana también.

1. Sara lee una revista.
2. Yo practico deportes.
3. Ustedes van de excursión.
4. El presidente del club patina.
5. Tú tomas el sol.
6. Paseamos con nuestros amigos.

3

Preguntas With a partner, take turns asking and answering questions about where the people are
going and what they are going to do there.

> **modelo**
>
> **Estudiante 1:** ¿Adónde va Estela?
> **Estudiante 2:** Va a la Librería Sol.
> **Estudiante 1:** Va a comprar un libro.

Estela

1. Álex y Miguel

2. mi amigo

3. tú

4. los estudiantes

5. profesora Torres

6. ustedes

Comunicación

4

Situaciones Work with a partner and say where you and your friends go in these situations.

1. Cuando deseo descansar…
2. Cuando mi novio/a tiene que estudiar…
3. Si mis compañeros de clase necesitan practicar el español…
4. Si deseo hablar con mis amigos…
5. Cuando tengo dinero (*money*)…
6. Cuando mis amigos y yo tenemos hambre…
7. En mis ratos libres…
8. Cuando mis amigos desean esquiar…
9. Si estoy de vacaciones…
10. Si tengo ganas de leer…

5

Encuesta Your instructor will give you a worksheet. Walk around the class and ask your classmates if they are going to do these activities today. Find one person to answer **Sí** and one to answer **No** for each item and note their names on the worksheet in the appropriate column. Be prepared to report your findings to the class.

modelo
Tú: ¿Vas a leer el periódico hoy?
Ana: Sí, voy a leer el periódico hoy.
Luis: No, no voy a leer el periódico hoy.

Actividades	Sí	No
1. comer en un restaurante chino		
2. leer el periódico		
3. escribir un mensaje electrónico	Ana	Luis
4. correr 20 kilómetros		
5. ver una película de terror		
6. pasear en bicicleta		

6

Entrevista Talk to two classmates in order to find out where they are going and what they are going to do on their next vacation.

modelo
Estudiante 1: ¿Adónde vas de vacaciones (*on vacation*)?
Estudiante 2: Voy a Guadalajara con mis amigos.
Estudiante 3: ¿Y qué van a hacer (*to do*) ustedes en Guadalajara?
Estudiante 2: Vamos a visitar unos monumentos y museos. ¿Y tú?

Síntesis

7

Planes Make a schedule of your activities for the weekend. Then, share with a partner.

▶ For each day, list at least three things you have to do.
▶ For each day, list at least two things you will do for fun.
▶ Tell a classmate what your weekend schedule is like. He or she will write down what you say.
▶ Switch roles to see if you have any plans in common.
▶ Take turns asking each other to participate in some of the activities you listed.

4.2 Stem-changing verbs: e→ie, o→ue

ANTE TODO Stem-changing verbs deviate from the normal pattern of regular verbs. When stem-changing verbs are conjugated, they have a vowel change in the last syllable of the stem.

CONSULTA

To review the present tense of regular -**ar** verbs, see **Estructura 2.1**, p. 50.

• • •

To review the present tense of regular -**er** and -**ir** verbs, see **Estructura 3.3**, p. 96.

INFINITIVE	VERB STEM	STEM CHANGE	CONJUGATED FORM
empezar volver	emp**e**z- v**o**lv-	emp**ie**z- v**ue**lv-	emp**ie**zo v**ue**lvo

▶ In many verbs, such as **empezar** (*to begin*), the stem vowel changes from **e** to **ie**. Note that the **nosotros/as** and **vosotros/as** forms don't have a stem change.

The verb empezar (e:ie) (*to begin*)

Singular forms		Plural forms	
yo	emp**ie**zo	nosotros/as	empezamos
tú	emp**ie**zas	vosotros/as	empezáis
Ud./él/ella	emp**ie**za	Uds./ellos/ellas	emp**ie**zan

Los chicos empiezan a hablar de su visita al cenote.

Ellos vuelven a comer en el restaurante.

▶ In many other verbs, such as **volver** (*to return*), the stem vowel changes from **o** to **ue**. The **nosotros/as** and **vosotros/as** forms have no stem change.

The verb volver (o:ue) (*to return*)

Singular forms		Plural forms	
yo	v**ue**lvo	nosotros/as	volvemos
tú	v**ue**lves	vosotros/as	volvéis
Ud./él/ella	v**ue**lve	Uds./ellos/ellas	v**ue**lven

▶ To help you identify stem-changing verbs, they will appear as follows throughout the text:

empezar (e:ie), volver (o:ue)

Common stem-changing verbs

e:ie		o:ue	
cerrar	to close	**almorzar**	to have lunch
comenzar (a + *inf.*)	to begin	**contar**	to count; to tell
empezar (a + *inf.*)	to begin	**dormir**	to sleep
entender	to understand	**encontrar**	to find
pensar	to think	**mostrar**	to show
perder	to lose; to miss	**poder (+ *inf.*)**	to be able to; can
preferir (+ *inf.*)	to prefer	**recordar**	to remember
querer (+ *inf.*)	to want; to love	**volver**	to return

¡LENGUA VIVA!

The verb **perder** can mean *to lose* or *to miss*, in the sense of "to miss a train".

Siempre pierdo mis llaves.
I always lose my keys.

Es importante no perder el autobús.
It's important not to miss the bus.

▶ **Jugar** (*to play a sport or a game*) is the only Spanish verb that has a **u:ue** stem change. **Jugar** is followed by **a** + [*definite article*] when the name of a sport or game is mentioned.

Ella juega al tenis y al golf.

Los chicos juegan al fútbol.

▶ **Comenzar** and **empezar** require the preposition **a** when they are followed by an infinitive.

Comienzan a jugar a las siete.
They begin playing at seven.

Ana **empieza a** escribir una postal.
Ana is starting to write a postcard.

▶ **Pensar** + [*infinitive*] means *to plan* or *to intend to do something*. **Pensar en** means *to think about someone* or *something*.

¿Piensan ir al gimnasio?
Are you planning to go to the gym?

¿**En** qué **piensas**?
What are you thinking about?

¡INTÉNTALO!   Provide the present tense forms of these verbs.

cerrar (e:ie)

1. Ustedes ___cierran___.
2. Tú _____.
3. Nosotras _____.
4. Mi hermano _____.
5. Yo _____.
6. Usted _____.
7. Los chicos _____.
8. Ella _____.

dormir (o:ue)

1. Mi abuela no ___duerme___.
2. Yo no _____.
3. Tú no _____.
4. Mis hijos no _____.
5. Usted no _____.
6. Nosotros no _____.
7. Él no _____.
8. Ustedes no _____.

recursos

WB
pp. 41–42

LM
p. 22

Práctica

1

Completar Complete this conversation with the appropriate forms of the verbs. Then act it out with a partner.

PABLO Óscar, voy al centro ahora.

ÓSCAR ¿A qué hora (1)_____ (pensar) volver? El partido de fútbol (2)_____ (empezar) a las dos.

PABLO (3)_____ (Volver) a la una. (4)_____ (Querer) ver el partido.

ÓSCAR (5)¿_____ (Recordar) que (*that*) nuestro equipo es muy bueno? (6)¡ _____ (Poder) ganar!

PABLO No, (7)_____ (pensar) que va a (8)_____ (perder). Los jugadores de Guadalajara son salvajes (*wild*) cuando (9)_____ (jugar).

2

Preferencias With a partner, take turns asking and answering questions about what these people want to do, using the cues provided.

> **modelo**
>
> Guillermo: estudiar / pasear en bicicleta
> **Estudiante 1:** *¿Quiere estudiar Guillermo?*
> **Estudiante 2:** *No, prefiere pasear en bicicleta.*

1. tú: trabajar / dormir

▶ 2. ustedes: mirar la televisión / jugar al dominó

3. tus amigos: ir de excursión / descansar

4. tú: comer en la cafetería / ir a un restaurante

5. Elisa: ver una película / leer una revista

6. María y su hermana: tomar el sol / practicar el esquí acuático

3

Describir Use a verb from the list to describe what these people are doing.

almorzar	cerrar	contar	dormir	encontrar	mostrar

1. las niñas

2. yo

3. nosotros

4. tú

5. Pedro

6. Teresa

Comunicación

4 **Frecuencia** In pairs, take turns using the verbs from the list and other stem-changing verbs you know to tell your partner which activities you do daily (**todos los días**), which you do once a month (**una vez al mes**), and which you do once a year (**una vez al año**). Record your partner's responses in the chart so that you can report back to the class.

> **modelo**
>
> **Estudiante 1:** Yo recuerdo a mi familia todos los días.
>
> **Estudiante 2:** Yo pierdo uno de mis libros una vez al año.

cerrar	perder
dormir	poder
empezar	preferir
encontrar	querer
jugar	recordar
¿?	¿?

todos los días	una vez al mes	una vez al año

5 **En la televisión** Read the television listings for Saturday. In pairs, write a conversation between two siblings arguing about what to watch. Be creative and be prepared to act out your conversation for the class.

> **modelo**
>
> **Hermano:** Podemos ver la Copa Mundial.
>
> **Hermana:** ¡No, no quiero ver la Copa Mundial! Prefiero ver...

	13:00	14:00	15:00	16:00	17:00	18:00	19:00	20:00	21:00	22:00	23:00
7	Copa Mundial (*World Cup*) de fútbol			República Deportiva		Campeonato (*Championship*) Mundial de Vóleibol: México-Argentina				Torneo de Natación	
8	Abierto (*Open*) Mexicano de Tenis: Santiago González (México) vs. Nicolás Almagro (España). Semifinales			Campeonato de baloncesto: Los Correcaminos de Tampico vs. los Santos de San Luis				Aficionados al buceo		Cozumel: Aventuras	
12	Yo soy Betty, la fea		Héroes		Hermanos y hermanas			Película: **Sin nombre**		Película: **El coronel no tiene quien le escriba**	
13	El padrastro		60 Minutos			El esquí acuático				Patinaje artístico	
17	Biografías: La artista Frida Kahlo			Música de la semana			Entrevista del día: Iker Casillas y su pasión por el fútbol			Cine de la noche: **Elsa y Fred**	

NOTA CULTURAL

Iker Casillas Fernández is a famous goalkeeper for **Real Madrid**. A native of Madrid, he is among the best goalkeepers of his generation.

Síntesis

6 **Situación** Your instructor will give you and your partner each a partially illustrated itinerary of a city tour. Complete the itineraries by asking each other questions using the verbs in the captions and vocabulary you have learned.

> **modelo**
>
> **Estudiante 1:** Por la mañana, empiezan en el café.
>
> **Estudiante 2:** Y luego...

(4.3) Stem-changing verbs: e→i

ANTE TODO You've already seen that many verbs in Spanish change their stem vowel when conjugated. There is a third kind of stem-vowel change in some verbs, such as **pedir** (*to ask for; to request*). In these verbs, the stressed vowel in the stem changes from **e** to **i**, as shown in the diagram.

INFINITIVE	VERB STEM	STEM CHANGE	CONJUGATED FORM
pedir ▶	p**e**d- ▶	p**i**d- ▶	p**i**do

▶ As with other stem-changing verbs you have learned, there is no stem change in the **nosotros/as** or **vosotros/as** forms in the present tense.

The verb pedir (e:i) (*to ask for; to request*)

Singular forms		Plural forms	
yo	p**i**do	nosotros/as	pedimos
tú	p**i**des	vosotros/as	pedís
Ud./él/ella	p**i**de	Uds./ellos/ellas	p**i**den

▶ To help you identify verbs with the **e:i** stem change, they will appear as follows throughout the text:

pedir (e:i)

▶ These are the most common **e:i** stem-changing verbs:

conseguir	**decir**	**repetir**	**seguir**
to get; to obtain	*to say; to tell*	*to repeat*	*to follow; to continue; to keep (doing something)*

Pido favores cuando es necesario.
I ask for favors when it's necessary.

Sigue con su tarea.
He continues with his homework.

Javier **dice** la verdad.
Javier is telling the truth.

Consiguen ver buenas películas.
They get to see good movies.

▶ **¡Atención!** The verb **decir** is irregular in its **yo** form: **yo digo**.

▶ The **yo** forms of **seguir** and **conseguir** have a spelling change in addition to the stem change **e:i**.

Sigo su plan.
I'm following their plan.

Consigo novelas en la librería.
I get novels at the bookstore.

¡INTÉNTALO! Provide the correct forms of the verbs.

repetir (e:i)	decir (e:i)	seguir (e:i)
1. Arturo y Eva __repiten__.	1. Yo __digo__.	1. Yo __sigo__.
2. Yo _____.	2. Él _____.	2. Nosotros _____.
3. Nosotros _____.	3. Tú _____.	3. Tú _____.
4. Julia _____.	4. Usted _____.	4. Los chicos _____.
5. Sofía y yo _____.	5. Ellas _____.	5. Usted _____.

Práctica

1 **Completar** Complete these sentences with the correct form of the verb provided.

1. Cuando mi familia pasea por la ciudad, mi madre siempre (*always*) va a un café y _____ (pedir) una soda.
2. Pero mi padre _____ (decir) que perdemos mucho tiempo. Tiene prisa por llegar al Bosque de Chapultepec.
3. Mi padre tiene suerte, porque él siempre _____ (conseguir) lo que (*that which*) desea.
4. Cuando llegamos al parque, mis hermanos y yo _____ (seguir) conversando (*talking*) con nuestros padres.
5. Mis padres siempre _____ (repetir) la misma cosa: "Nosotros tomamos el sol aquí sin ustedes".
6. Yo siempre _____ (pedir) permiso para volver a casa un poco más tarde porque me gusta mucho el parque.

NOTA CULTURAL

A popular weekend destination for residents and tourists, **el Bosque de Chapultepec** is a beautiful park located in Mexico City. It occupies over 1.5 square miles and includes lakes, wooded areas, several museums, and a botanical garden. You may recognize this park from **Fotonovela, Lección 2.**

2 **Combinar** Combine words from the two columns to create sentences about yourself and people you know.

A	B
yo	(no) pedir muchos favores
mi compañero/a de cuarto	nunca (*never*) pedir perdón
mi mejor (*best*) amigo/a	nunca seguir las instrucciones
mi familia	siempre seguir las instrucciones
mis amigos/as	conseguir libros en Internet
mis amigos/as y yo	repetir el vocabulario
mis padres	poder hablar dos lenguas
mi hermano/a	dormir hasta el mediodía
mi profesor(a) de español	siempre perder sus libros

3 **Opiniones** In pairs, take turns guessing how your partner completed the sentences from **Actividad 2**. If you guess incorrectly, your partner must supply the correct answer.

modelo
Estudiante 1: Creo que tus padres consiguen libros en Internet.
Estudiante 2: ¡No! Mi hermana consigue libros en Internet.

CONSULTA

To review possessive adjectives, see **Estructura 3.2**, p. 93.

4 **¿Quién?** Your instructor will give you a worksheet. Talk to your classmates until you find one person who does each of the activities. Use **e:ie**, **o:ue**, and **e:i** stem-changing verbs.

modelo
Tú: ¿Pides consejos con frecuencia?
Maira: No, no pido consejos con frecuencia.
Tú: ¿Pides consejos con frecuencia?
Lucas: Sí, pido consejos con frecuencia.

Comunicación

5

Las películas Use these questions to interview a classmate.

1. ¿Prefieres las películas románticas, las películas de acción o las películas de terror? ¿Por qué?

2. ¿Dónde consigues información sobre (*about*) cine y televisión?

3. ¿Dónde consigues las entradas (*tickets*) para ver una película?

4. Para decidir qué películas vas a ver, ¿sigues las recomendaciones de los críticos de cine? ¿Qué dicen los críticos en general?

5. ¿Qué cines en tu comunidad muestran las mejores (*best*) películas?

6. ¿Vas a ver una película esta semana? ¿A qué hora empieza la película?

Síntesis

6

El cine In pairs, first scan the ad and jot down all the stem-changing verbs. Then answer the questions. Be prepared to share your answers with the class.

1. ¿Qué palabras indican que *Avatar* es una película dramática?

2. ¿Cómo son los dos personajes (*characters*) del póster? ¿Qué relación tienen?

3. ¿Te gustan las películas como ésta (*this one*)? ¿Por qué?

4. Describe tu película favorita con los verbos de la **Lección 4**.

★ ★ ★ ★ ★

Ganadora de tres premios Óscar

Cuando todas las puertas se cierran, siempre hay una oportunidad para volver a empezar.

Del productor y director de
Titanic y Terminator

Un mundo lejano puede desaparecer, su salvación está en las manos de un hombre que también puede perderlo todo... Incluso el amor.
¿Cuentan con él?

(4.4) Verbs with irregular yo forms

ANTE TODO   In Spanish, several verbs have irregular **yo** forms in the present tense. You have already seen three verbs with the **-go** ending in the **yo** form: **decir → digo, tener → tengo,** and **venir → vengo.**

▶ Here are some common expressions with **decir.**

decir la verdad	**decir mentiras**
to tell the truth	*to tell lies*
decir que	**decir la respuesta**
to say that	*to say the answer*

▶ The verb **hacer** is often used to ask questions about what someone does. Note that when answering, **hacer** is frequently replaced with another, more specific action verb.

Verbs with irregular yo forms

	hacer *(to do;* *to make)*	poner *(to put;* *to place)*	salir *(to leave)*	suponer *(to suppose)*	traer *(to bring)*
SINGULAR FORMS	**hago**	**pongo**	**salgo**	**supongo**	**traigo**
	haces	pones	sales	supones	traes
	hace	pone	sale	supone	trae
PLURAL FORMS	hacemos	ponemos	salimos	suponemos	traemos
	hacéis	ponéis	salís	suponéis	traéis
	hacen	ponen	salen	suponen	traen

Salgo mucho los fines de semana.

Yo no salgo, yo hago la tarea y veo películas en la televisión.

▶ **Poner** can also mean *to turn on* a household appliance.

Carlos **pone** la radio.   María **pone** la televisión.
Carlos turns on the radio.   *María turns on the television.*

▶ **Salir de** is used to indicate that someone is leaving a particular place.

Hoy **salgo del** hospital.   **Sale de** la clase a las cuatro.
Today I leave the hospital.   *He leaves class at four.*

▶ **Salir para** is used to indicate someone's destination.

> Mañana **salgo para** México.
> *Tomorrow I leave for Mexico.*

> Hoy **salen para** España.
> *Today they leave for Spain.*

▶ **Salir con** means *to leave with someone* or *something*, or *to date someone*.

> Alberto **sale con** su mochila.
> *Alberto is leaving with his backpack.*

> Margarita **sale con** Guillermo.
> *Margarita is going out with Guillermo.*

The verbs **ver** and **oír**

▶ The verb **ver** (*to see*) has an irregular **yo** form. The other forms of **ver** are regular.

The verb **ver** (*to see*)			
Singular forms		**Plural forms**	
yo	**veo**	nosotros/as	vemos
tú	ves	vosotros/as	veis
Ud./él/ella	ve	Uds./ellos/ellas	ven

▶ The verb **oír** (*to hear*) has an irregular **yo** form and the spelling change **i:y** in the **tú**, **usted**, **él**, **ella**, **ustedes**, **ellos**, and **ellas** forms. The **nosotros/as** and **vosotros/as** forms have an accent mark.

The verb **oír** (*to hear*)			
Singular forms		**Plural forms**	
yo	**oigo**	nosotros/as	oímos
tú	oyes	vosotros/as	oís
Ud./él/ella	oye	Uds./ellos/ellas	oyen

▶ While most commonly translated as *to hear*, **oír** is also used in contexts where the verb *to listen* would be used in English.

> **Oigo** a unas personas en la otra sala.
> *I hear some people in the other room.*

> ¿**Oyes** la radio por la mañana?
> *Do you listen to the radio in the morning?*

recursos

WB
pp. 45–46

LM
p. 24

¡INTÉNTALO!   Provide the appropriate forms of these verbs.

1. salir   Isabel ___sale___.   Nosotros _____.   Yo _____.
2. ver   Yo _____.   Uds. _____.   Tú _____.
3. poner   Rita y yo _____.   Yo _____.   Los niños _____.
4. hacer   Yo _____.   Tú _____.   Ud. _____.
5. oír   Él _____.   Nosotros _____.   Yo _____.
6. traer   Ellas _____.   Yo _____.   Tú _____.
7. suponer Yo _____.   Mi amigo _____.   Nosotras _____.

Práctica

1 **Completar** Complete this conversation with the appropriate forms of the verbs. Then act it out with a partner.

ERNESTO David, ¿qué (1)_____ (hacer) hoy?

DAVID Ahora estudio biología, pero esta noche (2)_____ (salir) con Luisa. Vamos al cine. Los críticos (3)_____ (decir) que la nueva (*new*) película de Almodóvar es buena.

ERNESTO ¿Y Diana? ¿Qué (4)_____ (hacer) ella?

DAVID (5)_____ (Salir) a comer con sus padres.

ERNESTO ¿Qué (6)_____ (hacer) Andrés y Javier?

DAVID Tienen que (7)_____ (hacer) las maletas. (8)_____ (Salir) para Monterrey mañana.

ERNESTO Pues, ¿qué (9)_____ (hacer) yo?

DAVID Yo (10)_____ (suponer) que puedes estudiar o (11)_____ (ver) la televisión.

ERNESTO No quiero estudiar. Mejor (12)_____ (poner) la televisión. Mi programa favorito empieza en unos minutos.

2 **Oraciones** Form sentences using the cues provided and verbs from **Estructura 4.4**.

> **modelo**
> tú / _____ / cosas / en / su lugar / antes de (*before*) / salir
> Tú pones las cosas en su lugar antes de salir.

1. mis amigos / _____ / conmigo / centro
2. tú / _____ / mentiras / pero / yo _____ / verdad
3. Alberto / _____ / música del café Pasatiempos
4. yo / no / _____ / muchas películas
5. domingo / nosotros / _____ / mucha / tarea
6. si / yo / _____ / que / yo / querer / ir / cine / mis amigos / ir / también

3 **Describir** Use the verbs from **Estructura 4.4** to describe what these people are doing.

1. Fernán

2. los aficionados

3. yo

4. nosotros

5. la señora Vargas

6. el estudiante

Comunicación

4 **Tu rutina** In pairs, take turns asking each other these questions.

1. ¿Qué traes a clase?
2. ¿Quiénes traen un diccionario a clase? ¿Por qué traen un diccionario?
3. ¿A qué hora sales de tu residencia estudiantil o de tu casa por la mañana? ¿A qué hora sale tu compañero/a de cuarto?
4. ¿Dónde pones tus libros cuando regresas de clase? ¿Siempre (*Always*) pones tus cosas en su lugar?
5. ¿Qué prefieres hacer, oír la radio o ver la televisión?
6. ¿Oyes música cuando estudias?
7. ¿Ves películas en casa o prefieres ir al cine?
8. ¿Haces mucha tarea los fines de semana?
9. ¿Sales con tus amigos los fines de semana? ¿A qué hora? ¿Qué hacen?
10. ¿Te gusta ver deportes en la televisión o prefieres ver otros programas? ¿Cuáles?

5 **Charadas** In groups, play a game of charades. Each person should think of two phrases containing the verbs **hacer, oír, poner, salir, traer,** or **ver**. The first person to guess correctly acts out the next charade.

6 **Entrevista** You are doing a market research report on lifestyles. Interview a classmate to find out when he or she goes out with these people and what they do for entertainment.

▶ los/las amigos/as
▶ el/la novio/a
▶ el/la esposo/a
▶ la familia

Síntesis

7   **Situación** Imagine that you are speaking with your roommate. With a partner, prepare a conversation using these cues.

Estudiante 1	**Estudiante 2**
Ask your partner what he or she is doing.	Tell your partner that you are watching TV.
Say what you suppose he or she is watching.	Say that you like the show _____. Ask if he or she wants to watch.
Say no, because you are going out with friends, and tell where you are going.	Say you think it's a good idea, and ask what your partner and his or her friends are doing there.
Say what you are going to do, and ask your partner whether he or she wants to come along.	Say no and tell your partner what you prefer to do.

Review the grammar concepts you have learned in this lesson by completing these activities.

1 Completar Complete the chart with the correct verb forms. **15 pts.**

Infinitive	yo	nosotros/as	ellos/as
	vuelvo		
comenzar		**comenzamos**	
		hacemos	**hacen**
ir			
	juego		
repetir			**repiten**

2 Un día típico Complete the paragraph with the appropriate forms of the verbs in the word list. Not all verbs will be used. Some may be used more than once. **10 pts.**

almorzar	ir	salir
cerrar	jugar	seguir
empezar	mostrar	ver
hacer	querer	volver

¡Hola! Me llamo Cecilia y vivo en Puerto Vallarta, México. ¿Cómo es un día típico en mi vida (*life*)? Por la mañana bebo café con mis padres y juntos (*together*) (1)_____ las noticias (*news*) en la televisión. A las siete y media, (yo) (2)_____ de mi casa y tomo el autobús. Me gusta llegar temprano (*early*) a la universidad porque siempre (*always*) (3)_____ a mis amigos en la cafetería. Tomamos café y planeamos lo que (4)_____ hacer cada (*each*) día. A las ocho y cuarto, mi amiga Sandra y yo (5)_____ al laboratorio de lenguas. La clase de francés (6)_____ a las ocho y media. ¡Es mi clase favorita! A las doce y media (yo) (7)_____ en la cafetería con mis amigos. Después (*Afterwards*), yo (8)_____ con mis clases. Por las tardes, mis amigos (9)_____ a sus casas, pero yo (10)_____ al vóleibol con mi amigo Tomás.

RESUMEN GRAMATICAL

4.1 Present tense of **ir** *p. 126*

yo	**voy**	nos.	**vamos**
tú	**vas**	vos.	**vais**
él	**va**	ellas	**van**

▶ **ir a +** [*infinitive*] = *to be going +* [*infinitive*]

▶ **a + el = al**

▶ **vamos a +** [*infinitive*] = *let's (do something)*

4.2 Stem-changing verbs e:ie, o:ue, u:ue *pp. 12*

	empezar	volver	jugar
yo	**empiezo**	**vuelvo**	**juego**
tú	**empiezas**	**vuelves**	**juegas**
él	**empieza**	**vuelve**	**juega**
nos.	**empezamos**	**volvemos**	**jugamos**
vos.	**empezáis**	**volvéis**	**jugáis**
ellas	**empiezan**	**vuelven**	**juegan**

▶ Other e:ie verbs: **cerrar, comenzar, entender, pensar, perder, preferir, querer**

▶ Other o:ue verbs: **almorzar, contar, dormir, encontrar, mostrar, poder, recordar**

4.3 Stem-changing verbs e:i *p. 133*

		pedir	
yo	**pido**	nos.	**pedimos**
tú	**pides**	vos.	**pedís**
él	**pide**	ellas	**piden**

▶ Other e:i verbs: **conseguir, decir, repetir, seguir**

4.4 Verbs with irregular yo forms *pp. 136–137*

hacer	poner	salir	suponer	traer
hago	**pongo**	**salgo**	**supongo**	**traigo**

▶ ver: **veo**, ves, ve, vemos, veis, ven

▶ oír: **oigo**, oyes, oye, oímos, oís, oyen

3 **Oraciones** Arrange the cues provided in the correct order to form complete sentences. Make all necessary changes. **14 pts.**

1. tarea / los / hacer / sábados / nosotros / la

_____

2. en / pizza / Andrés / una / restaurante / el / pedir

_____

3. a / ? / museo / ir / ¿ / el / (tú)

_____

4. de / oír / amigos / bien / los / no / Elena

_____

5. libros / traer / yo / clase / mis / a

_____

6. película / ver / en / Jorge y Carlos / pensar / cine / una / el

_____

7. unos / escribir / Mariana / electrónicos / querer / mensajes

_____

4 **Escribir** Write a short paragraph about what you do on a typical day. Use at least six of the verbs you have learned in this lesson. You can use the paragraph on the opposite page (**Actividad 2**) as a model. **11 pts.**

Un día típico

Hola, me llamo Julia y vivo en Vancouver, Canadá. Por la mañana, yo...

5 **Rima** Complete the rhyme with the appropriate forms of the correct verbs from the list. **2 EXTRA points!**

contar	poder
oír	suponer

" Si no _____ dormir
y el sueño deseas,
lo vas a conseguir
si _____ ovejas°. "

ovejas *sheep*

Lectura

Antes de leer

Estrategia
Predicting content from visuals

When you are reading in Spanish, be sure to look for visual clues that will orient you as to the content and purpose of what you are reading. Photos and illustrations, for example, will often give you a good idea of the main points that the reading covers. You may also encounter very helpful visuals that are used to summarize large amounts of data in a way that is easy to comprehend; these include bar graphs, pie charts, flow charts, lists of percentages, and other sorts of diagrams.

Examinar el texto

Take a quick look at the visual elements of the magazine article in order to generate a list of ideas about its content. Then compare your list with a classmate's. Are they the same or are they different? Discuss your lists and make any changes needed to produce a final list of ideas.

Contestar

Read the list of ideas you wrote in **Examinar el texto**, and look again at the visual elements of the magazine article. Then answer these questions:

1. Who is the woman in the photo, and what is her role?
2. What is the article about?
3. What is the subject of the pie chart?
4. What is the subject of the bar graph?

por María Úrsula Echevarría

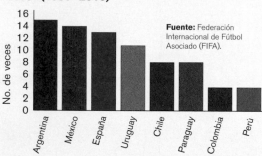

El fútbol es el deporte más popular en el mundo° hispano, según° una encuesta° reciente realizada entre jóvenes universitarios. Mucha gente practica este deporte y tiene un equipo de fútbol favorito. Cada cuatro años se realiza la Copa Mundial°. Argentina y Uruguay han ganado° este campeonato° más de una vez°. Los aficionados siguen los partidos de fútbol en casa por tele y en muchos otros lugares como bares, restaurantes, estadios y clubes deportivos. Los jóvenes juegan al fútbol con sus amigos en parques y gimnasios.

Países hispanos en campeonatos mundiales de fútbol (1930–2010)

Fuente: Federación Internacional de Fútbol Asociado (FIFA).

No. de veces — Argentina, México, España, Uruguay, Chile, Paraguay, Colombia, Perú

Pero, por supuesto°, en los países de habla hispana también hay otros deportes populares. ¿Qué deporte sigue al fútbol en estos países? Bueno, ¡depende del país y de otros factores!

Después de leer
Evaluación y predicción

Which of the following sporting events would be most popular among the college students surveyed? Rate them from one (most popular) to five (least popular). Which would be the most popular at your college or university?

_____ 1. la Copa Mundial de Fútbol

_____ 2. los Juegos Olímpicos

_____ 3. el Campeonato de Wimbledon

_____ 4. la Serie Mundial de Béisbol

_____ 5. el Tour de Francia

No sólo el fútbol

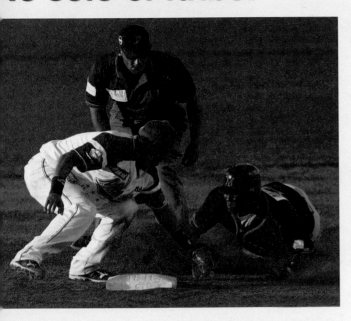

En Colombia, el béisbol también es muy popular después del fútbol, aunque° esto varía según la región del país. En la costa del norte de Colombia, el béisbol es una pasión. Y el ciclismo también es un deporte que los colombianos siguen con mucho interés.

Donde el béisbol es más popular

En los países del Caribe, el béisbol es el deporte predominante. Éste es el caso en Puerto Rico, Cuba y la República Dominicana. Los niños empiezan a jugar cuando son muy pequeños. En Puerto Rico y la República Dominicana, la gente también quiere participar en otros deportes, como el baloncesto, o ver los partidos en la tele. Y para los espectadores aficionados del Caribe, el boxeo es número dos.

Donde el fútbol es más popular

En México, el béisbol es el segundo° deporte más popular después° del fútbol. Pero en Argentina, después del fútbol, el rugby tiene mucha importancia. En Perú a la gente le gusta mucho ver partidos de vóleibol. ¿Y en España? Muchas personas prefieren el baloncesto, el tenis y el ciclismo.

Deportes más populares

- Béisbol (10%)
- Fútbol (69%)
- Baloncesto (8%)
- Ciclismo (4%)
- Tenis (4%)
- Boxeo (3%)
- Vóleibol (2%)

---

mundo *world* según *according to* encuesta *survey* se realiza la Copa Mundial *the World Cup is held* han ganado *have won* campeonato *championship* más de una vez *more than once* por supuesto *of course* segundo *second* después *after* aunque *although*

¿Cierto o falso?

Indicate whether each sentence is **cierto** or **falso**, then correct the false statements.

	Cierto	Falso
1. El vóleibol es el segundo deporte más popular en México.	○	○
2. En España a la gente le gustan varios deportes como el baloncesto y el ciclismo.	○	○
3. En la costa del norte de Colombia, el tenis es una pasión.	○	○
4. En el Caribe, el deporte más popular es el béisbol.	○	○

Preguntas

Answer these questions in Spanish.

1. ¿Dónde ven el fútbol los aficionados? Y tú, ¿cómo ves tus deportes favoritos?
2. ¿Te gusta el fútbol? ¿Por qué?
3. ¿Miras la Copa Mundial en la televisión?
4. ¿Qué deportes miras en la televisión?
5. En tu opinión, ¿cuáles son los tres deportes más populares en tu universidad? ¿En tu comunidad? ¿En tu país?
6. ¿Practicas deportes en tus ratos libres?

Escritura

Estrategia
Using a dictionary

A common mistake made by beginning language learners is to embrace the dictionary as the ultimate resource for reading, writing, and speaking. While it is true that the dictionary is a useful tool that can provide valuable information about vocabulary, using the dictionary correctly requires that you understand the elements of each entry.

If you glance at a Spanish-English dictionary, you will notice that its format is similar to that of an English dictionary. The word is listed first, usually followed by its pronunciation. Then come the definitions, organized by parts of speech. Sometimes the most frequently used definitions are listed first.

To find the best word for your needs, you should refer to the abbreviations and the explanatory notes that appear next to the entries. For example, imagine that you are writing about your pastimes. You want to write, "I want to buy a new racket for my match tomorrow," but you don't know the Spanish word for "racket." In the dictionary, you may find an entry like this:

> **racket** *s* 1. alboroto; 2. raqueta (*dep.*)

The abbreviation key at the front of the dictionary says that *s* corresponds to **sustantivo** (*noun*). Then, the first word you see is **alboroto**. The definition of **alboroto** is *noise* or *racket*, so **alboroto** is probably not the word you're looking for. The second word is **raqueta**, followed by the abbreviation *dep.*, which stands for **deportes**. This indicates that the word **raqueta** is the best choice for your needs.

Tema
Escribir un folleto
Choose one topic to write a brochure.

1. You are the head of the Homecoming Committee at your school this year. Create a pamphlet that lists events for Friday night, Saturday, and Sunday. Include a brief description of each event and its time and location. Include activities for different age groups, since some alumni will bring their families.

2. You are on the Freshman Student Orientation Committee and are in charge of creating a pamphlet for new students that describes the sports offered at your school. Write the flyer and include activities for both men and women.

3. You work for the Chamber of Commerce in your community. It is your job to market your community to potential residents. Write a brief pamphlet that describes the recreational opportunities your community provides, the areas where the activities take place, and the costs, if any. Be sure to include activities that will appeal to singles as well as couples and families; you should include activities for all age groups and for both men and women.

Escuchar

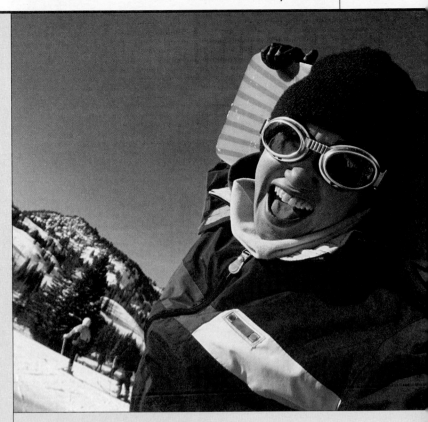

Estrategia
Listening for the gist

Listening for the general idea, or gist, can help you follow what someone is saying even if you can't hear or understand some of the words. When you listen for the gist, you simply try to capture the essence of what you hear without focusing on individual words.

 To help you practice this strategy, you will listen to a paragraph made up of three sentences. Jot down a brief summary of what you hear.

Preparación

Based on the photo, what do you think Anabela is like? Do you and Anabela have similar interests?

Ahora escucha

You will hear first José talking, then Anabela. As you listen, check off each person's favorite activities.

Pasatiempos favoritos de José

1. _____ leer el correo electrónico
2. _____ jugar al béisbol
3. _____ ver películas de acción
4. _____ ir al café
5. _____ ir a partidos de béisbol
6. _____ ver películas románticas
7. _____ dormir la siesta
8. _____ escribir mensajes electrónicos

Pasatiempos favoritos de Anabela

9. _____ esquiar
10. _____ nadar
11. _____ practicar el ciclismo
12. _____ jugar al golf
13. _____ jugar al baloncesto
14. _____ ir a ver partidos de tenis
15. _____ escalar montañas
16. _____ ver televisión

Comprensión

Preguntas
Answer these questions about José's and Anabela's pastimes.

1. ¿Quién practica más deportes?
2. ¿Quién piensa que es importante descansar?
3. ¿A qué deporte es aficionado José?
4. ¿Por qué Anabela no practica el baloncesto?
5. ¿Qué películas le gustan a la novia de José?
6. ¿Cuál es el deporte favorito de Anabela?

Seleccionar
Which person do these statements best describe?

1. Le gusta practicar deportes.
2. Prefiere las películas de acción.
3. Le gustan las computadoras.
4. Le gusta nadar.
5. Siempre (*Always*) duerme una siesta por la tarde.
6. Quiere ir de vacaciones a las montañas.

En pantalla

In many Spanish-speaking countries, soccer isn't just a game; it's a way of life. Many countries have professional and amateur leagues, and soccer is even played in the streets. Every four years, during the World Cup, even those who aren't big fans of the sport find it impossible not to get swept up in "soccer fever." During the month-long Cup, passions only increase with each of the sixty-four matches played. Companies also get caught up in the soccer craze, running ad campaigns and offering promotions with prizes ranging from commemorative glasses to all-expenses-paid trips to the World Cup venue.

Anuncio de Totofútbol

Mi hermano mayor jugaba° desde la cuna°.

Mi segundo hermano, desde la barriga°.

Por eso° esperaban que yo fuera° el mejor de todos°.

Vocabulario útil	
cracks	stars, aces (sports)
lo tuvo a Pelé de hijo	he was a better player than Pelé (coll. expr. Peru)
Dios me hizo	God made me
patito feo	ugly duckling
plata	money (S. America)
jugando	playing

Comprensión

Indicate whether each statement is **cierto** or **falso**.

	Cierto	Falso
1. La familia juega al baloncesto.	○	○
2. No hay mujeres en el anuncio (*ad*).	○	○
3. La pareja tiene cinco hijos.	○	○
4. El hijo más joven es un mariachi.	○	○

Conversación

With a partner, discuss these questions in Spanish.

1. En el anuncio hay varios elementos culturales representativos de la cultura de los países hispanos. ¿Cuáles son?

2. ¿Qué otros elementos culturales de los países hispanos conocen (*do you know*)?

jugaba *used to play* cuna *crib* barriga *womb* Por eso *That's why* esperaban que yo fuera *they expected that I would be* el mejor de todos *the best of all*

The rivalry between the teams **Real Madrid** and **F.C. Barcelona** is perhaps the fiercest in all of soccer—just imagine if they occupied the same city! Well, each team also has competing clubs within its respective city: Spain's capital has the **Club Atlético de Madrid**, and Barcelona is home to **Espanyol**. In fact, across the Spanish-speaking world, it is common for a city to have more than one professional team, often with strikingly dissimilar origins, identity, and fan base. For example, in Bogotá, the **Millonarios** were so named for the large sums spent on players, while the **Santa Fe** team is one of the most traditional in Colombian soccer. **River Plate** and **Boca Juniors**, who enjoy a famous rivalry, are just two of twenty-four clubs in Buenos Aires—the city with the most professional soccer teams in the world.

Vocabulario útil	
afición	*fans*
celebran	*they celebrate*
preferido/a	*favorite*
rivalidad	*rivalry*
se junta con	*it's tied up with*

Preparación
What is the most popular sport at your school? What teams are your rivals? How do students celebrate a win?

Escoger
Select the correct answer.
1. Un partido entre el Barça y el Real Madrid es un _____ (deporte/evento) importante en toda España.
2. Ronaldinho fue (*was*) un futbolista estrella (*soccer star*) del _____ (Barça/Real Madrid).
3. Los aficionados _____ (miran/celebran) las victorias de sus equipos en las calles (*streets*).
4. La rivalidad entre el Real Madrid y el Barça está relacionada con la _____ (religión/política).

¡Fútbol en España!

1

(*Hay mucha afición al fútbol en España.*)

2

¿Y cuál es vuestro jugador favorito?

3

—**¿Y quién va a ganar?**
—**El Real Madrid.**

recursos

VM
pp. 297–298

México

El país en cifras

▶ **Área:** 1.972.550 km^2
(761.603 millas^2), *casi° tres veces°
el área de Texas*

*La situación geográfica de México,
al sur° de los Estados Unidos, ha
influido en° la economía y la sociedad de los dos
países. Una de las consecuencias es la emigración
de la población mexicana al país vecino°. Hoy día,
más de 30 millones de personas de ascendencia
mexicana viven en los Estados Unidos.*

▶ **Población:** 115.528.000

▶ **Capital:** México, D.F. (y su área
metropolitana)—20.078.000

▶ **Ciudades principales:** Guadalajara
—4.648.000, Monterrey—4.118.000,
Puebla—2.460.000,
Ciudad Juárez—1.470.000

SOURCE: Population Division, UN Secretariat

▶ **Moneda:** peso mexicano

▶ **Idiomas:** español (oficial), náhuatl,
otras lenguas indígenas

Bandera de México

Mexicanos célebres

▶ **Benito Juárez,** héroe nacional (1806–1872)

▶ **Octavio Paz,** poeta (1914–1998)

▶ **Elena Poniatowska,** periodista y escritora
(1933–)

▶ **Julio César Chávez,** boxeador (1962–)

casi *almost* veces *times* sur *south* ha influido en *has influenced*
vecino *neighboring* se llenan de luz *get filled with light* flores *flowers*
Muertos *Dead* se ríen *laugh* muerte *death* lo cual se refleja *which is
reflected* calaveras de azúcar *sugar skulls* pan *bread* huesos *bones*

Cabo San Lucas

ESTADOS UNIDOS

Autorretrato con mono
(*Self-portrait with monkey*),
1938, Frida Kahlo

Ciudad Juárez

Golfo de California

Baja California

Río Gran

Río Bravo del Norte

Sierra Madre Oriental

Sierra Madre Occidental

ESTADOS UNIDOS

MÉXICO

OCÉANO
PACÍFICO

OCÉANO
ATLÁNTICO

AMÉRICA DEL SUR

Monte

Ciudad de
México

Puerto
Vallarta

Guadalajara

Pu

Acapulc

Océano Pacífico

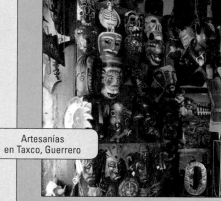

Artesanías
en Taxco, Guerrero

recursos

WB
pp. 47–48

VM
pp. 255–256

Pirámide de Kukulcán
en Chichén Itzá

¡Increíble pero cierto!

Cada dos de noviembre los cementerios de
México se llenan de luz°, música y flores°. El Día
de Muertos° no es un evento triste; es una fiesta
en honor a las personas muertas. En ese día,
los mexicanos se ríen° de la muerte°, lo cual se
refleja° en detalles como las calaveras de azúcar°
y el pan° de muerto —pan en forma de huesos°.

Ciudades • México, D.F.

La Ciudad de México, fundada° en 1525, también se llama el D.F. o Distrito Federal. Muchos turistas e inmigrantes vienen a la ciudad porque es el centro cultural y económico del país. El crecimiento° de la población es de los más altos° del mundo. El D.F. tiene una población mayor que las de Nueva York, Madrid o París.

Artes • Diego Rivera y Frida Kahlo

Frida Kahlo y Diego Rivera eran° artistas mexicanos muy famosos. Se casaron° en 1929. Los dos se interesaron° en las condiciones sociales de la gente indígena de su país. Puedes ver algunas° de sus obras° en el Museo de Arte Moderno de la Ciudad de México.

Historia • Los aztecas

Los aztecas dominaron° en México del siglo° XIV al siglo XVI. Sus canales, puentes° y pirámides con templos religiosos eran muy importantes. El fin del imperio azteca comenzó° con la llegada° de los españoles en 1519, pero la presencia azteca sigue hoy. La Ciudad de México está situada en la capital azteca de Tenochtitlán, y muchos turistas van a visitar sus ruinas.

Golfo
de México

Península
de Yucatán

Mérida

Bahía de
Campeche

Cancún

ruz

Istmo de
ehuantepec

BELICE

GUATEMALA

Economía • La plata

México es el mayor productor de plata° del mundo°. Estados como Zacatecas y Durango tienen ciudades fundadas cerca de los más grandes yacimientos° de plata del país. Estas ciudades fueron° en la época colonial unas de las más ricas e importantes. Hoy en día, aún° conservan mucho de su encanto° y esplendor.

¿Qué aprendiste? Responde a cada pregunta con una oración completa.

1. ¿Qué lenguas hablan los mexicanos?

2. ¿Cómo es la población del D.F. en comparación con la de otras ciudades?

3. ¿En qué se interesaron Frida Kahlo y Diego Rivera?

4. Nombra algunas de las estructuras de la arquitectura azteca.

5. ¿Dónde está situada la capital de México?

6. ¿Qué estados de México tienen los mayores yacimientos de plata?

Conexión Internet Investiga estos temas en Internet.

1. Busca información sobre dos lugares de México. ¿Te gustaría (*Would you like*) vivir allí? ¿Por qué?

2. Busca información sobre dos artistas mexicanos. ¿Cómo se llaman sus obras más famosas?

....

fundada *founded* **crecimiento** *growth* **más altos** *highest* **eran** *were* **Se casaron** *They got married* **se interesaron** *were interested in* **algunas** *some* **obras** *works* **dominaron** *dominated* **siglo** *century* **puentes** *bridges* **comenzó** *started* **llegada** *arrival* **plata** *silver* **mundo** *world* **yacimientos** *deposits* **fueron** *were* **aún** *still* **encanto** *charm*

Pasatiempos

andar en patineta	to skateboard
bucear	to scuba dive
escalar montañas (f., pl.)	to climb mountains
escribir una carta	to write a letter
escribir un mensaje electrónico	to write an e-mail
esquiar	to ski
ganar	to win
ir de excursión	to go on a hike
leer correo electrónico	to read e-mail
leer un periódico	to read a newspaper
leer una revista	to read a magazine
nadar	to swim
pasear	to take a walk; to stroll
pasear en bicicleta	to ride a bicycle
patinar (en línea)	to (inline) skate
practicar deportes (m., pl.)	to play sports
tomar el sol	to sunbathe
ver películas (f., pl.)	to watch movies
visitar monumentos (m., pl.)	to visit monuments
la diversión	fun activity; entertainment; recreation
el fin de semana	weekend
el pasatiempo	pastime; hobby
los ratos libres	spare (free) time
el videojuego	video game

Deportes

el baloncesto	basketball
el béisbol	baseball
el ciclismo	cycling
el equipo	team
el esquí (acuático)	(water) skiing
el fútbol	soccer
el fútbol americano	football
el golf	golf
el hockey	hockey
el/la jugador(a)	player
la natación	swimming
el partido	game; match
la pelota	ball
el tenis	tennis
el vóleibol	volleyball

Adjetivos

deportivo/a	sports-related
favorito/a	favorite

Lugares

el café	café
el centro	downtown
el cine	movie theater
el gimnasio	gymnasium
la iglesia	church
el lugar	place
el museo	museum
el parque	park
la piscina	swimming pool
la plaza	city or town square
el restaurante	restaurant

Verbos

almorzar (o:ue)	to have lunch
cerrar (e:ie)	to close
comenzar (e:ie)	to begin
conseguir (e:i)	to get; to obtain
contar (o:ue)	to count; to tell
decir (e:i)	to say; to tell
dormir (o:ue)	to sleep
empezar (e:ie)	to begin
encontrar (o:ue)	to find
entender (e:ie)	to understand
hacer	to do; to make
ir	to go
jugar (u:ue)	to play (a sport or a game)
mostrar (o:ue)	to show
oír	to hear
pedir (e:i)	to ask for; to request
pensar (e:ie)	to think
pensar (+ inf.)	to intend
pensar en	to think about
perder (e:ie)	to lose; to miss
poder (o:ue)	to be able to; can
poner	to put; to place
preferir (e:ie)	to prefer
querer (e:ie)	to want; to love
recordar (o:ue)	to remember
repetir (e:i)	to repeat
salir	to leave
seguir (e:i)	to follow; to continue
suponer	to suppose
traer	to bring
ver	to see
volver (o:ue)	to return

Decir expressions	See page 136.
Expresiones útiles	See page 121.

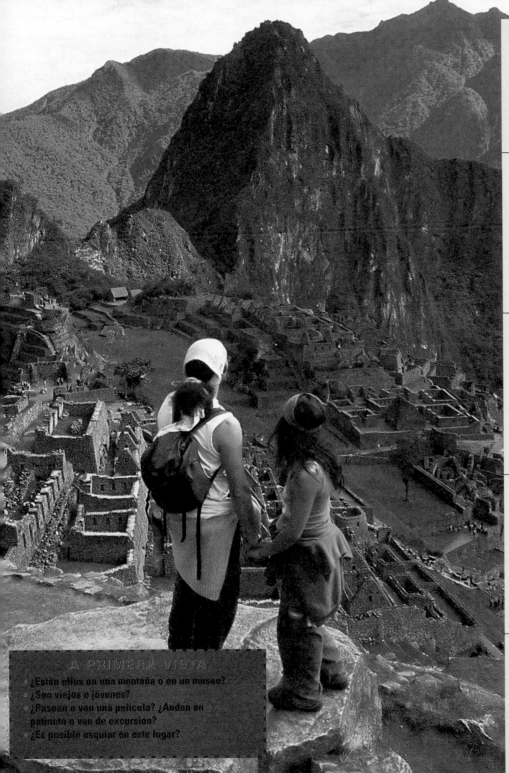

Las vacaciones

5

Communicative Goals

You will learn how to:
- Discuss and plan a vacation
- Describe a hotel
- Talk about how you feel
- Talk about the seasons and the weather

A PRIMERA VISTA
- ¿Están ellos en una montaña o en un museo?
- ¿Son viejos o jóvenes?
- ¿Pasean o ven una película? ¿Andan en patineta o van de excursión?
- ¿Es posible esquiar en este lugar?

Las vacaciones

Más vocabulario

la cama	bed
la habitación individual, doble	single, double room
el piso	floor (of a building)
la planta baja	ground floor
el campo	countryside
el paisaje	landscape
el equipaje	luggage
la estación de autobuses, del metro, de tren	bus, subway, train station
la llegada	arrival
el pasaje (de ida y vuelta)	(round-trip) ticket
la salida	departure; exit
la tabla de (wind)surf	surfboard/sailboard
acampar	to camp
estar de vacaciones	to be on vacation
hacer las maletas	to pack (one's suitcases)
hacer un viaje	to take a trip
hacer (wind)surf	to (wind)surf
ir de compras	to go shopping
ir de vacaciones	to go on vacation
ir en autobús (m.), auto(móvil) (m.), motocicleta (f.), taxi (m.)	to go by bus, car, motorcycle, taxi

Variación léxica

automóvil ⟷ coche (*Esp.*), carro (*Amér. L.*)

autobús ⟷ camión (*Méx.*), guagua (*Caribe*)

motocicleta ⟷ moto (*coloquial*)

recursos

WB pp. 49–50

LM p. 25

la agente de viajes

el pasaporte

Confirma una reservación. (confirmar)

En la agencia de viajes

la habitación

el ascensor

el empleado

la llave

la huésped

el botones

el huésped

En el hotel

a/Toma fotos.
sacar, tomar)

BIENVENIDOS

el avión

la inspectora
de aduanas

En el aeropuerto

Pesca.
(pescar)

Monta a caballo.
(montar)

Va en barco.
(ir)

Juegan a las
cartas. (jugar)

la playa

En la playa

Práctica

1 **Escuchar** Indicate who would probably make each statement you hear. Each answer is used twice.

a. el agente de viajes   1. _____   4. _____
b. la inspectora de aduanas   2. _____   5. _____
c. un empleado del hotel   3. _____   6. _____

2 **¿Cierto o falso?** Mario and his wife, Natalia, are planning their next vacation with a travel agent. Indicate whether each statement is **cierto** or **falso** according to what you hear in the conversation.

	Cierto	Falso
1. Mario y Natalia están en Puerto Rico.	○	○
2. Ellos quieren hacer un viaje a Puerto Rico.	○	○
3. Natalia prefiere ir a la montaña.	○	○
4. Mario quiere pescar en Puerto Rico.	○	○
5. La agente de viajes va a confirmar la reservación.	○	○

3 **Escoger** Choose the best answer for each sentence.

1. Un huésped es una persona que _____.
   a. toma fotos   b. está en un hotel   c. pesca en el mar
2. Abrimos la puerta con _____.
   a. una llave   b. un caballo   c. una llegada
3. Enrique tiene _____ porque va a viajar a otro (*another*) país.
   a. un pasaporte   b. una foto   c. una llegada
4. Antes de (*Before*) ir de vacaciones, hay que _____.
   a. pescar   b. ir en tren   c. hacer las maletas
5. Nosotros vamos en _____ al aeropuerto.
   a. autobús   b. pasaje   c. viajero
6. Me gusta mucho ir al campo. El _____ es increíble.
   a. paisaje   b. pasaje   c. equipaje

4 **Analogías** Complete the analogies using the words below. Two words will not be used.

auto	huésped	mar	sacar
botones	llegada	pasaporte	tren

1. acampar → campo ⊜ pescar →
2. agencia de viajes → agente ⊜ hotel →
3. llave → habitación ⊜ pasaje →
4. estudiante → libro ⊜ turista →
5. aeropuerto → viajero ⊜ hotel →
6. maleta → hacer ⊜ foto →

Las estaciones y los meses del año

el invierno: diciembre, enero, febrero

la primavera: marzo, abril, mayo

el verano: junio, julio, agosto

el otoño: septiembre, octubre, noviembre

—¿Cuál es la fecha de hoy?	*What is today's date?*
—Es el primero de octubre.	*It's the first of October.*
—Es el dos de marzo.	*It's March 2nd.*
—Es el diez de noviembre.	*It's November 10th.*

El tiempo

—¿Qué tiempo hace?	*How's the weather?*
—Hace buen/mal tiempo.	*The weather is good/bad.*

Hace (mucho) calor.
It's (very) hot.

Hace (mucho) frío.
It's (very) cold.

Llueve. (llover o:ue)
It's raining.

Está lloviendo.
It's raining.

Nieva. (nevar e:ie)
It's snowing.

Está nevando.
It's snowing.

Más vocabulario

Está (muy) nublado.	*It's (very) cloudy.*
Hace fresco.	*It's cool.*
Hace (mucho) sol.	*It's (very) sunny.*
Hace (mucho) viento.	*It's (very) windy.*

5 **El Hotel Regis** Label the floors of the hotel.

Números ordinales	
primer (before a masculine singular noun), **primero/a**	first
segundo/a	second
tercer (before a masculine singular noun), **tercero/a**	third
cuarto/a	fourth
quinto/a	fifth
sexto/a	sixth
séptimo/a	seventh
octavo/a	eighth
noveno/a	ninth
décimo/a	tenth

a. _____ piso
b. _____ piso
c. _____ piso
d. _____ piso
e. _____ piso
f. _____ piso
g. _____ piso
h. _____ baja

6 **Contestar** Look at the illustrations of the months and seasons on the previous page. In pairs, take turns asking each other these questions.

> **modelo**
>
> **Estudiante 1:** ¿Cuál es el primer mes de la primavera?
> **Estudiante 2:** marzo

1. ¿Cuál es el primer mes del invierno?
2. ¿Cuál es el segundo mes de la primavera?
3. ¿Cuál es el tercer mes del otoño?
4. ¿Cuál es el primer mes del año?
5. ¿Cuál es el quinto mes del año?
6. ¿Cuál es el octavo mes del año?
7. ¿Cuál es el décimo mes del año?
8. ¿Cuál es el segundo mes del verano?
9. ¿Cuál es el tercer mes del invierno?
10. ¿Cuál es el sexto mes del año?

7 **Las estaciones** Name the season that applies to the description.

1. Las clases terminan.
2. Vamos a la playa.
3. Acampamos.
4. Nieva mucho.
5. Las clases empiezan.
6. Hace mucho calor.
7. Llueve mucho.
8. Esquiamos.
9. el entrenamiento (*training*) de béisbol
10. el Día de Acción de Gracias (*Thanksgiving*)

8 **¿Cuál es la fecha?** Give the dates for these holidays.

> **modelo**
>
> el día de San Valentín   14 de febrero

1. el día de San Patricio
2. el día de Halloween
3. el primer día de verano
4. el Año Nuevo
5. mi cumpleaños (*birthday*)
6. mi día de fiesta favorito

9   **Seleccionar** Paco is talking about his family and friends. Choose the word or phrase that best completes each sentence.

1. A mis padres les gusta ir a Yucatán porque (hace sol, nieva).
2. Mi primo de Kansas dice que durante (*during*) un tornado, hace mucho (sol, viento).
3. Mis amigos van a esquiar si (nieva, está nublado).
4. Tomo el sol cuando (hace calor, llueve).
5. Nosotros vamos a ver una película si hace (buen, mal) tiempo.
6. Mi hermana prefiere correr cuando (hace mucho calor, hace fresco).
7. Mis tíos van de excursión si hace (buen, mal) tiempo.
8. Mi padre no quiere jugar al golf si (hace fresco, llueve).
9. Cuando hace mucho (sol, frío) no salgo de casa y tomo chocolate caliente (*hot*).
10. Hoy mi sobrino va al parque porque (está lloviendo, hace buen tiempo).

10   **El clima** With a partner, take turns asking and answering questions about the weather and temperatures in these cities. Use the model as a guide.

> **modelo**
>
> **Estudiante 1:** ¿Qué tiempo hace hoy en Nueva York?
> **Estudiante 2:** Hace frío y hace viento.
> **Estudiante 1:** ¿Cuál es la temperatura máxima?
> **Estudiante 2:** Treinta y un grados (*degrees*).
> **Estudiante 1:** ¿Y la temperatura mínima?
> **Estudiante 2:** Diez grados.

soleado   lluvia   nieve   nublado   viento

Nueva York	Miami	Chicago	París	Madrid	Tokio
Máx. 31°	Máx. 84°	Máx. 23°	Máx. 38°	Máx. 42°	Máx. 49°
Mín. 10°	Mín. 62°	Mín. 5°	Mín. 26°	Mín. 27°	Mín. 34°

Montreal	México D.F.	Cozumel	Caracas	Quito	Buenos Aires
Máx. 18°	Máx. 76°	Máx. 91°	Máx. 80°	Máx. 60°	Máx. 85°
Mín. 2°	Mín. 41°	Mín. 73°	Mín. 72°	Mín. 51°	Mín. 59°

11   **Completar** Complete these sentences with your own ideas.

1. Cuando hace sol, yo...
2. Cuando llueve, mis amigos y yo...
3. Cuando hace calor, mi familia...
4. Cuando hace viento, la gente...
5. Cuando hace frío, yo...
6. Cuando hace mal tiempo, mis amigos...
7. Cuando nieva, muchas personas...
8. Cuando está nublado, mis amigos y yo...
9. Cuando hace fresco, mis padres...
10. Cuando hace buen tiempo, mis amigos...

NOTA CULTURAL

In most Spanish-speaking countries, temperatures are given in degrees Celsius. Use these formulas to convert between **grados centígrados** and **grados Fahrenheit**.

degrees C. × 9 ÷ 5 + 32 = degrees F.

degrees F. - 32 × 5 ÷ 9 = degrees C.

CONSULTA

Calor and **frío** can apply to both weather and people. Use **hacer** to describe weather conditions or climate.

(**Hace frío en Santiago.** *It's cold in Santiago.*)

Use **tener** to refer to people.

(**El viajero tiene frío.** *The traveler is cold.*)

See **Estructura 3.4** p. 101.

Comunicación

12

Preguntas personales In pairs, ask each other these questions.

1. ¿Cuál es la fecha de hoy? ¿Qué estación es?
2. ¿Te gusta esta estación? ¿Por qué?
3. ¿Qué estación prefieres? ¿Por qué?
4. ¿Prefieres el mar o las montañas? ¿La playa o el campo? ¿Por qué?
5. Cuando haces un viaje, ¿qué te gusta hacer y ver?
6. ¿Piensas ir de vacaciones este verano? ¿Adónde quieres ir? ¿Por qué?
7. ¿Qué deseas ver y qué lugares quieres visitar?
8. ¿Cómo te gusta viajar? ¿En avión? ¿En motocicleta...?

13

Encuesta Your instructor will give you a worksheet. How does the weather affect what you do? Walk around the class and ask your classmates what they prefer or like to do in the weather conditions given. Note their responses on your worksheet. Make sure to personalize your survey by adding a few original questions to the list. Be prepared to report your findings to the class.

14

La reservación In pairs, imagine that one of you is a receptionist at a hotel and the other is a tourist calling to make a reservation. Read only the information that pertains to you. Then role-play the situation.

Turista

Vas a viajar a Yucatán con un amigo. Llegan a Cancún el 23 de febrero y necesitan una habitación con baño privado para cuatro noches. Ustedes quieren descansar y prefieren una habitación con vista (view) al mar. Averigua (Find out) toda la información que necesitas (el costo, cuántas camas, etc.) y decide si quieres hacer la reservación o no.

Empleado/a

Trabajas en la recepción del Hotel Oceanía en Cancún. Para el mes de febrero, sólo quedan (remain) dos habitaciones: una individual ($168/noche) en el primer piso y una doble ($134/noche) en el quinto piso que tiene descuento porque no hay ascensor. Todas las habitaciones tienen baño privado y vista (view) a la piscina.

15

Minidrama With two or three classmates, prepare a skit about people who are on vacation or are planning a vacation. The skit should take place in one of these locations.

- una agencia de viajes
- una casa
- un aeropuerto, una estación de tren/autobuses
- un hotel
- el campo o la playa

Síntesis

16

Un viaje You are planning a trip to Mexico and have many questions about your itinerary on which your partner, a travel agent, will advise you. Your instructor will give you and your partner each a sheet with different instructions for acting out the roles.

¡Vamos a la playa!

Los seis amigos hacen un viaje a la playa.

PERSONAJES   FELIPE   JUAN CARLOS

TÍA ANA MARÍA ¿Están listos para su viaje a la playa?

TODOS Sí.

TÍA ANA MARÍA Excelente... ¡A la estación de autobuses!

MARU ¿Dónde está Miguel?

FELIPE Yo lo traigo.

(se escucha un grito de Miguel)

FELIPE Ya está listo. Y tal vez enojado. Ahorita vamos.

EMPLEADO Bienvenidas. ¿En qué puedo servirles?

MARU Hola. Tenemos una reservación para seis personas para esta noche.

EMPLEADO ¿A nombre de quién?

JIMENA ¿Díaz? ¿López? No estoy segura.

EMPLEADO No encuentro su nombre. Ah, no, ahora sí lo veo, aquí está. Díaz. Dos habitaciones en el primer piso para seis huéspedes.

FELIPE No está nada mal el hotel, ¿verdad? Limpio, cómodo... ¡Oye, Miguel! ¿Todavía estás enojado conmigo? *(a Juan Carlos)* Miguel está de mal humor. No me habla.

JUAN CARLOS ¿Todavía?

EMPLEADO Aquí están las llaves de sus habitaciones.

MARU Gracias. Una cosa más. Mi novio y yo queremos hacer windsurf, pero no tenemos tablas.

EMPLEADO El botones las puede conseguir para ustedes.

MARISSA

 JIMENA

 MARU

 MIGUEL

 MAITE FUENTES

ANA MARÍA

EMPLEADO

7

JUAN CARLOS ¿Qué hace este libro aquí? ¿Estás estudiando en la playa?

JIMENA Sí, es que tengo un examen la próxima semana.

8

JUAN CARLOS Ay, Jimena. ¡No! ¿Vamos a nadar?

JIMENA Bueno, como estudiar es tan aburrido y el tiempo está tan bonito...

MARISSA Yo estoy un poco cansada. ¿Y tú? ¿Por qué no estás nadando?

FELIPE Es por causa de Miguel.

9

10

MARISSA Hmm, estoy confundida.

FELIPE Esta mañana. ¡Sigue enojado conmigo!

MARISSA No puede seguir enojado tanto tiempo.

recursos

VM
pp. 221–222

Expresiones útiles

Talking with hotel personnel

¿En qué puedo servirles?
How can I help you?
Tenemos una reservación.
We have a reservation.
¿A nombre de quién?
In whose name?
¿Quizás López? ¿Tal vez Díaz?
Maybe López? Maybe Díaz?
Ahora lo veo, aquí está. Díaz.
Now I see it. Here it is. Díaz.
Dos habitaciones en el primer piso para seis huéspedes.
Two rooms on the first floor for six guests.
Aquí están las llaves.
Here are the keys.

Describing a hotel

No está nada mal el hotel.
The hotel isn't bad at all.
Todo está tan limpio y cómodo.
Everything is so clean and comfortable.
Es excelente/estupendo/fabuloso/ fenomenal/increíble/magnífico/ maravilloso/perfecto.
It's excellent/stupendous/fabulous/ phenomenal/incredible/magnificent/ marvelous/perfect.

Talking about how you feel

Yo estoy un poco cansado/a.
I am a little tired.
Estoy confundido/a. *I'm confused.*
Todavía estoy/Sigo enojado/a contigo.
I'm still angry with you.

Additional vocabulary

afuera *outside*
agradable *pleasant*
el balde *bucket*
la crema de afeitar
shaving cream
entonces *so, then*
es igual *it's the same*
el frente (frío) *(cold) front*
el grito *scream*
la temporada *period of time*

¿Qué pasó?

1   **Completar** Complete these sentences with the correct term from the word bank.

aburrido	botones	la llave
el aeropuerto	la estación de autobuses	montar a caballo
amable	habitaciones	reservación

1. Los amigos van a _____ para ir a la playa.
2. La _____ del hotel está a nombre de los Díaz.
3. Los amigos tienen dos _____ para seis personas.
4. El _____ puede conseguir tablas de windsurf para Maru.
5. Jimena dice que estudiar en vacaciones es muy _____.

> **CONSULTA**
>
> The meaning of some adjectives, such as **aburrido,** changes depending on whether they are used with **ser** or **estar.** See **Estructura 5.3,** pp. 170–171.

2   **Identificar** Identify the person who would make each statement.

EMPLEADO   **MARU**   **TÍA ANA MARÍA**   **FELIPE**   **JUAN CARLOS**

1. No lo encuentro, ¿a nombre de quién está su reservación?
2. ¿Por qué estás estudiando en la playa? ¡Mejor vamos a nadar!
3. Nuestra reservación es para seis personas en dos habitaciones.
4. El hotel es limpio y cómodo, pero estoy triste porque Miguel no me habla.
5. Suban al autobús y ¡buen viaje a la playa!

3   **Ordenar** Place these events in the correct order.

_____ a. El empleado busca la reservación.
_____ b. Marissa dice que está confundida.
_____ c. Los amigos están listos para ir a la playa.
_____ d. El empleado da (*gives*) las llaves de las habitaciones a las chicas.
_____ e. Miguel grita (*screams*).

4   **Conversar** With a partner, use these cues to create a conversation between a hotel employee and a guest in Mexico.

Huésped	Empleado/a
Say hi to the employee and ask for your reservation.	→ Tell the guest that you can't find his/her reservation.
Tell the employee that the reservation is in your name.	→ Tell him/her that you found the reservation and that it's for a double room.
Tell the employee that the hotel is very clean and orderly.	→ Say that you agree with the guest, welcome him/her and give him/her the keys.
Ask the employee to call the bellhop to help you with your luggage.	→ Call the bellhop to help the guest with his/her luggage.

Pronunciación
Spanish b and v

bueno	**vóleibol**	**biblioteca**	**vivir**

There is no difference in pronunciation between the Spanish letters **b** and **v**. However, each letter can be pronounced two different ways, depending on which letters appear next to them.

bonito	**viajar**	**también**	**investigar**

B and **v** are pronounced like the English hard *b* when they appear either as the first letter of a word, at the beginning of a phrase, or after **m** or **n**.

deber	**novio**	**abril**	**cerveza**

In all other positions, **b** and **v** have a softer pronunciation, which has no equivalent in English. Unlike the hard **b**, which is produced by tightly closing the lips and stopping the flow of air, the soft **b** is produced by keeping the lips slightly open.

bola	**vela**	**Caribe**	**declive**

In both pronunciations, there is no difference in sound between **b** and **v**. The English *v* sound, produced by friction between the upper teeth and lower lip, does not exist in Spanish. Instead, the soft **b** comes from friction between the two lips.

Verónica y su esposo cantan boleros.

When **b** or **v** begins a word, its pronunciation depends on the previous word. At the beginning of a phrase or after a word that ends in **m** or **n**, it is pronounced as a hard **b**.

Benito es de Boquerón pero vive en Victoria.

Words that begin with **b** or **v** are pronounced with a soft **b** if they appear immediately after a word that ends in a vowel or any consonant other than **m** or **n**.

Práctica Read these words aloud to practice the **b** and the **v**.

1. hablamos	4. van	7. doble	10. nublado
2. trabajar	5. contabilidad	8. novia	11. llave
3. botones	6. bien	9. béisbol	12. invierno

Hombre prevenido vale por dos.[2]

Oraciones Read these sentences aloud to practice the **b** and the **v**.

1. Vamos a Guaynabo en autobús.
2. Voy de vacaciones a la Isla Culebra.
3. Tengo una habitación individual en el octavo piso.
4. Víctor y Eva van en avión al Caribe.
5. La planta baja es bonita también.
6. ¿Qué vamos a ver en Bayamón?
7. Beatriz, la novia de Víctor, es de Arecibo, Puerto Rico.

No hay mal que por bien no venga.[1]

Refranes Read these sayings aloud to practice the **b** and the **v**.

1 Every cloud has a silver lining.
2 An ounce of prevention equals a pound of cure.

recursos

LM
p. 26

Las cataratas del Iguazú

Imagine the impressive and majestic Niagara Falls, the most powerful waterfall in North America. Now, if you can, imagine a waterfall four times as wide and almost twice as tall that caused Eleanor Roosevelt to exclaim "Poor Niagara!" upon seeing it for the first time. Welcome to **las cataratas del Iguazú!**

Iguazú is located in Iguazú National Park, an area of subtropical jungle where Argentina meets Brazil. Its name comes from the indigenous Guaraní word for "great water." A UNESCO World Heritage Site, **las cataratas del Iguazú** span three kilometers and are comprised of 275 cascades split into two main sections by the San Martín Island. Most of the falls are about 82 meters (270 feet) high. The horseshoe-shaped cataract **Garganta del Diablo** (Devil's Throat) has the greatest water flow and is considered to be the most impressive; it also marks the border between Argentina and Brazil.

Each country offers different views and tourist options. Most visitors opt to use the numerous catwalks that are available on both

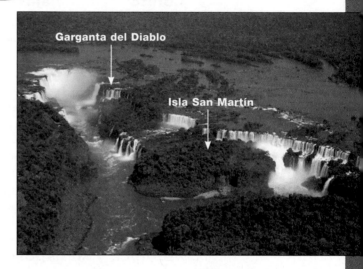

Garganta del Diablo

Isla San Martín

sides; however, from the Argentinean side, tourists can get very close to the falls, whereas Brazil provides more panoramic views. If you don't mind getting wet, a jet boat tour is a good choice; those looking for wildlife—such as toucans, ocelots, butterflies, and jaguars—should head for San Martín Island. Brazil boasts less conventional ways to view the falls, such as helicopter rides and rappelling, while Argentina focuses on sustainability with its **Tren Ecológico de la Selva** (*Ecological Jungle Train*), an environmentally friendly way to reach the walkways.

No matter which way you choose to enjoy the falls, you are certain to be captivated.

cascadas *waterfalls* Altura *Height* más alta *tallest* mundo *world* descubierta *discovered*

Más cascadas° en Latinoamérica

Nombre	País	Altura°	Datos
Salto Ángel	Venezuela	979 metros	la más alta° del mundo°
Catarata del Gocta	Perú	771 metros	descubierta° en 2006
Piedra Volada	México	453 metros	la más alta de México

1 **¿Cierto o falso?** Indicate whether these statements are cierto or falso. Correct the false statements.

1. Iguazú Falls is located on the border of Argentina and Brazil.

2. Niagara Falls is four times as wide as Iguazú Falls.

3. Iguazú Falls has a few cascades, each about 82 meters.

4. Tourists visiting Iguazú can see exotic wildlife.

5. *Iguazú* is the Guaraní word for "blue water."

6. You can access the walkways by taking the **Garganta del Diablo**.

7. It is possible for tourists to visit Iguazú Falls by air.

8. **Salto Ángel** is the tallest waterfall in the world.

9. There are no waterfalls in Mexico.

10. For the best views of Iguazú Falls, tourists should visit the Brazilian side.

ASÍ SE DICE

Viajes y turismo

el asiento del medio, del pasillo, de la ventanilla	*center, aisle, window seat*
el itinerario	*itinerary*
media pensión	*breakfast and one meal included*
el ómnibus (Perú)	**el autobús**
pensión completa	*all meals included*
el puente	*long weekend (lit., bridge)*

EL MUNDO HISPANO

Destinos populares

- **Las playas del Parque Nacional Manuel Antonio** (Costa Rica) ofrecen° la oportunidad de nadar y luego caminar por el bosque tropical°.

- **Teotihuacán** (México) Desde la época° de los aztecas, aquí se celebra el equinoccio de primavera en la Pirámide del Sol.

- **Puerto Chicama** (Perú), con sus olas° de cuatro kilómetros de largo°, es un destino para surfistas expertos.

- **Tikal** (Guatemala) Aquí puedes ver las maravillas de la selva° y ruinas de la civilización maya.

- **Las playas de Rincón** (Puerto Rico) Son ideales para descansar y observar ballenas°.

ofrecen *offer* bosque tropical *rainforest*
Desde la época *Since the time* olas *waves*
de largo *in length* selva *jungle* ballenas *whales*

PERFIL

Punta del Este

One of South America's largest and most fashionable beach resort towns is Uruguay's **Punta del Este**, a narrow strip of land containing twenty miles of pristine beaches. Its peninsular shape gives it two very different seascapes. **La Playa Mansa**, facing the bay and therefore the more protected side, has calm waters. Here, people practice water sports like swimming, water skiing, windsurfing, and diving. **La Playa Brava**, facing the east, receives the Atlantic Ocean's powerful, wave-producing winds, making it popular for surfing, body boarding, and kite surfing. Besides the beaches, posh shopping, and world-famous nightlife, **Punta** offers its 600,000 yearly visitors yacht and fishing clubs, golf courses, and excursions to observe sea lions at the **Isla de Lobos** nature reserve.

Conexión Internet

¿Cuáles son los sitios más populares para el turismo en Puerto Rico?	Use the Web to find more cultural information related to this **Cultura** section.

ACTIVIDADES

2 **Comprensión** Complete the sentences.

1. En las playas de Rincón puedes ver _____.
2. Cerca de 600.000 turistas visitan _____ cada año.
3. En el avión pides un _____ si te gusta ver el paisaje.
4. En Punta del Este, la gente prefiere nadar en la Playa _____.
5. El _____ es un medio de transporte en Perú.

3 **De vacaciones** Spring break is coming up, and you want to go on a short vacation with some friends. Working in a small group, decide which of the locations featured on these pages best suits the group's likes and interests. Come to an agreement about how you will get there, where you prefer to stay and for how long, and what each of you will do during free time. Present your trip to the class.

5.1 Estar with conditions and emotions

ANTE TODO As you learned in **Lecciones 1** and **2**, the verb **estar** is used to talk about how you feel and to say where people, places, and things are located. **Estar** is also used with adjectives to talk about certain emotional and physical conditions.

CONSULTA

To review the present tense of **estar**, see **Estructura 2.3**, p. 59.

• • •

To review the present tense of **ser**, see **Estructura 1.3**, p. 20.

▶ Use **estar** with adjectives to describe the physical condition of places and things.

La habitación **está** sucia.
The room is dirty.

La puerta **está** cerrada.
The door is closed.

▶ Use **estar** with adjectives to describe how people feel, both mentally and physically.

Yo estoy cansada.

¿Están listos para su viaje?

▶ **¡Atención!** Two important expressions with **estar** that you can use to talk about conditions and emotions are **estar de buen humor** (*to be in a good mood*) and **estar de mal humor** (*to be in a bad mood*).

Adjectives that describe emotions and conditions

abierto/a	open	**contento/a**	happy; content	**listo/a**	ready
aburrido/a	bored	**desordenado/a**	disorderly	**nervioso/a**	nervous
alegre	happy; joyful	**enamorado/a (de)**	in love (with)	**ocupado/a**	busy
avergonzado/a	embarrassed			**ordenado/a**	orderly
cansado/a	tired	**enojado/a**	mad; angry	**preocupado/a (por)**	worried (about)
cerrado/a	closed	**equivocado/a**	wrong		
cómodo/a	comfortable	**feliz**	happy	**seguro/a**	sure
confundido/a	confused	**limpio/a**	clean	**sucio/a**	dirty
				triste	sad

¡INTÉNTALO! Provide the present tense forms of **estar**, and choose which adjective best completes the sentence.

1. La biblioteca ___*está*___ (cerrada / nerviosa) los domingos por la noche. **cerrada**
2. Nosotros _____ muy (ocupados / equivocados) todos los lunes.
3. Ellas _____ (alegres / confundidas) porque tienen vacaciones.
4. Javier _____ (enamorado / ordenado) de Maribel.
5. Diana _____ (enojada / limpia) con su novio.
6. Yo _____ (nerviosa / abierta) por el viaje.
7. La habitación siempre _____ (ordenada / segura) cuando vienen sus padres.
8. Ustedes no comprenden; _____ (equivocados / tristes).

recursos

WB
pp. 51–52

LM
p. 27

Práctica y Comunicación

1

¿Cómo están? Complete Martín's statements about how he and other people are feeling. In the first blank, fill in the correct form of **estar**. In the second blank, fill in the adjective that best fits the context.

1. Yo _____ un poco _____ porque tengo un examen mañana.
2. Mi hermana Patricia _____ muy _____ porque mañana va a hacer una excursión al campo.
3. Mis hermanos Juan y José salen de la casa a las cinco de la mañana. Por la noche, siempre _____ muy _____.
4. Mi amigo Ramiro _____ _____; su novia se llama Adela.
5. Mi papá y sus colegas _____ muy _____ hoy. ¡Hay mucho trabajo!
6. Patricia y yo _____ un poco _____ por ellos porque trabajan mucho.
7. Mi amiga Mónica _____ un poco _____ porque su novio no puede salir esta noche.
8. Esta clase no es muy interesante. ¿Tú _____ _____ también?

2

Describir Describe these people and places.

1. Anabela

2. Juan y Luisa

3. la habitación de Teresa

4. la habitación de César

3

Situaciones With a partner, use **estar** to talk about how you feel in these situations.

1. Cuando hace sol...
2. Cuando tomas un examen...
3. Cuando viajas en avión...
4. Cuando estás en la clase de español...
5. Cuando ves una película con tu actor/actriz favorito/a...

4

En la tele In small groups, imagine that you are a family that stars on a reality TV show. You are vacationing together, but the trip isn't going well for everyone. Write the script of a scene from the show and then act it out. Use at least six adjectives from the previous page and be creative!

modelo

Papá: ¿Por qué estás enojada, María Rosa? El hotel es muy bonito y las habitaciones están limpias.

Mamá: ¡Pero mira, Roberto! Las maletas de Elisa están abiertas y, como siempre, sus cosas están muy desordenadas.

5.2 The present progressive

ANTE TODO Both Spanish and English use the present progressive, which consists of the present tense of the verb *to be* and the present participle of another verb (the *-ing* form in English).

Las chicas están hablando con el empleado del hotel.

¿Estás estudiando en la playa?

▶ Form the present progressive with the present tense of **estar** and a present participle.

FORM OF **ESTAR** + PRESENT PARTICIPLE

Estoy **pescando.**
I am *fishing.*

FORM OF **ESTAR** + PRESENT PARTICIPLE

Estamos **comiendo.**
We are *eating.*

▶ The present participle of regular **-ar**, **-er**, and **-ir** verbs is formed as follows:

INFINITIVE	STEM	ENDING	PRESENT PARTICIPLE
hablar	habl-	**-ando**	habl**ando**
comer	com-	**-iendo**	com**iendo**
escribir	escrib-	**-iendo**	escrib**iendo**

▶ **¡Atención!** When the stem of an **-er** or **-ir** verb ends in a vowel, the present participle ends in **-yendo**.

INFINITIVE	STEM	ENDING	PRESENT PARTICIPLE
leer	le-	**-yendo**	le**yendo**
oír	o-	**-yendo**	o**yendo**
traer	tra-	**-yendo**	tra**yendo**

▶ **Ir**, **poder**, and **venir** have irregular present participles (**yendo, pudiendo, viniendo**). Several other verbs have irregular present participles that you will need to learn.

▶ **-Ir** stem-changing verbs have a stem change in the present participle.

-ir stem-changing verbs

e:ie in the present tense	e → i in the present participle
preferir	prefiriendo

e:i in the present tense	e → i in the present participle
conseguir	consiguiendo

o:ue in the present tense	o → u in the present participle
dormir	durmiendo

The use of the present progressive is much more restricted in Spanish than in English. In Spanish, the present progressive is mainly used to emphasize that an action is in progress at the time of speaking.

Maru **está escuchando** música latina **ahora mismo**.
Maru is listening to Latin music right now.

Felipe y su amigo **todavía están jugando** al fútbol.
Felipe and his friend are still playing soccer.

In English, the present progressive is often used to talk about situations and actions that occur over an extended period of time or in the future. In Spanish, the simple present tense is often used instead.

Xavier **estudia** computación este semestre.
Xavier is studying computer science this semester.

Marissa **sale** mañana para los Estados Unidos.
Marissa is leaving tomorrow for the United States.

Estamos pensando en lo mismo:

su **F**uturo

Su asesor para ganar

FIDUCOLOMBIA
Sociedad Fiduciaria S.A.

¡INTÉNTALO! Create complete sentences by putting the verbs in the present progressive.

1. mis amigos / descansar en la playa _Mis amigos están descansando en la playa._
2. nosotros / practicar deportes _____
3. Carmen / comer en casa _____
4. nuestro equipo / ganar el partido _____
5. yo / leer el periódico _____
6. él / pensar comprar una bicicleta _____
7. ustedes / jugar a las cartas _____
8. José y Francisco / dormir _____
9. Marisa / leer correo electrónico _____
10. yo / preparar sándwiches _____
11. Carlos / tomar fotos _____
12. ¿dormir / tú? _____

recursos

WB
p. 53

LM
p. 28

Práctica

1   **Completar** Alfredo's Spanish class is preparing to travel to Puerto Rico. Use the present progressive of the verb in parentheses to complete Alfredo's description of what everyone is doing.

1. Yo _____ (investigar) la situación política de la isla (*island*).
2. La esposa del profesor _____ (hacer) las maletas.
3. Marta y José Luis _____ (buscar) información sobre San Juan en Internet.
4. Enrique y yo _____ (leer) un correo electrónico de nuestro amigo puertorriqueño.
5. Javier _____ (aprender) mucho sobre la cultura puertorriqueña.
6. Y tú _____ (practicar) el español, ¿verdad?

2   **¿Qué están haciendo?** María and her friends are vacationing at a resort in San Juan, Puerto Rico. Complete her description of what everyone is doing right now.

CONSULTA

For more information about Puerto Rico, see **Panorama**, pp. 186–187.

1. Yo

2. Javier

3. Alejandro y Rebeca

4. Celia y yo

5. Samuel

6. Lorenzo

3   **Personajes famosos** Say what these celebrities are doing right now, using the cues provided.

AYUDA

Stephenie Meyer: **novelas**

Rachael Ray: **televisión, negocios** (*business*)

James Cameron: **cine**

Venus y Serena Williams: **tenis**

Jason Bay: **béisbol**

Nelly Furtado: **canciones**

Steve Nash: **baloncesto**

Las Rockettes de Nueva York: **baile**

> **modelo**
>
> Celine Dion
> *Celine Dion está cantando una canción ahora mismo.*

A

Stephenie Meyer	Nelly Furtado
Rachael Ray	Steve Nash
James Cameron	Las Rockettes de
Venus y Serena	Nueva York
Williams	¿?
Jason Bay	¿?

B

bailar	hacer
cantar	jugar
correr	preparar
escribir	¿?
hablar	¿?

Comunicación

4

Preguntar With a partner, take turns asking each other what you are doing at these times.

> **modelo**
>
> 8:00 a.m.
> **Estudiante 1:** ¡Hola, Andrés! Son las ocho de la mañana. ¿Qué estás haciendo?
> **Estudiante 2:** Estoy desayunando.

1. 5:00 a.m.
2. 9:30 a.m.
3. 11:00 a.m.
4. 12:00 p.m.
5. 2:00 p.m.
6. 5:00 p.m.
7. 9:00 p.m.
8. 11:30 p.m.

5

Describir Work with a partner and use the present progressive to describe what is going on in this Spanish beach scene.

NOTA CULTURAL

Nearly 60 million tourists travel to Spain every year, many of them drawn by the warm climate and beautiful coasts. Tourists wanting a beach vacation go mostly to the **Costa del Sol** or the Balearic Islands, in the Mediterranean.

6

Conversar Imagine that you and a classmate are each babysitting a group of children. With a partner, prepare a telephone conversation using these cues. Be creative and add further comments.

Estudiante 1

Say hello and ask what the kids are doing.

Tell your partner that two of your kids are running and dancing in the house.

Tell your partner that you are tired and that two of your kids are watching TV and eating pizza.

Tell your partner you have to go; the kids are playing soccer in the house.

Estudiante 2

Say hello and tell your partner that two of your kids are doing their homework. Then ask what the kids at his/her house are doing.

Tell your partner that one of the kids is reading.

Tell your partner that one of the kids is sleeping.

Say goodbye and good luck (**¡Buena suerte!**).

Síntesis

7

¿Qué están haciendo? A group of classmates is traveling to San Juan, Puerto Rico for a week-long Spanish immersion program. In order for the participants to be on time for their flight, you and your partner must locate them. Your instructor will give you each a handout to help you complete this task.

5.3   Ser and estar

ANTE TODO   You have already learned that **ser** and **estar** both mean *to be* but are used for different purposes. These charts summarize the key differences in usage between **ser** and **estar**.

Uses of ser

1. **Nationality and place of origin** . . . .
Juan Carlos **es** argentino.
Es de Buenos Aires.

2. **Profession or occupation** . . . .
Adela **es** agente de viajes.
Francisco **es** médico.

3. **Characteristics of people and things** . . .
José y Clara **son** simpáticos.
El clima de Puerto Rico **es** agradable.

4. **Generalizations** . . . .
¡**Es** fabuloso viajar!
Es difícil estudiar a la una de la mañana.

5. **Possession** . . . .
Es la pluma de Jimena.
Son las llaves del señor Díaz.

6. **What something is made of** . . . .
La bicicleta **es** de metal.
Los pasajes **son** de papel.

7. **Time and date** . . . .
Hoy **es** martes. **Son** las dos.
Hoy **es** el primero de julio.

8. **Where or when an event takes place** . .
El partido **es** en el estadio Santa Fe.
La conferencia **es** a las siete.

> ¡ATENCIÓN!
> **Ser de** expresses not only origin (**Es de Buenos Aires.**) and possession (**Es la pluma de Maru.**), but also what material something is made of (**La bicicleta es de metal.**).

Miguel está enojado conmigo.

Ellos son mis amigos.

Uses of estar

1. **Location or spatial relationships** . . . . .
El aeropuerto **está** lejos de la ciudad.
Tu habitación **está** en el tercer piso.

2. **Health** . . . .
¿Cómo **estás**?
Estoy bien, gracias.

3. **Physical states and conditions** . . . .
El profesor **está** ocupado.
Las ventanas **están** abiertas.

4. **Emotional states** . . . .
Marissa **está** feliz hoy.
Estoy muy enojado con Maru.

5. **Certain weather expressions** . . . .
Está lloviendo.
Está nublado.

6. **Ongoing actions (progressive tenses)** . .
Estamos estudiando para un examen.
Ana **está** leyendo una novela.

Ser and estar with adjectives

▶ With many descriptive adjectives, **ser** and **estar** can both be used, but the meaning will change.

Juan **es** delgado.
Juan is thin.

Juan **está** más delgado hoy.
Juan looks thinner today.

Ana **es** nerviosa.
Ana is a nervous person.

Ana **está** nerviosa por el examen.
Ana is nervous because of the exam.

▶ In the examples above, the statements with **ser** are general observations about the inherent qualities of Juan and Ana. The statements with **estar** describe conditions that are variable.

▶ Here are some adjectives that change in meaning when used with **ser** and **estar**.

With ser	With estar
El chico **es listo**. *The boy is smart.*	El chico **está listo**. *The boy is ready.*
La profesora **es mala**. *The professor is bad.*	La profesora **está mala**. *The professor is sick.*
Jaime **es aburrido**. *Jaime is boring.*	Jaime **está aburrido**. *Jaime is bored.*
Las peras **son verdes**. *Pears are green.*	Las peras **están verdes**. *The pears are not ripe.*
El gato **es muy vivo**. *The cat is very lively.*	El gato **está vivo**. *The cat is alive.*
Iván **es un hombre seguro**. *Iván is a confident man.*	Iván no **está seguro**. *Iván is not sure.*

¡ATENCIÓN!
When referring to objects, **ser seguro/a** means *to be safe*.
El puente es seguro. *The bridge is safe.*

¡INTÉNTALO! Form complete sentences by using the correct form of **ser** or **estar** and making any other necessary changes.

1. Alejandra / cansado
   Alejandra está cansada.
2. ellos / pelirrojo
3. Carmen / alto
4. yo / la clase de español
5. película / a las once
6. hoy / viernes
7. nosotras / enojado
8. Antonio / médico
9. Romeo y Julieta / enamorado
10. libros / de Ana
11. Marisa y Juan / estudiando
12. partido de baloncesto / gimnasio

recursos
WB pp. 54–55
LM p. 29

Práctica

1

¿Ser o estar? Indicate whether each adjective takes **ser** or **estar**. ¡Ojo!
Three of them can take both verbs.

	ser	estar			ser	estar
1. delgada	○	○	5. seguro		○	○
2. canadiense	○	○	6. enojada		○	○
3. enamorado	○	○	7. importante		○	○
4. lista	○	○	8. avergonzada		○	○

2

Completar Complete this conversation with the appropriate forms of **ser** and **estar**.

EDUARDO ¡Hola, Ceci! ¿Cómo (1)_____?

CECILIA Hola, Eduardo. Bien, gracias. ¡Qué guapo (2)_____ hoy!

EDUARDO Gracias. (3)_____ muy amable. Oye, ¿qué (4)_____ haciendo?
(5)¿_____ ocupada?

CECILIA No, sólo le (6)_____ escribiendo una carta a mi prima Pilar.

EDUARDO ¿De dónde (7)_____ ella?

CECILIA Pilar (8)_____ de Ecuador. Su papá (9)_____ médico en Quito. Pero
ahora Pilar y su familia (10)_____ de vacaciones en Ponce, Puerto Rico.

EDUARDO Y… ¿cómo (11)_____ Pilar?

CECILIA (12)_____ muy lista. Y también (13)_____ alta, rubia y muy bonita.

3

En el parque With a partner, take turns describing the people in the drawing. Your descriptions
should answer the questions provided.

1. ¿Quiénes son?
2. ¿Dónde están?
3. ¿Cómo son?
4. ¿Cómo están?

5. ¿Qué están haciendo?
6. ¿Qué estación es?
7. ¿Qué tiempo hace?
8. ¿Quiénes están de vacaciones?

Comunicación

4

Describir With a classmate, take turns describing these people. Mention where they are from, what they are like, how they are feeling, and what they are doing right now.

> **modelo**
>
> tu compañero/a de cuarto
>
> Mi compañera de cuarto es de San Juan, Puerto Rico. Es muy inteligente.
> Está cansada pero está estudiando porque tiene un examen.

1. tu mejor (*best*) amigo/a
2. tu actor/actriz favorito/a
3. tu profesor(a) favorito/a
4. tu novio/a o esposo/a
5. tus abuelos
6. tus padres

5

Adivinar Get together with a partner and take turns describing a celebrity using these items as a guide. Don't mention the celebrity's name. Can your partner guess who you are describing?

- descripción física
- cómo está ahora
- origen
- dónde está ahora
- qué está haciendo ahora
- profesión u ocupación

6

En el aeropuerto In groups of three, take turns assuming the identity of a character from this drawing. Your partners will ask you questions using **ser** and **estar** until they figure out who you are.

> **modelo**
>
> **Estudiante 3:** ¿Dónde estás?
> **Estudiante 1:** Estoy cerca de la puerta.
> **Estudiante 2:** ¿Qué estás haciendo?
> **Estudiante 1:** Estoy escuchando a otra persona.
> **Estudiante 3:** ¿Eres uno de los pasajeros?
> **Estudiante 1:** No, soy empleado del aeropuerto.
> **Estudiante 2:** ¿Eres Camilo?

Síntesis

7

Conversación In pairs, imagine that you and your partner are two of the characters in the drawing in **Actividad 6**. After boarding, you are seated next to each other and strike up a conversation. Act out what you would say to your fellow passenger.

5.4 Direct object nouns and pronouns

SUBJECT	VERB	DIRECT OBJECT NOUN
Juan Carlos y Jimena	están tomando	fotos.
Juan Carlos and Jimena	*are taking*	*photos.*

▶ A direct object noun receives the action of the verb directly and generally follows the verb. In the example above, the direct object noun answers the question *What are Juan Carlos and Jimena taking?*

▶ When a direct object noun in Spanish is a person or a pet, it is preceded by the word **a**. This is called the personal **a**; there is no English equivalent for this construction.

La señora Díaz visita **a** la doctora Salas.   La señora Díaz visita el café Delicias.
Mrs Díaz is visiting Dr. Salas.   *Mrs. Díaz is visiting the Delicias café.*

▶ In the first sentence above, the personal **a** is required because the direct object is a person. In the second sentence, the personal **a** is not required because the direct object is a place, not a person.

Miguel no me habla.

No tenemos tablas de windsurf.

El botones las puede conseguir para ustedes.

▶ Direct object pronouns are words that replace direct object nouns. Like English, Spanish uses a direct object pronoun to avoid repeating a noun already mentioned.

	DIRECT OBJECT		DIRECT OBJECT PRONOUN
Maribel hace	las maletas.	Maribel	**las** hace.
Felipe compra	el sombrero.	Felipe	**lo** compra.
Vicky tiene	la llave.	Vicky	**la** tiene.

Direct object pronouns

SINGULAR		PLURAL	
me	*me*	**nos**	*us*
te	*you* (fam.)	**os**	*you* (fam.)
lo	*you* (m., form.)	**los**	*you* (m., form.)
	him; it (m.)		*them* (m.)
la	*you* (f., form.)	**las**	*you* (f., form.)
	her; it (f.)		*them* (f.)

▶ In affirmative sentences, direct object pronouns generally appear before the conjugated verb. In negative sentences, the pronoun is placed between the word **no** and the verb.

Adela practica **el tenis**.	Gabriela no tiene **las llaves**.
Adela **lo** practica.	Gabriela **no las** tiene.
Carmen compra **los pasajes**.	Diego no hace **las maletas**.
Carmen **los** compra.	Diego **no las** hace.

▶ When the verb is an infinitive construction, such as **ir a** + [*infinitive*], the direct object pronoun can be placed before the conjugated form or attached to the infinitive.

Ellos van a escribir **unas postales**.
   Ellos **las** van a escribir.
   Ellos van a escribir**las**.

Lidia quiere ver **una película**.
   Lidia **la** quiere ver.
   Lidia quiere ver**la**.

▶ When the verb is in the present progressive, the direct object pronoun can be placed before the conjugated form or attached to the present participle. **¡Atención!** When a direct object pronoun is attached to the present participle, an accent mark is added to maintain the proper stress.

Gerardo está leyendo **la lección**.
   Gerardo **la** está leyendo.
   Gerardo está leyéndo**la**.

Toni está mirando **el partido**.
   Toni **lo** está mirando.
   Toni está mirándo**lo**.

CONSULTA

To learn more about accents, see **Lección 4**, **Pronunciación**, p. 123, **Lección 10**, **Ortografía**, p. 339, and **Lección 11**, **Ortografía**, p. 375.

¡INTÉNTALO!   Choose the correct direct object pronoun for each sentence.

1. Tienes el libro de español. *c*
   a. La tienes.   b. Los tienes.   c. Lo tienes.
2. Voy a ver el partido de baloncesto.
   a. Voy a verlo.   b. Voy a verte.   c. Voy a vernos.
3. El artista quiere dibujar a Luisa y a su mamá.
   a. Quiere dibujarme.   b. Quiere dibujarla.   c. Quiere dibujarlas.
4. Marcos busca la llave.
   a. Me busca.   b. La busca.   c. Las busca.
5. Rita me lleva al aeropuerto y también lleva a Tomás.
   a. Nos lleva.   b. Las lleva.   c. Te lleva.
6. Puedo oír a Gerardo y a Miguel.
   a. Puedo oírte.   b. Puedo oírlos.   c. Puedo oírlo.
7. Quieren estudiar la gramática.
   a. Quieren estudiarnos.   b. Quieren estudiarlo.   c. Quieren estudiarla.
8. ¿Practicas los verbos irregulares?
   a. ¿Los practicas?   b. ¿Las practicas?   c. ¿Lo practicas?
9. Ignacio ve la película.
   a. La ve.   b. Lo ve.   c. Las ve.
10. Sandra va a invitar a Mario a la excursión. También me va a invitar a mí.
    a. Los va a invitar.   b. Lo va a invitar.   c. Nos va a invitar.

recursos

WB
p. 56

LM
p. 30

Práctica

1 **Simplificar** Professor Vega's class is planning a trip to Costa Rica. Describe their preparations by changing the direct object nouns into direct object pronouns.

> **modelo**
>
> La profesora Vega tiene su pasaporte.
> *La profesora Vega lo tiene.*

1. Gustavo y Héctor confirman las reservaciones.
2. Nosotros leemos los folletos (*brochures*).
3. Ana María estudia el mapa.
4. Yo aprendo los nombres de los monumentos de San José.
5. Alicia escucha a la profesora.
6. Miguel escribe las direcciones para ir al hotel.
7. Esteban busca el pasaje.
8. Nosotros planeamos una excursión.

2 **Vacaciones** Ramón is going to San Juan, Puerto Rico with his friends, Javier and Marcos. Express his thoughts more succinctly using direct object pronouns.

> **modelo**
>
> Quiero hacer una excursión.
> *Quiero hacerla./La quiero hacer.*

1. Voy a hacer mi maleta.
2. Necesitamos llevar los pasaportes.
3. Marcos está pidiendo el folleto turístico.
4. Javier debe llamar a sus padres.
5. Ellos desean visitar el Viejo San Juan.
6. Puedo llamar a Javier por la mañana.
7. Prefiero llevar mi cámara.
8. No queremos perder nuestras reservaciones de hotel.

3 **¿Quién?** The Garza family is preparing to go on a vacation to Puerto Rico. Based on the clues, answer the questions. Use direct object pronouns in your answers.

> **modelo**
>
> ¿Quién hace las reservaciones para el hotel? (el Sr. Garza)
> *El Sr. Garza las hace.*

1. ¿Quién compra los pasajes para el vuelo (*flight*)? (la Sra. Garza)
2. ¿Quién tiene que hacer las maletas de los niños? (María)
3. ¿Quiénes buscan los pasaportes? (Antonio y María)
4. ¿Quién va a confirmar las reservaciones de hotel? (la Sra. Garza)
5. ¿Quién busca la cámara? (María)
6. ¿Quién compra un mapa de Puerto Rico? (Antonio)

¡LENGUA VIVA!

There are many Spanish words that correspond to *ticket*. **Billete** and **pasaje** usually refer to a ticket for travel, such as an airplane ticket. **Entrada** refers to a ticket to an event, such as a concert or a movie. **Boleto** can be used in either case.

NOTA CULTURAL

Puerto Rico is a U.S. territory, so people do not need travel documents when traveling to and from Puerto Rico from the U.S. mainland. However, everyone must meet all requirements for entering the U.S. when traveling directly to Puerto Rico from abroad.

Comunicación

4

Entrevista Take turns asking and answering these questions with a classmate. Be sure to use direct object pronouns in your responses.

1. ¿Ves mucho la televisión?
2. ¿Cuándo vas a ver tu programa favorito?
3. ¿Quién prepara la comida (*food*) en tu casa?
4. ¿Te visita mucho tu familia?
5. ¿Visitas mucho a tus abuelos?
6. ¿Nos entienden nuestros padres a nosotros?
7. ¿Cuándo ves a tus amigos/as?
8. ¿Cuándo te llaman tus amigos/as?

5

Los pasajeros Get together with a partner and take turns asking each other questions about the drawing. Use the word bank and direct object pronouns.

AYUDA

For travel-related vocabulary, see **Contextos**, pp. 152–153.

modelo

Estudiante 1: ¿Quién está leyendo el libro?
Estudiante 2: Susana lo está leyendo./Susana está leyéndolo.

buscar	confirmar	escribir	leer	tener	vender
comprar	encontrar	escuchar	llevar	traer	¿?

Sra. Sánchez   Orlando   Sr. López

Marta   Sr. Sánchez   Susana   Miguelito

Síntesis

6

Adivinanzas In pairs, take turns describing a person, place, or thing for your partner to guess. Each of you should give at least five descriptions.

modelo

Estudiante 1: Lo uso para (*I use it to*) escribir en mi cuaderno.
No es muy grande y tiene borrador. ¿Qué es?
Estudiante 2: ¿Es un lápiz?
Estudiante 1: ¡Sí!

Recapitulación

Review the grammar concepts you have learned in this lesson by completing these activities.

1 **Completar** Complete the chart with the correct present participle of these verbs. **8 pts.**

Infinitive	Present participle	Infinitive	Present participle
hacer		estar	
acampar		ser	
tener		vivir	
venir		estudiar	

2 **Vacaciones en París** Complete this paragraph about Julia's trip to Paris with the correct form of **ser** or **estar**. **12 pts.**

Hoy (1) _____ (es/está) el 3 de julio y voy a París por tres semanas. (Yo) (2) _____ (Soy/Estoy) muy feliz porque voy a ver a mi mejor amiga. Ella (3) _____ (es/está) de Puerto Rico, pero ahora (4) _____ (es/está) viviendo en París. También (yo) (5) _____ (soy/estoy) un poco nerviosa porque (6) _____ (es/está) mi primer viaje a Francia. El vuelo (*flight*) (7) _____ (es/está) hoy por la tarde, pero ahora (8) _____ (es/está) lloviendo. Por eso (9) _____ (somos/estamos) preocupadas, porque probablemente el avión va a salir tarde. Mi equipaje ya (10) _____ (es/está) listo. (11) _____ (Es/Está) tarde y me tengo que ir. ¡Va a (12) _____ (ser/estar) un viaje fenomenal!

3 **¿Qué hacen?** Respond to these questions by indicating what people do with the items mentioned. Use direct object pronouns. **5 pts.**

> **modelo**
> ¿Qué hacen ellos con la película? (ver)
> La ven.

1. ¿Qué haces tú con el libro de viajes? (leer) _____
2. ¿Qué hacen los turistas en la ciudad? (explorar) _____
3. ¿Qué hace el botones con el equipaje? (llevar) _____
4. ¿Qué hace la agente con las reservaciones? (confirmar) _____
5. ¿Qué hacen ustedes con los pasaportes? (mostrar) _____

5.1 Estar with conditions and emotions *p. 164*

► Yo **estoy** aburrido/a, feliz, nervioso/a.
► El cuarto **está** desordenado, limpio, ordenado.
► Estos libros **están** abiertos, cerrados, sucios.

5.2 The present progressive *pp. 166–167*

► The present progressive is formed with the present tense of **estar** plus the present participle.

Forming the present participle

infinitive	stem	ending	present participle
hablar	habl-	-ando	hablando
comer	com-	-iendo	comiendo
escribir	escrib-	-iendo	escribiendo

-ir stem-changing verbs

	infinitive	present participle
e:ie	preferir	prefiriendo
e:i	conseguir	consiguiendo
o:ue	dormir	durmiendo

► Irregular present participles: **yendo (ir), pudiendo (poder), viniendo (venir)**

5.3 Ser and estar *pp. 170–171*

► Uses of **ser**: nationality, origin, profession or occupation, characteristics, generalizations, possession, what something is made of, time and date, time and place of events
► Uses of **estar**: location, health, physical states and conditions, emotional states, weather expressions, ongoing actions
► Many adjectives can be used with both **ser** and **estar** but the meaning of the adjectives will change.

Juan **es** delgado.   Juan **está** más delgado hoy.
Juan is thin.   *Juan looks thinner today.*

5.4 Direct object nouns and pronouns　pp. 174–175

Direct object pronouns

Singular		Plural	
me	lo	nos	los
te	la	os	las

4　Opuestos Complete these sentences with the appropriate form of the verb **estar** and an antonym for the underlined adjective. **5 pts.**

> **modelo**
>
> Mis respuestas están <u>bien</u>, pero las de Susana están mal.

In affirmative sentences:
Adela practica **el tenis**. → Adela **lo** practica.

In negative sentences: Adela **no lo** practica.

With an infinitive:
Adela **lo** va a practicar./Adela va a practicar**lo**.

With the present progressive:
Adela **lo** está practicando./Adela está practicándo**lo**.

1. Las tiendas están <u>abiertas</u>, pero la agencia de viajes _____ _____.
2. No me gustan las habitaciones <u>desordenadas</u>. Incluso (*Even*) mi habitación de hotel _____ _____.
3. Nosotras estamos <u>tristes</u> cuando trabajamos. Hoy comienzan las vacaciones y _____ _____.
4. En esta ciudad los autobuses están <u>sucios</u>, pero los taxis _____ _____.
5. —El avión sale a las 5:30, ¿verdad? —No, estás <u>confundida</u>. Yo _____ _____ de que el avión sale a las 5:00.

5　En la playa Describe what these people are doing. Complete the sentences using the present progressive tense. **8 pts.**

1. El Sr. Camacho _____.
2. Felicia _____.
3. Leo _____.
4. Nosotros _____.

6　Antes del viaje Write a paragraph of at least six sentences describing the time right before you go on a trip. Say how you feel and what you are doing. You can use **Actividad 2** as a model. **12 pts.**

> **modelo**
>
> Hoy es viernes, 27 de octubre. Estoy en mi habitación...

7　Refrán Complete this Spanish saying by filling in the missing present participles. Refer to the translation and the drawing. **2 EXTRA points!**

¡LA CIUDAD ESTÁ MUY SUCIA!

  "Se consigue más _____ que _____."

(You can accomplish more by doing than by saying.)

Lectura

Antes de leer

Estrategia
Scanning

Scanning involves glancing over a document in search of specific information. For example, you can scan a document to identify its format, to find cognates, to locate visual clues about the document's content, or to find specific facts. Scanning allows you to learn a great deal about a text without having to read it word for word.

Examinar el texto

Scan the reading selection for cognates and write down a few of them.

1. _____   4. _____
2. _____   5. _____
3. _____   6. _____

Based on the cognates you found, what do you think this document is about?

_____

Preguntas

Read these questions. Then scan the document again to look for answers.

1. What is the format of the reading selection?

_____

2. Which place is the document about?

_____

3. What are some of the visual cues this document provides? What do they tell you about the content of the document?

_____

4. Who produced the document, and what do you think it is for?

_____

Turismo ecológico en Puerto Rico

Hotel Vistahermosa
~ Lajas, Puerto Rico ~

- 40 habitaciones individuales
- 15 habitaciones dobles
- Teléfono / TV por cable / Internet
- Aire acondicionado
- Restaurante (Bar)
- Piscina
- Área de juegos
- Cajero automático°

El hotel está situado en Playa Grande, un pequeño pueblo de pescadores del mar Caribe. Es el lugar perfecto para el viajero que viene de vacaciones. Las playas son seguras y limpias, ideales para tomar el sol, descansar, tomar fotografías y nadar. Está abierto los 365 días del año. Hay una rebaja° especial para estudiantes universitarios.

DIRECCIÓN: Playa Grande 406, Lajas, PR 00667, cerca del Parque Nacional Foresta.

Cajero automático *ATM* rebaja *discount*

Atracciones cercanas

Playa Grande ¿Busca la playa perfecta? Playa Grande es la playa que está buscando. Usted puede pescar, sacar fotos, nadar y pasear en bicicleta. Playa Grande es un paraíso para el turista que quiere practicar deportes acuáticos. El lugar es bonito e interesante y usted va a tener muchas oportunidades para descansar y disfrutar en familia.

Valle Niebla Ir de excursión, tomar café, montar a caballo, caminar, hacer picnics. Más de cien lugares para acampar.

Bahía Fosforescente Sacar fotos, salidas de noche, excursión en barco. Una maravillosa experiencia llena de luz°.

Arrecifes de Coral Sacar fotos, bucear, explorar. Es un lugar único en el Caribe.

Playa Vieja Tomar el sol, pasear en bicicleta, jugar a las cartas, escuchar música. Ideal para la familia.

Parque Nacional Foresta Sacar fotos, visitar el Museo de Arte Nativo. Reserva Mundial de la Biosfera.

Santuario de las Aves Sacar fotos, observar aves°, seguir rutas de excursión.

llena de luz *full of light* aves *birds*

Después de leer

Listas
Which amenities of Hotel Vistahermosa would most interest these potential guests? Explain your choices.

1. dos padres con un hijo de seis años y una hija de ocho años

   _____

2. un hombre y una mujer en su luna de miel (*honeymoon*)

   _____

3. una persona en un viaje de negocios (*business trip*)

   _____

Conversaciones
With a partner, take turns asking each other these questions.

1. ¿Quieres visitar el Hotel Vistahermosa? ¿Por qué?
2. Tienes tiempo de visitar sólo tres de las atracciones turísticas que están cerca del hotel. ¿Cuáles vas a visitar? ¿Por qué?
3. ¿Qué prefieres hacer en Valle Niebla? ¿En Playa Vieja? ¿En el Parque Nacional Foresta?

Situaciones
You have just arrived at Hotel Vistahermosa. Your classmate is the concierge. Use the phrases below to express your interests and ask for suggestions about where to go.

1. montar a caballo
2. bucear
3. pasear en bicicleta
4. pescar
5. observar aves

Contestar
Answer these questions.

1. ¿Quieres visitar Puerto Rico? Explica tu respuesta.

   _____

2. ¿Adónde quieres ir de vacaciones el verano que viene? Explica tu respuesta.

   _____

Escritura

Mapa de ideas

Idea maps can be used to create outlines. The major sections of an idea map correspond to the Roman numerals in an outline. The minor idea map sections correspond to the outline's capital letters, and so on. Examine the idea map that led to the outline above.

Tema

Escribir un folleto

Write a tourist brochure for a hotel or resort you have visited. If you wish, you may write about an imaginary location. You may want to include some of this information in your brochure:

▶ the name of the hotel or resort
▶ phone and fax numbers that tourists can use to make contact
▶ the hotel website that tourists can consult
▶ an e-mail address that tourists can use to request information
▶ a description of the exterior of the hotel or resort
▶ a description of the interior of the hotel or resort, including facilities and amenities
▶ a description of the surrounding area, including its climate
▶ a listing of nearby scenic natural attractions
▶ a listing of nearby cultural attractions
▶ a listing of recreational activities that tourists can pursue in the vicinity of the hotel or resort

Escuchar

Estrategia

Listening for key words

By listening for key words or phrases, you can identify the subject and main ideas of what you hear, as well as some of the details.

 To practice this strategy, you will now listen to a short paragraph. As you listen, jot down the key words that help you identify the subject of the paragraph and its main ideas.

Preparación

Based on the illustration, who do you think Hernán Jiménez is, and what is he doing? What key words might you listen for to help you understand what he is saying?

Ahora escucha

Now you are going to listen to a weather report by Hernán Jiménez. Note which phrases are correct according to the key words and phrases you hear.

Santo Domingo
1. hace sol
2. va a hacer frío
3. una mañana de mal tiempo
4. va a estar nublado
5. buena tarde para tomar el sol
6. buena mañana para la playa

San Francisco de Macorís
1. hace frío
2. hace sol
3. va a nevar
4. va a llover
5. hace calor
6. mal día para excursiones

Comprensión

¿Cierto o falso?

Indicate whether each statement is **cierto** or **falso**, based on the weather report. Correct the false statements.

1. Según el meteorólogo, la temperatura en Santo Domingo es de 26 grados.

   _____

2. La temperatura máxima en Santo Domingo hoy va a ser de 30 grados.

   _____

3. Está lloviendo ahora en Santo Domingo.

   _____

4. En San Francisco de Macorís la temperatura mínima de hoy va a ser de 20 grados.

   _____

5. Va a llover mucho hoy en San Francisco de Macorís.

   _____

Preguntas

Answer these questions about the weather report.

1. ¿Hace viento en Santo Domingo ahora?
2. ¿Está nublado en Santo Domingo ahora?
3. ¿Está nevando ahora en San Francisco de Macorís?
4. ¿Qué tiempo hace en San Francisco de Macorís?

En pantalla

If you like adventure or extreme sports, Latin America might be a good destination for you. The area of Patagonia, located in Chile and Argentina, offers both breath-taking scenery and an adrenaline rush. Here, one can enjoy a variety of sports, including whitewater rafting, kayaking, trekking, and skiing. One weeklong itinerary in Argentina might include camping, hiking the granite rock of Mount Fitz Roy, and trekking across the deep blue Perito Moreno Glacier, a massive 18-mile-long sheet of ice and one of the world's few advancing glaciers.

Now, hold on to your helmets as we travel to Mexico to see what sort of adventure you can experience there.

Vocabulario útil	
callejones	alleyways, narrow streets
calles	streets
carrera de bicicleta	bicycle race
descender (escaleras)	to descend (stairs)
reto, desafío	challenge

Preparación

Some areas attract tourists because of their unusual sports and activities. Do you know of any such destinations? Where?

Preguntas

Answer these questions in complete sentences.

1. ¿Por qué viajan ciclistas (*cyclists*) a Taxco?

2. ¿Es Taxco una ciudad turística moderna o colonial?

3. ¿Hay competidores de otros (*other*) países en la carrera de bicicleta?

4. ¿Cómo está el reportero (*reporter*) después (*after*) de descender las escaleras, aburrido o cansado?

Deportes extremos

In pairs, discuss these questions: **¿Cómo son las personas que hacen deportes extremos? ¿Por qué crees que los practican? ¿Viajarías (***Would you travel***) a algún destino para practicarlos?**

menor *least* lo más alto *the highest point* hasta *to* diseño *design*

Reportaje sobre Down Taxco

El reto es descender en el menor° tiempo posible...

... desde lo más alto° de la ciudad hasta° la plaza central.

El principal desafío es el diseño° de la ciudad...

Between 1438 and 1533, when the vast and powerful Incan Empire was at its height, the Incas built an elaborate network of **caminos** (*trails*) that traversed the Andes Mountains and converged on the empire's capital, Cuzco. Today, hundreds of thousands of tourists come to Peru annually to walk the surviving trails and enjoy the spectacular scenery. The most popular trail, **el Camino Inca**, leads from Cuzco to **Intipunku** (*Sun Gate*), the entrance to the ancient mountain city of Machu Picchu.

Vocabulario útil

ciudadela	*citadel*
de cultivo	*farming*
el/la guía	*guide*
maravilla	*wonder*
quechua	*Quechua (indigenous Peruvian)*
sector (urbano)	*(urban) sector*

Preparación

Have you ever visited an archeological or historic site? Where? Why did you go there?

Completar

Complete these sentences. Make the necessary changes.

1. Las ruinas de Machu Picchu son una antigua _____ inca.

2. La ciudadela estaba (*was*) dividida en tres sectores: _____, religioso y de cultivo.

3. Cada año los _____ reciben a cientos (*hundreds*) de turistas de diferentes países.

4. Hoy en día, la cultura _____ está presente en las comunidades andinas (*Andean*) de Perú.

¡Vacaciones en Perú!

Machu Picchu [...] se encuentra aislada sobre° esta montaña...

... siempre he querido° venir [...] Me encantan° las civilizaciones antiguas°.

Somos una familia francesa [...] Perú es un país muy, muy bonito de verdad.

recursos

VM
pp. 299–300

se encuentra aislada sobre *it is isolated on* siempre he querido *I have always wanted* Me encantan *I love* antiguas *ancient*

Puerto Rico

El país en cifras

▸ **Área:** 8.959 km² (3.459 millas²)
menor° que el área de Connecticut
▸ **Población:** 4.074.000
Puerto Rico es una de las islas más densamente pobladas° del mundo. Más de la mitad de la población vive en San Juan, la capital.
▸ **Capital:** San Juan—2.763.000

SOURCE: Population Division, UN Secretariat

▸ **Ciudades principales:** Arecibo, Bayamón, Fajardo, Mayagüez, Ponce
▸ **Moneda:** dólar estadounidense
▸ **Idiomas:** español (oficial); inglés (oficial)
Aproximadamente la cuarta parte de la población puertorriqueña habla inglés, pero en las zonas turísticas este porcentaje es mucho más alto. El uso del inglés es obligatorio para documentos federales.

Bandera
de Puerto Rico

Puertorriqueños célebres

▸ **Raúl Juliá,** actor (1940–1994)
▸ **Roberto Clemente,** beisbolista (1934–1972)
▸ **Julia de Burgos,** escritora (1914–1953)
▸ **Benicio del Toro,** actor y productor (1967–)
▸ **Rosie Pérez,** actriz y bailarina (1964–)

menor *less* pobladas *populated* río subterráneo *underground river* más largo
longest cuevas *caves* bóveda *vault* fortaleza *fort* caber *fit*

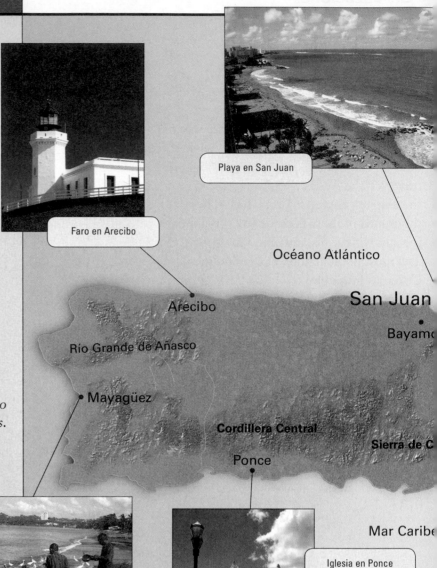

Playa en San Juan

Faro en Arecibo

Océano Atlántico

San Juan

Arecibo

Bayamo

Río Grande de Añasco

Mayagüez

Cordillera Central

Sierra de C

Ponce

Mar Caribe

Iglesia en Ponce

Pescadores en Mayagüez

recursos

WB	VM
pp. 57–58	pp. 257–258

OCÉANO
ATLÁNT

PUERTO

OCÉANO
PACÍFICO

¡Increíble pero cierto!

El río Camuy es el tercer río subterráneo° más largo° del mundo y tiene el sistema de cuevas° más grande del hemisferio occidental.
La Cueva de los Tres Pueblos es una gigantesca bóveda°, tan grande que toda la fortaleza° del Morro puede caber° en su interior.

Lugares • El Morro

El Morro es una fortaleza que se construyó para proteger° la bahía° de San Juan desde principios del siglo° XVI hasta principios del siglo XX. Hoy día muchos turistas visitan este lugar, convertido en un museo. Es el sitio más fotografiado de Puerto Rico. La arquitectura de la fortaleza es impresionante. Tiene misteriosos túneles, oscuras mazmorras° y vistas fabulosas de la bahía.

Artes • Salsa

La salsa, un estilo musical de origen puertorriqueño y cubano, nació° en el barrio latino de la ciudad de Nueva York. Dos de los músicos de salsa más famosos son Tito Puente y Willie Colón, los dos de Nueva York. Las estrellas° de la salsa en Puerto Rico son Felipe Rodríguez y Héctor Lavoe. Hoy en día, Puerto Rico es el centro internacional de este estilo musical. El Gran Combo de Puerto Rico es una de las orquestas de salsa más famosas del mundo°.

Isla de Culebra

Fajardo

Isla de Vieques

Ciencias • El Observatorio de Arecibo

El Observatorio de Arecibo tiene uno de los radiotelescopios más grandes del mundo. Gracias a este telescopio, los científicos° pueden estudiar las propiedades de la Tierra°, la Luna° y otros cuerpos celestes. También pueden analizar fenómenos celestiales como los quasares y pulsares, y detectar emisiones de radio de otras galaxias, en busca de inteligencia extraterrestre.

Historia • Relación con los Estados Unidos

Puerto Rico pasó a ser° parte de los Estados Unidos después de° la guerra° de 1898 y se hizo° un estado libre asociado en 1952. Los puertorriqueños, ciudadanos° estadounidenses desde° 1917, tienen representación política en el Congreso, pero no votan en las elecciones presidenciales y no pagan impuestos° federales. Hay un debate entre los puertorriqueños: ¿debe la isla seguir como estado libre asociado, hacerse un estado como los otros° o volverse° independiente?

¿Qué aprendiste? Responde a las preguntas con una oración completa.
1. ¿Cuál es la moneda de Puerto Rico?
2. ¿Qué idiomas se hablan (*are spoken*) en Puerto Rico?
3. ¿Cuál es el sitio más fotografiado de Puerto Rico?
4. ¿Qué es el Gran Combo?
5. ¿Qué hacen los científicos en el Observatorio de Arecibo?

Conexión Internet Investiga estos temas en Internet.
1. Describe a dos puertorriqueños famosos. ¿Cómo son? ¿Qué hacen? ¿Dónde viven? ¿Por qué son célebres?
2. Busca información sobre lugares en los que se puede hacer ecoturismo en Puerto Rico. Luego presenta un informe a la clase.

---

proteger *protect* bahía *bay* siglo *century* mazmorras *dungeons* nació *was born* estrellas *stars* mundo *world* científicos *scientists* Tierra *Earth* Luna *Moon* pasó a ser *became* después de *after* guerra *war* se hizo *became* ciudadanos *citizens* desde *since* pagan impuestos *pay taxes* otros *others* volverse *to become*

Los viajes y las vacaciones

acampar	to camp
confirmar una reservación	to confirm a reservation
estar de vacaciones (*f. pl.*)	to be on vacation
hacer las maletas	to pack (one's suitcases)
hacer un viaje	to take a trip
hacer (wind)surf	to (wind)surf
ir de compras (*f. pl.*)	to go shopping
ir de vacaciones	to go on vacation
ir en autobús (*m.*), auto(móvil) (*m.*), avión (*m.*), barco (*m.*), moto(cicleta) (*f.*), taxi (*m.*)	to go by bus, car, plane, boat, motorcycle, taxi
jugar a las cartas	to play cards
montar a caballo (*m.*)	to ride a horse
pescar	to fish
sacar/tomar fotos (*f. pl.*)	to take photos
el/la agente de viajes	travel agent
el/la inspector(a) de aduanas	customs inspector
el/la viajero/a	traveler
el aeropuerto	airport
la agencia de viajes	travel agency
el campo	countryside
el equipaje	luggage
la estación de autobuses, del metro, de tren	bus, subway, train station
la llegada	arrival
el mar	sea
el paisaje	landscape
el pasaje (de ida y vuelta)	(round-trip) ticket
el pasaporte	passport
la playa	beach
la salida	departure; exit
la tabla de (wind)surf	surfboard/sailboard

El hotel

el ascensor	elevator
el/la botones	bellhop
la cama	bed
el/la empleado/a	employee
la habitación individual, doble	single, double room
el hotel	hotel
el/la huésped	guest
la llave	key
el piso	floor (of a building)
la planta baja	ground floor

Adjetivos

abierto/a	open
aburrido/a	bored; boring
alegre	happy; joyful
amable	nice; friendly
avergonzado/a	embarrassed
cansado/a	tired
cerrado/a	closed
cómodo/a	comfortable
confundido/a	confused
contento/a	happy; content
desordenado/a	disorderly
enamorado/a (de)	in love (with)
enojado/a	mad; angry
equivocado/a	wrong
feliz	happy
limpio/a	clean
listo/a	ready; smart
nervioso/a	nervous
ocupado/a	busy
ordenado/a	orderly
preocupado/a (por)	worried (about)
seguro/a	sure; safe; confident
sucio/a	dirty
triste	sad

Los números ordinales

primer, primero/a	first
segundo/a	second
tercer, tercero/a	third
cuarto/a	fourth
quinto/a	fifth
sexto/a	sixth
séptimo/a	seventh
octavo/a	eighth
noveno/a	ninth
décimo/a	tenth

Palabras adicionales

ahora mismo	right now
el año	year
¿Cuál es la fecha (de hoy)?	What is the date (today)?
de buen/mal humor	in a good/bad mood
la estación	season
el mes	month
todavía	yet; still

Seasons, months, and dates	See page 154.
Weather expressions	See page 154.
Direct object pronouns	See page 174.
Expresiones útiles	See page 159.

recursos

LM
p. 30

¡De compras!

Communicative Goals

You will learn how to:

- Talk about and describe clothing
- Express preferences in a store
- Negotiate and pay for items you buy

A PRIMERA VISTA

- ¿Está comprando algo la chica?
- ¿Crees que busca una maleta o una blusa?
- ¿Está contenta o enojada?
- ¿Cómo es la chica?

¡De compras!

Más vocabulario

el abrigo	coat
los calcetines (el calcetín)	sock(s)
el cinturón	belt
las gafas (de sol)	(sun)glasses
los guantes	gloves
el impermeable	raincoat
la ropa	clothing; clothes
la ropa interior	underwear
las sandalias	sandals
el traje	suit
el vestido	dress
los zapatos de tenis	sneakers
el regalo	gift
el almacén	department store
el centro comercial	shopping mall
el mercado (al aire libre)	(open-air) market
el precio (fijo)	(fixed; set) price
la rebaja	sale
la tienda	shop; store
costar (o:ue)	to cost
gastar	to spend (money)
pagar	to pay
regatear	to bargain
vender	to sell
hacer juego (con)	to match (with)
llevar	to wear; to take
usar	to wear; to use

Variación léxica

calcetines	⬌	medias (Amér. L.)
cinturón	⬌	correa (Col., Venez.)
gafas/lentes	⬌	espejuelos (Cuba, P.R.), anteojos (Arg., Chile)
zapatos de tenis	⬌	zapatillas de deporte (Esp.), zapatillas (Arg., Perú)

recursos

WB pp. 59–60   LM p. 31

Damas

los pantalones cortos

el traje de baño

los pantalones

la camiseta

el dependiente/el vendedor

la camisa

la clienta

el dinero en efectivo

la blusa

la bolsa

el suéter

la falda

las medias

el sombrero

Caballeros

un par de zapatos

los zapatos

chaqueta

la caja

la cartera

la dependienta/la vendedora

la corbata

la tarjeta de crédito

los (blue)jeans

la bota

Práctica

1 **Escuchar** 🎧 Listen to Juanita and Vicente talk about what they're packing for their vacations. Indicate who is packing each item. If both are packing an item, write both names. If neither is packing an item, write an **X**.

1. abrigo _____   7. gafas de sol _____
2. zapatos de tenis _____   8. camisetas _____
3. impermeable _____   9. traje de baño _____
4. chaqueta _____   10. botas _____
5. sandalias _____   11. pantalones cortos _____
6. bluejeans _____   12. suéter _____

2 **¿Lógico o ilógico?** 🎧 Listen to Guillermo and Ana talk about vacation destinations. Indicate whether each statement is **lógico** or **ilógico**.

1. _____   3. _____
2. _____   4. _____

3 **Completar** Anita is talking about going shopping. Complete each sentence with the correct word(s), adding definite or indefinite articles when necessary.

caja	medias	tarjeta de crédito
centro comercial	par	traje de baño
dependientas	ropa	vendedores

1. Hoy voy a ir de compras al _____.
2. Voy a ir a la tienda de ropa para mujeres. Siempre hay muchas rebajas y las _____ son muy simpáticas.
3. Necesito comprar _____ de zapatos.
4. Y tengo que comprar _____ porque el sábado voy a la playa con mis amigos.
5. También voy a comprar unas _____ para mi mamá.
6. Voy a pagar todo (*everything*) en _____.
7. Pero hoy no tengo dinero. Voy a tener que usar mi _____.
8. Mañana voy al mercado al aire libre. Me gusta regatear con los _____.

4 **Escoger** Choose the item in each group that does not belong.

1. almacén • centro comercial • mercado • sombrero
2. camisa • camiseta • blusa • botas
3. jeans • bolsa • falda • pantalones
4. abrigo • suéter • corbata • chaqueta
5. mercado • tienda • almacén • cartera
6. pagar • llevar • hacer juego (con) • usar
7. botas • sandalias • zapatos • traje
8. vender • regatear • ropa interior • gastar

Los colores

amarillo/a anaranjado/a azul

blanco/a gris marrón, café morado/a negro/a

rojo/a rosado/a verde

¡LENGUA VIVA!

The names of colors vary throughout the Spanish-speaking world. For example, in some countries, **anaranjado/a** may be referred to as **naranja, morado/a** as **púrpura**, and **rojo/a** as **colorado/a.**

Other terms that will prove helpful include **claro** (*light*) and **oscuro** (*dark*): **azul claro, azul oscuro.**

Adjetivos

barato/a	cheap
bueno/a	good
cada	each
caro/a	expensive
corto/a	short (in length)
elegante	elegant
hermoso/a	beautiful
largo/a	long
loco/a	crazy
nuevo/a	new
otro/a	other; another
pobre	poor
rico/a	rich

5

Contrastes Complete each phrase with the opposite of the underlined word.

1. una corbata <u>barata</u> • unas camisas…
2. unas vendedoras <u>malas</u> • unos dependientes…
3. un vestido <u>corto</u> • una falda…
4. un hombre muy <u>pobre</u> • una mujer muy…
5. una cartera <u>nueva</u> • un cinturón…
6. unos trajes <u>hermosos</u> • unos jeans…
7. un impermeable <u>caro</u> • unos suéteres…
8. unos calcetines <u>blancos</u> • unas medias…

6

Preguntas Answer these questions with a classmate.

1. ¿De qué color es la rosa de Texas?
2. ¿De qué color es la bandera (*flag*) de Canadá?
3. ¿De qué color es la casa donde vive el presidente de los EE.UU.?
4. ¿De qué color es el océano Atlántico?
5. ¿De qué color es la nieve?
6. ¿De qué color es el café?
7. ¿De qué color es el dólar de los EE.UU.?
8. ¿De qué color es la cebra (*zebra*)?

CONSULTA

Like other adjectives you have seen, colors must agree in gender and number with the nouns they modify. Ex: **las camisas verdes, el vestido amarillo.** For a review of descriptive adjectives, see **Estructura 3.1,** pp. 88–89.

Comunicación

7 **Las maletas** With a classmate, answer these questions about the drawings.

1. ¿Qué ropa hay al lado de la maleta de Carmela?

2. ¿Qué hay en la maleta?

3. ¿De qué color son las sandalias?

4. ¿Adónde va Carmela?

▶ 5. ¿Qué tiempo va a hacer?

6. ¿Qué hay al lado de la maleta de Pepe?

7. ¿Qué hay en la maleta?

8. ¿De qué color es el suéter?

▶ 9. ¿Qué va a hacer Pepe en Bariloche?

10. ¿Qué tiempo va a hacer?

CONSULTA

To review weather, see **Lección 5, Contextos,** p. 154.

NOTA CULTURAL

Bariloche is a popular resort for skiing in South America. Located in Argentina's Patagonia region, the town is also known for its chocolate factories and its beautiful lakes, mountains, and forests.

---

8 **El viaje** Get together with two classmates and imagine that the three of you are going on vacation. Pick a destination and then draw three suitcases. Write in each one what clothing each person is taking. Present your drawings to the rest of the class, answering these questions.

- ¿Adónde van?
- ¿Qué tiempo va a hacer allí?
- ¿Qué van a hacer allí?
- ¿Qué hay en sus maletas?
- ¿De qué color es la ropa que llevan?

---

9 **Preferencias** Take turns asking and answering these questions with a classmate.

1. ¿Adónde vas a comprar ropa? ¿Por qué?
2. ¿Qué tipo de ropa prefieres? ¿Por qué?
3. ¿Cuáles son tus colores favoritos?
4. En tu opinión, ¿es importante comprar ropa nueva frecuentemente? ¿Por qué?
5. ¿Gastas mucho dinero en ropa cada mes? ¿Buscas rebajas?
6. ¿Regateas cuando compras ropa? ¿Usas tarjetas de crédito?

En el mercado

Los chicos van de compras al mercado. ¿Quién hizo la mejor compra?

PERSONAJES FELIPE JUAN CARLOS

MARISSA Oigan, vamos al mercado.

JUAN CARLOS ¡Sí! Los chicos en un equipo y las chicas en otro.

FELIPE Tenemos dos horas para ir de compras.

MARU Y don Guillermo decide quién gana.

JIMENA Esta falda azul es muy elegante.

MARISSA ¡Sí! Además, este color está de moda.

MARU Éste rojo es de algodón.

(*Las chicas encuentran unas bolsas.*)

VENDEDOR Ésta de rayas cuesta 190 pesos, ésta 120 pesos y ésta 220 pesos.

MARISSA ¿Me das aquella blusa rosada? Me parece que hace juego con esta falda, ¿no? ¿No tienen otras tallas?

JIMENA Sí, aquí. ¿Qué talla usas?

MARISSA Uso talla 4.

JIMENA La encontré. ¡Qué ropa más bonita!

(*En otra parte del mercado*)

FELIPE Juan Carlos compró una camisa de muy buena calidad.

MIGUEL (*a la vendedora*) ¿Puedo ver ésos, por favor?

VENDEDORA Sí, señor. Le doy un muy buen precio.

VENDEDOR Son 530 por las tres bolsas. Pero como ustedes son tan bonitas, son 500 pesos.

MARU Señor, no somos turistas ricas. Somos estudiantes pobres.

VENDEDOR Bueno, son 480 pesos.

MARISSA

JIMENA

MARU

MIGUEL

DON GUILLERMO

VENDEDORA

VENDEDOR

JUAN CARLOS Miren, mi nueva camisa. Elegante, ¿verdad?

FELIPE A ver, Juan Carlos... te queda bien.

MARU ¿Qué compraste?

MIGUEL Sólo esto.

MARU ¡Qué bonitos aretes! Gracias, mi amor.

JUAN CARLOS Y ustedes, ¿qué compraron?

JIMENA Bolsas.

MARU Acabamos de comprar tres bolsas por sólo 480 pesos. ¡Una ganga!

FELIPE Don Guillermo, usted tiene que decidir quién gana. ¿Los chicos o las chicas?

DON GUILLERMO El ganador es... Miguel. ¡Porque no compró nada para él, sino para su novia!

recursos

VM
pp. 223–224

Expresiones útiles

Talking about clothing

¡Qué ropa más bonita!
What nice clothing!
Esta falda azul es muy elegante.
This blue skirt is very elegant.
Está de moda.
It's in style.
Éste rojo es de algodón/lana.
This red one is cotton/wool.
Ésta de rayas/lunares/cuadros es de seda.
This striped / polka-dotted / plaid one is silk.
Es de muy buena calidad.
It's very good quality.
¿Qué talla usas/llevas?
What size do you wear?
Uso/Llevo talla 4.
I wear a size 4.
¿Qué número calza?
What size shoe do you wear?
Yo calzo siete.
I wear a size seven.

Negotiating a price

¿Cuánto cuesta?
How much does it cost?
Demasiado caro/a.
Too expensive.
Es una ganga.
It's a bargain.

Saying what you bought

¿Qué compraste?/¿Qué compró usted?
What did you buy?
Sólo compré esto.
I only bought this.
¡Qué bonitos aretes!
What beautiful earrings!
Y ustedes, ¿qué compraron?
And you guys, what did you buy?

Additional vocabulary

híjole *wow*

¿Qué pasó?

1 **¿Cierto o falso?** Indicate whether each sentence is **cierto** or **falso**. Correct the false statements.

	Cierto	Falso
1. Jimena dice que la falda azul no es elegante.	○	○
2. Juan Carlos compra una camisa.	○	○
3. Marissa dice que el azul es un color que está de moda.	○	○
4. Miguel compra unas sandalias para Maru.	○	○

◄

NOTA CULTURAL

Las guayaberas are a popular men's shirt worn in hot climates. They are usually made of cotton, linen, or silk and decorated with pleats, pockets and sometimes embroidery. They can be worn instead of a jacket to formal occasions or as everyday clothing.

2 **Identificar** Provide the first initial of the person who would make each statement.

___ 1. ¿Te gusta cómo se me ven mis nuevos aretes?
___ 2. Juan Carlos compró una camisa de muy buena calidad.
___ 3. No podemos pagar 500, señor, eso es muy caro.
___ 4. Aquí tienen ropa de muchas tallas.
___ 5. Esta falda me gusta mucho, el color azul es muy elegante.
___ 6. Hay que darnos prisa, sólo tenemos dos horas para ir de compras.

MARU

FELIPE

JIMENA

3 **Completar** Answer the questions using the information in the **Fotonovela**.

1. ¿Qué talla es Marissa?
2. ¿Cuánto les pide el vendedor por las tres bolsas?
3. ¿Cuál es el precio que pagan las tres amigas por las bolsas?
4. ¿Qué dice Juan Carlos sobre su nueva camisa?
5. ¿Quién ganó al hacer las compras? ¿Por qué?

◄

AYUDA

When discussing prices, it's important to keep in mind singular and plural forms of verbs.

La **camisa cuesta** diez dólares.

Las **botas cuestan** sesenta dólares.

El **precio** de las botas **es** sesenta dólares.

Los **precios** de la ropa **son** altos.

4 **Conversar** With a partner, role-play a conversation between a customer and a salesperson in an open-air market. Use these expressions and also look at **Expresiones útiles** on the previous page.

¿Qué desea?	Estoy buscando...	Prefiero el/la rojo/a.
What would you like?	*I'm looking for...*	*I prefer the red one.*

Cliente/a

Say good afternoon.

Explain that you are looking for a particular item of clothing.

Discuss colors and sizes.

Ask for the price and begin bargaining.

Settle on a price and purchase the item.

Vendedor(a)

Greet the customer and ask what he/she would like.

Show him/her some items and ask what he/she prefers.

Discuss colors and sizes.

Tell him/her a price. Negotiate a price.

Accept a price and say thank you.

Pronunciación 🎧
The consonants **d** and **t**

¿Dónde?   vender   nadar   verdad

Like **b** and **v**, the Spanish **d** can also have a hard sound or a soft sound, depending on which letters appear next to it.

Don   dinero   tienda   falda

At the beginning of a phrase and after **n** or **l**, the letter **d** is pronounced with a hard sound. This sound is similar to the English *d* in *dog*, but a little softer and duller. The tongue should touch the back of the upper teeth, not the roof of the mouth.

---

medias   verde   vestido   huésped

In all other positions, **d** has a soft sound. It is similar to the English *th* in *there*, but a little softer.

Don Diego no tiene el diccionario.

When **d** begins a word, its pronunciation depends on the previous word. At the beginning of a phrase or after a word that ends in **n** or **l**, it is pronounced as a hard **d**.

Doña Dolores es de la capital.

Words that begin with **d** are pronounced with a soft **d** if they appear immediately after a word that ends in a vowel or any consonant other than **n** or **l**.

---

traje   pantalones   tarjeta   tienda

When pronouncing the Spanish **t**, the tongue should touch the back of the upper teeth, not the roof of the mouth. Unlike the English *t*, no air is expelled from the mouth.

Práctica Read these phrases aloud to practice the **d** and the **t**.

1. Hasta pronto.	5. No hay de qué.	9. Es estupendo.
2. De nada.	6. ¿De dónde es usted?	10. No tengo computadora.
3. Mucho gusto.	7. ¡Todos a bordo!	11. ¿Cuándo vienen?
4. Lo siento.	8. No puedo.	12. Son las tres y media.

Oraciones Read these sentences aloud to practice the **d** and the **t**.

1. Don Teodoro tiene una tienda en un almacén en La Habana.
2. Don Teodoro vende muchos trajes, vestidos y zapatos todos los días.
3. Un día un turista, Federico Machado, entra en la tienda para comprar un par de botas.
4. Federico regatea con don Teodoro y compra las botas y también un par de sandalias.

Refranes Read these sayings aloud to practice the **d** and the **t**.

En la variedad está el gusto.[1]

Aunque la mona se vista de seda, mona se queda.[2]

recursos

LM
p. 32

[1] *Variety is the spice of life.*
[2] *You can't make a silk purse out of a sow's ear.*

EN DETALLE

Los mercados al aire libre

Mercados al aire libre are an integral part of commerce and culture in the Spanish-speaking world. Whether they take place daily or weekly, these markets are an important forum where tourists, locals, and vendors interact. People come to the marketplace to shop, socialize, taste local foods, and watch street performers. Wandering from one **puesto** (*stand*) to the next, one can browse fresh fruits and vegetables, clothing, CDs and DVDs, and **artesanías** (*crafts*). Some markets offer a mix of products, while others specialize in food, fashion, or used merchandise, such as antiques and books.

When shoppers see an item they like, they can bargain with the vendor. Friendly bargaining is an expected ritual and may result in a significantly lower price. When selling food, vendors may give the customer a little extra of what they purchase; this free addition is known as **la ñapa**.

Many open-air markets are also tourist attractions. The market in Otavalo, Ecuador, is world-famous and has taken place every Saturday since pre-Incan times. This market is well-known for the colorful textiles woven by the **otavaleños**, the indigenous people of the area. One can also find leather goods and wood carvings from nearby towns. Another popular market is **El Rastro**, held every Sunday in Madrid, Spain. Sellers set up **puestos** along the streets to display their wares, which range from local artwork and antiques to inexpensive clothing and electronics.

Mercado de Otavalo

mariscos *seafood* pescado *fish* verduras *vegetables* flores *flowers*

Otros mercados famosos

Mercado	Lugar	Productos
Feria Artesanal de Recoleta	Buenos Aires, Argentina	artesanías
Mercado Central	Santiago, Chile	mariscos°, pescado°, frutas, verduras°
Tianguis Cultural del Chopo	Ciudad de México, México	ropa, música, revistas, libros, arte, artesanías
El mercado de Chichicastenango	Chichicastenango, Guatemala	frutas y verduras, flores°, cerámica, textiles

ACTIVIDADES

1 **¿Cierto o falso?** Indicate whether these statements are **cierto** or **falso**. Correct the false statements.

1. Generally, open-air markets specialize in one type of goods.

2. Bargaining is commonplace at outdoor markets.

3. Only new goods can be found at open-air markets.

4. A Spaniard in search of antiques could search at **El Rastro**.

5. If you are in Guatemala and want to buy ceramics, you can go to Chichicastenango.

6. A **ñapa** is a tax on open-air market goods.

7. The **otavaleños** weave colorful textiles to sell on Saturdays.

8. Santiago's **Mercado Central** is known for books and music.

ASÍ SE DICE

La ropa

la chamarra (Méx.)	la chaqueta
de manga corta/larga	*short/long-sleeved*
los mahones (P. Rico); el pantalón de mezclilla (Méx.); los tejanos (Esp.); los vaqueros (Arg., Cuba, Esp., Uru.)	los bluejeans
la marca	*brand*
la playera (Méx.); la remera (Arg.)	la camiseta

EL MUNDO HISPANO

Diseñadores de moda

- **Adolfo Domínguez** (España) Su ropa tiene un estilo minimalista y práctico. Usa telas° naturales y cómodas en sus diseños.

- **Silvia Tcherassi** (Colombia) Los colores vivos y las líneas asimétricas de sus vestidos y trajes muestran influencias tropicales.

- **Óscar de la Renta** (República Dominicana) Diseña ropa opulenta para la mujer clásica.

- **Narciso Rodríguez** (EE.UU.) En sus diseños delicados y finos predominan los colores blanco y negro. Hizo° el vestido de boda° de Carolyn Bessette Kennedy.

telas *fabrics* Hizo *He made* de boda *wedding*

PERFIL

Carolina Herrera

In 1980, at the urging of some friends, **Carolina Herrera** created a fashion collection as a "test." The Venezuelan designer received such a favorable response that within one year she moved her family from Caracas to New York City and created her own label, Carolina Herrera, Ltd.

"I love elegance and intricacy, but whether it is in a piece of clothing or a fragrance, the intricacy must appear as simplicity," Herrera once stated. She quickly found that many sophisticated women agreed; from the start, her sleek and glamorous

designs have been in constant demand. Over the years, Herrera has grown her brand into a veritable fashion empire that encompasses her fashion and bridal collections, cosmetics, perfume, and accessories that are sold around the globe.

Conexión Internet

¿Qué marcas de ropa son populares en el mundo hispano?

Use the Web to find more cultural information related to this **Cultura** section.

ACTIVIDADES

2 **Comprensión** Complete these sentences.
1. Adolfo Domínguez usa telas _____ y _____ en su ropa.
2. Si hace fresco en el D.F., puedes llevar una _____.
3. La diseñadora _____ hace ropa, perfumes y más.
4. La ropa de _____ muestra influencias tropicales.
5. Los _____ son una ropa casual en Puerto Rico.

3 **Mi ropa favorita** Write a brief description of your favorite article of clothing. Mention what store it is from, the brand, colors, fabric, style, and any other information. Then get together with a small group, collect the descriptions, and take turns reading them aloud at random. Can the rest of the group guess whose favorite piece of clothing is being described?

6.1 Saber and conocer

ANTE TODO Spanish has two verbs that mean *to know*: **saber** and **conocer**. They cannot be used interchangeably. Note the irregular **yo** forms.

The verbs saber and conocer

		saber *(to know)*	**conocer** *(to know)*
SINGULAR FORMS	yo	**sé**	**conozco**
	tú	**sabes**	**conoces**
	Ud./él/ella	**sabe**	**conoce**
PLURAL FORMS	nosotros/as	**sabemos**	**conocemos**
	vosotros/as	**sabéis**	**conocéis**
	Uds./ellos/ellas	**saben**	**conocen**

▶ **Saber** means *to know a fact or piece(s) of information* or *to know how to do something*.

No **sé** tu número de teléfono.
I don't know your telephone number.

Mi hermana **sabe** hablar francés.
My sister knows how to speak French.

▶ **Conocer** means *to know* or *be familiar/acquainted* with a person, place, or thing.

¿**Conoces** la ciudad de Nueva York?
Do you know New York City?

No **conozco** a tu amigo Esteban.
I don't know your friend Esteban.

▶ When the direct object of **conocer** is a person or pet, the personal **a** is used.

¿Conoces La Habana?   *but*   ¿Conoces **a** Celia Cruz?
Do you know Havana?   *Do you know Celia Cruz?*

▶ **¡Atención! Parecer** (*to seem*) and **ofrecer** (*to offer*) are conjugated like **conocer**.

▶ **¡Atención! Conducir** (*to drive*) and **traducir** (*to translate*) also have an irregular **yo** form, but since they are **-ir** verbs, they are conjugated differently from **conocer**.

conducir ▶	conduzco, conduces, conduce, conducimos, conducís, conducen
traducir	**traduzco, traduces, traduce, traducimos, traducís, traducen**

NOTA CULTURAL

Cuban singer **Celia Cruz** (1924–2003), known as the "Queen of Salsa," recorded many albums over her long career. Adored by her fans, she was famous for her colorful and lively on-stage performances.

¡INTÉNTALO! Provide the appropriate forms of these verbs.

saber

1. José no ___*sabe*___ la hora.
2. Sara y yo _____ jugar al tenis.
3. ¿Por qué no _____ tú estos verbos?
4. Mis padres _____ hablar japonés.
5. Yo _____ a qué hora es la clase.
6. Usted no _____ dónde vivo.
7. Mi hermano no _____ nadar.
8. Nosotros _____ muchas cosas.

conocer

1. Usted y yo ___*conocemos*___ bien Miami.
2. ¿Tú _____ a mi amigo Manuel?
3. Sergio y Taydé _____ mi pueblo.
4. Emiliano _____ a mis padres.
5. Yo _____ muy bien el centro.
6. ¿Ustedes _____ la tienda Gigante?
7. Nosotras _____ una playa hermosa.
8. ¿Usted _____ a mi profesora?

recursos

WB
p. 61

LM
p. 33

Práctica y Comunicación

1 **Completar** Indicate the correct verb for each sentence.

1. Mis hermanos (conocen/saben) conducir, pero yo no (sé/conozco).
2. —¿(Conocen/Saben) ustedes dónde está el estadio? —No, no lo (conocemos/sabemos).
3. —¿(Conoces/Sabes) a Lady Gaga? —Bueno, (sé/conozco) quién es, pero no la (conozco/sé).
4. Mi profesora (sabe/conoce) Cuba y también (conoce/sabe) bailar salsa.

2 **Combinar** Combine elements from each column to create sentences.

A	**B**	**C**
Shakira	(no) conocer	Conan O'Brien
los Yankees	(no) saber	cantar y bailar
el primer ministro		La Habana Vieja
de Canadá		muchas personas importantes
mis amigos y yo		hablar dos lenguas extranjeras
tú		jugar al béisbol

3 **Preguntas** In pairs, ask each other these questions. Answer with complete sentences.

1. ¿Conoces a un(a) cantante famoso/a? ¿Te gusta cómo canta?
2. En tu familia, ¿quién sabe cantar bien? ¿Tu opinión es objetiva?
3. Y tú, ¿conduces bien o mal? ¿Y tus amigos?
4. Si un(a) amigo/a no conduce muy bien, ¿le ofreces crítica constructiva?
5. ¿Cómo parece estar el/la profesor(a) hoy? ¿Y tus compañeros de clase?

4 **Entrevista** Jot down three things you know how to do, three people you know, and three places you are familiar with. Then, in a small group, find out what you have in common.

> **modelo**
>
> **Estudiante 1:** ¿Conocen ustedes a David Lomas?
> **Estudiante 2:** Sí, conozco a David. Vivimos en la misma residencia estudiantil.
> **Estudiante 3:** No, no lo conozco. ¿Cómo es?

5 **Anuncio** In groups, read the ad and answer these questions.

1. Busquen ejemplos de los verbos **saber** y **conocer**.
2. ¿Qué saben del Centro Comercial Oviedo?
3. ¿Qué pueden hacer en el Centro Comercial Oviedo?
4. ¿Conocen otros centros comerciales similares? ¿Cómo se llaman? ¿Dónde están?
5. ¿Conocen un centro comercial en otro país? ¿Cómo es?...

Él sabe dónde comer lo que más le gusta.

Él sabe cómo jugar cuatro horas seguidas.

Él sabe dónde está su regalo de cumpleaños.

Él sabe dónde divertirse...

... y usted sabe dónde puede encontrar un poco de todo. ¿Conoce algún otro lugar como éste?

Oviedo
Centro Comercial

Sabe lo que te gusta.

6.2 Indirect object pronouns

ANTE TODO In **Lección 5**, you learned that a direct object receives the action of the verb directly. In contrast, an indirect object receives the action of the verb indirectly.

SUBJECT	I.O. PRONOUN	VERB	DIRECT OBJECT	INDIRECT OBJECT
Roberto	**le**	presta	cien pesos	**a Luisa.**
Roberto		*lends*	*100 pesos*	*to Luisa.*

An indirect object is a noun or pronoun that answers the question *to whom* or *for whom* an action is done. In the preceding example, the indirect object answers this question:
¿A quién le presta Roberto cien pesos? *To whom does Roberto lend 100 pesos?*

Indirect object pronouns

Singular forms		Plural forms	
me	(to, for) *me*	**nos**	(to, for) *us*
te	(to, for) *you* (fam.)	**os**	(to, for) *you* (fam.)
le	(to, for) *you* (form.)	**les**	(to, for) *you* (form.)
	(to, for) *him; her*		(to, for) *them*

▶ **¡Atención!** The forms of indirect object pronouns for the first and second persons (**me, te, nos, os**) are the same as the direct object pronouns. Indirect object pronouns agree in number with the corresponding nouns, but not in gender.

Acabo de mostrarles que sí sabemos regatear.

Bueno, le doy un descuento.

Using indirect object pronouns

▶ Spanish speakers commonly use both an indirect object pronoun and the noun to which it refers in the same sentence. This is done to emphasize and clarify to whom the pronoun refers.

Ella **le** vende la ropa **a Elena**.   **Les** prestamos el dinero **a Inés y a Álex**.

▶ Indirect object pronouns are also used without the indirect object noun when the person for whom the action is being done is known.

Ana **le** presta la falda **a Elena**.   También **le** presta unos jeans.
Ana lends her skirt to Elena.   *She also lends her a pair of jeans.*

▶ Indirect object pronouns are usually placed before the conjugated form of the verb. In negative sentences the pronoun is placed between **no** and the conjugated verb.

CONSULTA

For more information on accents, see **Lección 4**, **Pronunciación**, p. 123, **Lección 10**, **Ortografía**, p. 339, and **Lección 11**, **Ortografía**, p. 375.

Martín **me** compra un regalo.
Martín is buying me a gift.

Eva **no me** escribe cartas.
Eva doesn't write me letters.

▶ When a conjugated verb is followed by an infinitive or the present progressive, the indirect object pronoun may be placed before the conjugated verb or attached to the infinitive or present participle. **¡Atención!** When an indirect object pronoun is attached to a present participle, an accent mark is added to maintain the proper stress.

Él no quiere **pagarte**./
Él no **te** quiere pagar.
He does not want to pay you.

Él está **escribiéndole** una postal a ella./
Él **le** está escribiendo una postal a ella.
He is writing a postcard to her.

▶ Because the indirect object pronouns **le** and **les** have multiple meanings, Spanish speakers often clarify to whom the pronouns refer with the preposition **a** + [*pronoun*] or **a** + [*noun*].

UNCLARIFIED STATEMENTS
Yo **le** compro un abrigo.

Ella **le** describe un libro.

CLARIFIED STATEMENTS
Yo **le** compro un abrigo **a usted/él/ella**.

Ella **le** describe un libro **a Juan**.

UNCLARIFIED STATEMENTS
Él **les** vende unos sombreros.

Ellos **les** hablan muy claro.

CLARIFIED STATEMENTS
Él **les** vende unos sombreros **a ustedes/ellos/ellas**.

Ellos **les** hablan muy claro **a los clientes**.

▶ The irregular verbs **dar** (*to give*) and **decir** (*to say; to tell*) are often used with indirect object pronouns.

The verbs dar and decir

	Singular forms				Plural forms	
	dar	**decir**			**dar**	**decir**
yo	**doy**	**digo**	nosotros/as		**damos**	**decimos**
tú	**das**	**dices**	vosotros/as		**dais**	**decís**
Ud./él/ella	**da**	**dice**	Uds./ellos/ellas		**dan**	**dicen**

recursos

WB
pp. 62–63

LM
p. 34

Me dan una fiesta cada año.
They give (throw) me a party every year.

Voy a **darle** consejos.
I'm going to give her advice.

Te digo la verdad.
I'm telling you the truth.

No **les digo** mentiras a mis padres.
I don't tell lies to my parents.

 ¡INTÉNTALO! Use the cues in parentheses to provide the correct indirect object pronoun for each sentence.

1. Juan _____le_____ quiere dar un regalo. (*to Elena*)
2. María _____ prepara un café. (*for us*)
3. Beatriz y Felipe _____ escriben desde (*from*) Cuba. (*to me*)
4. Marta y yo _____ compramos unos guantes. (*for them*)
5. Los vendedores _____ venden ropa. (*to you, fam. sing.*)
6. La dependienta _____ muestra los guantes. (*to us*)

Práctica

1 **Completar** Fill in the blanks with the correct pronouns to complete Mónica's description of her family's holiday shopping.

1. Juan y yo _____ damos una blusa a nuestra hermana Gisela.
2. Mi tía _____ da a nosotros una mesa para la casa.
3. Gisela _____ da dos corbatas a su novio.
4. A mi mamá yo _____ doy un par de guantes negros.
5. A mi profesora _____ doy dos libros de José Martí.
6. Juan _____ da un regalo a mis padres.
7. Mis padres _____ dan un traje nuevo a mí.
8. Y a ti, yo _____ doy un regalo también. ¿Quieres verlo?

NOTA CULTURAL

Cuban writer and patriot **José Martí** (1853–1895) was born in **La Habana Vieja**, the old colonial center of Havana. Founded by Spanish explorers in the early 1500s, Havana, along with San Juan, Puerto Rico, served as a major stopping point for Spaniards traveling to Mexico and South America.

2 **En La Habana** Describe what happens on Pascual's trip to Cuba based on the cues provided.

1. ellos / cantar / canción / (mí)

2. él / comprar / libros / (sus hijos) / Plaza de Armas

3. yo / preparar el almuerzo (lunch) / (ti)

4. él / explicar cómo llegar / (conductor)

5. mi novia / sacar / foto / (nosotros)

6. el guía (guide) / mostrar / catedral de San Cristóbal / (ustedes)

NOTA CULTURAL

La Habana Vieja, Cuba, is the site of another well-known outdoor market. Located in the **Plaza de la Catedral**, it is a place where Cuban painters, artists, and sculptors sell their work, and other vendors offer handmade crafts and clothing.

3 **Combinar** Use an item from each column and an indirect object pronoun to create logical sentences.

> **modelo**
> Mis padres les dan regalos a mis primos.

A	B	C	D
yo	comprar	mensajes electrónicos	mí
el dependiente	dar	corbata	ustedes
el profesor Arce	decir	dinero en efectivo	clienta
la vendedora	escribir	tarea	novia
mis padres	explicar	problemas	primos
tú	pagar	regalos	ti
nosotros/as	prestar	ropa	nosotros
¿?	vender	¿?	¿?

Comunicación

4

Entrevista In pairs, take turns asking and answering for whom you do these activities. Use the model as a guide.

cantar canciones de amor (*love songs*)   escribir mensajes electrónicos

comprar ropa   mostrar fotos de un viaje

dar una fiesta   pedir dinero

decir mentiras   preparar comida (*food*) mexicana

> **modelo**
>
> escribir mensajes electrónicos
> **Estudiante 1:** ¿A quién le escribes mensajes electrónicos?
> **Estudiante 2:** Le escribo mensajes electrónicos a mi hermano.

5

¡Somos ricos! You and your classmates chipped in on a lottery ticket and you won! Now you want to spend money on your loved ones. In groups of three, discuss what each person is buying for family and friends.

> **modelo**
>
> **Estudiante 1:** Quiero comprarle un vestido de Carolina Herrera a mi madre.
> **Estudiante 2:** Y yo voy a darles un automóvil nuevo a mis padres.
> **Estudiante 3:** Voy a comprarles una casa a mis padres, pero a mis amigos no les voy a dar nada.

6

Entrevista Use these questions to interview a classmate.

1. ¿Qué tiendas, almacenes o centros comerciales prefieres?
2. ¿A quién le compras regalos cuando hay rebajas?
3. ¿A quién le prestas dinero cuando lo necesita?
4. Quiero ir de compras. ¿Cuánto dinero me puedes prestar?
5. ¿Te dan tus padres su tarjeta de crédito cuando vas de compras?

Síntesis

7

Minidrama In groups of three, take turns playing the roles of two shoppers and a clerk in a clothing store. The shoppers should talk about the articles of clothing they are looking for and for whom they are buying the clothes. The clerk should recommend several items based on the shoppers' descriptions. Use these expressions and also look at **Expresiones útiles** on page 195.

Me queda grande/pequeño.   ¿Está en rebaja?
It's big/small on me.   *Is it on sale?*
¿Tiene otro color?   También estoy buscando...
Do you have another color?   *I'm also looking for...*

6.3 Preterite tense of regular verbs

ANTE TODO In order to talk about events in the past, Spanish uses two simple tenses: the preterite and the imperfect. In this lesson, you will learn how to form the preterite tense, which is used to express actions or states completed in the past.

Preterite of regular -ar, -er, and -ir verbs

		-ar verbs comprar	-er verbs vender	-ir verbs escribir
SINGULAR FORMS	yo	compré *I bought*	vendí *I sold*	escribí *I wrote*
	tú	compraste	vendiste	escribiste
	Ud./él/ella	compró	vendió	escribió
PLURAL FORMS	nosotros/as	compramos	vendimos	escribimos
	vosotros/as	comprasteis	vendisteis	escribisteis
	Uds./ellos/ellas	compraron	vendieron	escribieron

▶ **¡Atención!** The **yo** and **Ud./él/ella** forms of all three conjugations have written accents on the last syllable to show that it is stressed.

▶ As the chart shows, the endings for regular **-er** and **-ir** verbs are identical in the preterite.

¿Qué compraste?

Compré estos aretes.

▶ Note that the **nosotros/as** forms of regular **-ar** and **-ir** verbs in the preterite are identical to the present tense forms. Context will help you determine which tense is being used.

> En invierno **compramos** ropa.
> *In the winter, we buy clothing.*

> Anoche **compramos** unos zapatos.
> *Last night we bought some shoes.*

▶ **-Ar** and **-er** verbs that have a stem change in the present tense are regular in the preterite. They do *not* have a stem change.

	PRESENT	PRETERITE
cerrar (e:ie)	La tienda **cierra** a las seis.	La tienda **cerró** a las seis.
volver (o:ue)	Carlitos **vuelve** tarde.	Carlitos **volvió** tarde.
jugar (u:ue)	Él **juega** al fútbol.	Él **jugó** al fútbol.

▶ **¡Atención!** **-Ir** verbs that have a stem change in the present tense also have a stem change in the preterite.

CONSULTA

There are a few high-frequency irregular verbs in the preterite. You will learn more about them in **Estructura 9.1**, p. 310.

CONSULTA

You will learn about stem-changing verbs in **Estructura 8.1**, p. 274.

▶ Verbs that end in **-car**, **-gar**, and **-zar** have a spelling change in the first person singular (**yo** form) in the preterite.

bus**car**		busc-		qu-		yo bus**qué**
lle**gar**	▶	lleg-	▶	gu-	▶	yo lle**gué**
empe**zar**		empez-		c-		yo empe**cé**

▶ Except for the **yo** form, all other forms of **-car**, **-gar**, and **-zar** verbs are regular in the preterite.

▶ Three other verbs—**creer**, **leer**, and **oír**—have spelling changes in the preterite. The **i** of the verb endings of **creer**, **leer**, and **oír** carries an accent in the **yo**, **tú**, **nosotros/as**, and **vosotros/as** forms, and changes to **y** in the **Ud./él/ella** and **Uds./ellos/ellas** forms.

creer		cre-		creí, creíste, cre**y**ó, creímos, creísteis, cre**y**eron
leer	▶	le-	▶	leí, leíste, le**y**ó, leímos, leísteis, le**y**eron
oír		o-		oí, oíste, o**y**ó, oímos, oísteis, o**y**eron

▶ **Ver** is regular in the preterite, but none of its forms has an accent.

ver ⟶ vi, viste, vio, vimos, visteis, vieron

Words commonly used with the preterite

anoche	*last night*	pasado/a (*adj.*)	*last; past*
anteayer	*the day before yesterday*	el año pasado	*last year*
		la semana pasada	*last week*
ayer	*yesterday*	una vez	*once; one time*
de repente	*suddenly*	dos veces	*twice; two times*
desde... hasta...	*from... until...*	ya	*already*

Ayer llegué a Santiago de Cuba.   **Anoche** oí un ruido extraño.
Yesterday I arrived in Santiago de Cuba.   *Last night I heard a strange noise.*

▶ **Acabar de** + [*infinitive*] is used to say that something has just occurred. Note that **acabar** is in the present tense in this construction.

Acabo de comprar una falda.   **Acabas de ir** de compras.
I just bought a skirt.   *You just went shopping.*

¡INTÉNTALO! Provide the appropriate preterite forms of the verbs.

	comer	salir	comenzar	leer
1. ellas	comieron	salieron	comenzaron	leyeron
2. tú	_____	_____	_____	_____
3. usted	_____	_____	_____	_____
4. nosotros	_____	_____	_____	_____
5. yo	_____	_____	_____	_____

Práctica

1

Completar Andrea is talking about what happened last weekend. Complete each sentence by choosing the correct verb and putting it in the preterite.

1. El viernes a las cuatro de la tarde, la profesora Mora _____ (asistir, costar, usar) a una reunión (*meeting*) de profesores.
2. A la una, yo _____ (llegar, bucear, llevar) a la tienda con mis amigos.
3. Mis amigos y yo _____ (comprar, regatear, gastar) dos o tres cosas.
4. Yo _____ (costar, comprar, escribir) unos pantalones negros y mi amigo Mateo _____ (gastar, pasear, comprar) una camisa azul.
5. Después, nosotros _____ (llevar, vivir, comer) cerca de un mercado.
6. A las tres, Pepe _____ (hablar, pasear, nadar) con su novia por teléfono.
7. El sábado por la tarde, mi mamá _____ (escribir, beber, vivir) una carta.
8. El domingo mi tía _____ (decidir, salir, escribir) comprarme un traje.
9. A las cuatro de la tarde, mi tía _____ (beber, salir, encontrar) el traje y después nosotras _____ (acabar, ver, salir) una película.

2

Preguntas Imagine that you have a pesky friend who keeps asking you questions. Respond that you already did or have just done what he/she asks. Make sure you and your partner take turns playing the role of the pesky friend and responding to his/her questions.

> **modelo**
>
> leer la lección
> **Estudiante 1:** ¿Leíste la lección?
> **Estudiante 2:** Sí, ya la leí./Sí, acabo de leerla.

1. escribir el mensaje electrónico
2. lavar (*to wash*) la ropa
3. oír las noticias (*news*)
4. comprar pantalones cortos
5. practicar los verbos
6. pagar la cuenta (*bill*)
7. empezar la composición
8. ver la película *Diarios de motocicleta*

NOTA CULTURAL

Based on Ernesto "Che" Guevara's diaries, *Diarios de motocicleta* (2004) traces the road trip of Che (played by Gael García Bernal) with his friend Alberto Granado (played by Rodrigo de la Serna) through Argentina, Chile, Peru, Colombia, and Venezuela.

3

¿Cuándo? Use the time expressions from the word bank to talk about when you and others did the activities listed.

| anoche | anteayer | el mes pasado | una vez |
| ayer | la semana pasada | el año pasado | dos veces |

1. mi compañero/a de cuarto: llegar tarde a clase
2. mi mejor (*best*) amigo/a: salir con un(a) chico/a guapo/a
3. mis padres: ver una película
4. yo: llevar un traje/vestido
5. el presidente/primer ministro de mi país: asistir a una conferencia internacional
6. mis amigos y yo: comer en un restaurante
7. ¿?: comprar algo (*something*) bueno, bonito y barato

Comunicación

4

Ayer Jot down at what time you did these activities yesterday. Then get together with a classmate and find out at what time he or she did these activities. Be prepared to share your findings with the class.

1. desayunar
2. empezar la primera clase
3. almorzar

4. ver a un(a) amigo/a
5. salir de clase
6. volver a la residencia/casa

5

Las vacaciones Imagine that you took these photos on a vacation with friends. Get together with a partner and use the pictures to tell him or her about your trip.

6

El fin de semana Your instructor will give you and your partner different incomplete charts about what four employees at **Almacén Gigante** did last weekend. After you fill out the chart based on each other's information, you will fill out the final column about your partner.

Síntesis

7

Conversación Get together with a partner and have a conversation about what you did last week using verbs from the word bank. Don't forget to include school activities, shopping, and pastimes.

acampar	comer	gastar	tomar
asistir	comprar	hablar	trabajar
bailar	correr	jugar	vender
beber	escribir	leer	ver
buscar	estudiar	oír	viajar

6.4 Demonstrative adjectives and pronouns

Demonstrative adjectives

ANTE TODO In Spanish, as in English, demonstrative adjectives are words that "demonstrate" or "point out" nouns. Demonstrative adjectives precede the nouns they modify and, like other Spanish adjectives you have studied, agree with them in gender and number. Observe these examples and then study the chart below.

esta camisa	**ese** vendedor	**aquellos** zapatos
this shirt	*that salesman*	*those shoes (over there)*

Demonstrative adjectives

Singular		Plural		
MASCULINE	FEMININE	MASCULINE	FEMININE	
este	**esta**	**estos**	**estas**	*this; these*
ese	**esa**	**esos**	**esas**	*that; those*
aquel	**aquella**	**aquellos**	**aquellas**	*that; those (over there)*

▶ There are three sets of demonstrative adjectives. To determine which one to use, you must establish the relationship between the speaker and the noun(s) being pointed out.

▶ The demonstrative adjectives **este**, **esta**, **estos**, and **estas** are used to point out nouns that are close to the speaker and the listener.

> Me gustan estos zapatos.

▶ The demonstrative adjectives **ese**, **esa**, **esos**, and **esas** are used to point out nouns that are not close in space and time to the speaker. They may, however, be close to the listener.

> Prefiero esos zapatos.

▶ The demonstrative adjectives **aquel**, **aquella**, **aquellos**, and **aquellas** are used to point out nouns that are far away from the speaker and the listener.

Aquel auto es de mi hermana.

Demonstrative pronouns

▶ Demonstrative pronouns are identical to their corresponding demonstrative adjectives, with the exception that they traditionally carry an accent mark on the stressed vowel. The **Real Academia** now requires this accent only for clarification but it is still commonly used.

Demonstrative pronouns

Singular		Plural	
MASCULINE	FEMININE	MASCULINE	FEMININE
éste	**ésta**	**éstos**	**éstas**
ése	**ésa**	**ésos**	**ésas**
aquél	**aquélla**	**aquéllos**	**aquéllas**

—¿Quieres comprar **este suéter**?
Do you want to buy this sweater?

—No, no quiero **éste**. Quiero **ése**.
No, I don't want this one. I want that one.

—¿Vas a leer **estas revistas**?
Are you going to read these magazines?

—Sí, voy a leer **éstas**. También voy a leer **aquéllas**.
Yes, I'm going to read these. I'll also read those (over there).

▶ **¡Atención!** Like demonstrative adjectives, demonstrative pronouns agree in gender and number with the corresponding noun.

Este libro es de Pablito.   **Éstos** son de Juana.

▶ There are three neuter demonstrative pronouns: **esto**, **eso**, and **aquello**. These forms refer to unidentified or unspecified nouns, situations, ideas, and concepts. They do not change in gender or number and never carry an accent mark.

—¿Qué es **esto**?   —**Eso** es interesante.   —**Aquello** es bonito.
What's this?   *That's interesting.*   *That's pretty.*

recursos

WB
pp. 67–68

LM
p. 36

¡INTÉNTALO!   Provide the correct form of the demonstrative adjective for these nouns.

1. la falda / este   *esta falda*   5. los periodistas / ese _____
2. los estudiantes / este _____   6. el chico / aquel _____
3. los países / aquel _____   7. las sandalias / este _____
4. la ventana / ese _____   8. las chicas / aquel _____

Práctica

1

Cambiar Make the singular sentences plural and the plural sentences singular.

> **modelo**
> Estas camisas son blancas.
> *Esta camisa es blanca.*

1. Aquellos sombreros son muy elegantes.
2. Ese abrigo es muy caro.
3. Estos cinturones son hermosos.
4. Esos precios son muy buenos.
5. Estas faldas son muy cortas.
6. ¿Quieres ir a aquel almacén?
7. Esas blusas son baratas.
8. Esta corbata hace juego con mi traje.

2

Completar Here are some things people might say while shopping. Complete the sentences with the correct demonstrative pronouns.

1. No me gustan esos zapatos. Voy a comprar _____. (*these*)
2. ¿Vas a comprar ese traje o _____? (*this one*)
3. Esta guayabera es bonita, pero prefiero _____. (*that one*)
4. Estas corbatas rojas son muy bonitas, pero _____ son fabulosas. (*those*)
5. Estos cinturones cuestan demasiado. Prefiero _____. (*those over there*)
6. ¿Te gustan esas botas o _____? (*these*)
7. Esa bolsa roja es bonita, pero prefiero _____. (*that one over there*)
8. No voy a comprar estas botas; voy a comprar _____. (*those over there*)
9. ¿Prefieres estos pantalones o _____? (*those*)
10. Me gusta este vestido, pero voy a comprar _____. (*that one*)
11. Me gusta ese almacén, pero _____ es mejor (*better*). (*that one over there*)
12. Esa blusa es bonita, pero cuesta demasiado. Voy a comprar _____. (*this one*)

3

Describir With your partner, look for two items in the classroom that are one of these colors: **amarillo, azul, blanco, marrón, negro, verde, rojo.** Take turns pointing them out to each other, first using demonstrative adjectives, and then demonstrative pronouns.

> **modelo**
> azul
> **Estudiante 1:** *Esta silla es azul. Aquella mochila es azul.*
> **Estudiante 2:** *Ésta es azul. Aquélla es azul.*

Now use demonstrative adjectives and pronouns to discuss the colors of your classmates' clothing. One of you can ask a question about an article of clothing, using the wrong color. Your partner will correct you and point out that color somewhere else in the room.

> **modelo**
> **Estudiante 1:** *¿Esa camisa es negra?*
> **Estudiante 2:** *No, ésa es azul. Aquélla es negra.*

Comunicación

4

Conversación With a classmate, use demonstrative adjectives and pronouns to ask each other questions about the people around you. Use expressions from the word bank and/or your own ideas.

¿A qué hora...?	¿Cuántos años tiene(n)...?
¿Cómo es/son...?	¿De dónde es/son...?
¿Cómo se llama...?	¿De quién es/son...?
¿Cuándo...?	¿Qué clases toma(n)...?

modelo

Estudiante 1: ¿Cómo se llama esa chica?
Estudiante 2: Se llama Rebeca.
Estudiante 1: ¿A qué hora llegó aquel chico a la clase?
Estudiante 2: A las nueve.

5

En una tienda Imagine that you and a classmate are in Madrid shopping at Zara. Study the floor plan, then have a conversation about your surroundings. Use demonstrative adjectives and pronouns.

NOTA CULTURAL

Zara is an international clothing company based in Spain. Its innovative processes take a product from the design room to the manufacturing shelves in less than a month. This means that the merchandise is constantly changing to keep up with the most current trends.

modelo

Estudiante 1: Me gusta este suéter azul.
Estudiante 2: Yo prefiero aquella chaqueta.

Hombres — chaquetas — suéteres — camisas — pantalones cortos — trajes de baño — botas — pantalones — **Estudiante 1**

blusas — chaquetas — Mujeres — trajes de baño — pantalones cortos — faldas — zapatos — **Estudiante 2**

Síntesis

6

Diferencias Your instructor will give you and a partner each a drawing of a store. They are almost identical, but not quite. Use demonstrative adjectives and pronouns to find seven differences.

modelo

Estudiante 1: Aquellas gafas de sol son feas, ¿verdad?
Estudiante 2: No. Aquellas gafas de sol son hermosas.

Recapitulación

Review the grammar concepts you have learned in this lesson by completing these activities.

1 **Completar** Complete the chart with the correct preterite or infinitive form of the verbs. **15 pts.**

Infinitive	yo	ella	ellos
			tomaron
		abrió	
comprender			
	leí		
pagar			

2 **En la tienda** Look at the drawing and complete the conversation with demonstrative adjectives and pronouns. **7 pts.**

CLIENTE Buenos días, señorita. Deseo comprar (1) _____ corbata.

VENDEDORA Muy bien, señor. ¿No le interesa mirar (2) _____ trajes que están allá? Hay unos que hacen juego con la corbata.

CLIENTE (3) _____ de allá son de lana, ¿no? Prefiero ver (4) _____ traje marrón que está detrás de usted.

VENDEDORA Estupendo. Como puede ver, es de seda. Cuesta seiscientos cincuenta dólares.

CLIENTE Ah... eh... no, creo que sólo voy a comprar la corbata, gracias.

VENDEDORA Bueno... si busca algo más económico, hay rebaja en (5) _____ sombreros. Cuestan sólo treinta dólares.

CLIENTE ¡Magnífico! Me gusta (6) _____, el blanco que está hasta arriba (*at the top*). Y quiero pagar todo con (7) _____ tarjeta.

VENDEDORA Sí, señor. Ahora mismo le traigo el sombrero.

RESUMEN GRAMATICAL

6.1 Saber and conocer *p. 200*

saber	conocer
sé	conozco
sabes	conoces
sabe	conoce
sabemos	conocemos
sabéis	conocéis
saben	conocen

▶ **saber** = to know facts/how to do something
▶ **conocer** = to know a person, place, or thing

6.2 Indirect object pronouns *pp. 202–203*

Indirect object pronouns

Singular	Plural
me	nos
te	os
le	les

▶ **dar** = doy, das, da, damos, dais, dan
▶ **decir (e:i)** = digo, dices, dice, decimos, decís, dicen

6.3 Preterite tense of regular verbs *pp. 206–207*

comprar	vender	escribir
compré	vendí	escribí
compraste	vendiste	escribiste
compró	vendió	escribió
compramos	vendimos	escribimos
comprasteis	vendisteis	escribisteis
compraron	vendieron	escribieron

Verbs with spelling changes in the preterite

▶ **-car:** buscar → yo busqué
▶ **-gar:** llegar → yo llegué
▶ **-zar:** empezar → yo empecé
▶ **creer:** creí, creíste, creyó, creímos, creísteis, creyeron
▶ **leer:** leí, leíste, leyó, leímos, leísteis, leyeron
▶ **oír:** oí, oíste, oyó, oímos, oísteis, oyeron
▶ **ver:** vi, viste, vio, vimos, visteis, vieron

6.4 Demonstrative adjectives and pronouns *pp. 210–211*

Demonstrative adjectives

Singular		Plural	
Masc.	Fem.	Masc.	Fem.
este	esta	estos	estas
ese	esa	esos	esas
aquel	aquella	aquellos	aquellas

Demonstrative pronouns

Singular		Plural	
Masc.	Fem.	Masc.	Fem.
éste	ésta	éstos	éstas
ése	ésa	ésos	ésas
aquél	aquélla	aquéllos	aquéllas

3 **¿Saber o conocer?** Complete each dialogue with the correct form of **saber** or **conocer**. **10 pts.**

1. —¿Qué _____ hacer tú?
   —(Yo) _____ jugar al fútbol.
2. —¿_____ tú esta tienda de ropa?
   —No, (yo) no la _____. ¿Es buena?
3. —¿Tus padres no _____ a tu novio?
   —No, ¡ellos no _____ que tengo novio!
4. —Mi compañero de cuarto todavía no me
   _____ bien.
   —Y tú, ¿lo quieres _____ a él?
5. —¿_____ ustedes dónde está el mercado?
   —No, nosotros no _____ bien esta ciudad.

4 **Oraciones** Form complete sentences using the information provided. Use indirect object pronouns and the present tense of the verbs. **10 pts.**

1. Javier / prestar / el abrigo / a Maripili

   _____

2. nosotros / vender / ropa / a los clientes

   _____

3. el vendedor / traer / las camisetas / a mis amigos y a mí

   _____

4. yo / querer dar / consejos / a ti

   _____

5. ¿tú / ir a comprar / un regalo / a mí?

   _____

5 **Mi última compra** Write a short paragraph describing the last time you went shopping. Use at least four verbs in the preterite tense. **8 pts.**

> **modelo**
>
> El viernes pasado, busqué unos zapatos en el centro comercial...

6 **Poema** Write the missing words to complete the excerpt from the poem *Romance sonámbulo* by Federico García Lorca. **2 EXTRA points!**

> **"** Verde que _____ quiero verde.
> Verde viento. Verdes ramas°.
> El barco sobre la mar
> y el caballo en la montaña, [...]
> Verde que te quiero _____ (*green*). **"**

ramas *branches*

Lectura

Antes de leer

Estrategia
Skimming

Skimming involves quickly reading through a document to absorb its general meaning. This allows you to understand the main ideas without having to read word for word. When you skim a text, you might want to look at its title and subtitles. You might also want to read the first sentence of each paragraph.

Examinar el texto

Look at the format of the reading selection. How is it organized? What does the organization of the document tell you about its content?

Buscar cognados

Scan the reading selection to locate at least five cognates. Based on the cognates, what do you think the reading selection is about?

1. _____   4. _____
2. _____   5. _____
3. _____

The reading selection is about _____.

Impresiones generales

Now skim the reading selection to understand its general meaning. Jot down your impressions. What new information did you learn about the document by skimming it? Based on all the information you now have, answer these questions in Spanish.

1. Who created this document?
2. What is its purpose?
3. Who is its intended audience?

Corona

¡Corona tiene las ofertas más locas del verano

La tienda más elegante de la ciudad con precios incre

Carteras
ELEGANCIA
Colores anaranjado, blanco, rosado y amarillo
Ahora: 15.000 pesos
50% de rebaja

Sandalias de playa
GINO
Números del 35 al 38
A sólo 12.000 pesos
50% de descuento

Faldas largas
ROPA BONITA
Algodón. De distintos colores
Talla mediana
Precio especial:
8.000 pesos

Blusas de seda
BAMBÚ
De cuadros y de lunares
Ahora: 21.000 pesos
40% de rebaja

Vestido de algodón
PANAMÁ
Colores blanco, azul y verde
Ahora: 18.000 pesos
30% de rebaja

Accesorios
BELLEZA
Cinturones, gafas de sol, sombreros, medias
Diversos estilos
Todos con un 40% de rebaja

Lunes a sábado de 9 a 21 horas.
Domingo de 10 a 14 horas.

¡Grandes rebajas!

Real° Liquidación°

¡La rebaja está de moda en Corona!

n la tarjeta de crédito más conveniente del mercado.

Chaquetas
CASINO
Microfibra. Colores negro,
café y gris
Tallas: P, M, G, XG
Ahora: 22.500 pesos

Zapatos
COLOR
Italianos y franceses
Números del 40 al 45
A sólo 20.000 pesos

Pantalones
OCÉANO
Colores negro, gris y café
Ahora: 11.500 pesos
30% de rebaja

Ropa interior
ATLÁNTICO
Tallas: P, M, G
Colores blanco,
negro y gris
40% de rebaja

Traje inglés
GALES
Modelos originales
Ahora: 105.000 pesos
30% de rebaja

Accesorios
GUAPO
Gafas de sol, corbatas,
cinturones, calcetines
Diversos estilos
Todos con un 40%
de rebaja

Real *Royal* Liquidación *Clearance sale* caballeros *gentlemen*

la compra de 40.000 pesos, puede llevar un regalo gratis.
n hermoso cinturón de señora • Una bolsa para la playa
n par de calcetines • Una mochila
na corbata de seda • Unas medias

Después de leer

Completar

Complete this paragraph about the reading selection with the correct forms of the words from the word bank.

almacén	hacer juego	tarjeta de crédito
caro	increíble	tienda
dinero	pantalones	verano
falda	rebaja	zapato

En este anuncio de periódico, el _____ Corona anuncia la liquidación de _____ con grandes _____. Con muy poco _____ usted puede conseguir ropa fina y elegante. Si no tiene dinero en efectivo, puede utilizar su _____ y pagar luego. Para el caballero con gustos refinados, hay _____ importados de París y Roma.
La señora elegante puede encontrar blusas de seda que _____ con todo tipo de _____ o _____. Los precios de esta liquidación son realmente _____.

¿Cierto o falso?

Indicate whether each statement is **cierto** or **falso**. Correct the false statements.

1. Hay sandalias de playa.

2. Las corbatas tienen una rebaja del 30%.

3. El almacén Corona tiene un departamento de zapatos.

4. Normalmente las sandalias cuestan 22.000 pesos.

5. Cuando gastas 30.000 pesos en la tienda, llevas un regalo gratis.

6. Tienen carteras amarillas.

Preguntas

In pairs, take turns asking and answering these questions.

1. Imagina que vas a ir a la tienda Corona. ¿Qué departamentos vas a visitar? ¿El departamento de ropa para señoras, el departamento de ropa para caballeros…?
2. ¿Qué vas a buscar en Corona?
3. ¿Hay tiendas similares a la tienda Corona en tu pueblo o ciudad? ¿Cómo se llaman? ¿Tienen muchas gangas?

Escritura

Estrategia

How to report an interview

There are several ways to prepare a written report about an interview. For example, you can transcribe the interview verbatim, you can simply summarize it, or you can summarize it but quote the speakers occasionally. In any event, the report should begin with an interesting title and a brief introduction, which may include the five Ws (*what, where, when, who, why*) and the H (*how*) of the interview. The report should end with an interesting conclusion. Note that when you transcribe dialogue in Spanish, you should pay careful attention to format and punctuation.

Writing dialogue in Spanish

- If you need to transcribe an interview verbatim, you can use speakers' names to indicate a change of speaker.

CARMELA	¿Qué compraste? ¿Encontraste muchas gangas?
ROBERTO	Sí, muchas. Compré un suéter, una camisa y dos corbatas. Y tú, ¿qué compraste?
CARMELA	Una blusa y una falda muy bonitas. ¿Cuánto costó tu camisa?
ROBERTO	Sólo diez dólares. ¿Cuánto costó tu blusa?
CARMELA	Veinte dólares.

- You can also use a dash (*raya*) to mark the beginning of each speaker's words.

—¿Qué compraste?
—Un suéter y una camisa muy bonitos. Y tú, ¿encontraste muchas gangas?
—Sí... compré dos blusas, tres camisetas y un par de zapatos.
—¡A ver!

Tema

Escribe un informe

Write a report for the school newspaper about an interview you conducted with a student about his or her shopping habits and clothing preferences. First, brainstorm a list of interview questions. Then conduct the interview using the questions below as a guide, but feel free to ask other questions as they occur to you.

Examples of questions:

- ¿Cuándo vas de compras?
- ¿Adónde vas de compras?
- ¿Con quién vas de compras?
- ¿Qué tiendas, almacenes o centros comerciales prefieres?
- ¿Compras ropa de catálogos o por Internet?
- ¿Prefieres comprar ropa cara o barata? ¿Por qué? ¿Te gusta buscar gangas?
- ¿Qué ropa llevas cuando vas a clase?
- ¿Qué ropa llevas cuando sales a bailar?
- ¿Qué ropa llevas cuando practicas un deporte?
- ¿Cuáles son tus colores favoritos? ¿Compras mucha ropa de esos colores?
- ¿Les das ropa a tu familia o a tus amigos/as?

Escuchar

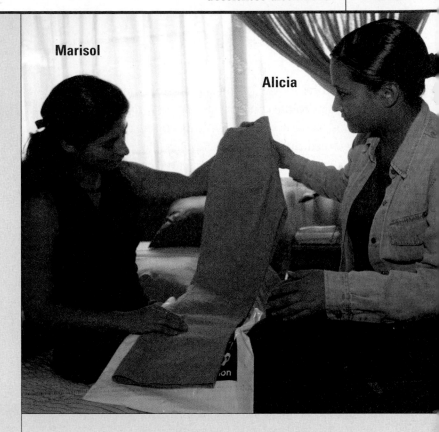

Marisol

Alicia

Estrategia

Listening for linguistic cues

You can enhance your listening comprehension by listening for specific linguistic cues. For example, if you listen for the endings of conjugated verbs, or for familiar constructions, such as **acabar de** + [*infinitive*] or **ir a** + [*infinitive*], you can find out whether an event already took place, is taking place now, or will take place in the future. Verb endings also give clues about who is participating in the action.

 To practice listening for linguistic cues, you will now listen to four sentences. As you listen, note whether each sentence refers to a past, present, or future action. Also jot down the subject of each sentence.

Preparación

Based on the photograph, what do you think Marisol has recently done? What do you think Marisol and Alicia are talking about? What else can you guess about their conversation from the visual clues in the photograph?

Ahora escucha

Now you are going to hear Marisol and Alicia's conversation. Make a list of the clothing items that each person mentions. Then put a check mark after the item if the person actually purchased it.

Marisol	Alicia
1. _____	1. _____
2. _____	2. _____
3. _____	3. _____
4. _____	4. _____

Comprensión

¿Cierto o falso?

Indicate whether each statement is **cierto** or **falso**. Then correct the false statements.

1. Marisol y Alicia acaban de ir de compras juntas (*together*).
2. Marisol va a comprar unos pantalones y una blusa mañana.
3. Marisol compró una blusa de cuadros.
4. Alicia compró unos zapatos nuevos hoy.
5. Alicia y Marisol van a ir al café.
6. Marisol gastó todo el dinero de la semana en ropa nueva.

Preguntas

Discuss the following questions with a classmate. Be sure to explain your answers.

1. ¿Crees que Alicia y Marisol son buenas amigas? ¿Por qué?
2. ¿Cuál de las dos estudiantes es más ahorradora (*frugal*)? ¿Por qué?
3. ¿Crees que a Alicia le gusta la ropa que Marisol compró?
4. ¿Crees que la moda es importante para Alicia? ¿Para Marisol? ¿Por qué?
5. ¿Es importante para ti estar a la moda? ¿Por qué?

En pantalla

Grocery stores in Mexico make one-stop shopping easy! Similar to the concept of a *Super-Walmart* in the U.S., most **supermercados°** in Mexico sell appliances, clothing, medicine, gardening supplies, electronics, and toys in addition to groceries. Large chains, like **Comercial Mexicana**, and smaller grocery stores alike typically sell a variety of products, allowing customers to satisfy all of their routine weekly shopping needs in one trip. Watch the **En pantalla** videoclip to see how one customer takes advantage of one-stop shopping at his local supermarket.

Vocabulario útil	
con lo que ahorré	*with what I saved*
corazón	*sweetheart*
de peluche	*stuffed (toy)*
dragón	*dragon*
¿Me lo compras?	*Would you buy it for me?*

Comprensión

Indicate whether each statement is **cierto** or **falso**.

	Cierto	Falso
1. El niño quiere un elefante de peluche.	○	○
2. La señora usa un vestido rojo.	○	○
3. El niño sigue a la señora hasta la caja.	○	○
4. La señora no es la mamá del niño.	○	○

Conversar

With a partner, use these cues to create a conversation in Spanish between two friends at a clothing store.

Estudiante 1: Would you buy me a(n)...?

Estudiante 2: No, because it costs...

Estudiante 1: Please! I always (**siempre**) buy you...

Estudiante 2: OK, I will buy you this... How much does it cost?

Estudiante 1: It's on sale! It only costs....

supermercados *supermarkets*

¿Me lo compras?

No, corazón.

¿Me lo compras, me lo compras, me lo compras?

In the Spanish-speaking world, most city dwellers shop at large supermarkets and little stores that specialize in just one item, such as a butcher shop (**carnicería**), vegetable market (**verdulería**), perfume shop (**perfumería**), or hat shop (**sombrerería**). In small towns where supermarkets are less common, many people rely exclusively on specialty shops. This requires shopping more frequently—often every day or every other day for perishable items—but also means that the foods they consume are fresher and the goods are usually locally produced. Each neighborhood generally has its own shops, so people don't have to walk far to find fresh bread (at a **panadería**) for the midday meal.

Vocabulario útil

colones (pl.)	*currency from Costa Rica*
¿Cuánto vale?	*¿Cuánto cuesta?*
descuento	*discount*
disculpe	*excuse me*
¿Dónde queda...?	*Where is... located?*
los helados	*ice cream*
el regateo	*bargaining*

Preparación

Have you ever been to an open-air market? What did you buy? Have you ever negotiated a price? What did you say?

Comprensión

Select the option that best summarizes this episode.

a. Randy Cruz va al mercado al aire libre para comprar papayas. Luego va al Mercado Central. Él les pregunta a varios clientes qué compran, prueba (*tastes*) platos típicos y busca la heladería.

b. Randy Cruz va al mercado al aire libre para comprar papayas y pedir un descuento. Luego va al Mercado Central para preguntarles a los clientes qué compran en los mercados.

Comprar en los mercados

Trescientos colones.

... pero me hace un buen descuento.

¿Qué compran en el Mercado Central?

recursos

VM
pp. 301–302

Cuba

El país en cifras

▸ **Área:** 110.860 km^2 (42.803 millas^2), *aproximadamente el área de Pensilvania*

▸ **Población:** 11.213.000

▸ **Capital:** La Habana—2.100.000

La Habana Vieja fue declarada° Patrimonio° Cultural de la Humanidad por la UNESCO en 1982. Este distrito es uno de los lugares más fascinantes de Cuba. En La Plaza de Armas, se puede visitar el majestuoso Palacio de Capitanes Generales, que ahora es un museo. En la calle° Obispo, frecuentada por el autor Ernest Hemingway, hay hermosos cafés, clubes nocturnos y tiendas elegantes.

▸ **Ciudades principales:** Santiago de Cuba; Camagüey; Holguín; Guantánamo

SOURCE: Population Division, UN Secretariat

▸ **Moneda:** peso cubano

▸ **Idiomas:** español (oficial)

Bandera de Cuba

Cubanos célebres

▸ **Carlos Finlay,** doctor y científico (1833–1915)

▸ **José Martí,** político y poeta (1853–1895)

▸ **Fidel Castro,** ex primer ministro, ex comandante en jefe° de las fuerzas armadas (1926–)

▸ **Zoé Valdés,** escritora (1959–)

▸ **Ibrahim Ferrer,** músico (1927–2005)

fue declarada *was declared* Patrimonio *Heritage* calle *street* comandante en jefe *commander in chief* liviano *light* colibrí abeja *bee hummingbird* ave *bird* mundo *world* miden *measure* pesan *weigh*

¡Increíble pero cierto!

Pequeño y liviano°, el colibrí abeja° de Cuba es una de las más de 320 especies de colibrí y es también el ave° más pequeña del mundo°. Menores que muchos insectos, estas aves minúsculas miden° 5 centímetros y pesan° sólo 1,95 gramos.

Gran Teatro de La Habana

Golfo de México

ESTADOS UNIDOS

Los coco taxis son un medi[o] transporte cubano muy pop[ular]

Océano Atlántico

Plaza del Capitolio

★ La Habana

Cordillera de los Órganos

ESTADOS UNIDOS

CUBA

OCÉANO ATLÁNTICO

OCÉANO PACÍFICO

AMÉRICA DEL SUR

Isla de la Juventud

Mar Caribe

Camag[üey]

La música es parte esencial de la vida en Cuba.

recursos

WB pp. 69–70	VM pp. 259–260

Baile • **Ballet Nacional de Cuba**

La bailarina Alicia Alonso fundó el Ballet Nacional de Cuba en 1948, después de° convertirse en una estrella° internacional en el Ballet de Nueva York y en Broadway. El Ballet Nacional de Cuba es famoso en todo el mundo por su creatividad y perfección técnica.

Economía • **La caña de azúcar y el tabaco**

La caña de azúcar° es el producto agrícola° que más se cultiva en la isla y su exportación es muy importante para la economía del país. El tabaco, que se usa para fabricar los famosos puros° cubanos, es otro cultivo° de mucha importancia.

Gente • **Población**

La población cubana tiene raíces° muy heterogéneas. La inmigración a la isla fue determinante° desde la colonia hasta mediados° del siglo° XX. Los cubanos de hoy son descendientes de africanos, europeos, chinos y antillanos, entre otros.

Música • **Buena Vista Social Club**

En 1997 nace° el fenómeno musical conocido como *Buena Vista Social Club*. Este proyecto reúne° a un grupo de importantes músicos de Cuba, la mayoría ya mayores, con una larga trayectoria interpretando canciones clásicas del son° cubano. Ese mismo año ganaron un *Grammy*. Hoy en día estos músicos son conocidos en todo el mundo, y personas de todas las edades bailan al ritmo° de su música.

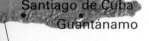

Holguín

Santiago de Cuba
Guantánamo

rra Maestra

¿Qué aprendiste? Responde a las preguntas con una oración completa.

1. ¿Qué autor está asociado con la Habana Vieja?
2. ¿Por qué es famoso el Ballet Nacional de Cuba?
3. ¿Cuáles son los dos cultivos más importantes para la economía cubana?
4. ¿Qué fabrican los cubanos con la planta del tabaco?
5. ¿De dónde son muchos de los inmigrantes que llegaron a Cuba?
6. ¿En qué año ganó un *Grammy* el disco *Buena Vista Social Club*?

Conexión Internet Investiga estos temas en Internet.

1. Busca información sobre un(a) cubano/a célebre. ¿Por qué es célebre? ¿Qué hace? ¿Todavía vive en Cuba?
2. Busca información sobre una de las ciudades principales de Cuba. ¿Qué atracciones hay en esta ciudad?

después de *after* estrella *star* caña de azúcar *sugar cane* agrícola *farming* puros *cigars* cultivo *crop* raíces *roots* determinante *deciding* mediados *halfway through* siglo *century* nace *is born* reúne *gets together* son *Cuban musical genre* ritmo *rhythm*

La ropa

el abrigo	coat
los (blue)jeans	jeans
la blusa	blouse
la bolsa	purse; bag
la bota	boot
los calcetines (el calcetín)	sock(s)
la camisa	shirt
la camiseta	t-shirt
la cartera	wallet
la chaqueta	jacket
el cinturón	belt
la corbata	tie
la falda	skirt
las gafas (de sol)	(sun)glasses
los guantes	gloves
el impermeable	raincoat
las medias	pantyhose; stockings
los pantalones	pants
los pantalones cortos	shorts
la ropa	clothing; clothes
la ropa interior	underwear
las sandalias	sandals
el sombrero	hat
el suéter	sweater
el traje	suit
el traje de baño	bathing suit
el vestido	dress
los zapatos de tenis	sneakers

Verbos

conducir	to drive
conocer	to know; to be acquainted with
ofrecer	to offer
parecer	to seem
saber	to know; to know how
traducir	to translate

Ir de compras

el almacén	department store
la caja	cash register
el centro comercial	shopping mall
el/la cliente/a	customer
el/la dependiente/a	clerk
el dinero	money
(en) efectivo	cash
el mercado (al aire libre)	(open-air) market
un par (de zapatos)	a pair (of shoes)
el precio (fijo)	(fixed; set) price
la rebaja	sale
el regalo	gift
la tarjeta de crédito	credit card
la tienda	shop; store
el/la vendedor(a)	salesperson
costar (o:ue)	to cost
gastar	to spend (money)
hacer juego (con)	to match (with)
llevar	to wear; to take
pagar	to pay
regatear	to bargain
usar	to wear; to use
vender	to sell

Adjetivos

barato/a	cheap
bueno/a	good
cada	each
caro/a	expensive
corto/a	short (in length)
elegante	elegant
hermoso/a	beautiful
largo/a	long
loco/a	crazy
nuevo/a	new
otro/a	other; another
pobre	poor
rico/a	rich

Los colores

el color	color
amarillo/a	yellow
anaranjado/a	orange
azul	blue
blanco/a	white
gris	gray
marrón, café	brown
morado/a	purple
negro/a	black
rojo/a	red
rosado/a	pink
verde	green

Palabras adicionales

acabar de (+ inf.)	to have just done something
anoche	last night
anteayer	the day before yesterday
ayer	yesterday
de repente	suddenly
desde	from
dos veces	twice; two times
hasta	until
pasado/a (adj.)	last; past
el año pasado	last year
la semana pasada	last week
prestar	to lend; to loan
una vez	once; one time
ya	already

Indirect object pronouns	See page 202.
Demonstrative adjectives and pronouns	See page 210.
Expresiones útiles	See page 195.

Plan de escritura

1 Ideas y organización

Begin by organizing your writing materials. If you prefer to write by hand, you may want to have a few spare pens and pencils on hand, as well as an eraser or correction fluid. If you prefer to use a word-processing program, make sure you know how to type Spanish accent marks, the **tilde**, and Spanish punctuation marks. Then make a list of the resources you can consult while writing. Finally, make a list of the basic ideas you want to cover. Beside each idea, jot down a few Spanish words and phrases you may want to use while writing.

2 Primer borrador

Write your first draft, using the resources and ideas you gathered in **Ideas y organización.**

3 Comentario

Exchange papers with a classmate and comment on each other's work, using these questions as a guide. Begin by mentioning what you like about your classmate's writing.

a. How can your classmate make his or her writing clearer, more logical, or more organized?

b. What suggestions do you have for making the writing more interesting or complete?

c. Do you see any spelling or grammatical errors?

4 Redacción

Revise your first draft, keeping in mind your classmate's comments. Also, incorporate any new information you may have. Before handing in the final version, review your work using these guidelines:

a. Make sure each verb agrees with its subject. Then check the gender and number of each article, noun, and adjective.

b. Check your spelling and punctuation.

c. Consult your **Anotaciones para mejorar la escritura** (see description below) to avoid repetition of previous errors.

5 Evaluación y progreso

You may want to share what you've written with a classmate, a small group, or the entire class. After your instructor has returned your paper, review the comments and corrections. On a separate sheet of paper, write the heading **Anotaciones para mejorar** (*Notes for improving*) **la escritura** and list your most common errors. Place this list and your corrected document in your writing portfolio (**Carpeta de trabajos**) and consult it from time to time to gauge your progress.

Spanish Terms for Direction Lines and Classroom Use

Below is a list of useful terms that you might hear your instructor say in class. It also includes Spanish terms that appear in the direction lines of your textbook.

En las instrucciones *In direction lines*

Cambia/Cambien...	*Change...*
Camina/Caminen por la clase.	*Walk around the classroom.*
Ciertas o falsas	*True or false*
Cierto o falso	*True or false*
Circula/Circulen por la clase.	*Walk around the classroom.*
Completa las oraciones de una manera lógica.	*Complete the sentences logically.*
Con un(a) compañero/a...	*With a classmate...*
Contesta las preguntas.	*Answer the questions.*
Corrige las oraciones falsas.	*Correct the false statements.*
Cuenta/Cuenten...	*Tell...*
Di/Digan...	*Say...*
Discute/Discutan...	*Discuss...*
En grupos...	*In groups...*
En parejas...	*In pairs...*
Entrevista...	*Interview...*
Escúchala	*Listen to it*
Forma oraciones completas.	*Create/Make complete sentences.*
Háganse preguntas.	*Ask each other questions.*
Haz el papel de...	*Play the role of...*
Haz los cambios necesarios.	*Make the necessary changes.*
Indica/Indiquen si las oraciones...	*Indicate if the sentences...*
Intercambia/Intercambien...	*Exchange...*
Lee/Lean en voz alta.	*Read aloud.*
Pon/Pongan...	*Put...*
... que mejor completa...	*...that best completes...*
Reúnete...	*Get together...*
... se da/dan como ejemplo.	*...is/are given as a model.*
Toma nota...	*Take note...*
Tomen apuntes.	*Take notes.*
Túrnense...	*Take turns...*

Palabras útiles *Useful words*

la adivinanza	*riddle*
el anuncio	*advertisement/ad*
los apuntes	*notes*
el borrador	*draft*
la canción	*song*
la concordancia	*agreement*
el contenido	*contents*
el cortometraje	*short film*
eficaz	*efficient*
la encuesta	*survey*
el equipo	*team*
el esquema	*outline*
el folleto	*brochure*
las frases	*statements*
la hoja de actividades	*activity sheet/handout*
la hoja de papel	*piece of paper*
la información errónea	*incorrect information*
el/la lector(a)	*reader*
la lectura	*reading*
las oraciones	*sentences*
la ortografía	*spelling*
el papel	*role*
el párrafo	*paragraph*
el paso	*step*
la(s) persona(s) descrita(s)	*the person (people) described*
la pista	*clue*
por ejemplo	*for example*
el propósito	*purpose*
los recursos	*resources*
el reportaje	*report*
los resultados	*results*
según	*according to*
siguiente	*following*
la sugerencia	*suggestion*
el sustantivo	*noun*
el tema	*topic*
último	*last*
el último recurso	*last resort*

Verbos útiles   *Useful verbs*

adivinar	*to guess*
anotar	*to jot down*
añadir	*to add*
apoyar	*to support*
averiguar	*to find out*
cambiar	*to change*
combinar	*to combine*
compartir	*to share*
comprobar (o:ue)	*to check*
corregir (e:i)	*to correct*
crear	*to create*
devolver (o:ue)	*to return*
doblar	*to fold*
dramatizar	*to act out*
elegir (e:i)	*to choose/select*
emparejar	*to match*
entrevistar	*to interview*
escoger	*to choose*
identificar	*to identify*
incluir	*to include*
informar	*to report*
intentar	*to try*
intercambiar	*to exchange*
investigar	*to research*
marcar	*to mark*
preguntar	*to ask*
recordar (o:ue)	*to remember*
responder	*to answer*
revisar	*to revise*
seguir (e:i)	*to follow*
seleccionar	*to select*
subrayar	*to underline*
traducir	*to translate*
tratar de	*to be about*

Expresiones útiles   *Useful expressions*

Ahora mismo.	*Right away.*
¿Cómo no?	*But of course.*
¿Cómo se dice _____ en español?	*How do you say _____ in Spanish?*
¿Cómo se escribe _____?	*How do you spell _____?*
¿Comprende(n)?	*Do you understand?*
Con gusto.	*With pleasure.*
Con permiso.	*Excuse me.*
De acuerdo.	*Okay.*
De nada.	*You're welcome.*
¿De veras?	*Really?*
¿En qué página estamos?	*What page are we on?*
¿En serio?	*Seriously?*
Enseguida.	*Right away.*
hoy día	*nowadays*
Más despacio, por favor.	*Slower, please.*
Muchas gracias.	*Thanks a lot.*
No entiendo.	*I don't understand.*
No hay de qué.	*Don't mention it.*
No importa.	*No problem./It doesn't matter.*
¡No me digas!	*You don't say!*
No sé.	*I don't know.*
¡Ojalá!	*Hopefully!*
Perdone.	*Pardon me.*
Por favor.	*Please.*
Por supuesto.	*Of course.*
¡Qué bien!	*Great!*
¡Qué gracioso!	*How funny!*
¡Qué pena!	*What a shame/pity!*
¿Qué significa _____?	*What does _____ mean?*
Repite, por favor.	*Please repeat.*
Tengo una pregunta.	*I have a question.*
¿Tiene(n) alguna pregunta?	*Do you have any questions?*
Vaya(n) a la página dos.	*Go to page 2.*

Glossary of Grammatical Terms

ADJECTIVE A word that modifies, or describes, a noun or pronoun.

muchos libros	un hombre **rico**
many books	*a rich man*
las mujeres **altas**	
the tall women	

Demonstrative adjective An adjective that specifies which noun a speaker is referring to.

esta fiesta	**ese** chico
this party	*that boy*
aquellas flores	
those flowers	

Possessive adjective An adjective that indicates ownership or possession.

mi mejor vestido	Éste es **mi** hermano.
my best dress	*This is my brother.*

Stressed possessive adjective A possessive adjective that emphasizes the owner or possessor.

Es un libro **mío**.
It's my book./It's a book of mine.

Es amiga **tuya**; yo no la conozco.
She's a friend of yours; I don't know her.

ADVERB A word that modifies, or describes, a verb, adjective, or other adverb.

Pancho escribe **rápidamente**.
Pancho writes quickly.

Este cuadro es **muy** bonito.
This picture is very pretty.

ARTICLE A word that points out a noun in either a specific or a non-specific way.

Definite article An article that points out a noun in a specific way.

el libro	la maleta
the book	*the suitcase*
los diccionarios	las palabras
the dictionaries	*the words*

Indefinite article An article that points out a noun in a general, non-specific way.

un lápiz	**una** computadora
a pencil	*a computer*
unos pájaros	**unas** escuelas
some birds	*some schools*

CLAUSE A group of words that contains both a conjugated verb and a subject, either expressed or implied.

Main (or Independent) clause A clause that can stand alone as a complete sentence.

Pienso ir a cenar pronto.
I plan to go to dinner soon.

Subordinate (or Dependent) clause A clause that does not express a complete thought and therefore cannot stand alone as a sentence.

Trabajo en la cafetería **porque necesito dinero para la escuela**.
I work in the cafeteria because I need money for school.

COMPARATIVE A construction used with an adjective or adverb to express a comparison between two people, places, or things.

Este programa es **más interesante que** el otro.
This program is more interesting than the other one.

Tomás no es **tan alto como** Alberto.
Tomás is not as tall as Alberto.

CONJUGATION A set of the forms of a verb for a specific tense or mood or the process by which these verb forms are presented.

Preterite conjugation of **cantar**:
cant**é**	cant**amos**
cant**aste**	cant**asteis**
cant**ó**	cant**aron**

CONJUNCTION A word used to connect words, clauses, or phrases.

Susana es de Cuba **y** Pedro es de España.
Susana is from Cuba and Pedro is from Spain.

No quiero estudiar **pero** tengo que hacerlo.
I don't want to study, but I have to.

CONTRACTION The joining of two words into one. The only contractions in Spanish are **al** and **del**.

Mi hermano fue **al** concierto ayer.
*My brother went **to the** concert yesterday.*

Saqué dinero **del** banco.
*I took money **from the** bank.*

DIRECT OBJECT A noun or pronoun that directly receives the action of the verb.

Tomás lee **el libro**.   La pagó ayer.
*Tomás reads **the book**.   She paid **it** yesterday.*

GENDER The grammatical categorizing of certain kinds of words, such as nouns and pronouns, as masculine, feminine, or neuter.

Masculine
articles el, un
pronouns él, lo, mío, éste, ése, aquél
adjective simpático

Feminine
articles la, una
pronouns ella, la, mía, ésta, ésa, aquélla
adjective simpática

IMPERSONAL EXPRESSION A third-person expression with no expressed or specific subject.

Es muy importante.   Llueve mucho.
It's very important.   *It's raining hard.*

Aquí se **habla** español.
*Spanish **is spoken** here.*

INDIRECT OBJECT A noun or pronoun that receives the action of the verb indirectly; the object, often a living being, to or for whom an action is performed.

Eduardo **le** dio un libro **a Linda**.
*Eduardo gave a book **to Linda**.*

La profesora **me** puso una C en el examen.
*The professor gave **me** a C on the test.*

INFINITIVE The basic form of a verb. Infinitives in Spanish end in -ar, -er, or -ir.

hablar   correr   abrir
to speak   *to run*   *to open*

INTERROGATIVE An adjective or pronoun used to ask a question.

¿**Quién** habla?   ¿**Cuántos** compraste?
Who is speaking?   *How many did you buy?*

¿**Qué** piensas hacer hoy?
What do you plan to do today?

INVERSION Changing the word order of a sentence, often to form a question.

Statement: Elena pagó la cuenta del restaurante.

Inversion: ¿Pagó Elena la cuenta del restaurante?

MOOD A grammatical distinction of verbs that indicates whether the verb is intended to make a statement or command or to express a doubt, emotion, or condition contrary to fact.

Imperative mood Verb forms used to make commands.

Di la verdad.   Caminen ustedes conmigo.
Tell the truth.   *Walk with me.*

¡Comamos ahora!
Let's eat now!

Indicative mood Verb forms used to state facts, actions, and states considered to be real.

Sé que **tienes** el dinero.
*I know that **you have** the money.*

Subjunctive mood Verb forms used principally in subordinate (dependent) clauses to express wishes, desires, emotions, doubts, and certain conditions, such as contrary-to-fact situations.

Prefieren que **hables** en español.
*They prefer that **you speak** in Spanish.*

Dudo que Luis **tenga** el dinero necesario.
*I doubt that Luis **has** the necessary money.*

NOUN A word that identifies people, animals, places, things, and ideas.

hombre   gato
man   *cat*

México   casa
Mexico   *house*

libertad   libro
freedom   *book*

NUMBER A grammatical term that refers to singular or plural. Nouns in Spanish and English have number. Other parts of a sentence, such as adjectives, articles, and verbs, can also have number.

Singular	Plural
una cosa *a thing*	unas cosas *some things*
el profesor *the professor*	los profesores *the professors*

NUMBERS Words that represent amounts.

Cardinal numbers Words that show specific amounts.

cinco minutos
five minutes

el año dos mil veintitrés
the year 2023

Ordinal numbers Words that indicate the order of a noun in a series.

el **cuarto** jugador *the **fourth** player*	la **décima** hora *the **tenth** hour*

PAST PARTICIPLE A past form of the verb used in compound tenses. The past participle may also be used as an adjective, but it must then agree in number and gender with the word it modifies.

Han **buscado** por todas partes.
*They have **searched** everywhere.*

Yo no había **estudiado** para el examen.
*I hadn't **studied** for the exam.*

Hay una **ventana abierta** en la sala.
*There is an **open window** in the living room.*

PERSON The form of the verb or pronoun that indicates the speaker, the one spoken to, or the one spoken about. In Spanish, as in English, there are three persons: first, second, and third.

Person	Singular	Plural
1st	yo *I*	nosotros/as *we*
2nd	tú, Ud. *you*	vosotros/as, Uds. *you*
3rd	él, ella *he, she*	ellos, ellas *they*

PREPOSITION A word or words that describe(s) the relationship, most often in time or space, between two other words.

Anita es **de** California.
*Anita is **from** California.*

La chaqueta está **en** el carro.
*The jacket is **in** the car.*

Marta se peinó **antes de** salir.
*Marta combed her hair **before** going out.*

PRESENT PARTICIPLE In English, a verb form that ends in -*ing*. In Spanish, the present participle ends in -**ndo**, and is often used with **estar** to form a progressive tense.

Mi hermana está **hablando** por teléfono ahora mismo.
*My sister is **talking** on the phone right now.*

PRONOUN A word that takes the place of a noun or nouns.

Demonstrative pronoun A pronoun that takes the place of a specific noun.

Quiero **ésta**.
*I want **this one**.*

¿Vas a comprar **ése**?
*Are you going to buy **that one**?*

Juan prefirió **aquéllos**.
*Juan preferred **those** (over there).*

Object pronoun A pronoun that functions as a direct or indirect object of the verb.

Te digo la verdad.
*I'm telling **you** the truth.*

Me lo trajo Juan.
*Juan brought **it to me**.*

Reflexive pronoun A pronoun that indicates that the action of a verb is performed by the subject on itself. These pronouns are often expressed in English with -*self*: *myself, yourself*, etc.

Yo **me** bañé antes de salir.
*I bathed (**myself**) before going out.*

Elena **se** acostó a las once y media.
*Elena **went to bed** at eleven-thirty.*

Relative pronoun A pronoun that connects a subordinate clause to a main clause.

El chico **que** nos escribió viene de visita mañana.
*The boy **who** wrote us is coming to visit tomorrow.*

Ya sé **lo que** tenemos que hacer.
*I already know **what** we have to do.*

Subject pronoun A pronoun that replaces the name or title of a person or thing, and acts as the subject of a verb.

Tú debes estudiar más.
You should study more.

Él llegó primero.
He arrived first.

SUBJECT A noun or pronoun that performs the action of a verb and is often implied by the verb.

María va al supermercado.
María goes to the supermarket.

(Ellos) Trabajan mucho.
They work hard.

Esos **libros** son muy caros.
*Those **books** are very expensive.*

SUPERLATIVE A word or construction used with an adjective or adverb to express the highest or lowest degree of a specific quality among three or more people, places, or things.

De todas mis clases, ésta es la **más interesante**.
*Of all my classes, this is the **most interesting**.*

Raúl es el **menos simpático** de los chicos.
*Raúl is the **least pleasant** of the boys.*

TENSE A set of verb forms that indicates the time of an action or state: past, present, or future.

Compound tense A two-word tense made up of an auxiliary verb and a present or past participle. In Spanish, there are two auxiliary verbs: **estar** and **haber**.

En este momento, **estoy estudiando**.
*At this time, **I am studying**.*

El paquete no **ha llegado** todavía.
*The package **has** not **arrived** yet.*

Simple tense A tense expressed by a single verb form.

María **estaba** enferma anoche.
*María **was** sick last night.*

Juana **hablará** con su mamá mañana.
*Juana **will speak** with her mom tomorrow.*

VERB A word that expresses actions or states-of-being.

Auxiliary verb A verb used with a present or past participle to form a compound tense. **Haber** is the most commonly used auxiliary verb in Spanish.

Los chicos **han** visto los elefantes.
*The children **have** seen the elephants.*

Espero que **hayas** comido.
*I hope you **have** eaten.*

Reflexive verb A verb that describes an action performed by the subject on itself and is always used with a reflexive pronoun.

Me compré un carro nuevo.
*I **bought myself** a new car.*

Pedro y Adela **se levantan** muy temprano.
*Pedro and Adela **get (themselves) up** very early.*

Spelling change verb A verb that undergoes a predictable change in spelling, in order to reflect its actual pronunciation in the various conjugations.

practicar	c→qu	practico	practiqué
dirigir	g→j	dirigí	dirijo
almorzar	z→c	almorzó	almorcé

Stem-changing verb A verb whose stem vowel undergoes one or more predictable changes in the various conjugations.

entender (e:ie)	entiendo
pedir (e:i)	piden
dormir (o:ue, u)	duermo, durmieron

rb Conjugation Tables

verb lists

ist of verbs below, and the model-verb tables
start on page A-11 show you how to conjugate
verb taught in **VISTAS**. Each verb in the list
lowed by a model verb conjugated according
e same pattern. The number in parentheses
ates where in the verb tables you can find the
ugated forms of the model verb. If you want to
out how to conjugate **divertirse**, for example, look
umber 33, **sentir**, the model for verbs that follow
ie stem-change pattern.

How to use the verb tables

In the tables you will find the infinitive, present and
past participles, and all the simple forms of each
model verb. The formation of the compound tenses of
any verb can be inferred from the table of compound
tenses, pages A-11–12, either by combining the past
participle of the verb with a conjugated form of **haber**
or by combining the present participle with
a conjugated form of **estar**.

---

zar (z:c) like cruzar

r like vivir (3) *except*
participle is **abierto**

rir(se) like vivir (3)

ar de like hablar (1)

npar like hablar (1)

npañar like hablar (1)

nsejar like hablar (1)

darse (o:ue)
contar (24)

starse (o:ue)
contar (24)

gazar (z:c)
cruzar (37)

arse like hablar (1)

rrar like hablar (1)

rarse like hablar (1)

ar like hablar (1)

orzar (o:ue) like
tar (24) *except* (z:c)

ilar like hablar (1)

ar like hablar (1) *except*
erite stem is **anduv-**

nciar like hablar (1)

gar (g:gu) like llegar

udir like vivir (3)

eciar like hablar (1)

ender like comer (2)

rarse like hablar (1)

ncar (c:qu) like tocar

glar like hablar (1)

---

asistir like vivir (3)

aumentar like hablar (1)

ayudar(se) like hablar (1)

bailar like hablar (1)

bajar(se) like hablar (1)

bañarse like hablar (1)

barrer like comer (2)

beber like comer (2)

besar(se) like hablar (1)

borrar like hablar (1)

brindar like hablar (1)

bucear like hablar (1)

buscar (c:qu) like tocar (43)

caber (4)

caer(se) (5)

calentarse (e:ie) like
pensar (30)

calzar (z:c) like cruzar (37)

cambiar like hablar (1)

caminar like hablar (1)

cantar like hablar (1)

casarse like hablar (1)

cazar (z:c) like cruzar (37)

celebrar like hablar (1)

cenar like hablar (1)

cepillarse like hablar (1)

cerrar (e:ie) like pensar (30)

cobrar like hablar (1)

cocinar like hablar (1)

comenzar (e:ie) (z:c) like
empezar (26)

comer (2)

compartir like vivir (3)

---

comprar like hablar (1)

comprender like comer
(2)

comprometerse like
comer (2)

comunicarse (c:qu) like
tocar (43)

conducir (c:zc) (6)

confirmar like hablar (1)

conocer (c:zc) (35)

conseguir (e:i) (g:gu)
like seguir (32)

conservar like hablar (1)

consumir like vivir (3)

contaminar like hablar (1)

contar (o:ue) (24)

contratar like hablar (1)

contestar like hablar (1)

conversar like hablar (1)

controlar like hablar (1)

correr like comer (2)

costar (o:ue) like contar
(24)

creer (y) (36)

cruzar (z:c) (37)

cuidar like hablar (1)

cumplir like vivir (3)

dañar like hablar (1)

dar (7)

deber like comer (2)

decidir like vivir (3)

decir (e:i) (8)

declarar like hablar (1)

dejar like hablar (1)

---

depositar like hablar (1)

desarrollar like hablar (1)

desayunar like hablar (1)

descansar like hablar (1)

descargar like llegar (41)

describir like vivir (3)
except past participle is
descrito

descubrir like vivir (3)
except past participle is
descubierto

desear like hablar (1)

despedirse (e:i) like pedir
(29)

despertarse (e:ie)
like pensar (30)

destruir (y) (38)

dibujar like hablar (1)

dirigir (g:j) like vivir (3)
except (g:j)

disfrutar like hablar (1)

divertirse (e:ie) like sentir
(33)

divorciarse like hablar (1)

doblar like hablar (1)

doler (o:ue) like volver (34)
except past participle is
regular

dormir(se) (o:ue, u) (25)

ducharse like hablar (1)

dudar like hablar (1)

durar like hablar (1)

echar like hablar (1)

elegir (e:i) like pedir (29)
except (g:j)

emitir like vivir (3)
empezar (e:ie) (z:c) (26)
enamorarse like hablar (1)
encantar like hablar (1)
encontrar(se) (o:ue) like contar (24)
enfermarse like hablar (1)
engordar like hablar (1)
enojarse like hablar (1)
enseñar like hablar (1)
ensuciar like hablar (1)
entender (e:ie) (27)
entrenarse like hablar (1)
entrevistar like hablar (1)
enviar (envío) (39)
escalar like hablar (1)
escanear like hablar (1)
escoger (g:j) like proteger (42)
escribir like vivir (3) *except* past participle is escrito
escuchar like hablar (1)
esculpir like vivir (3)
esperar like hablar (1)
esquiar (esquío) like enviar (39)
establecer (c:zc) like conocer (35)
estacionar like hablar (1)
estar (9)
estornudar like hablar (1)
estudiar like hablar (1)
evitar like hablar (1)
explicar (c:qu) like tocar (43)
faltar like hablar (1)
fascinar like hablar (1)
firmar like hablar (1)
fumar like hablar (1)
funcionar like hablar (1)
ganar like hablar (1)
gastar like hablar (1)
grabar like hablar (1)
graduarse (gradúo) (40)
guardar like hablar (1)
gustar like hablar (1)
haber (hay) (10)
hablar (1)
hacer (11)
importar like hablar (1)
imprimir like vivir (3)
indicar (c:qu) like tocar (43)
informar like hablar (1)
insistir like vivir (3)
interesar like hablar (1)

invertir (e:ie) like sentir (33)
invitar like hablar (1)
ir(se) (12)
jubilarse like hablar (1)
jugar (u:ue) (g:gu) (28)
lastimarse like hablar (1)
lavar(se) like hablar (1)
leer (y) like creer (36)
levantar(se) like hablar (1)
limpiar like hablar (1)
llamar(se) like hablar (1)
llegar (g:gu) (41)
llenar like hablar (1)
llevar(se) like hablar (1)
llover (o:ue) like volver (34) *except* past participle is regular
luchar like hablar (1)
mandar like hablar (1)
manejar like hablar (1)
mantener(se) (e:ie) like tener (20)
maquillarse like hablar (1)
mejorar like hablar (1)
merendar (e:ie) like pensar (30)
mirar like hablar (1)
molestar like hablar (1)
montar like hablar (1)
morir (o:ue) like dormir (25) *except* past participle is muerto
mostrar (o:ue) like contar (24)
mudarse like hablar (1)
nacer (c:zc) like conocer (35)
nadar like hablar (1)
navegar (g:gu) like llegar (41)
necesitar like hablar (1)
negar (e:ie) like pensar (30) *except* (g:gu)
nevar (e:ie) like pensar (30)
obedecer (c:zc) like conocer (35)
obtener (e:ie) like tener (20)
ocurrir like vivir (3)
odiar like hablar (1)
ofrecer (c:zc) like conocer (35)
oír (13)
olvidar like hablar (1)
pagar (g:gu) like llegar (41)
parar like hablar (1)

parecer (c:zc) like conocer (35)
pasar like hablar (1)
pasear like hablar (1)
patinar like hablar (1)
pedir (e:i) (29)
peinarse like hablar (1)
pensar (e:ie) (30)
perder (e:ie) like entender (27)
pescar (c:qu) like tocar (43)
pintar like hablar (1)
planchar like hablar (1)
poder (o:ue) (14)
poner(se) (15)
practicar (c:qu) like tocar (43)
preferir (e:ie) like sentir (33)
preguntar like hablar (1)
prender like comer (2)
preocuparse like hablar (1)
preparar like hablar (1)
presentar like hablar (1)
prestar like hablar (1)
probar(se) (o:ue) like contar (24)
prohibir like vivir (3)
proteger (g:j) (42)
publicar (c:qu) like tocar (43)
quedar(se) like hablar (1)
querer (e:ie) (16)
quitar(se) like hablar (1)
recetar like hablar (1)
recibir like vivir (3)
reciclar like hablar (1)
recoger (g:j) like proteger (42)
recomendar (e:ie) like pensar (30)
recordar (o:ue) like contar (24)
reducir (c:zc) like conducir (6)
regalar like hablar (1)
regatear like hablar (1)
regresar like hablar (1)
reír(se) (e:i) (31)
relajarse like hablar (1)
renunciar like hablar (1)
repetir (e:i) like pedir (29)
resolver (o:ue) like volver (34)
respirar like hablar (1)
revisar like hablar (1)

rogar (o:ue) like conta except (g:gu)
romper(se) like come except past participle is
saber (17)
sacar (c:qu) like tocar
sacudir like vivir (3)
salir (18)
saludar(se) like habla
secar(se) (c:qu) like to (43)
seguir (e:i) (32)
sentarse (e:ie) like pe (30)
sentir(se) (e:ie) (33)
separarse like hablar
ser (19)
servir (e:i) like pedir (2
solicitar like hablar (1
sonar (o:ue) like conta (24)
sonreír (e:i) like reír(se (31)
sorprender like come
subir like vivir (3)
sudar like hablar (1)
sufrir like vivir (3)
sugerir (e:ie) like senti (33)
suponer like poner (1.
temer like comer (2)
tener (e:ie) (20)
terminar like hablar (
tocar (c:qu) (43)
tomar like hablar (1)
torcerse (o:ue) like volver (34) *except* (and past participle is regular; e.g., yo tuerzo
toser like comer (2)
trabajar like hablar (1)
traducir (c:zc) like conducir (6)
traer (21)
transmitir like vivir (3
tratar like hablar (1)
usar like hablar (1)
vender like comer (2)
venir (e:ie, i) (22)
ver (23)
vestirse (e:i) like pedir
viajar like hablar (1)
visitar like hablar (1)
vivir (3)
volver (o:ue) (34)
votar like hablar (1)

Regular verbs: simple tenses

Infinitive	INDICATIVE					SUBJUNCTIVE		IMPERATIVE
	Present	Imperfect	Preterite	Future	Conditional	Present	Past	
hablar	hablo	hablaba	hablé	hablaré	hablaría	hable	hablara	
	hablas	hablabas	hablaste	hablarás	hablarías	hables	hablaras	habla tú (no hables)
	habla	hablaba	habló	hablará	hablaría	hable	hablara	hable Ud.
Participles:	hablamos	hablábamos	hablamos	hablaremos	hablaríamos	hablemos	habláramos	hablemos
hablando	habláis	hablabais	hablasteis	hablaréis	hablaríais	habléis	hablarais	hablad (no habléis)
hablado	hablan	hablaban	hablaron	hablarán	hablarían	hablen	hablaran	hablen Uds.
comer	como	comía	comí	comeré	comería	coma	comiera	
	comes	comías	comiste	comerás	comerías	comas	comieras	come tú (no comas)
	come	comía	comió	comerá	comería	coma	comiera	coma Ud.
Participles:	comemos	comíamos	comimos	comeremos	comeríamos	comamos	comiéramos	comamos
comiendo	coméis	comíais	comisteis	comeréis	comeríais	comáis	comierais	comed (no comáis)
comido	comen	comían	comieron	comerán	comerían	coman	comieran	coman Uds.
vivir	vivo	vivía	viví	viviré	viviría	viva	viviera	
	vives	vivías	viviste	vivirás	vivirías	vivas	vivieras	vive tú (no vivas)
	vive	vivía	vivió	vivirá	viviría	viva	viviera	viva Ud.
Participles:	vivimos	vivíamos	vivimos	viviremos	viviríamos	vivamos	viviéramos	vivamos
viviendo	vivís	vivíais	vivisteis	viviréis	viviríais	viváis	vivierais	vivid (no viváis)
vivido	viven	vivían	vivieron	vivirán	vivirían	vivan	vivieran	vivan Uds.

All verbs: compound tenses

PERFECT TENSES

INDICATIVE

Present Perfect		Past Perfect		Future Perfect		Conditional Perfect	
he		había		habré		habría	
has	hablado	habías	hablado	habrás	hablado	habrías	hablado
ha	comido	había	comido	habrá	comido	habría	comido
hemos	vivido	habíamos	vivido	habremos	vivido	habríamos	vivido
habéis		habíais		habréis		habríais	
han		habían		habrán		habrían	

SUBJUNCTIVE

Present Perfect		Past Perfect	
haya		hubiera	
hayas	hablado	hubieras	hablado
haya	comido	hubiera	comido
hayamos	vivido	hubiéramos	vivido
hayáis		hubierais	
hayan		hubieran	

PROGRESSIVE TENSES

	INDICATIVE				SUBJUNCTIVE	
Present Progressive	Past Progressive	Future Progressive	Conditional Progressive	Present Progressive	Past Progressive	
estoy	estaba	estaré	estaría	esté	estuviera	
estás	estabas	estarás	estarías	estés	estuvieras	
está hablando	estaba hablando	estará hablando	estaría hablando	esté hablando	estuviera hablando	
estamos comiendo	estábamos comiendo	estaremos comiendo	estaríamos comiendo	estemos comiendo	estuviéramos comiendo	
estáis viviendo	estabais viviendo	estaréis viviendo	estaríais viviendo	estéis viviendo	estuvierais viviendo	
están	estaban	estarán	estarían	estén	estuvieran	

Irregular verbs

Infinitive	INDICATIVE					SUBJUNCTIVE		IMPERATIVE
	Present	Imperfect	Preterite	Future	Conditional	Present	Past	
4 caber	**quepo**	cabía	**cupe**	**cabré**	**cabría**	**quepa**	**cupiera**	
	cabes	cabías	**cupiste**	**cabrás**	**cabrías**	**quepas**	**cupieras**	cabe tú (no **quepas**)
	cabe	cabía	**cupo**	**cabrá**	**cabría**	**quepa**	**cupiera**	**quepa** Ud.
Participles:	cabemos	cabíamos	**cupimos**	**cabremos**	**cabríamos**	**quepamos**	**cupiéramos**	**quepamos**
cabiendo	cabéis	cabíais	**cupisteis**	**cabréis**	**cabríais**	**quepáis**	**cupierais**	cabed (no **quepáis**)
cabido	caben	cabían	**cupieron**	**cabrán**	**cabrían**	**quepan**	**cupieran**	**quepan** Uds.
5 caer(se)	**caigo**	caía	caí	caeré	caería	**caiga**	**cayera**	
	caes	caías	**caíste**	caerás	caerías	**caigas**	**cayeras**	cae tú (no **caigas**)
	cae	caía	**cayó**	caerá	caería	**caiga**	**cayera**	**caiga** Ud.
Participles:	caemos	caíamos	**caímos**	caeremos	caeríamos	**caigamos**	**cayéramos**	**caigamos**
cayendo	caéis	caíais	**caísteis**	caeréis	caeríais	**caigáis**	**cayerais**	caed (no **caigáis**)
caído	caen	caían	**cayeron**	caerán	caerían	**caigan**	**cayeran**	**caigan** Uds.
6 conducir	**conduzco**	conducía	**conduje**	conduciré	conduciría	**conduzca**	**condujera**	
(c:zc)	conduces	conducías	**condujiste**	conducirás	conducirías	**conduzcas**	**condujeras**	conduce tú (no **conduzcas**)
	conduce	conducía	**condujo**	conducirá	conduciría	**conduzca**	**condujera**	**conduzca** Ud.
Participles:	conducimos	conducíamos	**condujimos**	conduciremos	conduciríamos	**conduzcamos**	**condujéramos**	**conduzcamos**
conduciendo	conducís	conducíais	**condujisteis**	conduciréis	conduciríais	**conduzcáis**	**condujerais**	conducid (no **conduzcáis**)

	Infinitive	Present	Imperfect	Preterite	Future	Conditional	Present	Past	Commands
7	dar **Participles:** dando dado	**doy** das da damos dais dan	daba dabas daba dábamos dabais daban	**di** **diste** **dio** **dimos** **disteis** **dieron**	daré darás dará daremos daréis darán	daría darías daría daríamos daríais darían	**dé** **des** **dé** **demos** **deis** **den**	**diera** **dieras** **diera** **diéramos** **dierais** **dieran**	da tú (no **des**) **dé** Ud. **demos** dad (no **deis**) **den** Uds.
8	decir (e:i) **Participles:** **diciendo** **dicho**	**digo** **dices** **dice** decimos decís **dicen**	decía decías decía decíamos decíais decían	**dije** **dijiste** **dijo** **dijimos** **dijisteis** **dijeron**	**diré** **dirás** **dirá** **diremos** **diréis** **dirán**	**diría** **dirías** **diría** **diríamos** **diríais** **dirían**	**diga** **digas** **diga** **digamos** **digáis** **digan**	**dijera** **dijeras** **dijera** **dijéramos** **dijerais** **dijeran**	**di** tú (no **digas**) **diga** Ud. **digamos** decid (no **digáis**) **digan** Uds.
9	estar **Participles:** estando estado	**estoy** estás está estamos estáis están	estaba estabas estaba estábamos estabais estaban	**estuve** **estuviste** **estuvo** **estuvimos** **estuvisteis** **estuvieron**	estaré estarás estará estaremos estaréis estarán	estaría estarías estaría estaríamos estaríais estarían	esté estés esté estemos estéis estén	**estuviera** **estuvieras** **estuviera** **estuviéramos** **estuvierais** **estuvieran**	está tú (no estés) esté Ud. estemos estad (no estéis) estén Uds.
10	haber **Participles:** habiendo habido	**he** **has** **ha** **hemos** **habéis** **han**	había habías había habíamos habíais habían	**hube** **hubiste** **hubo** **hubimos** **hubisteis** **hubieron**	**habré** **habrás** **habrá** **habremos** **habréis** **habrán**	**habría** **habrías** **habría** **habríamos** **habríais** **habrían**	**haya** **hayas** **haya** **hayamos** **hayáis** **hayan**	**hubiera** **hubieras** **hubiera** **hubiéramos** **hubierais** **hubieran**	
11	hacer **Participles:** haciendo **hecho**	**hago** haces hace hacemos hacéis hacen	hacía hacías hacía hacíamos hacíais hacían	**hice** **hiciste** **hizo** **hicimos** **hicisteis** **hicieron**	**haré** **harás** **hará** **haremos** **haréis** **harán**	**haría** **harías** **haría** **haríamos** **haríais** **harían**	**haga** **hagas** **haga** **hagamos** **hagáis** **hagan**	**hiciera** **hicieras** **hiciera** **hiciéramos** **hicierais** **hicieran**	**haz** tú (no **hagas**) **haga** Ud. **hagamos** haced (no **hagáis**) **hagan** Uds.
12	ir **Participles:** **yendo** ido	**voy** **vas** **va** **vamos** **vais** **van**	**iba** **ibas** **iba** **íbamos** **ibais** **iban**	**fui** **fuiste** **fue** **fuimos** **fuisteis** **fueron**	iré irás irá iremos iréis irán	iría irías iría iríamos iríais irían	**vaya** **vayas** **vaya** **vayamos** **vayáis** **vayan**	**fuera** **fueras** **fuera** **fuéramos** **fuerais** **fueran**	**ve** tú (no **vayas**) **vaya** Ud. **vamos** id (no **vayáis**) **vayan** Uds.
13	oír (y) **Participles:** **oyendo** **oído**	**oigo** **oyes** **oye** **oímos** **oís** **oyen**	oía oías oía oíamos oíais oían	**oí** **oíste** **oyó** **oímos** **oísteis** **oyeron**	oiré oirás oirá oiremos oiréis oirán	oiría oirías oiría oiríamos oiríais oirían	**oiga** **oigas** **oiga** **oigamos** **oigáis** **oigan**	**oyera** **oyeras** **oyera** **oyéramos** **oyerais** **oyeran**	**oye** tú (no **oigas**) **oiga** Ud. **oigamos** oíd (no **oigáis**) **oigan** Uds.

14. poder (o:ue) — Participles: pudiendo, podido

	INDICATIVE					SUBJUNCTIVE		IMPERATIVE
	Present	Imperfect	Preterite	Future	Conditional	Present	Past	
	puedo	podía	pude	podré	podría	pueda	pudiera	
	puedes	podías	pudiste	podrás	podrías	puedas	pudieras	puede tú (no puedas)
	puede	podía	pudo	podrá	podría	pueda	pudiera	pueda Ud.
	podemos	podíamos	pudimos	podremos	podríamos	podamos	pudiéramos	podamos
	podéis	podíais	pudisteis	podréis	podríais	podáis	pudierais	poded (no podáis)
	pueden	podían	pudieron	podrán	podrían	puedan	pudieran	puedan Uds.

15. poner — Participles: poniendo, puesto

	INDICATIVE					SUBJUNCTIVE		IMPERATIVE
	Present	Imperfect	Preterite	Future	Conditional	Present	Past	
	pongo	ponía	puse	pondré	pondría	ponga	pusiera	
	pones	ponías	pusiste	pondrás	pondrías	pongas	pusieras	pon tú (no pongas)
	pone	ponía	puso	pondrá	pondría	ponga	pusiera	ponga Ud.
	ponemos	poníamos	pusimos	pondremos	pondríamos	pongamos	pusiéramos	pongamos
	ponéis	poníais	pusisteis	pondréis	pondríais	pongáis	pusierais	poned (no pongáis)
	ponen	ponían	pusieron	pondrán	pondrían	pongan	pusieran	pongan Uds.

16. querer (e:ie) — Participles: queriendo, querido

	INDICATIVE					SUBJUNCTIVE		IMPERATIVE
	Present	Imperfect	Preterite	Future	Conditional	Present	Past	
	quiero	quería	quise	querré	querría	quiera	quisiera	
	quieres	querías	quisiste	querrás	querrías	quieras	quisieras	quiere tú (no quieras)
	quiere	quería	quiso	querrá	querría	quiera	quisiera	quiera Ud.
	queremos	queríamos	quisimos	querremos	querríamos	queramos	quisiéramos	queramos
	queréis	queríais	quisisteis	querréis	querríais	queráis	quisierais	quered (no queráis)
	quieren	querían	quisieron	querrán	querrían	quieran	quisieran	quieran Uds.

17. saber — Participles: sabiendo, sabido

	INDICATIVE					SUBJUNCTIVE		IMPERATIVE
	Present	Imperfect	Preterite	Future	Conditional	Present	Past	
	sé	sabía	supe	sabré	sabría	sepa	supiera	
	sabes	sabías	supiste	sabrás	sabrías	sepas	supieras	sabe tú (no sepas)
	sabe	sabía	supo	sabrá	sabría	sepa	supiera	sepa Ud.
	sabemos	sabíamos	supimos	sabremos	sabríamos	sepamos	supiéramos	sepamos
	sabéis	sabíais	supisteis	sabréis	sabríais	sepáis	supierais	sabed (no sepáis)
	saben	sabían	supieron	sabrán	sabrían	sepan	supieran	sepan Uds.

18. salir — Participles: saliendo, salido

	INDICATIVE					SUBJUNCTIVE		IMPERATIVE
	Present	Imperfect	Preterite	Future	Conditional	Present	Past	
	salgo	salía	salí	saldré	saldría	salga	saliera	
	sales	salías	saliste	saldrás	saldrías	salgas	salieras	sal tú (no salgas)
	sale	salía	salió	saldrá	saldría	salga	saliera	salga Ud.
	salimos	salíamos	salimos	saldremos	saldríamos	salgamos	saliéramos	salgamos
	salís	salíais	salisteis	saldréis	saldríais	salgáis	salierais	salid (no salgáis)
	salen	salían	salieron	saldrán	saldrían	salgan	salieran	salgan Uds.

19. ser — Participles: siendo, sido

	INDICATIVE					SUBJUNCTIVE		IMPERATIVE
	Present	Imperfect	Preterite	Future	Conditional	Present	Past	
	soy	era	fui	seré	sería	sea	fuera	
	eres	eras	fuiste	serás	serías	seas	fueras	sé tú (no seas)
	es	era	fue	será	sería	sea	fuera	sea Ud.
	somos	éramos	fuimos	seremos	seríamos	seamos	fuéramos	seamos
	sois	erais	fuisteis	seréis	seríais	seáis	fuerais	sed (no seáis)
	son	eran	fueron	serán	serían	sean	fueran	sean Uds.

20. tener (e:ie) — Participles: teniendo

	INDICATIVE					SUBJUNCTIVE		IMPERATIVE
	Present	Imperfect	Preterite	Future	Conditional	Present	Past	
	tengo	tenía	tuve	tendré	tendría	tenga	tuviera	
	tienes	tenías	tuviste	tendrás	tendrías	tengas	tuvieras	ten tú (no tengas)
	tiene	tenía	tuvo	tendrá	tendría	tenga	tuviera	tenga Ud.
	tenemos	teníamos	tuvimos	tendremos	tendríamos	tengamos	tuviéramos	tengamos

Infinitive / Participles	Present	Imperfect	Preterite	Future	Conditional	Subjunctive Present	Subjunctive Past	Imperative
21 traer	**traigo**	traía	**traje**	traeré	traería	**traiga**	**trajera**	
	traes	traías	**trajiste**	traerás	traerías	**traigas**	**trajeras**	trae tú (no **traigas**)
	trae	traía	**trajo**	traerá	traería	**traiga**	**trajera**	**traiga** Ud.
	traemos	traíamos	**trajimos**	traeremos	traeríamos	**traigamos**	**trajéramos**	**traigamos**
	traéis	traíais	**trajisteis**	traeréis	traeríais	**traigáis**	**trajerais**	traed (no **traigáis**)
	traen	traían	**trajeron**	traerán	traerían	**traigan**	**trajeran**	**traigan** Uds.
Participles: **trayendo**, **traído**								
22 venir (e:ie)	**vengo**	venía	**vine**	**vendré**	**vendría**	**venga**	**viniera**	
	vienes	venías	**viniste**	**vendrás**	**vendrías**	**vengas**	**vinieras**	**ven** tú (no **vengas**)
	viene	venía	**vino**	**vendrá**	**vendría**	**venga**	**viniera**	**venga** Ud.
	venimos	veníamos	**vinimos**	**vendremos**	**vendríamos**	**vengamos**	**viniéramos**	**vengamos**
	venís	veníais	**vinisteis**	**vendréis**	**vendríais**	**vengáis**	**vinierais**	venid (no **vengáis**)
	vienen	venían	**vinieron**	**vendrán**	**vendrían**	**vengan**	**vinieran**	**vengan** Uds.
Participles: **viniendo**, venido								
23 ver	**veo**	**veía**	**vi**	veré	vería	**vea**	**viera**	
	ves	**veías**	**viste**	verás	verías	**veas**	**vieras**	**ve** tú (no **veas**)
	ve	**veía**	**vio**	verá	vería	**vea**	**viera**	**vea** Ud.
	vemos	**veíamos**	**vimos**	veremos	veríamos	**veamos**	**viéramos**	**veamos**
	veis	**veíais**	**visteis**	veréis	veríais	**veáis**	**vierais**	ved (no **veáis**)
	ven	**veían**	**vieron**	verán	verían	**vean**	**vieran**	**vean** Uds.
Participles: **viendo**, visto								

Stem-changing verbs

Infinitive	INDICATIVE					SUBJUNCTIVE		IMPERATIVE
	Present	Imperfect	Preterite	Future	Conditional	Present	Past	
24 contar (o:ue)	**cuento**	contaba	conté	contaré	contaría	**cuente**	contara	
	cuentas	contabas	contaste	contarás	contarías	**cuentes**	contaras	**cuenta** tú (no **cuentes**)
	cuenta	contaba	contó	contará	contaría	**cuente**	contara	**cuente** Ud.
	contamos	contábamos	contamos	contaremos	contaríamos	contemos	contáramos	contemos
	contáis	contabais	contasteis	contaréis	contaríais	contéis	contarais	contad (no contéis)
	cuentan	contaban	contaron	contarán	contarían	**cuenten**	contaran	**cuenten** Uds.
Participles: contando, contado								
25 dormir (o:ue)	**duermo**	dormía	dormí	dormiré	dormiría	**duerma**	**durmiera**	
	duermes	dormías	dormiste	dormirás	dormirías	**duermas**	**durmieras**	**duerme** tú (no **duermas**)
	duerme	dormía	**durmió**	dormirá	dormiría	**duerma**	**durmiera**	**duerma** Ud.
	dormimos	dormíamos	dormimos	dormiremos	dormiríamos	**durmamos**	**durmiéramos**	**durmamos**
	dormís	dormíais	dormisteis	dormiréis	dormiríais	**durmáis**	**durmierais**	dormid (no **durmáis**)
	duermen	dormían	**durmieron**	dormirán	dormirían	**duerman**	**durmieran**	**duerman** Uds.
Participles: **durmiendo**, dormido								
26 empezar (e:ie) (z:c)	**empiezo**	empezaba	**empecé**	empezaré	empezaría	**empiece**	empezara	
	empiezas	empezabas	empezaste	empezarás	empezarías	**empieces**	empezaras	**empieza** tú (no **empieces**)
	empieza	empezaba	empezó	empezará	empezaría	**empiece**	empezara	**empiece** Ud.
	empezamos	empezábamos	empezamos	empezaremos	empezaríamos	**empecemos**	empezáramos	**empecemos**
	empezáis	empezabais	empezasteis	empezaréis	empezaríais	**empecéis**	empezarais	empezad (no **empecéis**)
	empiezan	empezaban	empezaron	empezarán	empezarían	**empiecen**	empezaran	**empiecen** Uds.
Participles: empezando, empezado								

Infinitive	INDICATIVE					SUBJUNCTIVE		IMPERATIVE
	Present	Imperfect	Preterite	Future	Conditional	Present	Past	
27 entender (e:ie) Participles: entendiendo entendido	**entiendo** **entiendes** **entiende** entendemos entendéis **entienden**	entendía entendías entendía entendíamos entendíais entendían	entendí entendiste entendió entendimos entendisteis entendieron	entenderé entenderás entenderá entenderemos entenderéis entenderán	entendería entenderías entendería entenderíamos entenderíais entenderían	**entienda** **entiendas** **entienda** entendamos entendáis **entiendan**	entendiera entendieras entendiera entendiéramos entendierais entendieran	**entiende** tú (no **entiendas**) **entienda** Ud. entendamos entended (no entendáis) **entiendan** Uds.
28 jugar (u:ue) (g:gu) Participles: jugando jugado	**juego** **juegas** **juega** jugamos jugáis **juegan**	jugaba jugabas jugaba jugábamos jugabais jugaban	**jugué** jugaste jugó jugamos jugasteis jugaron	jugaré jugarás jugará jugaremos jugaréis jugarán	jugaría jugarías jugaría jugaríamos jugaríais jugarían	**juegue** **juegues** **juegue** juguemos juguéis **jueguen**	jugara jugaras jugara jugáramos jugarais jugaran	**juega** tú (no **juegues**) **juegue** Ud. juguemos jugad (no juguéis) **jueguen** Uds.
29 pedir (e:i) Participles: **pidiendo** pedido	**pido** **pides** **pide** pedimos pedís **piden**	pedía pedías pedía pedíamos pedíais pedían	pedí pediste **pidió** pedimos pedisteis **pidieron**	pediré pedirás pedirá pediremos pediréis pedirán	pediría pedirías pediría pediríamos pediríais pedirían	**pida** **pidas** **pida** **pidamos** **pidáis** **pidan**	**pidiera** **pidieras** **pidiera** **pidiéramos** **pidierais** **pidieran**	**pide** tú (no **pidas**) **pida** Ud. **pidamos** pedid (no **pidáis**) **pidan** Uds.
30 pensar (e:ie) Participles: pensando pensado	**pienso** **piensas** **piensa** pensamos pensáis **piensan**	pensaba pensabas pensaba pensábamos pensabais pensaban	pensé pensaste pensó pensamos pensasteis pensaron	pensaré pensarás pensará pensaremos pensaréis pensarán	pensaría pensarías pensaría pensaríamos pensaríais pensarían	**piense** **pienses** **piense** pensemos penséis **piensen**	pensara pensaras pensara pensáramos pensarais pensaran	**piensa** tú (no **pienses**) **piense** Ud. pensemos pensad (no penséis) **piensen** Uds.
31 reír(se) (e:i) Participles: **riendo** **reído**	**río** **ríes** **ríe** **reímos** **reís** **ríen**	reía reías reía reíamos reíais reían	**reí** **reíste** **rió** **reímos** **reísteis** **rieron**	reiré reirás reirá reiremos reiréis reirán	reiría reirías reiría reiríamos reiríais reirían	**ría** **rías** **ría** **riamos** **riáis** **rían**	**riera** **rieras** **riera** **riéramos** **rierais** **rieran**	**ríe** tú (no **rías**) **ría** Ud. **riamos** reíd (no **riáis**) **rían** Uds.
32 seguir (e:i) (gu:g) Participles: **siguiendo** seguido	**sigo** **sigues** **sigue** seguimos seguís **siguen**	seguía seguías seguía seguíamos seguíais seguían	seguí seguiste **siguió** seguimos seguisteis **siguieron**	seguiré seguirás seguirá seguiremos seguiréis seguirán	seguiría seguirías seguiría seguiríamos seguiríais seguirían	**siga** **sigas** **siga** **sigamos** **sigáis** **sigan**	**siguiera** **siguieras** **siguiera** **siguiéramos** **siguierais** **siguieran**	**sigue** tú (no **sigas**) **siga** Ud. **sigamos** seguid (no **sigáis**) **sigan** Uds.
33 sentir (e:ie) Participles: **sintiendo** sentid...	**siento** **sientes** **siente** sentimos sentís	sentía sentías sentía sentíamos sentíais	sentí sentiste **sintió** sentimos	sentiré sentirás sentirá sentiremos	sentiría sentirías sentiría sentiríamos	**sienta** **sientas** **sienta** **sintamos** **sintáis**	**sintiera** **sintieras** **sintiera** **sintiéramos**	**siente** tú (no **sientas**) **sienta** Ud. **sintamos** sentid (no **sintáis**)

34 volver (o:ue)
Participles: volviendo, vuelto

	INDICATIVE					SUBJUNCTIVE		IMPERATIVE
	Present	Imperfect	Preterite	Future	Conditional	Present	Past	
	vuelvo	volvía	volví	volveré	volvería	vuelva	volviera	
	vuelves	volvías	volviste	volverás	volverías	vuelvas	volvieras	vuelve tú (no vuelvas)
	vuelve	volvía	volvió	volverá	volvería	vuelva	volviera	vuelva Ud.
	volvemos	volvíamos	volvimos	volveremos	volveríamos	volvamos	volviéramos	volvamos
	volvéis	volvíais	volvisteis	volveréis	volveríais	volváis	volvierais	volved (no volváis)
	vuelven	volvían	volvieron	volverán	volverían	vuelvan	volvieran	vuelvan Uds.

Verbs with spelling changes only

Infinitive	INDICATIVE					SUBJUNCTIVE		IMPERATIVE
	Present	Imperfect	Preterite	Future	Conditional	Present	Past	
35 conocer (c:zc)	conozco	conocía	conocí	conoceré	conocería	conozca	conociera	
	conoces	conocías	conociste	conocerás	conocerías	conozcas	conocieras	conoce tú (no conozcas)
	conoce	conocía	conoció	conocerá	conocería	conozca	conociera	conozca Ud.
Participles:	conocemos	conocíamos	conocimos	conoceremos	conoceríamos	conozcamos	conociéramos	conozcamos
conociendo	conocéis	conocíais	conocisteis	conoceréis	conoceríais	conozcáis	conocierais	conoced (no conozcáis)
conocido	conocen	conocían	conocieron	conocerán	conocerían	conozcan	conocieran	conozcan Uds.
36 creer (y)	creo	creía	creí	creeré	creería	crea	creyera	
	crees	creías	creíste	creerás	creerías	creas	creyeras	cree tú (no creas)
	cree	creía	creyó	creerá	creería	crea	creyera	crea Ud.
Participles:	creemos	creíamos	creímos	creeremos	creeríamos	creamos	creyéramos	creamos
creyendo	creéis	creíais	creísteis	creeréis	creeríais	creáis	creyerais	creed (no creáis)
creído	creen	creían	creyeron	creerán	creerían	crean	creyeran	crean Uds.
37 cruzar (z:c)	cruzo	cruzaba	crucé	cruzaré	cruzaría	cruce	cruzara	
	cruzas	cruzabas	cruzaste	cruzarás	cruzarías	cruces	cruzaras	cruza tú (no cruces)
	cruza	cruzaba	cruzó	cruzará	cruzaría	cruce	cruzara	cruce Ud.
Participles:	cruzamos	cruzábamos	cruzamos	cruzaremos	cruzaríamos	crucemos	cruzáramos	crucemos
cruzando	cruzáis	cruzabais	cruzasteis	cruzaréis	cruzaríais	crucéis	cruzarais	cruzad (no crucéis)
cruzado	cruzan	cruzaban	cruzaron	cruzarán	cruzarían	crucen	cruzaran	crucen Uds.
38 destruir (y)	destruyo	destruía	destruí	destruiré	destruiría	destruya	destruyera	
	destruyes	destruías	destruiste	destruirás	destruirías	destruyas	destruyeras	destruye tú (no destruyas)
	destruye	destruía	destruyó	destruirá	destruiría	destruya	destruyera	destruya Ud.
Participles:	destruimos	destruíamos	destruimos	destruiremos	destruiríamos	destruyamos	destruyéramos	destruyamos
destruyendo	destruís	destruíais	destruisteis	destruiréis	destruiríais	destruyáis	destruyerais	destruid (no destruyáis)
destruido	destruyen	destruían	destruyeron	destruirán	destruirían	destruyan	destruyeran	destruyan Uds.
39 enviar (envío)	envío	enviaba	envié	enviaré	enviaría	envíe	enviara	
	envías	enviabas	enviaste	enviarás	enviarías	envíes	enviaras	envía tú (no envíes)
	envía	enviaba	envió	enviará	enviaría	envíe	enviara	envíe Ud.
Participles:	enviamos	enviábamos	enviamos	enviaremos	enviaríamos	enviemos	enviáramos	enviemos
enviando	enviáis	enviabais	enviasteis	enviaréis	enviaríais	enviéis	enviarais	enviad (no enviéis)
enviado	envían	enviaban	enviaron	enviarán	enviarían	envíen	enviaran	envíen Uds.

40 graduarse (gradúo)
Participles: graduando, graduado

	INDICATIVE					SUBJUNCTIVE		IMPERATIVE
	Present	Imperfect	Preterite	Future	Conditional	Present	Past	
	gradúo	graduaba	gradué	graduaré	graduaría	gradúe	graduara	
	gradúas	graduabas	graduaste	graduarás	graduarías	gradúes	graduaras	gradúa tú (no gradúes)
	gradúa	graduaba	graduó	graduará	graduaría	gradúe	graduara	gradúe Ud.
	graduamos	graduábamos	graduamos	graduaremos	graduaríamos	graduemos	graduáramos	graduemos
	graduáis	graduabais	graduasteis	graduaréis	graduaríais	graduéis	graduarais	graduad (no graduéis)
	gradúan	graduaban	graduaron	graduarán	graduarían	gradúen	graduaran	gradúen Uds.

41 llegar (g:gu)
Participles: llegando, llegado

	INDICATIVE					SUBJUNCTIVE		IMPERATIVE
	Present	Imperfect	Preterite	Future	Conditional	Present	Past	
	llego	llegaba	llegué	llegaré	llegaría	llegue	llegara	
	llegas	llegabas	llegaste	llegarás	llegarías	llegues	llegaras	llega tú (no llegues)
	llega	llegaba	llegó	llegará	llegaría	llegue	llegara	llegue Ud.
	llegamos	llegábamos	llegamos	llegaremos	llegaríamos	lleguemos	llegáramos	lleguemos
	llegáis	llegabais	llegasteis	llegaréis	llegaríais	lleguéis	llegarais	llegad (no lleguéis)
	llegan	llegaban	llegaron	llegarán	llegarían	lleguen	llegaran	lleguen Uds.

42 proteger (g:j)
Participles: protegiendo, protegido

	INDICATIVE					SUBJUNCTIVE		IMPERATIVE
	Present	Imperfect	Preterite	Future	Conditional	Present	Past	
	protejo	protegía	protegí	protegeré	protegería	proteja	protegiera	
	proteges	protegías	protegiste	protegerás	protegerías	protejas	protegieras	protege tú (no protejas)
	protege	protegía	protegió	protegerá	protegería	proteja	protegiera	proteja Ud.
	protegemos	protegíamos	protegimos	protegeremos	protegeríamos	protejamos	protegiéramos	protejamos
	protegéis	protegíais	protegisteis	protegeréis	protegeríais	protejáis	protegierais	proteged (no protejáis)
	protegen	protegían	protegieron	protegerán	protegerían	protejan	protegieran	protejan Uds.

43 tocar (c:qu)
Participles: tocando, tocado

	INDICATIVE					SUBJUNCTIVE		IMPERATIVE
	Present	Imperfect	Preterite	Future	Conditional	Present	Past	
	toco	tocaba	toqué	tocaré	tocaría	toque	tocara	
	tocas	tocabas	tocaste	tocarás	tocarías	toques	tocaras	toca tú (no toques)
	toca	tocaba	tocó	tocará	tocaría	toque	tocara	toque Ud.
	tocamos	tocábamos	tocamos	tocaremos	tocaríamos	toquemos	tocáramos	toquemos
	tocáis	tocabais	tocasteis	tocaréis	tocaríais	toquéis	tocarais	tocad (no toquéis)
	tocan	tocaban	tocaron	tocarán	tocarían	toquen	tocaran	toquen Uds.

Guide to Vocabulary

Note on alphabetization

For purposes of alphabetization, **ch** and **ll** are not treated as separate letters, but **ñ** follows **n**. Therefore, in this glossary you will find that **año**, for example, appears after **anuncio**.

Abbreviations used in this glossary

adj.	adjective	*form.*	formal	*pl.*	plural
adv.	adverb	*indef.*	indefinite	*poss.*	possessive
art.	article	*interj.*	interjection	*prep.*	preposition
conj.	conjunction	*i.o.*	indirect object	*pron.*	pronoun
def.	definite	*m.*	masculine	*ref.*	reflexive
d.o.	direct object	*n.*	noun	*sing.*	singular
f.	feminine	*obj.*	object	*sub.*	subject
fam.	familiar	*p.p.*	past participle	*v.*	verb

Spanish-English

A

a *prep.* at; to 1
  ¿A qué hora...? At what time...? 1
  a bordo aboard 1
  a dieta on a diet 15
  a la derecha to the right 2
  a la izquierda to the left 2
  a la plancha grilled 8
  a la(s) + *time* at + *time* 1
  a menos que unless 13
  a menudo *adv.* often 10
  a nombre de in the name of 5
  a plazos in installments 14
  A sus órdenes. At your service. 11
  a tiempo *adv.* on time 10
  a veces *adv.* sometimes 10
  a ver let's see
¡Abajo! *adv.* Down! 15
abeja *f.* bee
abierto/a *adj.* open 5, 14
abogado/a *m., f.* lawyer 16
abrazar(se) *v.* to hug; to embrace (each other) 11
abrazo *m.* hug
abrigo *m.* coat 6
abril *m.* April 5
abrir *v.* to open 3
abuelo/a *m., f.* grandfather; grandmother 3
abuelos *pl.* grandparents 3
aburrido/a *adj.* bored; boring 5
aburrir *v.* to bore 7
aburrirse *v.* to get bored 17
acabar de (+ *inf.***)** *v.* to have just done something 6
acampar *v.* to camp 5
accidente *m.* accident 10
acción *f.* action 17
  de acción action (genre) 17

aceite *m.* oil 8
aceptar: ¡Acepto casarme contigo! I'll marry you! 17
ácido/a *adj.* acid 13
acompañar *v.* to accompany 14
aconsejar *v.* to advise 12
acontecimiento *m.* event 18
acordarse (de) (o:ue) *v.* to remember 7
acostarse (o:ue) *v.* to go to bed 7
activo/a *adj.* active 15
actor *m.* actor 16
actriz *f.* actor 16
actualidades *f., pl.* news; current events 18
acuático/a *adj.* aquatic 4
adelgazar *v.* to lose weight; to slim down 15
además (de) *adv.* furthermore; besides 10
adicional *adj.* additional
adiós *m.* good-bye 1
adjetivo *m.* adjective
administración de empresas *f.* business administration 2
adolescencia *f.* adolescence 9
¿adónde? *adv.* where (to)? (destination) 2
aduana *f.* customs 5
aeróbico/a *adj.* aerobic 15
aeropuerto *m.* airport 5
afectado/a *adj.* affected 13
afeitarse *v.* to shave 7
aficionado/a *adj.* fan 4
afirmativo/a *adj.* affirmative
afuera *adv.* outside 5
afueras *f., pl.* suburbs; outskirts 12
agencia de viajes *f.* travel agency 5
agente de viajes *m., f.* travel agent 5
agosto *m.* August 5
agradable *adj.* pleasant 5

agua *f.* water 8
  agua mineral mineral water 8
aguantar *v.* to endure, to hold up 14
ahora *adv.* now 2
  ahora mismo right now 5
ahorrar *v.* to save (money) 14
ahorros *m.* savings 14
aire *m.* air 5
ajo *m.* garlic 8
al (*contraction of* **a + el**) 2
  al aire libre open-air 6
  al contado in cash 14
  (al) este (to the) east 14
  al fondo (de) at the end (of) 12
  al lado de beside 2
  (al) norte (to the) north 14
  (al) oeste (to the) west 14
  (al) sur (to the) south 14
alcoba *f.* bedroom 12
alcohol *m.* alcohol 15
alcohólico/a *adj.* alcoholic 15
alegrarse (de) *v.* to be happy 13
alegre *adj.* happy; joyful 5
alegría *f.* happiness 9
alemán, alemana *adj.* German 3
alérgico/a *adj.* allergic 10
alfombra *f.* carpet; rug 12
algo *pron.* something; anything 7
algodón *m.* cotton 6
alguien *pron.* someone; somebody; anyone 7
algún, alguno/a(s) *adj.* any; some 7
alimento *m.* food
  alimentación *f.* diet
aliviar *v.* to reduce 15
  aliviar el estrés/la tensión to reduce stress/tension 15
allá *adv.* over there 2
allí *adv.* there 2
  allí mismo right there 14
alma *f.* soul 9
almacén *m.* department store 6

almohada *f.* pillow 12
almorzar (o:ue) *v.* to have lunch 4
almuerzo *m.* lunch 4, 8
aló *interj.* hello (*on the telephone*) 11
alquilar *v.* to rent 12
alquiler *m.* rent (payment) 12
altar *m.* altar 9
altillo *m.* attic 12
alto/a *adj.* tall 3
aluminio *m.* aluminum 13
ama de casa *m., f.* housekeeper; caretaker 12
amable *adj.* nice; friendly 5
amarillo/a *adj.* yellow 6
amigo/a *m., f.* friend 3
amistad *f.* friendship 9
amor *m.* love 9
  amor a primera vista love at first sight 9
anaranjado/a *adj.* orange 6
ándale *interj.* come on 14
andar *v.* **en patineta** to skateboard 4
ángel *m.* angel 9
anillo *m.* ring 17
animal *m.* animal 13
aniversario (de bodas) *m.* (wedding) anniversary 9
anoche *adv.* last night 6
anteayer *adv.* the day before yesterday 6
antes *adv.* before 7
  antes (de) que *conj.* before 13
  antes de *prep.* before 7
antibiótico *m.* antibiotic 10
antipático/a *adj.* unpleasant 3
anunciar *v.* to announce; to advertise 18
anuncio *m.* advertisement 16
año *m.* year 5
  año pasado last year 6
apagar *v.* to turn off 11
aparato *m.* appliance
apartamento *m.* apartment 12
apellido *m.* last name 3
apenas *adv.* hardly; scarcely 10
aplaudir *v.* to applaud 17
apreciar *v.* to appreciate 17
aprender (a + inf.) *v.* to learn 3
apurarse *v.* to hurry; to rush 15
aquel, aquella *adj.* that; those (over there) 6
aquél, aquélla *pron.* that; those (over there) 6
aquello *neuter, pron.* that; that thing; that fact 6
aquellos/as *pl. adj.* those (over there) 6
aquéllos/as *pl. pron.* those (ones) (over there) 6
aquí *adv.* here 1
  Aquí está(n)... Here is/are... 5
  aquí mismo right here 11
árbol *m.* tree 13

archivo *m.* file 11
arete *m.* earing 6
Argentina *f.* Argentina 1
argentino/a *adj.* Argentine 3
armario *m.* closet 12
arqueología *f.* archaeology 2
arqueólogo/a *m., f.* archaeologist 16
arquitecto/a *m., f.* architect 16
arrancar *v.* to start (*a car*) 11
arreglar *v.* to fix; to arrange 11; to neaten; to straighten up 12
arreglarse *v.* to get ready 7; to fix oneself (*clothes, hair, etc. to go out*) 7
arriba: hasta arriba to the top 15
arroba *f.* @ symbol 11
arroz *m.* rice 8
arte *m.* art 2
artes *f., pl.* arts 17
artesanía *f.* craftsmanship; crafts 17
artículo *m.* article 18
artista *m., f.* artist 3
artístico/a *adj.* artistic 17
arveja *m.* pea 8
asado/a *adj.* roast 8
ascenso *m.* promotion 16
ascensor *m.* elevator 5
así *adv.* like this; so (*in such a way*) 10
asistir (a) *v.* to attend 3
aspiradora *f.* vacuum cleaner 12
aspirante *m., f.* candidate; applicant 16
aspirina *f.* aspirin 10
atún *m.* tuna 8
aumentar *v.* to grow; to get bigger 13
aumentar *v.* **de peso** to gain weight 15
aumento *m.* increase 16
  aumento de sueldo pay raise 16
aunque although
autobús *m.* bus 1
automático/a *adj.* automatic
auto(móvil) *m.* auto(mobile) 5
autopista *f.* highway 11
ave *f.* bird 13
avenida *f.* avenue
aventura *f.* adventure 17
  de aventura adventure (genre) 17
avergonzado/a *adj.* embarrassed 5
avión *m.* airplane 5
¡Ay! *interj.* Oh!
  ¡Ay, qué dolor! Oh, what pain!
ayer *adv.* yesterday 6
ayudar(se) *v.* to help (each other) 11, 12
azúcar *m.* sugar 8
azul *adj. m., f.* blue 6

B

bailar *v.* to dance 2
bailarín/bailarina *m., f.* dancer 17
baile *m.* dance 17
bajar(se) de *v.* to get off of/out of (a vehicle) 11
bajo/a *adj.* short (*in height*) 3
bajo control under control 7
balcón *m.* balcony 12
balde *m.* bucket 5
ballena *f.* whale 13
baloncesto *m.* basketball 4
banana *f.* banana 8
banco *m.* bank 14
banda *f.* band 17
bandera *f.* flag
bañarse *v.* to bathe; to take a bath 7
baño *m.* bathroom 7
barato/a *adj.* cheap 6
barco *m.* boat 5
barrer *v.* to sweep 12
  barrer el suelo *v.* to sweep the floor 12
barrio *m.* neighborhood 12
bastante *adv.* enough; rather 10; pretty 13
basura *f.* trash 12
baúl *m.* trunk 11
beber *v.* to drink 3
bebida *f.* drink 8
  bebida alcohólica *f.* alcoholic beverage 15
béisbol *m.* baseball 4
bellas artes *f., pl.* fine arts 17
belleza *f.* beauty 14
beneficio *m.* benefit 16
besar(se) *v.* to kiss (each other) 11
beso *m.* kiss 9
biblioteca *f.* library 2
bicicleta *f.* bicycle 4
bien *adj.* well 1
bienestar *m.* well-being 15
bienvenido(s)/a(s) *adj.* welcome 12
billete *m.* paper money; ticket
billón *m.* trillion
biología *f.* biology 2
bisabuelo/a *m., f.* great-grand-father/great-grandmother 3
bistec *m.* steak 8
bizcocho *m.* biscuit
blanco/a *adj.* white 6
blog *m.* blog 11
(blue)jeans *m., pl.* jeans 6
blusa *f.* blouse 6
boca *f.* mouth 10
boda *f.* wedding 9
boleto *m.* ticket 2, 17
bolsa *f.* purse, bag 6
bombero/a *m., f.* firefighter 16
bonito/a *adj.* pretty 3
borrador *m.* eraser 2
borrar *v.* to erase 11

bosque *m.* forest 13
  bosque tropical tropical forest; rainforest 13
bota *f.* boot 6
botella *f.* bottle 9
  botella de vino bottle of wine 9
botones *m., f. sing.* bellhop 5
brazo *m.* arm 10
brindar *v.* to toast (*drink*) 9
bucear *v.* to scuba dive 4
bueno *adv.* well
buen, bueno/a *adj.* good 3, 6
  buena forma good shape (*physical*) 15
  Buena idea. Good idea.
  Buenas noches. Good evening; Good night. 1
  Buenas tardes. Good afternoon. 1
  buenísimo/a extremely good
  Bueno. Hello. (*on telephone*) 11
  Buenos días. Good morning. 1
bulevar *m.* boulevard
buscar *v.* to look for 2
buzón *m.* mailbox 14

C

caballero *m.* gentleman, sir 8
caballo *m.* horse 5
cabe: no cabe duda de there's no doubt 13
cabeza *f.* head 10
cada *adj. m., f.* each 6
caerse *v.* to fall (down) 10
café *m.* café 4; *adj. m., f.* brown 6; *m.* coffee 8
cafeína *f.* caffeine 14
cafetera *f.* coffee maker 12
cafetería *f.* cafeteria 2
caído/a *p.p.* fallen 14
caja *f.* cash register 6
cajero/a *m., f.* cashier 14
  cajero automático *m.* ATM 14
calavera de azúcar *f.* skull made out of sugar 9
calcetín (calcetines) *m.* sock(s) 6
calculadora *f.* calculator 2
caldo *m.* soup
calentamiento global *m.* global warming 13
calentarse (e:ie) *v.* to warm up 15
calidad *f.* quality 6
calle *f.* street 11
calor *m.* heat 4
caloría *f.* calorie 15
calzar *v.* to take size... shoes 6
cama *f.* bed 5
cámara digital *f.* digital camera 11
cámara de video *f.* video camera 11
camarero/a *m., f.* waiter/waitress 8

camarón *m.* shrimp 8
cambiar (de) *v.* to change 9
cambio: de cambio in change 2
cambio *m.* **climático** climate change 13
cambio *m.* **de moneda** currency exchange
caminar *v.* to walk 2
camino *m.* road
camión *m.* truck; bus
camisa *f.* shirt 6
camiseta *f.* t-shirt 6
campo *m.* countryside 5
canadiense *adj.* Canadian 3
canal *m.* (TV) channel 11; 17
canción *f.* song 17
candidato/a *m., f.* candidate 18
canela *f.* cinnamon 10
cansado/a *adj.* tired 5
cantante *m., f.* singer 17
cantar *v.* to sing 2
capital *f.* capital city 1
capó *m.* hood 11
cara *f.* face 7
caramelo *m.* caramel 9
carne *f.* meat 8
  carne de res *f.* beef 8
carnicería *f.* butcher shop 14
caro/a *adj.* expensive 6
carpintero/a *m., f.* carpenter 16
carrera *f.* career 16
carretera *f.* highway 11
carro *m.* car; automobile 11
carta *f.* letter 4; (playing) card 5
cartel *m.* poster 12
cartera *f.* wallet 4, 6
cartero *m.* mail carrier 14
casa *f.* house; home 2
casado/a *adj.* married 9
casarse (con) *v.* to get married (to) 9
casi *adv.* almost 10
catorce *adj.* fourteen 1
cazar *v.* to hunt 13
cebolla *f.* onion 8
cederrón *m.* CD-ROM 11
celebrar *v.* to celebrate 9
cementerio *m.* cemetery 9
cena *f.* dinner 8
cenar *v.* to have dinner 2
centro *m.* downtown 4
  centro comercial shopping mall 6
cepillarse los dientes/el pelo *v.* to brush one's teeth/one's hair 7
cerámica *f.* pottery 17
cerca de *prep.* near 2
cerdo *m.* pork 8
cereales *m., pl.* cereal; grains 8
cero *m.* zero 1
cerrado/a *adj.* closed 5, 14
cerrar (e:ie) *v.* to close 4
cerveza *f.* beer 8
césped *m.* grass
ceviche *m.* marinated fish dish 8
  ceviche de camarón *m.* lemon-marinated shrimp 8

chaleco *m.* vest
champán *m.* champagne 9
champiñón *m.* mushroom 8
champú *m.* shampoo 7
chaqueta *f.* jacket 6
chau *fam. interj.* bye 1
cheque *m.* (bank) check 14
  cheque (de viajero) *m.* (traveler's) check 14
chévere *adj., fam.* terrific
chico/a *m., f.* boy/girl 1
chino/a *adj.* Chinese 3
chocar (con) *v.* to run into
chocolate *m.* chocolate 9
choque *m.* collision 18
chuleta *f.* chop (food) 8
  chuleta de cerdo *f.* pork chop 8
cibercafé *m.* cybercafé
ciclismo *m.* cycling 4
cielo *m.* sky 13
cien(to) one hundred 2
ciencia *f.* science 2
  ciencias ambientales environmental sciences 2
  de ciencia ficción *f.* science fiction (genre) 17
científico/a *m., f.* scientist 16
cierto *m.* certain 13
  es cierto it's certain 13
  no es cierto it's not certain 13
cima *f.* top, peak 15
cinco five 1
cincuenta fifty 2
cine *m.* movie theater 4
cinta *f.* (audio)tape
cinta caminadora *f.* treadmill 15
cinturón *m.* belt 6
circulación *f.* traffic 11
cita *f.* date; appointment 9
ciudad *f.* city 4
ciudadano/a *m., f.* citizen 18
Claro (que sí). *fam.* Of course.
clase *f.* class 2
  clase de ejercicios aeróbicos *f.* aerobics class 15
clásico/a *adj.* classical 17
cliente/a *m., f.* customer 6
clínica *f.* clinic 10
cobrar *v.* to cash (a check) 14
coche *m.* car; automobile 11
cocina *f.* kitchen; stove 9, 12
cocinar *v.* to cook 12
cocinero/a *m., f.* cook, chef 16
cofre *m.* hood 14
cola *f.* line 14
colesterol *m.* cholesterol 15
color *m.* color 6
comedia *f.* comedy; play 17
comedor *m.* dining room 12
comenzar (e:ie) *v.* to begin 4
comer *v.* to eat 3
comercial *adj.* commercial; business-related 16
comida *f.* food; meal 4, 8
como like; as 8
¿cómo? what?; how? 1

¿Cómo es...? What's... like? 3
¿Cómo está usted? *form.* How are you? 1
¿Cómo estás? *fam.* How are you? 1
¿Cómo les fue...? *pl.* How did ... go for you? 15
¿Cómo se llama usted? *(form.)* What's your name? 1
¿Cómo te llamas? *fam.* What's your name? 1
cómoda *f.* chest of drawers 12
cómodo/a *adj.* comfortable 5
compañero/a de clase *m., f.* classmate 2
compañero/a de cuarto *m., f.* roommate 2
compañía *f.* company; firm 16
compartir *v.* to share 3
completamente *adv.* completely 5, 16
compositor(a) *m., f.* composer 17
comprar *v.* to buy 2
compras *f., pl.* purchases 5
ir de compras go shopping 5
comprender *v.* to understand 3
comprobar *v.* to check
comprometerse (con) *v.* to get engaged (to) 9
computación *f.* computer science 2
computadora *f.* computer 1
computadora portátil *f.* portable computer; laptop 11
comunicación *f.* communication 18
comunicarse (con) *v.* to communicate (with) 18
comunidad *f.* community 1
con *prep.* with 2
Con él/ella habla. Speaking./ This is he/she. *(on telephone)* 11
con frecuencia *adv.* frequently 10
Con permiso. Pardon me; Excuse me. 1
con tal (de) que provided (that) 13
concierto *m.* concert 17
concordar *v.* to agree
concurso *m.* game show; contest 17
conducir *v.* to drive 6, 11
conductor(a) *m., f.* driver 1
conexión *f.* **inalámbrica** wireless (connection) 11
confirmar *v.* to confirm 5
confirmar *v.* **una reservación** *f.* to confirm a reservation 5
confundido/a *adj.* confused 5
congelador *m.* freezer 12
congestionado/a *adj.* congested; stuffed-up 10
conmigo *pron.* with me 4, 9
conocer *v.* to know; to be acquainted with 6
conocido *adj.; p.p.* known
conseguir (e:i) *v.* to get; to obtain 4
consejero/a *m., f.* counselor; advisor 16

consejo *m.* advice
conservación *f.* conservation 13
conservar *v.* to conserve 13
construir *v.* to build
consultorio *m.* doctor's office 10
consumir *v.* to consume 15
contabilidad *f.* accounting 2
contador(a) *m., f.* accountant 16
contaminación *f.* pollution 13
contaminación del aire/del agua air/water pollution 13
contaminado/a *adj.* polluted 13
contaminar *v.* to pollute 13
contar (o:ue) *v.* to count; to tell 4
contar (con) *v.* to count (on) 12
contento/a *adj.* happy; content 5
contestadora *f.* answering machine 11
contestar *v.* to answer 2
contigo *fam. pron.* with you 5, 9
contratar *v.* to hire 16
control *m.* control 7
control remoto remote control 11
controlar *v.* to control 13
conversación *f.* conversation 1
conversar *v.* to converse, to chat 2
copa *f.* wineglass; goblet 12
corazón *m.* heart 10
corbata *f.* tie 6
corredor(a) *m., f.* **de bolsa** stockbroker 16
correo *m.* mail; post office 14
correo electrónico *m.* e-mail 4
correo de voz *m.* voice mail 11
correr *v.* to run 3
cortesía *f.* courtesy
cortinas *f., pl.* curtains 12
corto/a *adj.* short *(in length)* 6
cosa *f.* thing 1
Costa Rica *f.* Costa Rica 1
costar (o:ue) *f.* to cost 6
costarricense *adj.* Costa Rican 3
cráter *m.* crater 13
creer *v.* to believe 13
creer (en) *v.* to believe (in) 3
no creer (en) *v.* not to believe (in) 13
creído/a *adj., p.p.* believed 14
crema de afeitar *f.* shaving cream 5, 7
crimen *m.* crime; murder 18
cruzar *v.* to cross 14
cuaderno *m.* notebook 1
cuadra *f.* (city) block 14
¿cuál(es)? which?; which one(s)? 2
¿Cuál es la fecha de hoy? What is today's date? 5
cuadro *m.* picture 12
cuadros *m., pl.* plaid 6
cuando when 7; 13
¿cuándo? when? 2
¿cuánto(s)/a(s)? how much/how many? 1
¿Cuánto cuesta...? How much does... cost? 6

¿Cuántos años tienes? How old are you? 3
cuarenta forty 2
cuarto de baño *m.* bathroom 7
cuarto *m.* room 2; 7
cuarto/a *adj.* fourth 5
menos cuarto quarter to (time)
y cuarto quarter after (time) 1
cuatro four 1
cuatrocientos/as four hundred 2
Cuba *f.* Cuba 1
cubano/a *adj.* Cuban 3
cubiertos *m., pl.* silverware
cubierto/a *p.p.* covered
cubrir *v.* to cover
cuchara *f.* (table or large) spoon 12
cuchillo *m.* knife 12
cuello *m.* neck 10
cuenta *f.* bill 8; account 14
cuenta corriente *f.* checking account 14
cuenta de ahorros *f.* savings account 14
cuento *m.* short story 17
cuerpo *m.* body 10
cuidado *m.* care 3
cuidar *v.* to take care of 13
¡Cuídense! Take care! 14
cultura *f.* culture 2, 17
cumpleaños *m., sing.* birthday 9
cumplir años *v.* to have a birthday 9
cuñado/a *m., f.* brother-in-law; sister-in-law 3
currículum *m.* résumé 16
curso *m.* course 2

D

danza *f.* dance 17
dañar *v.* to damage; to break down 10
dar *v.* to give 6, 9
dar un consejo *v.* to give advice
darse con *v.* to bump into; to run into (something) 10
darse prisa *v.* to hurry; to rush 15
de *prep.* of; from 1
¿De dónde eres? *fam.* Where are you from? 1
¿De dónde es usted? *form.* Where are you from? 1
¿De parte de quién? Who is speaking/calling? *(on telephone)* 11
¿de quién...? whose...? *(sing.)* 1
¿de quiénes...? whose...? *(pl.)* 1
de algodón (made) of cotton 6
de aluminio (made) of aluminum 13
de buen humor in a good mood 5
de compras shopping 5
de cuadros plaid 6

de excursión hiking 4
de hecho in fact
de ida y vuelta roundtrip 5
de la mañana in the morning; A.M. 1
de la noche in the evening; at night; P.M. 1
de la tarde in the afternoon; in the early evening; P.M. 1
de lana (made) of wool 6
de lunares polka-dotted 6
de mal humor in a bad mood 5
de mi vida of my life 15
de moda in fashion 6
De nada. You're welcome. 1
de niño/a as a child 10
de parte de on behalf of 11
de plástico (made) of plastic 13
de rayas striped 6
de repente suddenly 6
de seda (made) of silk 6
de vaqueros western (genre) 17
de vez en cuando from time to time 10
de vidrio (made) of glass 13
debajo de *prep.* below; under 2
deber (+ *inf.*) *v.* should; must; ought to 3
Debe ser... It must be... 6
deber *m.* responsibility; obligation 18
debido a due to (the fact that)
débil *adj.* weak 15
decidido/a *adj.* decided 14
decidir (+ *inf.*) *v.* to decide 3
décimo/a *adj.* tenth 5
decir (e:i) *v.* **(que)** to say (that); to tell (that) 4, 9
decir la respuesta to say the answer 4
decir la verdad to tell the truth 4
decir mentiras to tell lies 4
declarar *v.* to declare; to say 18
dedo *m.* finger 10
dedo del pie *m.* toe 10
deforestación *f.* deforestation 13
dejar *v.* to let 12; to quit; to leave behind 16
dejar de (+ *inf.*) *v.* to stop (*doing something*) 13
dejar una propina *v.* to leave a tip 9
del (*contraction of* **de** + **el**) of the; from the
delante de *prep.* in front of 2
delgado/a *adj.* thin; slender 3
delicioso/a *adj.* delicious 8
demás *adj.* the rest
demasiado *adj., adv.* too much 6
dentista *m., f.* dentist 10
dentro de (diez años) within (ten years) 16; inside
dependiente/a *m., f.* clerk 6
deporte *m.* sport 4
deportista *m.* sports person

deportivo/a *adj.* sports-related 4
depositar *v.* to deposit 14
derecha *f.* right 2
derecho *adj.* straight (ahead) 14
a la derecha de to the right of 2
derechos *m., pl.* rights 18
desarrollar *v.* to develop 13
desastre (natural) *m.* (natural) disaster 18
desayunar *v.* to have breakfast 2
desayuno *m.* breakfast 8
descafeinado/a *adj.* decaffeinated 15
descansar *v.* to rest 2
descargar *v.* to download 11
descompuesto/a *adj.* not working; out of order 11
describir *v.* to describe 3
descrito/a *p.p.* described 14
descubierto/a *p.p.* discovered 14
descubrir *v.* to discover 13
desde *prep.* from 6
desear *v.* to wish; to desire 2
desempleo *m.* unemployment 18
desierto *m.* desert 13
desigualdad *f.* inequality 18
desordenado/a *adj.* disorderly 5
despacio *adv.* slowly 10
despedida *f.* farewell; good-bye
despedir (e:i) *v.* to fire 16
despedirse (de) (e:i) *v.* to say goodbye (to) 7
despejado/a *adj.* clear (*weather*)
despertador *m.* alarm clock 7
despertarse (e:ie) *v.* to wake up 7
después *adv.* afterwards; then 7
después de after 7
después de que *conj.* after 13
destruir *v.* to destroy 13
detrás de *prep.* behind 2
día *m.* day 1
día de fiesta holiday 9
diario *m.* diary 1; newspaper 18
diario/a *adj.* daily 7
dibujar *v.* to draw 2
dibujo *m.* drawing 17
dibujos animados *m., pl.* cartoons 17
diccionario *m.* dictionary 1
dicho/a *p.p.* said 14
diciembre *m.* December 5
dictadura *f.* dictatorship 18
diecinueve nineteen 1
dieciocho eighteen 1
dieciséis sixteen 1
diecisiete seventeen 1
diente *m.* tooth 7
dieta *f.* diet 15
comer una dieta equilibrada to eat a balanced diet 15
diez ten 1
difícil *adj.* difficult; hard 3
Diga. Hello. (*on telephone*) 11
diligencia *f.* errand 14
dinero *m.* money 6
dirección *f.* address 14

dirección electrónica *f.* e-mail address 11
director(a) *m., f.* director; (*musical*) conductor 17
dirigir *v.* to direct 17
disco compacto compact disc (CD) 11
discriminación *f.* discrimination 18
discurso *m.* speech 18
diseñador(a) *m., f.* designer 16
diseño *m.* design
disfraz *m.* costume
disfrutar (de) *v.* to enjoy; to reap the benefits (of) 15
disminuir *v.* to reduce 16
diversión *f.* fun activity; entertainment; recreation 4
divertido/a *adj.* fun 7
divertirse (e:ie) *v.* to have fun 9
divorciado/a *adj.* divorced 9
divorciarse (de) *v.* to get divorced (from) 9
divorcio *m.* divorce 9
doblar *v.* to turn 14
doble *adj.* double
doce twelve 1
doctor(a) *m., f.* doctor 3; 10
documental *m.* documentary 17
documentos de viaje *m., pl.* travel documents
doler (o:ue) *v.* to hurt 10
dolor *m.* ache; pain 10
dolor de cabeza *m.* headache 10
doméstico/a *adj.* domestic 12
domingo *m.* Sunday 2
don *m.* Mr.; sir 1
doña *f.* Mrs.; ma'am 1
donde *prep.* where
¿Dónde está...? Where is...? 2
¿dónde? where? 1
dormir (o:ue) *v.* to sleep 4
dormirse (o:ue) *v.* to go to sleep; to fall asleep 7
dormitorio *m.* bedroom 12
dos two 1
dos veces *f.* twice; two times 6
doscientos/as two hundred 2
drama *m.* drama; play 17
dramático/a *adj.* dramatic 17
dramaturgo/a *m., f.* playwright 17
droga *f.* drug 15
drogadicto/a *adj.* drug addict 15
ducha *f.* shower 7
ducharse *v.* to shower; to take a shower 7
duda *f.* doubt 13
dudar *v.* to doubt 13
no dudar *v.* not to doubt 13
dueño/a *m., f.* owner; landlord 8
dulces *m., pl.* sweets; candy 9
durante *prep.* during 7
durar *v.* to last 18

E

e *conj. (used instead of y before words beginning with i and hi)* and 4
echar *v.* to throw
  echar (una carta) al buzón *v.* to put (a letter) in the mailbox 14; to mail 14
ecología *f.* ecology 13
ecologista *m., f.* ecologist 13; *adj.* ecological 13
economía *f.* economics 2
ecoturismo *m.* ecotourism 13
Ecuador *m.* Ecuador 1
ecuatoriano/a *adj.* Ecuadorian 3
edad *f.* age 9
edificio *m.* building 12
  edificio de apartamentos apartment building 12
(en) efectivo *m.* cash 6
ejercer *v.* to practice/exercise (a degree/profession) 16
ejercicio *m.* exercise 15
  ejercicios aeróbicos aerobic exercises 15
  ejercicios de estiramiento stretching exercises 15
ejército *m.* army 18
el *m., sing., def. art.* the 1
él *sub. pron.* he 1; *adj. pron.* him
elecciones *f., pl.* election 18
electricista *m., f.* electrician 16
electrodoméstico *m.* electric appliance 12
elegante *adj. m., f.* elegant 6
elegir (e:i) *v.* to elect 18
ella *sub. pron.* she 1; *obj. pron.* her
ellos/as *sub. pron.* they 1; them 1
embarazada *adj.* pregnant 10
emergencia *f.* emergency 10
emitir *v.* to broadcast 18
emocionante *adj. m., f.* exciting
empezar (e:ie) *v.* to begin 4
empleado/a *m., f.* employee 5
empleo *m.* job; employment 16
empresa *f.* company; firm 16
en *prep.* in; on; at 2
  en casa at home 7
  en caso (de) que in case (that) 13
  en cuanto as soon as 13
  en efectivo in cash 14
  en exceso in excess; too much 15
  en línea in-line 4
  ¡En marcha! Let's get going! 15
  en mi nombre in my name
  en punto on the dot; exactly; sharp (time) 1
  en qué in what; how 2
  ¿En qué puedo servirles? How can I help you? 5
  en vivo live 7
enamorado/a (de) *adj.* in love (with) 5
enamorarse (de) *v.* to fall in love (with) 9

encantado/a *adj.* delighted; pleased to meet you 1
encantar *v.* to like very much; to love (inanimate objects) 7
  ¡Me encantó! I loved it! 15
encima de *prep.* on top of 2
encontrar (o:ue) *v.* to find 4
encontrar(se) (o:ue) *v.* to meet (each other); to run into (each other) 11
  encontrarse con to meet up with 7
encuesta *f.* poll; survey 18
energía *f.* energy 13
  energía nuclear nuclear energy 13
  energía solar solar energy 13
enero *m.* January 5
enfermarse *v.* to get sick 10
enfermedad *f.* illness 10
enfermero/a *m., f.* nurse 10
enfermo/a *adj.* sick 10
enfrente de *adv.* opposite; facing 14
engordar *v.* to gain weight 15
enojado/a *adj.* mad; angry 5
enojarse (con) *v.* to get angry (with) 7
ensalada *f.* salad 8
ensayo *m.* essay 3
enseguida *adv.* right away
enseñar *v.* to teach 2
ensuciar *v.* to get (something) dirty 12
entender (e:ie) *v.* to understand 4
enterarse *v.* to find out 16
entonces *adv.* so, then 5, 7
entrada *f.* entrance 12; ticket 17
entre *prep.* between; among 2
entregar *v.* to hand in 11
entremeses *m., pl.* hors d'oeuvres; appetizers 8
entrenador(a) *m., f.* trainer 15
entrenarse *v.* to practice; to train 15
entrevista *f.* interview 16
entrevistador(a) *m., f.* interviewer 16
entrevistar *v.* to interview 16
envase *m.* container 13
enviar *v.* to send; to mail 14
equilibrado/a *adj.* balanced 15
equipado/a *adj.* equipped 15
equipaje *m.* luggage 5
equipo *m.* team 4
equivocado/a *adj.* wrong 5
eres *fam.* you are 1
es he/she/it is 1
  Es bueno que... It's good that... 12
  Es de... He/She is from... 1
  es extraño it's strange 13
  es igual it's the same 5
  Es importante que... It's important that... 12
  es imposible it's impossible 13
  es improbable it's improbable 13
  Es malo que... It's bad that... 12

  Es mejor que... It's better that... 12
  Es necesario que... It's necessary that... 12
  es obvio it's obvious 13
  es ridículo it's ridiculous 13
  es seguro it's sure 13
  es terrible it's terrible 13
  es triste it's sad 13
  Es urgente que... It's urgent that... 12
  Es la una. It's one o'clock. 1
  es una lástima it's a shame 13
  es verdad it's true 13
esa(s) *f., adj.* that; those 6
ésa(s) *f., pron.* that (one); those (ones) 6
escalar *v.* to climb 4
  escalar montañas *v.* to climb mountains 4
escalera *f.* stairs; stairway 12
escalón *m.* step 15
escanear *v.* to scan 11
escoger *v.* to choose 8
escribir *v.* to write 3
  escribir un mensaje electrónico to write an e-mail message 4
  escribir una postal to write a postcard 4
  escribir una carta to write a letter 4
escrito/a *p.p.* written 14
escritor(a) *m., f.* writer 17
escritorio *m.* desk 2
escuchar *v.* to listen to
  escuchar la radio to listen (to) the radio 2
  escuchar música to listen (to) music 2
escuela *f.* school 1
esculpir *v.* to sculpt 17
escultor(a) *m., f.* sculptor 17
escultura *f.* sculpture 17
ese *m., sing., adj.* that 6
ése *m., sing., pron.* that one 6
eso *neuter, pron.* that; that thing 6
esos *m., pl., adj.* those 6
ésos *m., pl., pron.* those (ones) 6
España *f.* Spain 1
español *m.* Spanish (language) 2
español(a) *adj. m., f.* Spanish 3
espárragos *m., pl.* asparagus 8
especialidad: las especialidades del día today's specials 8
especialización *f.* major 2
espectacular *adj.* spectacular 15
espectáculo *m.* show 17
espejo *m.* mirror 7
esperar *v.* to hope; to wish 13
  esperar (+ infin.) *v.* to wait (for); to hope 2
esposo/a *m., f.* husband/wife; spouse 3
esquí (acuático) *m.* (water) skiing 4

esquiar *v.* to ski 4
esquina *m.* corner 14
está he/she/it is, you are
  Está (muy) despejado. It's
   (very) clear. (*weather*)
  Está lloviendo. It's raining. 5
  Está nevando. It's snowing. 5
  Está (muy) nublado. It's
   (very) cloudy. (*weather*) 5
  Está bien. That's fine. 11
esta(s) *f., adj.* this; these 6
  esta noche tonight 4
ésta(s) *f., pron.* this (one); these
  (ones) 6
  Ésta es… *f.* This is…
   (*introducing someone*) 1
establecer *v.* to establish 16
estación *f.* station; season 5
  estación de autobuses
   bus station 5
  estación del metro subway
   station 5
  estación de tren train
   station 5
estacionamiento *m.* parking
  lot 14
estacionar *v.* to park 11
estadio *m.* stadium 2
estado civil *m.* marital status 9
Estados Unidos *m., pl.* (EE.UU.;
  E.U.) United States 1
estadounidense *adj. m., f.* from
  the United States 3
estampado/a *adj.* print
estampilla *f.* stamp 14
estante *m.* bookcase;
  bookshelves 12
estar *v.* to be 2
  estar a (veinte kilómetros)
   de aquí to be (20 kilometers)
   from here 11
  estar a dieta to be on a diet
   15
  estar aburrido/a to be
   bored 5
  estar afectado/a (por) to be
   affected (by) 13
  estar bajo control to be under
   control 7
  estar cansado/a to be tired 5
  estar contaminado/a to be
   polluted 13
  estar de acuerdo to agree 17
   Estoy de acuerdo. I agree. 17
   No estoy de acuerdo.
    I don't agree. 17
  estar de moda to be in
   fashion 6
  estar de vacaciones *f., pl.* to
   be on vacation 5
  estar en buena forma to be
   in good shape 15
  estar enfermo/a to be sick 10
  estar harto/a de… to be sick
   of… 18
  estar listo/a to be ready 15
  estar perdido/a to be lost 14

estar roto/a to be broken 10
estar seguro/a to be sure 5
estar torcido/a to be twisted;
  to be sprained 10
No está nada mal. It's not bad
  at all. 5
estatua *f.* statue 17
este *m.* east 14
este *m., sing., adj.* this 6
éste *m., sing., pron.* this (one) 6
  Éste es… *m.* This is…
   (*introducing someone*) 1
estéreo *m.* stereo 11
estilo *m.* style
estiramiento *m.* stretching 15
esto *neuter pron.* this; this thing 6
estómago *m.* stomach 10
estornudar *v.* to sneeze 10
estos *m., pl., adj.* these 6
éstos *m., pl., pron.* these (ones) 6
estrella *f.* star 13
  estrella de cine *m., f.* movie
   star 17
estrés *m.* stress 15
estudiante *m., f.* student 1, 2
estudiantil *adj. m., f.* student 2
estudiar *v.* to study 2
estufa *f.* stove 12
estupendo/a *adj.* stupendous 5
etapa *f.* stage 9
evitar *v.* to avoid 13
examen *m.* test; exam 2
  examen médico physical
   exam 10
excelente *adj. m., f.* excellent 5
exceso *m.* excess; too much 15
excursión *f.* hike; tour;
  excursion 4
excursionista *m., f.* hiker
éxito *m.* success 16
experiencia *f.* experience 18
explicar *v.* to explain 2
explorar *v.* to explore
expresión *f.* expression
extinción *f.* extinction 13
extranjero/a *adj.* foreign 17
extrañar *v.* to miss 16
extraño/a *adj.* strange 13

F

fábrica *f.* factory 13
fabuloso/a *adj* fabulous 5
fácil *adj.* easy 3
falda *f.* skirt 6
faltar *v.* to lack; to need 7
familia *f.* family 3
famoso/a *adj.* famous 16
farmacia *f.* pharmacy 10
fascinar *v.* to fascinate 7
favorito/a *adj.* favorite 4
fax *m.* fax (machine) 11
febrero *m.* February 5
fecha *f.* date 5
feliz *adj.* happy 5

¡Felicidades! Congratulations! 9
¡Felicitaciones!
  Congratulations! 9
¡Feliz cumpleaños! Happy
  birthday! 9
fenomenal *adj.* great,
  phenomenal 5
feo/a *adj.* ugly 3
festival *m.* festival 17
fiebre *f.* fever 10
fiesta *f.* party 9
fijo/a *adj.* fixed, set 6
fin *m.* end 4
  fin de semana weekend 4
finalmente *adv.* finally 15
firmar *v.* to sign (*a document*) 14
física *f.* physics 2
flan (de caramelo) *m.* baked
  (caramel) custard 9
flexible *adj.* flexible 15
flor *f.* flower 13
folclórico/a *adj.* folk; folkloric 17
folleto *m.* brochure
fondo *m.* end 12
forma *f.* shape 15
formulario *m.* form 14
foto(grafía) *f.* photograph 1
francés, francesa *adj. m., f.*
  French 3
frecuentemente *adv.* frequently 10
frenos *m., pl.* brakes
frente (frío) *m.* (cold) front 5
fresco/a *adj.* cool 5
frijoles *m., pl.* beans 8
frío/a *adj.* cold 5
frito/a *adj.* fried 8
fruta *f.* fruit 8
frutería *f.* fruit store 14
frutilla *f.* strawberry 8
fuera *adv.* outside
fuerte *adj. m., f.* strong 15
fumar *v.* to smoke 15
  (no) fumar *v.* (not) to smoke 15
funcionar *v.* to work 11; to
  function
fútbol *m.* soccer 4
fútbol americano *m.* football 4
futuro/a *adj.* future 16
  en el futuro in the future 16

G

gafas (de sol) *f., pl.* (sun)glasses 6
gafas (oscuras) *f., pl.* (sun)glasses
galleta *f.* cookie 9
ganar *v.* to win 4; to earn (*money*)
  16
ganga *f.* bargain 6
garaje *m.* garage; (mechanic's)
  repair shop 11; garage (*in a*
  house) 12
garganta *f.* throat 10
gasolina *f.* gasoline 11
gasolinera *f.* gas station 11
gastar *v.* to spend (*money*) 6

gato *m.* cat 13
gemelo/a *m., f.* twin 3
genial *adj.* great 16
gente *f.* people 3
geografía *f.* geography 2
gerente *m., f.* manager 8, 16
gimnasio *m.* gymnasium 4
gobierno *m.* government 13
golf *m.* golf 4
gordo/a *adj.* fat 3
grabar *v.* to record 11
gracias *f., pl.* thank you; thanks 1
   Gracias por invitarme.
   Thanks for having me. 9
graduarse (de/en) *v.* to graduate
   (from/in) 9
gran, grande *adj.* big; large 3
grasa *f.* fat 15
gratis *adj. m., f.* free of charge 14
grave *adj.* grave; serious 10
gravísimo/a *adj.* extremely
   serious 13
grillo *m.* cricket
gripe *f.* flu 10
gris *adj. m., f.* gray 6
gritar *v.* to scream, to shout 7
grito *m.* scream 5
guantes *m., pl.* gloves 6
guapo/a *adj.* handsome; good-
   looking 3
guardar *v.* to save (on a
   computer) 11
guerra *f.* war 18
guía *m., f.* guide
gustar *v.* to be pleasing to; to like 2
   Me gustaría... I would like...
gusto *m.* pleasure 1
   El gusto es mío. The pleasure
   is mine. 1
   Gusto de verlo/la. *(form.)* It's
   nice to see you.
   Gusto de verte. *(fam.)* It's
   nice to see you.
   Mucho gusto. Pleased to meet
   you. 1
   ¡Qué gusto verlo/la! *(form.)*
   How nice to see you! 18
   ¡Qué gusto verte! *(fam.) How*
   nice to see you! 18

H

haber *(auxiliar) v.* to have (done
   something) 15
   Ha sido un placer. It's been a
   pleasure. 15
habitación *f.* room 5
   habitación doble double
   room 5
   habitación individual single
   room 5
hablar *v.* to talk; to speak 2
hacer *v.* to do; to make 4
   Hace buen tiempo. The
   weather is good. 5
   Hace (mucho) calor. It's (very)
   hot. *(weather)* 5

Hace fresco. It's cool.
   (weather) 5
Hace (mucho) frío. It's (very)
   cold. *(weather)* 5
Hace mal tiempo. The weather
   is bad. 5
Hace (mucho) sol. It's (very)
   sunny. *(weather)* 5
Hace (mucho) viento. It's
   (very) windy. *(weather)* 5
hacer cola to stand in line 14
hacer diligencias to run
   errands 14
hacer ejercicio to exercise 15
hacer ejercicios aeróbicos to
   do aerobics 15
**hacer ejercicios de
   estiramiento** to do stretching
   exercises 15
hacer el papel (de) to play the
   role (of) 17
hacer gimnasia to work out 15
hacer juego (con) to match
   (with) 6
hacer la cama to make the
   bed 12
hacer las maletas to pack
   (one's) suitcases 5
hacer quehaceres domésticos
   to do household chores 12
hacer (wind)surf to (wind)surf 5
hacer turismo to go
   sightseeing
hacer un viaje to take a trip 5
**¿Me harías el honor de
   casarte conmingo?** Would
   you do me the honor of
   marrying me? 17
hacia *prep.* toward 14
hambre *f.* hunger 3
hamburguesa *f.* hamburger 8
hasta *prep.* until 6; toward
   Hasta la vista. See you later. 1
   Hasta luego. See you later. 1
   Hasta mañana. See you
   tomorrow. 1
   hasta que until 13
   Hasta pronto. See you soon. 1
hay there is; there are 1
   Hay (mucha) contaminación.
   It's (very) smoggy.
   Hay (mucha) niebla. It's (very)
   foggy.
   Hay que It is necessary that 14
   No hay duda de There's no
   doubt 13
   No hay de qué. You're
   welcome. 1
hecho/a *p.p.* done 14
heladería *f.* ice cream shop 14
helado/a *adj.* iced 8
helado *m.* ice cream 9
hermanastro/a *m., f.* stepbrother/
   stepsister 3
hermano/a *m., f.* brother/sister 3
hermano/a mayor/menor *m., f.*
   older/younger brother/sister 3

hermanos *m., pl.* siblings
   (brothers and sisters) 3
hermoso/a *adj.* beautiful 6
hierba *f.* grass 13
hijastro/a *m., f.* stepson/
   stepdaughter 3
hijo/a *m., f.* son/daughter 3
   hijo/a único/a *m., f.* only
   child 3
   hijos *m., pl.* children 3
híjole *interj.* wow 6
historia *f.* history 2; story 17
hockey *m.* hockey 4
hola *interj.* hello; hi 1
hombre *m.* man 1
   hombre de negocios *m.*
   businessman 16
hora *f.* hour 1; the time
horario *m.* schedule 2
horno *m.* oven 12
   horno de microondas *m.*
   microwave oven 12
horror *m.* horror 17
   de horror horror (genre) 17
hospital *m.* hospital 10
hotel *m.* hotel 5
hoy *adv.* today 2
   hoy día *adv.* nowadays
   Hoy es... Today is... 2
hueco *m.* hole 4
huelga *f.* strike (*labor*) 18
hueso *m.* bone 10
huésped *m., f.* guest 5
huevo *m.* egg 8
humanidades *f., pl.* humanities 2
huracán *m.* hurricane 18

I

ida *f.* one way (*travel*)
idea *f.* idea 4
iglesia *f.* church 4
igualdad *f.* equality 18
igualmente *adv.* likewise 1
impermeable *m.* raincoat 6
importante *adj. m., f.* important 3
importar *v.* to be important to;
   to matter 7
imposible *adj. m., f.*
   impossible 13
impresora *f.* printer 11
imprimir *v.* to print 11
improbable *adj. m., f.*
   improbable 13
impuesto *m.* tax 18
incendio *m.* fire 18
increíble *adj. m., f.* incredible 5
indicar cómo llegar *v.* to give
   directions 14
individual *adj.* private (*room*) 5
infección *f.* infection 10
informar *v.* to inform 18
informe *m.* report; paper (*written
   work*) 18
ingeniero/a *m., f.* engineer 3

inglés *m.* English (*language*) 2
inglés, inglesa *adj.* English 3
inodoro *m.* toilet 7
insistir (en) *v.* to insist (on) 12
inspector(a) de aduanas *m., f.*
  customs inspector 5
inteligente *adj. m., f.* intelligent 3
intento *m.* attempt 11
intercambiar *v.* to exchange
interesante *adj. m., f.*
  interesting 3
interesar *v.* to be interesting to;
  to interest 7
internacional *adj. m., f.*
  international 18
Internet Internet 11
inundación *f.* flood 18
invertir (e:ie) *v.* to invest 16
invierno *m.* winter 5
invitado/a *m., f.* guest 9
  invitar *v.* to invite 9
inyección *f.* injection 10
ir *v.* to go 4
  ir a (+ *inf.*) to be going to do
    something 4
  ir de compras to go shopping 5
  **ir de excursión (a las
    montañas)** to go on a hike
    (in the mountains) 4
  ir de pesca to go fishing
  ir de vacaciones to go on
    vacation 5
  ir en autobús to go by bus 5
  ir en auto(móvil) to go by
    auto(mobile); to go by car 5
  ir en avión to go by plane 5
  ir en barco to go by boat 5
  ir en metro to go by subway 5
  ir en motocicleta to go by
    motorcycle 5
  ir en taxi to go by taxi 5
  ir en tren to go by train 5
irse *v.* to go away; to leave 7
italiano/a *adj.* Italian 3
izquierdo/a *adj.* left 2
  a la izquierda de to the left
    of 2

J

jabón *m.* soap 7
jamás *adv.* never; not ever 7
jamón *m.* ham 8
japonés, japonesa *adj.*
  Japanese 3
jardín *m.* garden; yard 12
jefe, jefa *m., f.* boss 16
jengibre *m.* ginger 10
joven *adj. m., f., sing.* (**jóvenes** *pl.*)
  young 3
joven *m., f., sing.* (**jóvenes** *pl.*)
  youth; young person 1
joyería *f.* jewelry store 14
jubilarse *v.* to retire (*from work*) 9
juego *m.* game

jueves *m., sing.* Thursday 2
jugador(a) *m., f.* player 4
jugar (u:ue) *v.* to play 4
  jugar a las cartas *f., pl.* to
    play cards 5
jugo *m.* juice 8
  jugo de fruta *m.* fruit juice 8
julio *m.* July 5
jungla *f.* jungle 13
junio *m.* June 5
juntos/as *adj.* together 9
juventud *f.* youth 9

K

kilómetro *m.* kilometer 1

L

la *f., sing., def. art.* the 1
  la *f., sing., d.o. pron.* her, it,
    form. you 5
laboratorio *m.* laboratory 2
lago *m.* lake 13
lámpara *f.* lamp 12
lana *f.* wool 6
langosta *f.* lobster 8
lápiz *m.* pencil 1
largo/a *adj.* long 6
las *f., pl., def. art.* the 1
  las *f., pl., d.o. pron.* them; *form.*
    you 5
lástima *f.* shame 13
lastimarse *v.* to injure oneself 10
  lastimarse el pie to injure
    one's foot 10
lata *f.* (*tin*) can 13
lavabo *m.* sink 7
lavadora *f.* washing machine 12
lavandería *f.* laundromat 14
lavaplatos *m., sing.* dishwasher 12
lavar *v.* to wash 12
  lavar (el suelo, los platos) to
    wash (the floor, the dishes) 12
lavarse *v.* to wash oneself 7
  lavarse la cara to wash one's
    face 7
  lavarse las manos to wash
    one's hands 7
le *sing., i.o. pron.* to/for him, her,
  form. you 6
  Le presento a... *form.* I would
    like to introduce you to (name). 1
lección *f.* lesson 1
leche *f.* milk 8
lechuga *f.* lettuce 8
leer *v.* to read 3
  leer correo electrónico
    to read e-mail 4
  leer un periódico to read a
    newspaper 4
  leer una revista to read a
    magazine 4
leído/a *p.p.* read 14
lejos de *prep.* far from 2

lengua *f.* language 2
  lenguas extranjeras *f., pl.*
    foreign languages 2
lentes de contacto *m., pl.*
  contact lenses
  lentes (de sol) (sun)glasses
lento/a *adj.* slow 11
les *pl., i.o. pron.* to/for them, *form.*
  you 6
letrero *m.* sign 14
levantar *v.* to lift 15
  levantar pesas to lift
    weights 15
levantarse *v.* to get up 7
ley *f.* law 13
libertad *f.* liberty; freedom 18
libre *adj. m., f.* free 4
librería *f.* bookstore 2
libro *m.* book 2
licencia de conducir *f.* driver's
  license 11
limón *m.* lemon 8
limpiar *v.* to clean 12
  limpiar la casa *v.* to clean the
    house 12
limpio/a *adj.* clean 5
línea *f.* line 4
listo/a *adj.* ready; smart 5
literatura *f.* literature 2
llamar *v.* to call 11
  llamar por teléfono to call on
    the phone
llamarse *v.* to be called; to be
  named 7
llanta *f.* tire 11
llave *f.* key 5; wrench 11
llegada *f.* arrival 5
llegar *v.* to arrive 2
llenar *v.* to fill 11, 14
  llenar el tanque to fill the
    tank 11
  llenar (un formulario) to fill
    out (a form) 14
lleno/a *adj.* full 11
llevar *v.* to carry 2; *v.* to wear;
  to take 6
  llevar una vida sana to lead
    a healthy lifestyle 15
  llevarse bien/mal (con) to
    get along well/badly (with) 9
llorar *v.* to cry 15
llover (o:ue) *v.* to rain 5
  Llueve. It's raining. 5
lluvia *f.* rain
lo *m., sing. d.o. pron.* him, it, *form.*
  you 5
  ¡Lo he pasado de película!
    I've had a fantastic time! 18
  lo mejor the best (thing) 18
  lo que that which; what 12
  Lo siento. I'm sorry. 1
loco/a *adj.* crazy 6
locutor(a) *m., f.* (TV or radio)
  announcer 18
lodo *m.* mud
los *m., pl., def. art.* the 1

los *m. pl., d.o. pron.* them, *form.* you 5
luchar (contra/por) *v.* to fight; to struggle (against/for) 18
luego *adv.* then 7; *adv.* later 1
lugar *m.* place 2, 4
luna *f.* moon 13
lunares *m.* polka dots 6
lunes *m., sing.* Monday 2
luz *f.* light; electricity 12

M

madrastra *f.* stepmother 3
madre *f.* mother 3
madurez *f.* maturity; middle age 9
maestro/a *m., f.* teacher 16
magnífico/a *adj.* magnificent 5
maíz *m.* corn 8
mal, malo/a *adj.* bad 3
maleta *f.* suitcase 1
mamá *f.* mom 3
mandar *v.* to order 12; to send; to mail 14
manejar *v.* to drive 11
manera *f.* way 16
mano *f.* hand 1
manta *f.* blanket 12
mantener (e:ie) *v.* to maintain 15
  mantenerse en forma to stay in shape 15
mantequilla *f.* butter 8
manzana *f.* apple 8
mañana *f.* morning, a.m. 1; tomorrow 1
mapa *m.* map 2
maquillaje *m.* makeup 7
maquillarse *v.* to put on makeup 7
mar *m.* sea 5
maravilloso/a *adj.* marvelous 5
mareado/a *adj.* dizzy; nauseated 10
margarina *f.* margarine 8
mariscos *m., pl.* shellfish 8
marrón *adj. m., f.* brown 6
martes *m., sing.* Tuesday 2
marzo *m.* March 5
más *pron.* more 2
  más de (+ número) more than 8
  más tarde later (on) 7
  más... que more... than 8
masaje *m.* massage 15
matemáticas *f., pl.* mathematics 2
materia *f.* course 2
matrimonio *m.* marriage 9
máximo/a *adj.* maximum 11
mayo *m.* May 5
mayonesa *f.* mayonnaise 8
mayor *adj.* older 3
  el/la mayor *adj.* eldest 8; oldest
me *sing., d.o. pron.* me 5; *sing. i.o. pron.* to/for me 6
  Me duele mucho. It hurts me a lot. 10

Me gusta... I like... 2
No me gustan nada. I don't like them at all. 2
Me gustaría(n)... I would like... 17
Me llamo... My name is... 1
Me muero por... I'm dying to (for)...
mecánico/a *m., f.* mechanic 11
mediano/a *adj.* medium
medianoche *f.* midnight 1
medias *f., pl.* pantyhose, stockings 6
medicamento *m.* medication 10
medicina *f.* medicine 10
médico/a *m., f.* doctor 3; *adj.* medical 10
medio/a *adj.* half 3
  medio ambiente *m.* environment 13
  medio/a hermano/a *m., f.* half-brother/half-sister 3
  mediodía *m.* noon 1
  medios de comunicación *m., pl.* means of communication; media 18
  y media thirty minutes past the hour (time) 1
mejor *adj.* better 8
  el/la mejor *m., f.* the best 8
mejorar *v.* to improve 13
melocotón *m.* peach 8
menor *adj.* younger 3
  el/la menor *m., f.* youngest 8
menos *adv.* less 10
  menos cuarto..., menos quince... quarter to... (time) 1
  menos de (+ número) fewer than 8
  menos... que less... than 8
mensaje *m.* **de texto** text message 11
mensaje electrónico *m.* e-mail message 4
mentira *f.* lie 4
menú *m.* menu 8
mercado *m.* market 6
  mercado al aire libre open-air market 6
merendar (e:ie) *v.* to snack 8; to have an afternoon snack
merienda *f.* afternoon snack 15
mes *m.* month 5
mesa *f.* table 2
mesita *f.* end table 12
  mesita de noche night stand 12
meterse en problemas *v.* to get into trouble 13
metro *m.* subway 5
mexicano/a *adj.* Mexican 3
México *m.* Mexico 1
mí *pron., obj. of prep.* me 8
mi(s) *poss. adj.* my 3
microonda *f.* microwave 12
  horno de microondas *m.* microwave oven 12

miedo *m.* fear 3
miel *f.* honey 10
mientras *adv.* while 10
miércoles *m., sing.* Wednesday 2
mil *m.* one thousand 2
  mil millones billion
milla *f.* mile 11
millón *m.* million 2
millones (de) *m.* millions (of)
mineral *m.* mineral 15
minuto *m.* minute 1
mío(s)/a(s) *poss.* my; (of) mine 11
mirar *v.* to look (at); to watch 2
  mirar (la) televisión to watch television 2
mismo/a *adj.* same 3
mochila *f.* backpack 2
moda *f.* fashion 6
módem *m.* modem
moderno/a *adj.* modern 17
molestar *v.* to bother; to annoy 7
monitor *m.* (computer) monitor 11
  monitor(a) *m., f.* trainer
mono *m.* monkey 13
montaña *f.* mountain 4
montar *v.* **a caballo** to ride a horse 5
montón: un montón de a lot of 4
monumento *m.* monument 4
morado/a *adj.* purple 6
moreno/a *adj.* brunet(te) 3
morir (o:ue) *v.* to die 8
mostrar (o:ue) *v.* to show 4
motocicleta *f.* motorcycle 5
motor *m.* motor
muchacho/a *m., f.* boy; girl 3
mucho/a *adj., adv.* a lot of; much 2; many 3
  (Muchas) gracias. Thank you (very much); Thanks (a lot). 1
  muchas veces *adv.* a lot; many times 10
  Muchísimas gracias. Thank you very, very much. 9
  Mucho gusto. Pleased to meet you. 1
muchísimo very much 2
mudarse *v.* to move (from one house to another) 12
muebles *m., pl.* furniture 12
muela *f.* tooth
muerte *f.* death 9
muerto/a *p.p.* died 14
mujer *f.* woman 1
  mujer de negocios *f.* business woman 16
  mujer policía *f.* female police officer
multa *f.* fine
mundial *adj. m., f.* worldwide
mundo *m.* world 8, 13
muro *m.* wall 15
músculo *m.* muscle 15
museo *m.* museum 4
música *f.* music 2, 17
musical *adj. m., f.* musical 17

músico/a *m., f.* musician 17
muy *adv.* very 1
  Muy amable. That's very kind of you. 5
  (Muy) bien, gracias. (Very) well, thanks. 1

N

nacer *v.* to be born 9
nacimiento *m.* birth 9
nacional *adj. m., f.* national 18
nacionalidad *f.* nationality 1
nada nothing 1; not anything 7
  nada mal not bad at all 5
nadar *v.* to swim 4
nadie *pron.* no one, nobody, not anyone 7
naranja *f.* orange 8
nariz *f.* nose 10
natación *f.* swimming 4
natural *adj. m., f.* natural 13
naturaleza *f.* nature 13
navegador *m.* **GPS** GPS 11
navegar (en Internet) *v.* to surf (the Internet) 11
Navidad *f.* Christmas 9
necesario/a *adj.* necessary 12
necesitar (+ inf.) *v.* to need 2
negar (e:ie) *v.* to deny 13
  no negar (e:ie) *v.* not to deny 13
negocios *m., pl.* business; commerce 16
negro/a *adj.* black 6
nervioso/a *adj.* nervous 5
nevar (e:ie) *v.* to snow 5
  Nieva. It's snowing. 5
ni...ni neither... nor 7
niebla *f.* fog
nieto/a *m., f.* grandson/ granddaughter 3
nieve *f.* snow
ningún, ninguno/a(s) *adj.* no; none; not any 7
niñez *f.* childhood 9
niño/a *m., f.* child 3
no no; not 1
  ¿no? right? 1
  No cabe duda de... There is no doubt... 13
  No es para tanto. It's not a big deal. 12
  no es seguro it's not sure 13
  no es verdad it's not true 13
  No está nada mal. It's not bad at all. 5
  no estar de acuerdo to disagree
  No estoy seguro. I'm not sure.
  no hay there is not; there are not 1
  No hay de qué. You're welcome. 1
  No hay duda de... There is no doubt... 13

No hay problema. No problem. 7
¡No me diga(s)! You don't say!
No me gustan nada. I don't like them at all. 2
no muy bien not very well 1
No quiero. I don't want to. 4
No sé. I don't know.
No se preocupe. (*form.*) Don't worry. 7
No te preocupes. (*fam.*) Don't worry. 7
no tener razón to be wrong 3
noche *f.* night 1
nombre *m.* name 1
norte *m.* north 14
norteamericano/a *adj.* (North) American 3
nos *pl., d.o. pron.* us 5; *pl., i.o. pron.* to/for us 6
  Nos vemos. See you. 1
nosotros/as *sub. pron.* we 1; *ob. pron.* us
noticia *f.* news 11
noticias *f., pl.* news 18
noticlero *m.* newscast 18
novecientos/as nine hundred 2
noveno/a *adj.* ninth 5
noventa ninety 2
noviembre *m.* November 5
novio/a *m., f.* boyfriend/ girlfriend 3
nube *f.* cloud 13
nublado/a *adj.* cloudy 5
  Está (muy) nublado. It's very cloudy. 5
nuclear *adj. m. f.* nuclear 13
nuera *f.* daughter-in-law 3
nuestro(s)/a(s) *poss. adj.* our 3; (of ours) 11
nueve nine 1
nuevo/a *adj.* new 6
número *m.* number 1; (shoe) size 6
nunca *adj.* never; not ever 7
nutrición *f.* nutrition 15
nutricionista *m., f.* nutritionist 15

O

o or 7
o... o; either... or 7
obedecer *v.* to obey 18
obra *f.* work (*of art, literature, music, etc.*) 17
  obra maestra *f.* masterpiece 17
obtener *v.* to obtain; to get 16
obvio/a *adj.* obvious 13
océano *m.* ocean
ochenta eighty 2
ocho eight 1
ochocientos/as eight hundred 2
octavo/a *adj.* eighth 5

octubre *m.* October 5
ocupación *f.* occupation 16
ocupado/a *adj.* busy 5
ocurrir *v.* to occur; to happen 18
odiar *v.* to hate 9
oeste *m.* west 14
oferta *f.* offer 12
oficina *f.* office 12
oficio *m.* trade 16
ofrecer *v.* to offer 6
oído *m.* (sense of) hearing; inner ear 10
  oído/a *p.p.* heard 14
oír *v.* to hear 4
  Oiga/Oigan. *form., sing./pl.* Listen. (*in conversation*) 1
  Oye. *fam., sing.* Listen. (*in conversation*) 1
ojalá (que) *interj.* I hope (that); I wish (that) 13
ojo *m.* eye 10
olvidar *v.* to forget 10
once eleven 1
ópera *f.* opera 17
operación *f.* operation 10
ordenado/a *adj.* orderly 5
ordinal *adj.* ordinal (*number*)
oreja *f.* (outer) ear 10
organizarse *v.* to organize oneself 12
orquesta *f.* orchestra 17
ortografía *f.* spelling
ortográfico/a *adj.* spelling
os *fam., pl. d.o. pron.* you 5; *fam., pl. i.o. pron.* to/for you 6
otoño *m.* autumn 5
otro/a *adj.* other; another 6
  otra vez again

P

paciente *m., f.* patient 10
padrastro *m.* stepfather 3
padre *m.* father 3
  padres *m., pl.* parents 3
pagar *v.* to pay 6, 9
  pagar a plazos to pay in installments 14
  pagar al contado to pay in cash 14
  pagar en efectivo to pay in cash 14
  pagar la cuenta to pay the bill 9
página *f.* page 11
  página principal *f.* home page 11
país *m.* country 1
paisaje *m.* landscape 5
pájaro *m.* bird 13
palabra *f.* word 1
paleta helada *f.* popsicle 4
pálido/a *adj.* pale 14
pan *m.* bread 8
  pan tostado *m.* toasted bread 8
panadería *f.* bakery 14

pantalla *f.* screen 11
  pantalla táctil *f.* touch screen 11
pantalones *m., pl.* pants 6
  pantalones cortos *m., pl.* shorts 6
pantuflas *f.* slippers 7
papa *f.* potato 8
  papas fritas *f., pl.* fried potatoes; French fries 8
papá *m.* dad 3
  papás *m., pl.* parents 3
papel *m.* paper 2; role 17
papelera *f.* wastebasket 2
paquete *m.* package 14
par *m.* pair 6
  par de zapatos pair of shoes 6
para *prep.* for; in order to; by; used for; considering 11
  para que so that 13
parabrisas *m., sing.* windshield 11
parar *v.* to stop 11
parecer *v.* to seem 6
pared *f.* wall 12
pareja *f.* (married) couple; partner 9
parientes *m., pl.* relatives 3
parque *m.* park 4
párrafo *m.* paragraph
parte: de parte de on behalf of 11
partido *m.* game; match (*sports*) 4
pasado/a *adj.* last; past 6
  pasado *p.p.* passed
pasaje *m.* ticket 5
  pasaje de ida y vuelta *m.* roundtrip ticket 5
pasajero/a *m., f.* passenger 1
pasaporte *m.* passport 5
pasar *v.* to go through 5
  pasar la aspiradora to vacuum 12
  pasar por el banco to go by the bank 14
  pasar por la aduana to go through customs
  pasar tiempo to spend time
  pasarlo bien/mal to have a good/bad time 9
pasatiempo *m.* pastime; hobby 4
pasear *v.* to take a walk; to stroll 4
  pasear en bicicleta to ride a bicycle 4
  pasear por to walk around 4
pasillo *m.* hallway 12
pasta *f.* **de dientes** toothpaste 7
pastel *m.* cake; pie 9
  pastel de chocolate *m.* chocolate cake 9
  pastel de cumpleaños *m.* birthday cake
pastelería *f.* pastry shop 14
pastilla *f.* pill; tablet 10
patata *f.* potato; 8
  patatas fritas *f., pl.* fried potatoes; French fries 8

patinar (en línea) *v.* to (inline) skate 4
patineta *f.* skateboard 4
patio *m.* patio; yard 12
pavo *m.* turkey 8
paz *f.* peace 18
pedir (e:i) *v.* to ask for; to request 4; to order (*food*) 8
  pedir prestado *v.* to borrow 14
  pedir un préstamo *v.* to apply for a loan 14
  Todos me dijeron que te pidiera disculpas de su parte. They all told me to ask you to excuse them/forgive them. 18
peinarse *v.* to comb one's hair 7
película *f.* movie 4
peligro *m.* danger 13
peligroso/a *adj.* dangerous 18
pelirrojo/a *adj.* red-haired 3
pelo *m.* hair 7
pelota *f.* ball 4
peluquería *f.* beauty salon 14
peluquero/a *m., f.* hairdresser 16
penicilina *f.* penicillin 10
pensar (e:ie) *v.* to think 4
  pensar (+ inf.) *v.* to intend to; to plan to (*do something*) 4
  pensar en *v.* to think about 4
pensión *f.* boardinghouse
peor *adj.* worse 8
  el/la peor *adj.* the worst 8
pequeño/a *adj.* small 3
pera *f.* pear 8
perder (e:ie) *v.* to lose; to miss 4
perdido/a *adj.* lost 13, 14
Perdón. Pardon me.; Excuse me. 1
perezoso/a *adj.* lazy
perfecto/a *adj.* perfect 5
periódico *m.* newspaper 4
periodismo *m.* journalism 2
periodista *m., f.* journalist 3
permiso *m.* permission
pero *conj.* but 2
perro *m.* dog 13
persona *f.* person 3
personaje *m.* character 17
  personaje principal *m.* main character 17
pesas *f. pl.* weights 15
pesca *f.* fishing
pescadería *f.* fish market 14
pescado *m.* fish (*cooked*) 8
pescar *v.* to fish 5
peso *m.* weight 15
pez *m., sing.* (**peces** *pl.*) fish (*live*) 13
pie *m.* foot 10
piedra *f.* stone 13
pierna *f.* leg 10
pimienta *f.* black pepper 8
pintar *v.* to paint 17
pintor(a) *m., f.* painter 16
pintura *f.* painting; picture 12, 17
piña *f.* pineapple 8
piscina *f.* swimming pool 4
piso *m.* floor (*of a building*) 5
pizarra *f.* blackboard 2

placer *m.* pleasure 15
  Ha sido un placer. It's been a pleasure. 15
planchar la ropa *v.* to iron the clothes 12
planes *m., pl.* plans 4
planta *f.* plant 13
  planta baja *f.* ground floor 5
plástico *m.* plastic 13
plato *m.* dish (*in a meal*) 8; *m.* plate 12
  plato principal *m.* main dish 8
playa *f.* beach 5
plaza *f.* city or town square 4
plazos *m., pl.* periods; time 14
pluma *f.* pen 2
plumero *m.* duster 12
población *f.* population 13
pobre *adj. m., f.* poor 6
pobrecito/a *adj.* poor thing 3
pobreza *f.* poverty
poco/a *adj.* little; few 5; 10
poder (o:ue) *v.* to be able to; can 4
  ¿Podría pedirte algo? Could I ask you something? 17
  ¿Puedo dejar un recado? May I leave a message? 11
poema *m.* poem 17
poesía *f.* poetry 17
poeta *m., f.* poet 17
policía *f.* police (force) 11
política *f.* politics 18
político/a *m., f.* politician 16; *adj.* political 18
pollo *m.* chicken 8
  pollo asado *m.* roast chicken 8
ponchar *v.* to go flat
poner *v.* to put; to place 4; *v.* to turn on (*electrical appliances*) 11
  poner la mesa *v.* to set the table 12
  poner una inyección *v.* to give an injection 10
ponerse (+ adj.) *v.* to become (+ *adj.*) 7; to put on 7
  ponerle el nombre to name someone/something 9
por *prep.* in exchange for; for; by; in; through; around; along; during; because of; on account of; on behalf of; in search of; by way of; by means of 11
  por aquí around here 11
  por avión by plane
  por ejemplo for example 11
  por eso that's why; therefore 11
  por favor please 1
  por fin finally 11
  por la mañana in the morning 7
  por la noche at night 7
  por la tarde in the afternoon 7
  por lo menos *adv.* at least 10
  ¿por qué? why? 2
  Por supuesto. Of course.
  por teléfono by phone; on the phone

por último finally 7
porque *conj.* because 2
portátil *m.* portable 11
portero/a *m., f.* doorman/
   doorwoman 1
porvenir *m.* future 16
   ¡Por el porvenir! Here's to the
     future! 16
posesivo/a *adj.* possessive 3
posible *adj.* possible 13
   es posible it's possible 13
   no es posible it's not
     possible 13
postal *f.* postcard 4
postre *m.* dessert 9
practicar *v.* to practice 2
   practicar deportes *m., pl.* to
     play sports 4
precio (fijo) *m.* (fixed; set)
   price 6
preferir (e:ie) *v.* to prefer 4
pregunta *f.* question
preguntar *v.* to ask (*a question*) 2
premio *m.* prize; award 17
prender *v.* to turn on 11
prensa *f.* press 18
preocupado/a (por) *adj.* worried
   (about) 5
preocuparse (por) *v.* to worry
   (about) 7
preparar *v.* to prepare 2
preposición *f.* preposition
presentación *f.* introduction
presentar *v.* to introduce; to
   present 17; to put on (*a
   performance*) 17
   Le presento a... I would like
     to introduce you to (name).
     (*form.*) 1
   Te presento a... I would like
     to introduce you to (name).
     (*fam.*) 1
presiones *f., pl.* pressures 15
prestado/a *adj.* borrowed
préstamo *m.* loan 14
prestar *v.* to lend; to loan 6
primavera *f.* spring 5
primer, primero/a *adj.* first 2, 5
primo/a *m., f.* cousin 3
principal *adj. m., f.* main 8
prisa *f.* haste 3
   darse prisa *v.* to hurry;
     to rush 15
probable *adj. m., f.* probable 13
   es probable it's probable 13
   no es probable it's not
     probable 13
probar (o:ue) *v.* to taste; to try 8
probarse (o:ue) *v.* to try on 7
problema *m.* problem 1
profesión *f.* profession 3; 16
profesor(a) *m., f.* teacher 1, 2
programa *m.* 1
   programa de computación
     m. software 11
   programa de entrevistas *m.*
     talk show 17

programa de realidad *m.*
   reality show 17
programador(a) *m., f.* computer
   programmer 3
prohibir *v.* to prohibit 10;
   to forbid
pronombre *m.* pronoun
pronto *adv.* soon 10
propina *f.* tip 8
propio/a *adj.* own 16
proteger *v.* to protect 13
proteína *f.* protein 15
próximo/a *adj.* next 3, 16
proyecto *m.* project 11
prueba *f.* test; quiz 2
psicología *f.* psychology 2
psicólogo/a *m., f.* psychologist 16
publicar *v.* to publish 17
público *m.* audience 17
pueblo *m.* town 4
puerta *f.* door 2
Puerto Rico *m.* Puerto Rico 1
puertorriqueño/a *adj.* Puerto
   Rican 3
pues *conj.* well
puesto *m.* position; job 16
puesto/a *p.p.* put 14
puro/a *adj.* pure 13

Q

que *pron.* that; which; who 12
   ¿En qué...? In which...? 2
   ¡Qué...! How...!
   ¡Qué dolor! What pain!
   ¡Qué ropa más bonita!
     What pretty clothes! 6
   ¡Qué sorpresa! What a
     surprise!
   ¿qué? what? 1
   ¿Qué día es hoy? What day is
     it? 2
   ¿Qué hay de nuevo? What's
     new? 1
   ¿Qué hora es? What time
     is it? 1
   ¿Qué les parece? What do
     you (*pl.*) think?
   Qué onda? What's up? 14
   ¿Qué pasa? What's happening?
     What's going on? 1
   ¿Qué pasó? What happened? 11
   ¿Qué precio tiene? What is
     the price?
   ¿Qué tal...? How are you?;
     How is it going? 1; How
     is/are...? 2
   ¿Qué talla lleva/usa? What
     size do you wear? 6
   ¿Qué tiempo hace? How's
     the weather? 5
quedar *v.* to be left over; to fit
   (*clothing*) 7; to be left behind; to
   be located 14
quedarse *v.* to stay; to remain 7
quehaceres domésticos *m., pl.*
   household chores 12

quemado/a *adj.* burned (out) 11
quemar (un CD/DVD) *v.* to burn
   (a CD/DVD)
querer (e:ie) *v.* to want; to love 4
queso *m.* cheese 8
quien(es) *pron.* who; whom;
   that 12
   ¿quién(es)? who?; whom? 1
   ¿Quién es...? Who is...? 1
   ¿Quién habla? Who is
     speaking/calling? (*telephone*) 11
química *f.* chemistry 2
quince fifteen 1
   menos quince quarter to
     (time) 1
   y quince quarter after (time) 1
quinceañera *f.* young woman
   celebrating her fifteenth birthday 9
quinientos/as *adj.* five
   hundred 2
quinto/a *adj.* fifth 5
quisiera *v.* I would like 17
quitar el polvo *v.* to dust 12
quitar la mesa *v.* to clear the
   table 12
quitarse *v.* to take off 7
quizás *adv.* maybe 5

R

racismo *m.* racism 18
radio *f.* radio (*medium*) 2;
   m. radio (set) 2
radiografía *f.* X-ray 10
rápido/a *adv.* quickly 10
ratón *m.* mouse 11
ratos libres *m., pl.* spare (free)
   time 4
raya *f.* stripe 6
razón *f.* reason 3
rebaja *f.* sale 6
receta *f.* prescription 10
recetar *v.* to prescribe 10
recibir *v.* to receive 3
reciclaje *m.* recycling 13
reciclar *v.* to recycle 13
recién casado/a *m., f.* newly-
   wed 9
recoger *v.* to pick up 13
recomendar (e:ie) *v.* to
   recommend 8, 12
recordar (o:ue) *v.* to remember 4
recorrer *v.* to tour an area
recorrido *m.* tour 13
recuperar *v.* to recover 11
recurso *m.* resource 13
   recurso natural *m.* natural
     resource 13
red *f.* network; Web 11
reducir *v.* to reduce 13
refresco *m.* soft drink 8
refrigerador *m.* refrigerator 12
regalar *v.* to give (a gift) 9
regalo *m.* gift 6
regatear *v.* to bargain 6
región *f.* region; area 13
regresar *v.* to return 2
regular *adv.* so-so.; OK 1

reído *p.p.* laughed 14
reírse (e:i) *v.* to laugh 9
relaciones *f.*, *pl.* relationships
relajarse *v.* to relax 9
reloj *m.* clock; watch 2
renovable *adj.* renewable 13
renunciar (a) *v.* to resign (from) 16
repetir (e:i) *v.* to repeat 4
reportaje *m.* report 18
reportero/a *m.*, *f.* reporter; journalist 16
representante *m.*, *f.* representative 18
reproductor de CD *m.* CD player 11
reproductor de DVD *m.* DVD player 11
reproductor de MP3 *m.* MP3 player 11
resfriado *m.* cold (*illness*) 10
residencia estudiantil *f.* dormitory 2
resolver (o:ue) *v.* to resolve; to solve 13
respirar *v.* to breathe 13
responsable *adj.* responsible 8
respuesta *f.* answer
restaurante *m.* restaurant 4
resuelto/a *p.p.* resolved 14
reunión *f.* meeting 16
revisar *v.* to check 11
revisar el aceite *v.* to check the oil 11
revista *f.* magazine 4
rico/a *adj.* rich 6; *adj.* tasty; delicious 8
ridículo/a *adj.* ridiculous 13
río *m.* river 13
riquísimo/a *adj.* extremely delicious 8
rodilla *f.* knee 10
rogar (o:ue) *v.* to beg; to plead 12
rojo/a *adj.* red 6
romántico/a *adj.* romantic 17
romper *v.* to break 10
romperse la pierna *v.* to break one's leg 10
romper (con) *v.* to break up (with) 9
ropa *f.* clothing; clothes 6
ropa interior *f.* underwear 6
rosado/a *adj.* pink 6
roto/a *adj.* broken 10, 14
rubio/a *adj.* blond(e) 3
ruso/a *adj.* Russian 3
rutina *f.* routine 7
rutina diaria *f.* daily routine 7

S

sábado *m.* Saturday 2
saber *v.* to know; to know how 6; to taste 8
saber a to taste like 8
sabrosísimo/a *adj.* extremely delicious 8

sabroso/a *adj.* tasty; delicious 8
sacar *v.* to take out
sacar buenas notas to get good grades 2
sacar fotos to take photos 5
sacar la basura to take out the trash 12
sacar(se) un diente to have a tooth removed 10
sacudir *v.* to dust 12
sacudir los muebles to dust the furniture 12
sal *f.* salt 8
sala *f.* living room 12; room
sala de emergencia(s) emergency room 10
salario *m.* salary 16
salchicha *f.* sausage 8
salida *f.* departure; exit 5
salir *v.* to leave 4; to go out
salir (con) to go out (with); to date 9
salir de to leave from
salir para to leave for (*a place*)
salmón *m.* salmon 8
salón de belleza *m.* beauty salon 14
salud *f.* health 10
saludable *adj.* healthy 10
saludar(se) *v.* to greet (each other) 11
saludo *m.* greeting 1
saludos a… greetings to… 1
sandalia *f.* sandal 6
sandía *f.* watermelon
sándwich *m.* sandwich 8
sano/a *adj.* healthy 10
se *ref. pron.* himself, herself, itself, *form.* yourself, themselves, yourselves 7
se *impersonal* one 10
Se nos dañó… The… broke down. 11
Se hizo… He/she/it became…
Se nos pinchó una llanta. We had a flat tire. 11
secadora *f.* clothes dryer 12
secarse *v.* to dry oneself 7
sección de (no) fumar *f.* (non) smoking section 8
secretario/a *m.*, *f.* secretary 16
secuencia *f.* sequence
sed *f.* thirst 3
seda *f.* silk 6
sedentario/a *adj.* sedentary; related to sitting 15
seguir (e:i) *v.* to follow; to continue 4
según according to
segundo/a *adj.* second 5
seguro/a *adj.* sure; safe 5
seis six 1
selscientos/as six hundred 2
sello *m.* stamp 14
selva *f.* jungle 13
semáforo *m.* traffic light 14
semana *f.* week 2
fin *m.* **de semana** weekend 4
semana *f.* **pasada** last week 6

semestre *m.* semester 2
sendero *m.* trail; trailhead 13
sentarse (e:ie) *v.* to sit down 7
sentir(se) (e:ie) *v.* to feel 7; to be sorry; to regret 13
señor (Sr.); don *m.* Mr.; sir 1
señora (Sra.); doña *f.* Mrs.; ma'am 1
señorita (Srta.) *f.* Miss 1
separado/a *adj.* separated 9
separarse (de) *v.* to separate (from) 9
septiembre *m.* September 5
séptimo/a *adj.* seventh 5
ser *v.* to be 1
ser aficionado/a (a) to be a fan (of) 4
ser alérgico/a (a) to be allergic (to) 10
ser gratis to be free of charge 14
serio/a *adj.* serious
servicio *m.* service 15
servilleta *f.* napkin 12
servir (e:i) *v.* to serve 8; to help 5
sesenta sixty 2
setecientos/as *adj.* seven hundred 2
setenta seventy 2
sexismo *m.* sexism 18
sexto/a *adj.* sixth 5
sí *adv.* yes 1
si *conj.* if 4
SIDA *m.* AIDS 18
sido *p.p.* been 15
siempre *adv.* always 7
siete seven 1
silla *f.* seat 2
sillón *m.* armchair 12
similar *adj. m.*, *f.* similar
simpático/a *adj.* nice; likeable 3
sin *prep.* without 2, 13
sin duda without a doubt
sin embargo however
sin que *conj.* without 13
sino but (rather) 7
síntoma *m.* symptom 10
sitio *m.* place 3
sitio *m.* **web**; website 11
situado/a *p.p.* located
sobre *m.* envelope 14; *prep.* on; over 2
sobre todo above all 13
(sobre)población *f.* (over)population 13
sobrino/a *m.*, *f.* nephew; niece 3
sociología *f.* sociology 2
sofá *m.* couch; sofa 12
sol *m.* sun 4; 5; 13
solar *adj. m.*, *f.* solar 13
soldado *m.*, *f.* soldier 18
soleado/a *adj.* sunny
solicitar *v.* to apply (*for a job*) 16
solicitud (de trabajo) *f.* (job) application 16
sólo *adv.* only 3
solo/a *adj.* alone
soltero/a *adj.* single 9
solución *f.* solution 13

sombrero *m.* hat 6
Son las dos. It's two o'clock. 1
sonar (o:ue) *v.* to ring 11
sonreído *p.p.* smiled 14
sonreír (e:i) *v.* to smile 9
sopa *f.* soup 8
sorprender *v.* to surprise 9
sorpresa *f.* surprise 9
sótano *m.* basement; cellar 12
soy I am 1
   Soy de... I'm from... 1
   Soy yo. That's me.
su(s) *poss. adj.* his; her; its; *form.* your; their 3
subir(se) a *v.* to get on/into (*a vehicle*) 11
sucio/a *adj.* dirty 5
sudar *v.* to sweat 15
suegro/a *m., f.* father-in-law; mother-in-law 3
sueldo *m.* salary 16
suelo *m.* floor 12
sueño *m.* sleep 3
suerte *f.* luck 3
suéter *m.* sweater 6
sufrir *v.* to suffer 10
   sufrir muchas presiones to be under a lot of pressure 15
   sufrir una enfermedad to suffer an illness 10
sugerir (e:ie) *v.* to suggest 12
supermercado *m.* supermarket 14
suponer *v.* to suppose 4
sur *m.* south 14
sustantivo *m.* noun
suyo(s)/a(s) *poss.* (of) his/her; (of) hers; (of) its; (of) *form.* your, (of) yours, (of) their 11

T

tabla de (wind)surf *f.* surf board/sailboard 3
tal vez *adv.* maybe 5
talentoso/a *adj.* talented 17
talla *f.* size 6
   talla grande *f.* large
taller *m.* **mecánico** garage; mechanic's repairshop 11
también *adv.* also; too 2; 7
tampoco *adv.* neither; not either 7
tan *adv.* so 5
   tan... como as... as 8
   tan pronto como *conj.* as soon as 13
tanque *m.* tank 11
tanto *adv.* so much
   tanto... como as much... as 8
   tantos/as... como as many... as 8
tarde *adv.* late 7; *f.* afternoon; evening; P.M. 1
tarea *f.* homework 2
tarjeta *f.* (post) card
tarjeta de crédito *f.* credit card 6
tarjeta postal *f.* postcard 4
taxi *m.* taxi 5

taza *f.* cup 12
te *sing., fam., d.o. pron.* you 5; *sing., fam., i.o. pron.* to/for you 6
   Te presento a... *fam.* I would like to introduce you to (name). 1
   ¿Te gustaría? Would you like to? 17
   ¿Te gusta(n)...? Do you like...? 2
té *m.* tea 8
   té helado *m.* iced tea 8
teatro *m.* theater 17
teclado *m.* keyboard 11
técnico/a *m., f.* technician 16
tejido *m.* weaving 17
teleadicto/a *m., f.* couch potato 15
(teléfono) celular *m.* (cell) phone 11
telenovela *f.* soap opera 17
teletrabajo *m.* telecommuting 16
televisión *f.* television 2; 11
televisión por cable *f.* cable television 11
televisor *m.* television set 11
temer *v.* to fear 13
temperatura *f.* temperature 10
temporada *f.* period of time 5
temprano *adv.* early 7
tenedor *m.* fork 12
tener *v.* to have 3
   tener... años to be... years old 3
   Tengo... años. I'm... years old. 3
   tener (mucho) calor to be (very) hot 3
   tener (mucho) cuidado to be (very) careful 3
   tener dolor to have a pain 10
   tener éxito to be successful 16
   tener fiebre to have a fever 10
   tener (mucho) frío to be (very) cold 3
   tener ganas de (+ inf.) to feel like (*doing something*) 3
   tener (mucha) hambre *f.* to be (very) hungry 3
   tener (mucho) miedo (de) to be (very) afraid (of); to be (very) scared (of) 3
   tener miedo (de) que to be afraid that
   tener planes *m., pl.* to have plans 4
   tener (mucha) prisa to be in a (big) hurry 3
   tener que (+ inf.) *v.* to have to (*do something*) 3
   tener razón *f.* to be right 3
   tener (mucha) sed *f.* to be (very) thirsty 3
   tener (mucho) sueño to be (very) sleepy 3
   tener (mucha) suerte to be (very) lucky 3
   tener tiempo to have time 4

   tener una cita to have a date; to have an appointment 9
tenis *m.* tennis 4
tensión *f.* tension 15
tercer, tercero/a *adj.* third 5
terco/a *adj.* stubborn 10
terminar *v.* to end; to finish 2
   terminar de (+ inf.) *v.* to finish (*doing something*) 4
terremoto *m.* earthquake 18
terrible *adj. m., f.* terrible 13
ti *prep., obj. of prep., fam.* you
tiempo *m.* time 4; weather 5
   tiempo libre free time
tienda *f.* shop; store 6
tierra *f.* land; soil 13
tinto/a *adj.* red (wine) 8
tío/a *m., f.* uncle; aunt 3
tíos *m., pl.* aunts and uncles 3
título *m.* title 16
tiza *f.* chalk 2
toalla *f.* towel 7
tobillo *m.* ankle 10
tocar *v.* to play (*a musical instrument*) 17; to touch 13
todavía *adv.* yet; still 3, 5
todo *m.* everything 5
   en todo el mundo throughout the world 13
   Todo está bajo control. Everything is under control. 7
   todo derecho straight (ahead) 14
todo(s)/a(s) *adj.* all 4; whole
todos *m., pl.* all of us; *m., pl.* everybody; everyone
todos los días *adv.* every day 10
tomar *v.* to take; to drink 2
   tomar clases *f., pl.* to take classes 2
   tomar el sol to sunbathe 4
   tomar en cuenta to take into account
   tomar fotos *f., pl.* to take photos 5
   tomar la temperatura to take someone's temperature 10
   tomar una decisión to make a decision 15
tomate *m.* tomato 8
tonto/a *adj.* silly; foolish 3
torcerse (o:ue) (el tobillo) *v.* to sprain (one's ankle) 10
torcido/a *adj.* twisted; sprained 10
tormenta *f.* storm 18
tornado *m.* tornado 18
tortilla *f.* tortilla 8
   tortilla de maíz corn tortilla 8
tortuga (marina) *f.* (sea) turtle 13
tos *f., sing.* cough 10
toser *v.* to cough 10
tostado/a *adj.* toasted 8
tostadora *f.* toaster 12
trabajador(a) *adj.* hard-working 3
trabajar *v.* to work 2
trabajo *m.* job; work 16

traducir *v.* to translate 6
traer *v.* to bring 4
tráfico *m.* traffic 11
tragedia *f.* tragedy 17
traído/a *p.p.* brought 14
traje *m.* suit 6
   traje (de baño) *m.* (bathing) suit 6
trajinera *f.* type of barge 3
tranquilo/a *adj.* calm; quiet 15
   Tranquilo. Don't worry.; Be cool. 7
   Tranquilo/a, cariño. Relax, sweetie. 11
transmitir *v.* to broadcast 18
tratar de (+ inf.) *v.* to try (*to do something*) 15
trece thirteen 1
treinta thirty 1, 2
   y treinta thirty minutes past the hour (time) 1
tren *m.* train 5
tres three 1
trescientos/as *adj.* three hundred 2
trimestre *m.* trimester; quarter 2
triste *adj.* sad 5
tú *fam. sub. pron.* you 1
   Tú eres... You are... 1
tu(s) *fam. poss. adj.* your 3
turismo *m.* tourism 5
turista *m., f.* tourist 1
turístico/a *adj.* touristic
tuyo(s)/a(s) *fam. poss. pron.* your; (of) yours 11

U

Ud. *form. sing.* you 1
Uds. *form., pl.* you 1
último/a *adj.* last 7
   la última vez the last time 7
un, uno/a *indef. art.* a; one 1
   uno/a *m., f., sing. pron.* one 1
     a la una at one o'clock 1
   una vez once; one time 6
   una vez más one more time 9
único/a *adj.* only 3; unique 9
universidad *f.* university; college 2
unos/as *m., f., pl. indef. art.* some 1
   los unos a los otros each other 11
   unos/as *pron.* some 1
urgente *adj.* urgent 12
usar *v.* to wear; to use 6
usted (Ud.) *form. sing.* you 1
   ustedes (Uds.) *form., pl.* you 1
útil *adj.* useful
uva *f.* grape 8

V

vaca *f.* cow 13
vacaciones *f. pl.* vacation 5

valle *m.* valley 13
vamos let's go 4
vaquero *m.* cowboy 17
   de vaqueros *m., pl.* western (genre) 17
varios/as *adj. m. f., pl.* various; several 8
vaso *m.* glass 12
veces *f., pl.* times 6
vecino/a *m., f.* neighbor 12
veinte twenty 1
veinticinco twenty-five 1
veinticuatro twenty-four 1
veintidós twenty-two 1
veintinueve twenty-nine 1
veintiocho twenty-eight 1
veintiséis twenty-six 1
veintisiete twenty-seven 1
veintitrés twenty-three 1
veintiún, veintiuno/a twenty-one 1
vejez *f.* old age 9
velocidad *f.* speed 11
   velocidad máxima *f.* speed limit 11
vencer *v.* to expire 14
vendedor(a) *m., f.* salesperson 6
vender *v.* to sell 6
venir *v.* to come 3
ventana *f.* window 2
ver *v.* to see 4
   a ver *v.* let's see 2
   ver películas *f., pl.* to see movies 4
verano *m.* summer 5
verbo *m.* verb
verdad *f.* truth
   ¿verdad? right? 1
verde *adj., m. f.* green 6
verduras *pl., f.* vegetables 8
vestido *m.* dress 6
vestirse (e:i) *v.* to get dressed 7
vez *f.* time 6
viajar *v.* to travel 2
viaje *m.* trip 5
viajero/a *m., f.* traveler 5
vida *f.* life 9
video *m.* video 1, 11
videoconferencia *f.* videoconference 16
videojuego *m.* video game 4
vidrio *m.* glass 13
viejo/a *adj.* old 3
viento *m.* wind 5
viernes *m., sing.* Friday 2
vinagre *m.* vinegar 8
vino *m.* wine 8
   vino blanco *m.* white wine 8
   vino tinto *m.* red wine 8
violencia *f.* violence 18
visitar *v.* to visit 4
   visitar monumentos *m., pl.* to visit monuments 4
visto/a *p.p.* seen 14
vitamina *f.* vitamin 15

viudo/a *adj.* widower/widow 9
vivienda *f.* housing 12
vivir *v.* to live 3
vivo/a *adj.* bright; lively; living
volante *m.* steering wheel 11
volcán *m.* volcano 13
vóleibol *m.* volleyball 4
volver (o:ue) *v.* to return 4
volver a ver(te, lo, la) *v.* to see (you, him, her) again 18
vos *pron.* you
vosotros/as *form., pl.* you 1
votar *v.* to vote 18
vuelta *f.* return trip
vuelto/a *p.p.* returned 14
vuestro(s)/a(s) *poss. adj.* your 3; (of) yours *fam.* 11

W

walkman *m.* walkman

Y

y *conj.* and 1
   y cuarto quarter after (time) 1
   y media half-past (time) 1
   y quince quarter after (time) 1
   y treinta thirty (minutes past the hour) 1
   ¿Y tú? *fam.* And you? 1
   ¿Y usted? *form.* And you? 1
ya *adv.* already 6
yerno *m.* son-in-law 3
yo *sub. pron.* I 1
   Yo soy... I'm... 1
yogur *m.* yogurt 8

Z

zanahoria *f.* carrot 8
zapatería *f.* shoe store 14
zapatos de tenis *m., pl.* tennis shoes, sneakers 6

English-Spanish

A

a **un/a** *m., f., sing.; indef. art.* 1
@ (*symbol*) **arroba** *f.* 11
A.M. **mañana** *f.* 1
able: be able to **poder (o:ue)** *v.* 4
aboard **a bordo** 1
above all **sobre todo** 13
accident **accidente** *m.* 10
accompany **acompañar** *v.* 14
account **cuenta** *f.* 14
  on account of **por** *prep.* 11
accountant **contador(a)** *m., f.* 16
accounting **contabilidad** *f.* 2
ache **dolor** *m.* 10
acquainted: be acquainted with
  conocer *v.* 6
action (genre) **de acción** *f.* 17
active **activo/a** *adj.* 15
actor **actor** *m.,* **actriz** *f.* 16
addict (*drug*) **drogadicto/a**
  adj. 15
additional **adicional** *adj.*
address **dirección** *f.* 14
adjective **adjetivo** *m.*
adolescence **adolescencia** *f.* 9
adventure (genre) **de aventura**
  f. 17
advertise **anunciar** *v.* 18
advertisement **anuncio** *m.* 16
advice **consejo** *m.* 6
  give advice **dar consejos** 6
advise **aconsejar** *v.* 12
advisor **consejero/a** *m., f.* 16
aerobic **aeróbico/a** *adj.* 15
  aerobics class **clase de**
    ejercicios aeróbicos 15
  to do aerobics **hacer ejercicios**
    aeróbicos 15
affected **afectado/a** *adj.* 13
  be affected (by) **estar** *v.*
    afectado/a (por) 13
affirmative **afirmativo/a** *adj.*
afraid: be (very) afraid (of) **tener**
  (mucho) miedo (de) 3
  be afraid that **tener miedo**
    (de) que
after **después de** *prep.* 7;
  después de que *conj.* 13
afternoon **tarde** *f.* 1
afterward **después** *adv.* 7
again **otra vez**
age **edad** *f.* 9
agree **concordar** *v.*
agree **estar** *v.* **de acuerdo** 17
  I agree. **Estoy de acuerdo.** 17
  I don't agree. **No estoy de**
    acuerdo. 17
agreement **acuerdo** *m.* 16
AIDS **SIDA** *m.* 18
air **aire** *m.* 13
  air pollution **contaminación**
    del aire 13
airplane **avión** *m.* 5
airport **aeropuerto** *m.* 5
alarm clock **despertador** *m.* 7
alcohol **alcohol** *m.* 15

to consume alcohol **consumir**
  alcohol 15
alcoholic **alcohólico/a** *adj.* 15
all **todo(s)/a(s)** *adj.* 4
  all of us **todos** 1
  all over the world **en todo el**
    mundo
allergic **alérgico/a** *adj.* 10
  be allergic (to) **ser alérgico/a**
    (a) 10
alleviate **aliviar** *v.*
almost **casi** *adv.* 10
alone **solo/a** *adj.*
along **por** *prep.* 11
already **ya** *adv.* 6
also **también** *adv.* 2; 7
altar **altar** *m.* 9
aluminum **aluminio** *m.* 13
  (made) of aluminum **de**
    aluminio 13
always **siempre** *adv.* 7
American (*North*)
  norteamericano/a *adj.* 3
among **entre** *prep.* 2
amusement **diversión** *f.*
and **y** 1, **e** (*before words beginning*
  with i or hi) 4
  And you?**¿Y tú?** *fam.* 1;
    ¿Y usted? *form.* 1
angel **ángel** *m.* 9
angry **enojado/a** *adj.* 5
  get angry (with) **enojarse** *v.*
    (con) 7
animal **animal** *m.* 13
ankle **tobillo** *m.* 10
anniversary **aniversario** *m.* 9
  (wedding) anniversary
    aniversario *m.* **(de bodas)** 9
announce **anunciar** *v.* 18
announcer (*TV/radio*) **locutor(a)**
  m., f. 18
annoy **molestar** *v.* 7
another **otro/a** *adj.* 6
answer **contestar** *v.* 2;
  respuesta *f.*
answering machine **contestadora** *f.*
antibiotic **antibiótico** *m.* 10
any **algún, alguno/a(s)** *adj.* 7
anyone **alguien** *pron.* 7
anything **algo** *pron.* 7
apartment **apartamento** *m.* 12
apartment building **edificio de**
  apartamentos 12
appear **parecer** *v.*
appetizers **entremeses** *m., pl.* 8
applaud **aplaudir** *v.* 17
apple **manzana** *f.* 8
appliance (electric)
  electrodoméstico *m.* 12
applicant **aspirante** *m., f.* 16
application **solicitud** *f.* 16
  job application **solicitud de**
    trabajo 16
apply (*for a job*) **solicitar** *v.* 16
  apply for a loan **pedir (e:ie)** *v.*
    un préstamo 14
appointment **cita** *f.* 9
  have an appointment **tener** *v.*
    una cita 9
appreciate **apreciar** *v.* 17

April **abril** *m.* 5
aquatic **acuático/a** *adj.*
archaeologist **arqueólogo/a**
  m., f. 16
archaeology **arqueología** *f.* 2
architect **arquitecto/a** *m., f.* 16
area **región** *f.* 13
Argentina **Argentina** *f.* 1
Argentine **argentino/a** *adj.* 3
arm **brazo** *m.* 10
armchair **sillón** *m.* 12
army **ejército** *m.* 18
around **por** *prep.* 11
  around here **por aquí** 11
arrange **arreglar** *v.* 11
arrival **llegada** *f.* 5
arrive **llegar** *v.* 2
art **arte** *m.* 2
  (fine) arts **bellas artes** *f., pl.* 17
article *m.* **artículo** 18
artist **artista** *m., f.* 3
artistic **artístico/a** *adj.* 17
arts **artes** *f., pl.* 17
as **como** 8
  as a child **de niño/a** 10
  as... as **tan... como** 8
  as many... as **tantos/as...**
    como 8
  as much... as **tanto...**
    como 8
  as soon as **en cuanto** *conj.* 13;
    tan pronto como *conj.* 13
ask (*a question*) **preguntar** *v.* 2
  ask for **pedir (e:i)** *v.* 4
asparagus **espárragos** *m., pl.* 8
aspirin **aspirina** *f.* 10
at **a** *prep.* 1; **en** *prep.* 2
  at + *time* **a la(s)** + *time* 1
  at home **en casa** 7
  at least **por lo menos** 10
  at night **por la noche** 7
  at the end (of) **al fondo (de)** 12
  At what time...? **¿A qué**
    hora...? 1
  At your service. **A sus**
    órdenes. 11
ATM **cajero automático** *m.* 14
attempt **intento** *m.* **11**
attend **asistir (a)** *v.* 3
attic **altillo** *m.* 12
attract **atraer** *v.* 4
audience **público** *m.* 17
August **agosto** *m.* 5
aunt **tía** *f.* 3
  aunts and uncles **tíos** *m., pl.* 3
automobile **automóvil** *m.* 5;
  carro *m.;* **coche** *m.* 11
autumn **otoño** *m.* 5
avenue **avenida** *f.*
avoid **evitar** *v.* 13
award **premio** *m.* 17

B

backpack **mochila** *f.* 2
bad **mal, malo/a** *adj.* 3
  It's bad that... **Es malo**
    que... 12

It's not at all bad. **No está nada mal.** 5
bag **bolsa** *f.* 6
bakery **panadería** *f.* 14
balanced **equilibrado/a** *adj.* 15
　to eat a balanced diet **comer una dieta equilibrada** 15
balcony **balcón** *m.* 12
ball **pelota** *f.* 4
banana **banana** *f.* 8
band **banda** *f.* 17
bank **banco** *m.* 14
bargain **ganga** *f.* 6; **regatear** *v.* 6
baseball (*game*) **béisbol** *m.* 4
basement **sótano** *m.* 12
basketball (*game*) **baloncesto** *m.* 4
bathe **bañarse** *v.* 7
bathing suit **traje** *m.* **de baño** 6
bathroom **baño** *m.* 7; **cuarto de baño** *m.* 7
be **ser** *v.* 1; **estar** *v.* 2
　be... years old **tener... años** 3
　be sick of... **estar harto/a de...** 18
beach **playa** *f.* 5
beans **frijoles** *m., pl.* 8
beautiful **hermoso/a** *adj.* 6
beauty **belleza** *f.* 14
　beauty salon **peluquería** *f.* 14; **salón** *m.* **de belleza** 14
because **porque** *conj.* 2
　because of **por** *prep.* 11
become (+ *adj.*) **ponerse (+ adj.)** 7; **convertirse** *v.*
bed **cama** *f.* 5
　go to bed **acostarse (o:ue)** *v.* 7
bedroom **alcoba** *f.*; **dormitorio** *m.* 12; **recámara** *f.*
beef **carne de res** *f.* 8
been **sido** *p.p.* 15
beer **cerveza** *f.* 8
before **antes** *adv.* 7; **antes de** *prep.* 7; **antes (de) que** *conj.* 13
beg **rogar (o:ue)** *v.* 12
begin **comenzar (e:ie)** *v.* 4; **empezar (e:ie)** *v.* 4
behalf: on behalf of **de parte de** 11
behind **detrás de** *prep.* 2
believe (in) **creer** *v.* **(en)** 3; **creer** *v.* 13
　not to believe **no creer** 13
believed **creído/a** *p.p.* 14
bellhop **botones** *m., f. sing.* 5
below **debajo de** *prep.* 2
belt **cinturón** *m.* 6
benefit **beneficio** *m.* 16
beside **al lado de** *prep.* 2
besides **además (de)** *adv.* 10
best **mejor** *adj.*
　the best **el/la mejor** *m., f.* 8; **lo mejor** *neuter* 18
better **mejor** *adj.* 8
　It's better that... **Es mejor que...** 12
between **entre** *prep.* 2

beverage **bebida** *f.*
　alcoholic beverage **bebida alcohólica** *f.* 15
bicycle **bicicleta** *f.* 4
big **gran, grande** *adj.* 3
bill **cuenta** *f.* 9
billion **mil millones**
biology **biología** *f.* 2
bird **ave** *f.* 13; **pájaro** *m.* 13
birth **nacimiento** *m.* 9
birthday **cumpleaños** *m., sing.* 9
　have a birthday **cumplir** *v.* **años** 9
black **negro/a** *adj.* 6
blackboard **pizarra** *f.* 2
blanket **manta** *f.* 12
block (city) **cuadra** *f.* 14
blog **blog** *m.* 11
blond(e) **rubio/a** *adj.* 3
blouse **blusa** *f.* 6
blue **azul** *adj. m., f.* 6
boarding house **pensión** *f.*
boat **barco** *m.* 5
body **cuerpo** *m.* 10
bone **hueso** *m.* 10
book **libro** *m.* 2
bookcase **estante** *m.* 12
bookshelves **estante** *m.* 12
bookstore **librería** *f.* 2
boot **bota** *f.* 6
bore **aburrir** *v.* 7
bored **aburrido/a** *adj.* 5
　be bored **estar** *v.* **aburrido/a** 5
　get bored **aburrirse** *v.* 17
boring **aburrido/a** *adj.* 5
born: be born **nacer** *v.* 9
borrow **pedir (e:ie)** *v.* **prestado** 14
borrowed **prestado/a** *adj.*
boss **jefe** *m.*, **jefa** *f.* 16
bother **molestar** *v.* 7
bottle **botella** *f.* 9
　bottle of wine **botella de vino** 9
bottom **fondo** *m.*
boulevard **bulevar** *m.*
boy **chico** *m.* 1; **muchacho** *m.* 3
boyfriend **novio** *m.* 3
brakes **frenos** *m., pl.*
bread **pan** *m.* 8
break **romper** *v.* 10
　break (one's leg) **romperse (la pierna)** 10
break down **dañar** *v.* 10
　The... broke down. **Se nos dañó el/la...** 11
　break up (with) **romper** *v.* **(con)** 9
breakfast **desayuno** *m.* 2, 8
　have breakfast **desayunar** *v.* 2
breathe **respirar** *v.* 13
bring **traer** *v.* 4
broadcast **transmitir** *v.* 18; **emitir** *v.* 18
brochure **folleto** *m.*
broken **roto/a** *adj.* 10, 14
　be broken **estar roto/a** 10

brother **hermano** *m.* 3
　brother-in-law **cuñado** *m., f.* 3
　brothers and sisters **hermanos** *m., pl.* 3
brought **traído/a** *p.p.* 14
brown **café** *adj.* 6; **marrón** *adj.* 6
brunet(te) **moreno/a** *adj.* 3
brush **cepillar** *v.* 7
　brush one's hair **cepillarse el pelo** 7
　brush one's teeth **cepillarse los dientes** 7
bucket **balde** *m.* 5
build **construir** *v.* 4
building **edificio** *m.* 12
bump into (*something accidentally*) **darse con** 10; (*someone*) **encontrarse** *v.* 11
burn (a CD/DVD) **quemar** *v.* **(un CD/DVD)**
burned (out) **quemado/a** *adj.* 11
bus **autobús** *m.* 1
　bus station **estación** *f.* **de autobuses** 5
business **negocios** *m. pl.* 16
　business administration **administración** *f.* **de empresas** 2
　business-related **comercial** *adj.* 16
businessperson **hombre** *m.* **/ mujer** *f.* **de negocios** 16
busy **ocupado/a** *adj.* 5
but **pero** *conj.* 2; (rather) **sino** *conj.* (*in negative sentences*) 7
butcher shop **carnicería** *f.* 14
butter **mantequilla** *f.* 8
buy **comprar** *v.* 2
by **por** *prep.* 11; **para** *prep.* 11
　by means of **por** *prep.* 11
　by phone **por teléfono** 11
　by plane **en avión** 5
　by way of **por** *prep.* 11
bye **chau** *interj. fam.* 1

C

cable television **televisión** *f.* **por cable** *m.* 11
café **café** *m.* 4
cafeteria **cafetería** *f.* 2
caffeine **cafeína** *f.* 15
cake **pastel** *m.* 9
　chocolate cake **pastel de chocolate** *m.* 9
calculator **calculadora** *f.* 2
call **llamar** *v.* 11
　be called **llamarse** *v.* 7
　call on the phone **llamar por teléfono**
calm **tranquilo/a** *adj.* 15
calorie **caloría** *f.* 15
camera **cámara** *f.* 11
camp **acampar** *v.* 5
can (*tin*) **lata** *f.* 13
can **poder (o:ue)** *v.* 4

Could I ask you something?
¿Podría pedirte algo? 17
Canadian **canadiense** *adj.* 3
candidate **aspirante** *m., f.* 16;
    candidate **candidato/a** *m., f.* 18
candy **dulces** *m., pl.* 9
capital city **capital** *f.* 1
car **coche** *m.* 11; **carro** *m.* 11;
    auto(móvil) *m.* 5
caramel **caramelo** *m.* 9
card **tarjeta** *f.*; *(playing)*
    carta *f.* 5
care **cuidado** *m.* 3
    Take care! **¡Cuídense!** *v.* 15
    take care of **cuidar** *v.* 13
career **carrera** *f.* 16
careful: be (very) careful **tener** *v.*
    (mucho) cuidado 3
caretaker **ama** *m., f.* **de casa** 12
carpenter **carpintero/a** *m., f.* 16
carpet **alfombra** *f.* 12
carrot **zanahoria** *f.* 8
carry **llevar** *v.* 2
cartoons **dibujos** *m, pl.*
    animados 17
case: in case (that) **en caso (de)**
    que 13
cash (a check) **cobrar** *v.* 14;
    cash **(en) efectivo** 6
    cash register **caja** *f.* 6
    pay in cash **pagar** *v.* **al contado**
      14; **pagar en efectivo** 14
cashier **cajero/a** *m., f.*
cat **gato** *m.* 13
CD **disco compacto** *m.* 11
    CD player **reproductor de CD**
      m. 11
CD-ROM **cederrón** *m.* 11
celebrate **celebrar** *v.* 9
celebration **celebración** *f.*
    young woman's fifteenth
    birthday celebration
    quinceañera *f.* 9
cellar **sótano** *m.* 12
(cell) phone **(teléfono)**
    celular *m.* 11
cemetery **cementerio** *m.* 9
cereal **cereales** *m., pl.* 8
certain **cierto** *m.*; **seguro** *m.* 13
    it's (not) certain **(no) es**
    cierto/seguro 13
chalk **tiza** *f.* 2
champagne **champán** *m.* 9
change: in change **de cambio** 2
change **cambiar** *v.* **(de)** 9
channel *(TV)* **canal** *m.* 11; 17
character *(fictional)* **personaje**
    m. 11, 17
    (main) character *m.* **personaje**
    (principal) 17
chat **conversar** *v.* 2
chauffeur **conductor(a)** *m., f.* 1
cheap **barato/a** *adj.* 6
check **comprobar (o:ue)** *v.*;
    revisar *v.* 11; *(bank)* **cheque**
    m. 14
    check the oil **revisar el aceite** 11
checking account **cuenta** *f.*
    corriente 14

cheese **queso** *m.* 8
chef **cocinero/a** *m., f.* 16
chemistry **química** *f.* 2
chest of drawers **cómoda** *f.* 12
chicken **pollo** *m.* 8
child **niño/a** *m., f.* 3
childhood **niñez** *f.* 9
children **hijos** *m., pl.* 3
Chinese **chino/a** *adj.* 3
chocolate **chocolate** *m.* 9
    chocolate cake **pastel** *m.* **de**
      chocolate 9
cholesterol **colesterol** *m.* 15
choose **escoger** *v.* 8
chop *(food)* **chuleta** *f.* 8
Christmas **Navidad** *f.* 9
church **iglesia** *f.* 4
cinnamon **canela** *f.* 10
citizen **ciudadano/a** *adj.* 18
city **ciudad** *f.* 4
class **clase** *f.* 2
    take classes **tomar clases** 2
classical **clásico/a** *adj.* 17
classmate **compañero/a** *m., f.* **de**
    clase 2
clean **limpio/a** *adj.* 5;
    limpiar *v.* 12
    clean the house *v.* **limpiar la**
      casa 12
clear *(weather)* **despejado/a** *adj.*
    clear the table **quitar la**
      mesa 12
    It's (very) clear. *(weather)*
      Está (muy) despejado.
clerk **dependiente/a** *m., f.* 6
climate change **cambio climático**
    m. 13
climb **escalar** *v.* 4
    climb mountains **escalar**
      montañas 4
clinic **clínica** *f.* 10
clock **reloj** *m.* 2
close **cerrar (e:ie)** *v.* 4
closed **cerrado/a** *adj.* 5
closet **armario** *m.* 12
clothes **ropa** *f.* 6
    clothes dryer **secadora** *f.* 12
clothing **ropa** *f.* 6
cloud **nube** *f.* 13
cloudy **nublado/a** *adj.* 5
    It's (very) cloudy. **Está (muy)**
      nublado. 5
coat **abrigo** *m.* 6
coffee **café** *m.* 8
    coffee maker **cafetera** *f.* 12
cold **frío** *m.* 5;
    (illness) **resfriado** *m.* 10
be *(feel)* (very) cold **tener**
    (mucho) frío 3
    It's (very) cold. *(weather)* **Hace**
      (mucho) frío. 5
college **universidad** *f.* 2
collision **choque** *m.* 18
color **color** *m.* 6
comb one's hair **peinarse** *v.* 7
come **venir** *v.* 3
come on **ándale** *interj.* 14
comedy **comedia** *f.* 17
comfortable **cómodo/a** *adj.* 5

commerce **negocios** *m., pl.* 16
commercial **comercial** *adj.* 16
communicate (with) **comunicarse**
    v. **(con)** 18
communication **comunicación**
    f. 18
    means of communication
    medios *m. pl.* **de**
    comunicación 18
community **comunidad** *f.* 1
company **compañía** *f.* 16;
    empresa *f.* 16
comparison **comparación** *f.*
completely **completamente**
    adv. 16
composer **compositor(a)** *m., f.* 17
computer **computadora** *f.* 1
    computer disc **disco** *m.*
    computer monitor **monitor**
      m. 11
    computer programmer
      programador(a) *m., f.* 3
    computer science **computación**
      f. 2
concert **concierto** *m.* 17
conductor *(musical)* **director(a)**
    m., f. 17
confirm **confirmar** *v.* 5
    confirm a reservation **confirmar**
      una reservación 5
confused **confundido/a** *adj.* 5
congested **congestionado/a**
    adj. 10
Congratulations! **¡Felicidades!**;
    ¡Felicitaciones! *f., pl.* 9
conservation **conservación** *f.* 13
conserve **conservar** *v.* 13
considering **para** *prep.* 11
consume **consumir** *v.* 15
container **envase** *m.* 13
contamination **contaminación** *f.*
content **contento/a** *adj.* 5
contest **concurso** *m.* 17
continue **seguir (e:i)** *v.* 4
control **control** *m.*; **controlar** *v.* 13
    be under control **estar bajo**
      control 7
conversation **conversación** *f.* 1
converse **conversar** *v.* 2
cook **cocinar** *v.* 12; **cocinero/a**
    m., f. 16
cookie **galleta** *f.* 9
cool **fresco/a** *adj.* 5
    Be cool. **Tranquilo.** 7
    It's cool. *(weather)* **Hace**
      fresco. 5
corn **maíz** *m.* 8
corner **esquina** *f.* 14
cost **costar (o:ue)** *v.* 6
Costa Rica **Costa Rica** *f.* 1
Costa Rican **costarricense** *adj.* 3
costume **disfraz** *m.*
cotton **algodón** *f.* 6
    (made of) cotton **de algodón** 6
couch **sofá** *m.* 12
couch potato **teleadicto/a**
    m., f. 15
cough **tos** *f.* 10; **toser** *v.* 10
counselor **consejero/a** *m., f.* 16

count (on) **contar (o:ue)** *v.*
  (con) 4, 12
country (*nation*) **país** *m.* 1
countryside **campo** *m.* 5
(married) couple **pareja** *f.* 9
course **curso** *m.* 2; **materia** *f.* 2
courtesy **cortesía** *f.*
cousin **primo/a** *m., f.* 3
cover **cubrir** *v.*
covered **cubierto/a** *p.p.*
cow **vaca** *f.* 13
crafts **artesanía** *f.* 17
craftsmanship **artesanía** *f.* 17
crater **cráter** *m.* 13
crazy **loco/a** *adj.* 6
create **crear** *v.*
credit **crédito** *m.* 6
  credit card **tarjeta** *f.* **de**
    crédito 6
crime **crimen** *m.* 18
cross **cruzar** *v.* 14
cry **llorar** *v.* 15
Cuba **Cuba** *f.* 1
Cuban **cubano/a** *adj.* 3
culture **cultura** *f.* 2, 17
cup **taza** *f.* 12
currency exchange **cambio** *m.* **de**
    moneda
current events **actualidades** *f.,*
    pl. 18
curtains **cortinas** *f., pl.* 12
custard (*baked*) **flan** *m.* 9
custom **costumbre** *f.* 1
customer **cliente/a** *m., f.* 6
customs **aduana** *f.* 5
  customs inspector **inspector(a)**
    m., f. **de aduanas** 5
cybercafé **cibercafé** *m.* 11
cycling **ciclismo** *m.* 4

D

dad **papá** *m.* 3
daily **diario/a** *adj.* 7
  daily routine **rutina** *f.* **diaria** 7
damage **dañar** *v.* 10
dance **bailar** *v.* 2; **danza** *f.* 17;
    baile *m.* 17
dancer **bailarín/bailarina** *m.,*
    f. 17
danger **peligro** *m.* 13
dangerous **peligroso/a** *adj.* 18
date (*appointment*) **cita** *f.* 9;
    (*calendar*) **fecha** *f.* 5; (*someone*)
    salir *v.* **con (alguien)** 9
  have a date **tener una cita** 9
daughter **hija** *f.* 3
daughter-in-law **nuera** *f.* 3
day **día** *m.* 1
  day before yesterday
    anteayer *adv.* 6
deal: It's not a big deal. **No es**
    para tanto. 12
death **muerte** *f.* 9
decaffeinated **descafeinado/a**
    adj. 15

December **diciembre** *m.* 5
decide **decidir** *v.* (**+** *inf.*) 3
decided **decidido/a** *adj. p.p.* 14
declare **declarar** *v.* 18
deforestation **deforestación** *f.* 13
delicious **delicioso/a** *adj.* 8;
    rico/a *adj.* 8; **sabroso/a** *adj.* 8
delighted **encantado/a** *adj.* 1
dentist **dentista** *m., f.* 10
deny **negar (e:ie)** *v.* 13
  not to deny **no dudar** 13
department store **almacén** *m.* 6
departure **salida** *f.* 5
deposit **depositar** *v.* 14
describe **describir** *v.* 3
described **descrito/a** *p.p.* 14
desert **desierto** *m.* 13
design **diseño** *m.*
designer **diseñador(a)** *m., f.* 16
desire **desear** *v.* 2
desk **escritorio** *m.* 2
dessert **postre** *m.* 9
destroy **destruir** *v.* 13
develop **desarrollar** *v.* 13
diary **diario** *m.* 1
dictatorship **dictadura** *f.* 18
dictionary **diccionario** *m.* 1
die **morir (o:ue)** *v.* 8
died **muerto/a** *p.p.* 14
diet **dieta** *f.* 15; **alimentación**
    balanced diet **dieta**
      equilibrada 15
    be on a diet **estar a dieta** 15
difficult **difícil** *adj. m., f.* 3
digital camera **cámara** *f.*
    digital 11
dining room **comedor** *m.* 12
dinner **cena** *f.* 2, 8
  have dinner **cenar** *v.* 2
direct **dirigir** *v.* 17
director **director(a)** *m., f.* 17
dirty **ensuciar** *v.*; **sucio/a** *adj.* 5
  get (something) dirty **ensuciar**
    v. 12
disagree **no estar de acuerdo**
disaster **desastre** *m.* 18
discover **descubrir** *v.* 13
discovered **descubierto/a** *p.p.* 14
discrimination **discriminación**
    f. 18
dish **plato** *m.* 8, 12
  main dish *m.* **plato principal** 8
dishwasher **lavaplatos** *m.,*
    sing. 12
disk **disco** *m.*
disorderly **desordenado/a** *adj.* 5
dive **bucear** *v.* 4
divorce **divorcio** *m.* 9
divorced **divorciado/a** *adj.* 9
  get divorced (from) **divorciarse**
    v. (**de**) 9
dizzy **mareado/a** *adj.* 10
do **hacer** *v.* 4
  do aerobics **hacer ejercicios**
    aeróbicos 15
  do household chores **hacer**
    quehaceres domésticos 12
  do stretching exercises **hacer**
    ejercicios de estiramiento 15

(I) don't want to. **No quiero.** 4
doctor **doctor(a)** *m., f.* 3; 10;
    médico/a *m., f.* 3
documentary (*film*) **documental**
    m. 17
dog **perro** *m.* 13
domestic **doméstico/a** *adj.*
  domestic appliance
    electrodoméstico *m.*
done **hecho/a** *p.p.* 14
door **puerta** *f.* 2
doorman/doorwoman **portero/a**
    m., f. 1
dormitory **residencia** *f.*
    estudiantil 2
double **doble** *adj.* 5
  double room **habitación** *f.*
    doble 5
doubt **duda** *f.* 13; **dudar** *v.* 13
  not to doubt 13
  There is no doubt that...
    No cabe duda de 13;
    No hay duda de 13
Down with...! **¡Abajo el/la...!**
download **descargar** *v.* 11
downtown **centro** *m.* 4
drama **drama** *m.* 17
dramatic **dramático/a** *adj.* 17
draw **dibujar** *v.* 2
drawing **dibujo** *m.* 17
dress **vestido** *m.* 6
  get dressed **vestirse (e:i)** *v.* 7
drink **beber** *v.* 3; **bebida** *f.* 8;
    tomar *v.* 2
drive **conducir** *v.* 6; **manejar**
    v. 11
driver **conductor(a)** *m., f.* 1
drug **droga** *f.* 15
  drug addict **drogadicto/a**
    adj. 15
dry oneself **secarse** *v.* 7
dust **sacudir** *v.* 12;
    quitar *v.* **el polvo** 12
dust the furniture **sacudir los**
    muebles 12
duster **plumero** *m.* 12
DVD player **reproductor** *m.* **de**
    DVD 11

E

each **cada** *adj.* 6
each other **los unos a los otros** 11
eagle **águila** *f.*
ear (*outer*) **oreja** *f.* 10
earing **arete** *m.* 6
early **temprano** *adv.* 7
earn **ganar** *v.* 16
earthquake **terremoto** *m.* 18
ease **aliviar** *v.*
east **este** *m.* 14
  to the east **al este** 14
easy **fácil** *adj. m., f.* 3
eat **comer** *v.* 3
ecological **ecologista** *adj. m., f.* 13
ecologist **ecologista** *m., f.* 13

ecology **ecología** *f.* 13
economics **economía** *f.* 2
ecotourism **ecoturismo** *m.* 13
Ecuador **Ecuador** *m.* 1
Ecuadorian **ecuatoriano/a** *adj.* 3
effective **eficaz** *adj. m., f.*
egg **huevo** *m.* 8
eight **ocho** 1
eight hundred **ochocientos/as** 2
eighteen **dieciocho** 1
eighth **octavo/a** 5
eighty **ochenta** 2
either… or **o… o** *conj.* 7
eldest **el/la mayor** 8
elect **elegir** *v.* 18
election **elecciones** *f. pl.* 18
electric appliance
   electrodoméstico *m.* 12
electrician **electricista** *m., f.* 16
electricity **luz** *f.* 12
elegant **elegante** *adj. m., f.* 6
elevator **ascensor** *m.* 5
eleven **once** 1
e-mail **correo** *m.* **electrónico** 4
e-mail address **dirrección** *f.*
   electrónica 11
   e-mail message **mensaje** *m.*
      electrónico 4
   read e-mail **leer** *v.* **el correo**
      electrónico 4
embarrassed **avergonzado/a**
   adj. 5 embrace (each other)
      abrazar(se) *v.* 11
emergency **emergencia** *f.* 10
   emergency room **sala** *f.* **de**
      emergencia 10
employee **empleado/a** *m., f.* 5
employment **empleo** *m.* 16
end **fin** *m.* 4; **terminar** *v.* 2
   end table **mesita** *f.* 12
endure **aguantar** *v.* 14
energy **energía** *f.* 13
engaged: get engaged (to)
   comprometerse *v.* **(con)** 9
engineer **ingeniero/a** *m., f.* 3
English (*language*) **inglés** *m.* 2;
   inglés, inglesa *adj.* 3
enjoy **disfrutar** *v.* **(de)** 15
enough **bastante** *adv.* 10
entertainment **diversión** *f.* 4
entrance **entrada** *f.* 12
envelope **sobre** *m.* 14
environment **medio ambiente**
   m. 13
environmental sciences **ciencias**
   ambientales 2
equality **igualdad** *f.* 18
equipped **equipado/a** *adj.* 15
erase **borrar** *v.* 11
eraser **borrador** *m.* 2
errand **diligencia** *f.* 14
essay **ensayo** *m.* 3
evening **tarde** *f.* 1
event **acontecimiento** *m.* 18
every day **todos los días** 10
everything **todo** *m.* 5
   Everything is under control.
      Todo está bajo control. 7
exactly **en punto** 1
exam **examen** *m.* 2
excellent **excelente** *adj.* 5

excess **exceso** *m.* 15
   in excess **en exceso** 15
exchange **intercambiar** *v.*
   in exchange for **por** 11
exciting **emocionante** *adj. m., f.*
excursion **excursión** *f.*
excuse **disculpar** *v.*
Excuse me. (*May I?*) **Con**
   permiso. 1; (*I beg your*
   pardon.) **Perdón.** 1
exercise **ejercicio** *m.* 15;
   hacer *v.* **ejercicio** 15;
   (a degree/profession) **ejercer**
   v. 16
exit **salida** *f.* 5
expensive **caro/a** *adj.* 6
experience **experiencia** *f.* 18
expire **vencer** *v.* 14
explain **explicar** *v.* 2
explore **explorar** *v.*
expression **expresión** *f.*
extinction **extinción** *f.* 13
extremely delicious **riquísimo/a**
   adj. 8
extremely serious **gravísimo**
   adj. 13
eye **ojo** *m.* 10

F

fabulous **fabuloso/a** *adj.* 5
face **cara** *f.* 7
facing **enfrente de** *prep.* 14
fact: in fact **de hecho**
factory **fábrica** *f.* 13
fall (down) **caerse** *v.* 10
   fall asleep **dormirse (o:ue)** *v.* 7
   fall in love (with) **enamorarse**
      v. **(de)** 9
fall (season) **otoño** *m.* 5
fallen **caído/a** *p.p.* 14
family **familia** *f.* 3
famous **famoso/a** *adj.* 16
fan **aficionado/a** *adj.* 4
   be a fan (of) **ser aficionado/a**
      (a) 4
far from **lejos de** *prep.* 2
farewell **despedida** *f.*
fascinate **fascinar** *v.* 7
fashion **moda** *f.* 6
   be in fashion **estar de moda** 6
fast **rápido/a** *adj.*
fat **gordo/a** *adj.* 3; **grasa** *f.* 15
father **padre** *m.* 3
father-in-law **suegro** *m.* 3
favorite **favorito/a** *adj.* 4
fax (machine) *fax* *m.* 11
fear **miedo** *m.* 3; **temer** *v.* 13
February **febrero** *m.* 5
feel **sentir(se) (e:ie)** *v.* 7
   feel like (*doing something*) **tener**
      ganas de (+ *inf.*) 3
festival **festival** *m.* 17
fever **fiebre** *f.* 10
   have a fever **tener** *v.* **fiebre** 10

few **pocos/as** *adj. pl.*
   fewer than **menos de**
      (+ *number*) 8
field: major field of study
   especialización *f.*
fifteen **quince** 1
   fifteen-year-old girl **quinceañera** *f.*
   young woman celebrating her
      fifteenth birthday **quinceañera**
      f. 9
fifth **quinto/a** 5
fifty **cincuenta** 2
fight (for/against) **luchar** *v.* **(por/**
   contra) 18
figure (*number*) **cifra** *f.*
file **archivo** *m.* 11
fill **llenar** *v.* 11
   fill out (a form) **llenar (un**
      formulario) 14
   fill the tank **llenar el**
      tanque 11
finally **finalmente** *adv.* 15; **por**
   último 7; **por fin** 11
find **encontrar (o:ue)** *v.* 4
   find (each other) **encontrar(se)**
   find out **enterarse** *v.* 16
fine **multa** *f.*
   That's fine. **Está bien.** 11
(fine) arts **bellas artes** *f., pl.* 17
finger **dedo** *m.* 10
finish **terminar** *v.* 2
   finish (*doing something*)
      terminar *v.* **de (+** *inf.*) 4
fire **incendio** *m.* 18; **despedir**
   (e:i) *v.* 16
firefighter **bombero/a** *m., f.* 16
firm **compañía** *f.* 16; **empresa**
   f. 16
first **primer, primero/a** 2, 5
fish (*food*) **pescado** *m.* 8;
   pescar *v.* 5; (*live*) **pez** *m., sing.*
   (**peces** *pl.*) 13
   fish market **pescadería** *f.* 14
fishing **pesca** *f.* 5
fit (*clothing*) **quedar** *v.* 7
five **cinco** 1
five hundred **quinientos/as** 2
fix (*put in working order*) **arreglar**
   v. 11; (*clothes, hair, etc. to*
   go out) **arreglarse** 7
fixed **fijo/a** *adj.* 6
flag **bandera** *f.*
flank steak **lomo** *m.* 8
flat tire: We had a flat tire. **Se nos**
   pinchó una llanta. 11
flexible **flexible** *adj.* 15
flood **inundación** *f.* 18
floor (*of a building*) **piso** *m.* 5;
   suelo *m.* 12
   ground floor **planta baja** *f.* 5
   top floor **planta** *f.* **alta**
flower **flor** *f.* 13
flu **gripe** *f.* 10
fog **niebla** *f.*
folk **folclórico/a** *adj.* 17

follow **seguir (e:i)** *v.* 4
food **comida** *f.* 4, 8
foolish **tonto/a** *adj.* 3
foot **pie** *m.* 10
football **fútbol** *m.* **americano** 4
for **para** *prep.* 11; **por** *prep.* 11
  for example **por ejemplo** 11
  for me **para mí** 8
forbid **prohibir** *v.*
foreign **extranjero/a** *adj.* 17
  foreign languages **lenguas**
  f., pl. **extranjeras** 2
forest **bosque** *m.* 13
forget **olvidar** *v.* 10
fork **tenedor** *m.* 12
form **formulario** *m.* 14
forty **cuarenta** *m.* 2
four **cuatro** 1
four hundred **cuatrocientos/as** 2
fourteen **catorce** 1
fourth **cuarto/a** *m., f.* 5
free **libre** *adj. m., f.* 4
  be free (of charge) **ser**
   gratis 14
  free time **tiempo libre**; spare
   (free) time **ratos libres** 4
freedom **libertad** *f.* 18
freezer **congelador** *m.* 12
French **francés, francesa** *adj.* 3
  French fries **papas** *f., pl.*
   fritas 8; **patatas** *f., pl.* **fritas** 8
frequently **frecuentemente**
  adv. 10; **con frecuencia** *adv.* 10
Friday **viernes** *m., sing.* 2
fried **frito/a** *adj.* 8
  fried potatoes **papas** *f., pl.*
   fritas 8; **patatas** *f., pl.*
   fritas 8
friend **amigo/a** *m., f.* 3
friendly **amable** *adj. m., f.* 5
friendship **amistad** *f.* 9
from **de** *prep.* 1; **desde** *prep.* 6
  from the United States
   estadounidense *m., f.*
   adj. 3
  from time to time **de vez en**
   cuando 10
  He/She/It is from... **Es de...**;
   I'm from... **Soy de...** 1
front: (cold) front **frente (frío)**
  m. 5
fruit **fruta** *f.* 8
  fruit juice **jugo** *m.* **de fruta** 8
  fruit store **frutería** *f.* 14
full **lleno/a** *adj.* 11
fun **divertido/a** *adj.* 7
  fun activity **diversión** *f.* 4
  have fun **divertirse (e:ie)** *v.* 9
function **funcionar** *v.*
furniture **muebles** *m., pl.* 12
furthermore **además (de)** *adv.* 10
future **futuro** *adj.* 16; **porvenir**
  m. 16
  Here's to the future! **¡Por el**
   porvenir! 16
  in the future **en el futuro** 16

G

gain weight **aumentar** *v.* **de**
  peso 15; **engordar** *v.* 15
game **juego** *m.*; (*match*)
  partido *m.* 4
  game show **concurso** *m.* 17
garage (*in a house*) **garaje** *m.* 12;
  garaje *m.* 11; **taller**
  (mecánico) 11
garden **jardín** *m.* 12
garlic **ajo** *m.* 8
gas station **gasolinera** *f.* 11
gasoline **gasolina** *f.* 11
gentleman **caballero** *m.* 8
geography **geografía** *f.* 2
German **alemán, alemana** *adj.* 3
get **conseguir (e:i)** *v.* 4; **obtener**
  v. 16
  get along well/badly (with)
   llevarse bien/mal (con) 9
  get bigger **aumentar** *v.* 13
  get bored **aburrirse** *v.* 17
  get good grades **sacar buenas**
   notas 2
  get into trouble **meterse en**
   problemas *v.* 13
  get off of (a vehicle) **bajar(se)** *v.*
   de 11
  get on/into (a vehicle) **subir(se)**
   v. **a** 11
  get out of (a vehicle) **bajar(se)**
   v. **de** 11
  get ready **arreglarse** *v.* 7
  get up **levantarse** *v.* 7
gift **regalo** *m.* 6
ginger **jengibre** *m.* 10
girl **chica** *f.* 1; **muchacha** *f.* 3
girlfriend **novia** *f.* 3
give **dar** *v.* 6, 9;
  (*as a gift*) **regalar** 9
  give directions **indicar cómo**
   llegar 14
glass (*drinking*) **vaso** *m.* 12;
  vidrio *m.* 13
  (made) of glass **de vidrio** 13
glasses **gafas** *f., pl.* 6
  sunglasses **gafas** *f., pl.*
   de sol 6
global warming **calentamiento**
  global *m.* 13
gloves **guantes** *m., pl.* 6
go **ir** *v.* 4
  go away **irse** 7
  go by boat **ir en barco** 5
  go by bus **ir en autobús** 5
  go by car **ir en auto(móvil)** 5
  go by motorcycle **ir en**
   motocicleta 5
  go by taxi **ir en taxi** 5
  go by the bank **pasar por el**
   banco 14
  go down **bajar(se)** *v.*
  go on a hike (in the mountains)
   ir de excursión (a las
   montañas) 4

go out **salir** *v.* 9
  go out (with) **salir** *v.* **(con)** 9
  go up **subir** *v.*
  Let's go. **Vamos.** 4
goblet **copa** *f.* 12
going to: be going to (*do*
  something) **ir a (+ inf.)** 4
golf **golf** *m.* 4
good **buen, bueno/a** *adj.* 3, 6
  Good afternoon. **Buenas**
   tardes. 1
  Good evening. **Buenas**
   noches. 1
  Good idea. **Buena idea.** 4
  Good morning. **Buenos días.** 1
  Good night. **Buenas noches.** 1
  It's good that... **Es bueno**
   que... 12
goodbye **adiós** *m.* 1
  say goodbye (to) **despedirse** *v.*
   (de) (e:i) 7
good-looking **guapo/a** *adj.* 3
government **gobierno** *m.* 13
GPS **navegador GPS** *m.* 11
graduate (from/in) **graduarse** *v.*
  (de/en) 9
grains **cereales** *m., pl.* 8
granddaughter **nieta** *f.* 3
grandfather **abuelo** *m.* 3
grandmother **abuela** *f.* 3
grandparents **abuelos** *m., pl.* 3
grandson **nieto** *m.* 3
grape **uva** *f.* 8
grass **hierba** *f.* 13
grave **grave** *adj.* 10
gray **gris** *adj. m., f.* 6
great **fenomenal** *adj. m., f.* 5;
  genial *adj.* 16
great-grandfather **bisabuelo** *m.* 3
great-grandmother **bisabuela** *f.* 3
green **verde** *adj. m., f.* 6
greet (each other) **saludar(se)**
  v. 11
greeting **saludo** *m.* 1
  Greetings to... **Saludos a...** 1
grilled **a la plancha** 8
ground floor **planta baja** *f.* 5
grow **aumentar** *v.* 13
guest (*at a house/hotel*) **huésped**
  m., f. 5 (*invited to a function*)
  invitado/a *m., f.* 9
guide **guía** *m., f.* 13
gymnasium **gimnasio** *m.* 4

H

hair **pelo** *m.* 7
hairdresser **peluquero/a** *m., f.* 16
half **medio/a** *adj.* 3
  half-brother **medio hermano** 3
  half-sister **media hermana** 3
  half-past... (*time*) **...y**
   media 1
hallway **pasillo** *m.* 12
ham **jamón** *m.* 8
hamburger **hamburguesa** *f.* 8

hand **mano** *f.* 1
hand in **entregar** *v.* 11
handsome **guapo/a** *adj.* 3
happen **ocurrir** *v.* 18
happiness **alegría** *v.* 9
Happy birthday!
   ¡Feliz cumpleaños! 9
happy **alegre** *adj.* 5; **contento/a**
   adj. 5; **feliz** *adj. m., f.* 5
  be happy **alegrarse** *v.* (de) 13
hard **difícil** *adj. m., f.* 3
hard-working **trabajador(a)**
   adj. 3
hardly **apenas** *adv.* 10
haste **prisa** *f.* 3
hat **sombrero** *m.* 6
hate **odiar** *v.* 9
have **tener** *v.* 3
  have time **tener tiempo** 4
  have to (*do something*) **tener**
   que (+ *inf.*) 3; **deber** (+ *inf.*)
  have a tooth removed **sacar(se)**
   un diente 10
he **él** 1
head **cabeza** *f.* 10
headache **dolor** *m.* **de cabeza** 10
health **salud** *f.* 10
healthy **saludable** *adj. m., f.* 10;
  sano/a *adj.* 10
  lead a healthy lifestyle **llevar** *v.*
   una vida sana 15
hear **oír** *v.* 4
heard **oído/a** *p.p.* 14
hearing: sense of hearing **oído**
  m. 10
heart **corazón** *m.* 10
heat **calor** *m.* 5
Hello. **Hola.** 1; (*on the telephone*)
  Aló. 11; **Bueno.** 11; **Diga.** 11
help **ayudar** *v.* 12; **servir (e:i)**
  v. 5
  help each other **ayudarse** *v.* 11
her **su(s)** *poss. adj.* 3; (of) hers
  suyo(s)/a(s) *poss.* 11
  her **la** *f., sing., d.o. pron.* 5
  to/for her **le** *f., sing., i.o. pron.* 6
here **aquí** *adv.* 1
  Here is/are... **Aquí está(n)...** 5
Hi. **Hola.** 1
highway **autopista** *f.* 11;
  carretera *f.* 11
hike **excursión** *f.* 4
  go on a hike **hacer una**
   excursión 5; **ir de**
   excursión 4
hiker **excursionista** *m., f.*
hiking **de excursión** 4
him: to/for him **le** *m., sing., i.o.*
  pron. 6
hire **contratar** *v.* 16
his **su(s)** *poss. adj.* 3; (of) his
  suyo(s)/a(s) *poss. pron.* 11
  his **lo** *m., sing., d.o. pron.* 5
history **historia** *f.* 2; 17
hobby **pasatiempo** *m.* 4
hockey **hockey** *m.* 4
hold up **aguantar** *v.* 14

hole **hueco** *m.* 4
holiday **día** *m.* **de fiesta** 9
home **casa** *f.* 2
  home page **página** *f.*
   principal 11
homework **tarea** *f.* 2
honey **miel** *f.* 10
hood **capó** *m.* 11; **cofre** *m.* 11
hope **esperar** *v.* (+ *inf.*) 2;
  esperar *v.* 13
  I hope (that) **ojalá (que)** 13
horror (genre) **de horror** *m.* 17
hors d'oeuvres **entremeses** *m.,*
  pl. 8
horse **caballo** *m.* 5
hospital **hospital** *m.* 10
hot: be (*feel*) (very) hot **tener**
  (mucho) calor 3
  It's (very) hot. **Hace (mucho)**
   calor. 5
hotel **hotel** *m.* 5
hour **hora** *f.* 1
house **casa** *f.* 2
household chores **quehaceres** *m.*
  pl. **domésticos** 12
housekeeper **ama** *m., f.* **de casa** 12
housing **vivienda** *f.* 12
How...! **¡Qué...!**
  how **¿cómo?** *adv.* 1
  How are you? **¿Qué tal?** 1
  How are you?**¿Cómo estás?**
   fam. 1
  How are you?**¿Cómo está**
   usted? *form.* 1
  How can I help you? **¿En qué**
   puedo servirles? 5
  How did it go for you...?
   ¿Cómo le/les fue...? 15
  How is it going? **¿Qué tal?** 1
  How is/are...? **¿Qué tal...?** 2
  How is the weather? **¿Qué**
   tiempo hace? 15
  How much/many?
   ¿Cuánto(s)/a(s)? 1
  How much does... cost?
   ¿Cuánto cuesta...? 6
  How old are you? **¿Cuántos**
   años tienes? *fam.* 3
however **sin embargo**
hug (each other) **abrazar(se)**
  v. 11
humanities **humanidades** *f., pl.* 2
hundred **cien, ciento** 2
hunger **hambre** *f.* 3
hungry: be (very) hungry **tener** *v.*
  (mucha) hambre 3
hunt **cazar** *v.* 13
hurricane **huracán** *m.* 18
hurry **apurarse** *v.* 15; **darse prisa**
  v. 15
  be in a (big) hurry **tener** *v.*
   (mucha) prisa 3
hurt **doler (o:ue)** *v.* 10
  It hurts me a lot... **Me duele**
   mucho... 10
husband **esposo** *m.* 3

I

I **yo** 1
  I am... **Yo soy...** 1
  I hope (that) **Ojalá (que)**
   interj. 13
  I wish (that) **Ojalá (que)**
   interj. 13
ice cream **helado** *m.* 9
  ice cream shop **heladería** *f.* 14
iced **helado/a** *adj.* 8
  iced tea **té** *m.* **helado** 8
idea **idea** *f.* 4
if **si** *conj.* 4
illness **enfermedad** *f.* 10
important **importante** *adj.* 3
  be important to **importar** *v.* 7
  It's important that... **Es**
   importante que... 12
impossible **imposible** *adj.* 13
  it's impossible **es imposible** 13
improbable **improbable** *adj.* 13
  it's improbable **es**
   improbable 13
improve **mejorar** *v.* 13
in **en** *prep.* 2; **por** *prep.* 11
  in the afternoon **de la tarde** 1;
   por la tarde 7
  in a bad mood **de mal humor** 5
  in the direction of **para** *prep.* 1;
  in the early evening **de la tarde** 1
  in the evening **de la noche** 1;
   por la tarde 7
  in a good mood **de buen**
   humor 5
  in the morning **de la**
   mañana 1; **por la**
   mañana 7
  in love (with)
   enamorado/a (de) 5
  in search of **por** *prep.* 11
in front of **delante de** *prep.* 2
increase **aumento** *m.* 16
incredible **increíble** *adj.* 5
inequality **desigualdad** *f.* 18
infection **infección** *f.* 10
inform **informar** *v.* 18
injection **inyección** *f.* 10
  give an injection *v.* **poner una**
   inyección 10
injure (oneself) **lastimarse** 10
  injure (one's foot) **lastimarse** *v.*
   (el pie) 10
inner ear **oído** *m.* 10
inside **dentro** *adv.*
insist (on) **insistir** *v.* (en) 12
installments: pay in installments
  pagar *v.* **a plazos** 14
intelligent **inteligente** *adj.* 3
intend to **pensar** *v.* (+ *inf.*) 4
interest **interesar** *v.* 7
interesting **interesante** *adj.* 3
  be interesting to **interesar** *v.* 7
international **internacional**
  adj. m., f. 18
Internet **Internet** 11

interview **entrevista** *f.* 16;
   interview **entrevistar** *v.* 16
interviewer **entrevistador(a)** *m.,*
   f. 16
introduction **presentación** *f.*
   I would like to introduce you to
      (name). **Le presento a…**
      form. 1; **Te presento a…**
      fam. 1
invest **invertir (e:ie)** *v.* 16
invite **invitar** *v.* 9
iron (clothes) **planchar** *v.* **la**
   ropa 12
it **lo/la** *sing., d.o., pron.* 5
Italian **italiano/a** *adj.* 3
its **su(s)** *poss. adj.* 3;
   suyo(s)/a(s) *poss. pron.* 11
It's me. **Soy yo.**
it's the same **es igual** 5

J

jacket **chaqueta** *f.* 6
January **enero** *m.* 5
Japanese **japonés, japonesa**
   adj. 3
jeans **(blue)jeans** *m., pl.* 6
jewelry store **joyería** *f.* 14
job **empleo** *m.* 16; **puesto**
   m. 16; **trabajo** *m.* 16
   job application **solicitud** *f.* **de**
      trabajo 16
jog **correr** *v.*
journalism **periodismo** *m.* 2
journalist **periodista** *m., f.* 3;
   reportero/a *m., f.* 16
joy **alegría** *f.* 9
   give joy **dar** *v.* **alegría** 9
joyful **alegre** *adj.* 5
juice **jugo** *m.* 8
July **julio** *m.* 5
June **junio** *m.* 5
jungle **selva, jungla** *f.* 13
just **apenas** *adv.*
   have just done something
      acabar de (+ inf.) 6

K

key **llave** *f.* 5
keyboard **teclado** *m.* 11
kilometer **kilómetro** *m.* 11
kind: That's very kind of you. **Muy**
   amable. 5
kiss **beso** *m.* 9
   kiss each other **besarse** *v.* 11
kitchen **cocina** *f.* 9, 12
knee **rodilla** *f.* 10
knife **cuchillo** *m.* 12
know **saber** *v.* 6; **conocer** *v.* 6
know how **saber** *v.* 6

L

laboratory **laboratorio** *m.* 2
lack **faltar** *v.* 7
lake **lago** *m.* 13
lamp **lámpara** *f.* 12
land **tierra** *f.* 13
landlord **dueño/a** *m., f.* 8
landscape **paisaje** *m.* 5
language **lengua** *f.* 2
laptop (computer) **computadora**
   f. **portátil** 11
large **grande** *adj.* 3
large (*clothing size*) **talla**
   grande
last **durar** *v.* 18; **pasado/a**
   adj. 6; **último/a** *adj.* 7
   last name **apellido** *m.* 3
   last night **anoche** *adv.* 6
   last week **semana** *f.* **pasada** 6
   last year **año** *m.* **pasado** 6
   the last time **la última vez** 7
late **tarde** *adv.* 7
later (on) **más tarde** 7
   See you later. **Hasta la vista.** 1;
      Hasta luego. 1
laugh **reírse (e:i)** *v.* 9
laughed **reído** *p.p.* 14
laundromat **lavandería** *f.* 14
law **ley** *f.* 13
lawyer **abogado/a** *m., f.* 16
lazy **perezoso/a** *adj.*
learn **aprender** *v.* **(a + inf.)** 3
least, at **por lo menos** *adv.* 10
leave **salir** *v.* 4; **irse** *v.* 7
   leave a tip **dejar una**
      propina 9
   leave behind **dejar** *v.* 16
   leave for (*a place*) **salir para**
   leave from **salir de**
left **izquierdo/a** *adj.* 2
   be left over **quedar** *v.* 7
   to the left of **a la izquierda de** 2
leg **pierna** *f.* 10
lemon **limón** *m.* 8
lend **prestar** *v.* 6
less **menos** *adv.* 10
   less… than **menos… que** 8
   less than **menos de (+ *number*)**
lesson **lección** *f.* 1
let **dejar** *v.* 12
let's see **a ver** 2
letter **carta** *f.* 4, 14
lettuce **lechuga** *f.* 8
liberty **libertad** *f.* 18
library **biblioteca** *f.* 2
license (*driver's*) **licencia** *f.* **de**
   conducir 11
lie **mentira** *f.* 4
life **vida** *f.* 9
   of my life **de mi vida** 15
lifestyle: lead a healthy lifestyle
   llevar una vida sana 15
lift **levantar** *v.* 15
   lift weights **levantar pesas** 15
light **luz** *f.* 12
like **como** *prep.* 8; **gustar** *v.* 2
   I don't like them at all. **No me**
      gustan nada. 2

I like… **Me gusta(n)…** 2
like this **así** *adv.* 10
like very much **encantar** *v.;*
   fascinar *v.* 7
Do you like…? **¿Te**
   gusta(n)…? 2
likeable **simpático/a** *adj.* 3
likewise **igualmente** *adv.* 1
line **línea** *f.* 4; **cola** (*queue*) *f.* 14
listen (to) **escuchar** *v.* 2
   Listen! (*command*) **¡Oye!** *fam.,*
      sing. 1; **¡Oiga/Oigan!** *form.,*
      sing./pl. 1
   listen to music **escuchar**
      música 2
   listen (to) the radio **escuchar la**
      radio 2
literature **literatura** *f.* 2
little (*quantity*) **poco/a** *adj.* 5;
   poco *adv.* 10
live **vivir** *v.* 3; **en vivo** *adj.* 7
living room **sala** *f.* 12
loan **préstamo** *m.* 14; **prestar**
   v. 6, 14
lobster **langosta** *f.* 8
located **situado/a** *adj.*
   be located **quedar** *v.* 14
long **largo/a** *adj.* 6
look (at) **mirar** *v.* 2
look for **buscar** *v.* 2
lose **perder (e:ie)** *v.* 4
   lose weight **adelgazar** *v.* 15
lost **perdido/a** *adj.* 13, 14
   be lost **estar perdido/a** 14
lot, a **muchas veces** *adv.* 10
lot of, a **mucho/a** *adj.* 2, 3; **un**
   montón de 4
love (*another person*) **querer**
   (e:ie) *v.* 4; (*inanimate objects*)
   encantar *v.* 7; **amor** *m.* 9
   in love **enamorado/a** *adj.* 5
   I loved it! **¡Me encantó!** 15
   love at first sight **amor a**
      primera vista 9
luck **suerte** *f.* 3
lucky: be (very) lucky **tener**
   (mucha) suerte 3
luggage **equipaje** *m.* 5
lunch **almuerzo** *m.* 4, 8
   have lunch **almorzar (o:ue)**
      v. 4

M

ma'am **señora (Sra.); doña** *f.* 1
mad **enojado/a** *adj.* 5
magazine **revista** *f.* 4
magnificent **magnífico/a** *adj.* 5
mail **correo** *m.* 14; **enviar** *v.,*
   mandar *v.* 14; **echar (una**
   carta) al buzón 14
   mail **correo** *m.* 14; **enviar** *v.,*
      mandar *v.* 14
   mail carrier **cartero** *m.* 14
mailbox **buzón** *m.* 14
main **principal** *adj. m., f.* 8
maintain **mantener** *v.* 15
major **especialización** *f.* 2

make **hacer** *v.* 4
  make a decision **tomar una decisión** 15
  make the bed **hacer la cama** 12
makeup **maquillaje** *m.* 7
  put on makeup **maquillarse** *v.* 7
man **hombre** *m.* 1
manager **gerente** *m., f.* 8, 16
many **mucho/a** *adj.* 3
  many times **muchas veces** 10
map **mapa** *m.* 2
March **marzo** *m.* 5
margarine **margarina** *f.* 8
marinated fish **ceviche** *m.* 8
  lemon-marinated shrimp **ceviche** *m.* **de camarón** 8
marital status **estado** *m.* **civil** 9
market **mercado** *m.* 6
  open-air market **mercado al aire libre** 6
marriage **matrimonio** *m.* 9
married **casado/a** *adj.* 9
  get married (to) **casarse** *v.* **(con)** 9
  I'll marry you! **¡Acepto casarme contigo!** 17
marvelous **maravilloso/a** *adj.* 5
massage **masaje** *m.* 15
masterpiece **obra maestra** *f.* 17
match (*sports*) **partido** *m.* 4
match (with) **hacer** *v.* **juego (con)** 6
mathematics **matemáticas** *f., pl.* 2
matter **importar** *v.* 7
maturity **madurez** *f.* 9
maximum **máximo/a** *adj.* 11
May **mayo** *m.* 5
May I leave a message? **¿Puedo dejar un recado?** 11
maybe **tal vez** 5; **quizás** 5
mayonnaise **mayonesa** *f.* 8
me **me** *sing., d.o. pron.* 5
  to/for me **me** *sing., i.o. pron.* 6
meal **comida** *f.* 4, 8
means of communication **medios** *m., pl.* **de comunicación** 18
meat **carne** *f.* 8
mechanic **mecánico/a** *m., f.* 11
  mechanic's repair shop **taller mecánico** 11
media **medios** *m., pl.* **de comunicación** 18
medical **médico/a** *adj.* 10
medication **medicamento** *m.* 10
medicine **medicina** *f.* 10
medium **mediano/a** *adj.*
meet (each other) **encontrar(se)** *v.* 11; **conocerse(se)** *v.* 8
  meet up with **encontrarse con** 7
meeting **reunión** *f.* 16
menu **menú** *m.* 8
message **mensaje** *m.*
Mexican **mexicano/a** *adj.* 3
Mexico **México** *m.* 1

microwave **microonda** *f.* 12
  microwave oven **horno** *m.* **de microondas** 12
middle age **madurez** *f.* 9
midnight **medianoche** *f.* 1
mile **milla** *f.* 11
milk **leche** *f.* 8
million **millón** *m.* 2
  million of **millón de** 2
mine **mío(s)/a(s)** *poss.* 11
mineral **mineral** *m.* 15
  mineral water **agua** *f.* **mineral** 8
minute **minuto** *m.* 1
mirror **espejo** *m.* 7
Miss **señorita (Srta.)** *f.* 1
miss **perder (e:ie)** *v.* 4; **extrañar** *v.* 16
mistaken **equivocado/a** *adj.*
modem **módem** *m.*
modern **moderno/a** *adj.* 17
mom **mamá** *f.* 3
Monday **lunes** *m., sing.* 2
money **dinero** *m.* 6
monitor **monitor** *m.* 11
monkey **mono** *m.* 13
month **mes** *m.* 5
monument **monumento** *m.* 4
moon **luna** *f.* 13
more **más** 2
  more… than **más… que** 8
  more than **más de (+** *number***)** 8
morning **mañana** *f.* 1
mother **madre** *f.* 3
mother-in-law **suegra** *f.* 3
motor **motor** *m.*
motorcycle **motocicleta** *f.* 5
mountain **montaña** *f.* 4
mouse **ratón** *m.* 11
mouth **boca** *f.* 10
move (*from one house to another*) **mudarse** *v.* 12
movie **película** *f.* 4
  movie star **estrella** *f.* **de cine** 17
  movie theater **cine** *m.* 4
MP3 player **reproductor** *m.* **de MP3** 11
Mr. **señor (Sr.); don** *m.* 1
Mrs. **señora (Sra.); doña** *f.* 1
much **mucho/a** *adj.* 2, 3
  very much **muchísimo/a** *adj.* 2
mud **lodo** *m.*
murder **crimen** *m.* 18
muscle **músculo** *m.* 15
museum **museo** *m.* 4
mushroom **champiñón** *m.* 8
music **música** *f.* 2, 17
musical **musical** *adj., m., f.* 17
musician **músico/a** *m., f.* 17
must **deber** *v.* **(+** *inf.***)** 3
  It must be… **Debe ser…** 6
my **mi(s)** *poss. adj.* 3; **mío(s)/a(s)** *poss. pron.* 11

N

name **nombre** *m.* 1
  be named **llamarse** *v.* 7
  in the name of **a nombre de** 5
  last name **apellido** *m.*
  My name is… **Me llamo…** 1
  name someone/something **ponerle el nombre** 9
napkin **servilleta** *f.* 12
national **nacional** *adj. m., f.* 18
nationality **nacionalidad** *f.* 1
natural **natural** *adj. m., f.* 13
natural disaster **desastre** *m.* **natural** 18
  natural resource **recurso** *m.* **natural** 13
nature **naturaleza** *f.* 13
nauseated **mareado/a** *adj.* 10
near **cerca de** *prep.* 2
neaten **arreglar** *v.* 12
necessary **necesario/a** *adj.* 12
  It is necessary that… **Hay que…** 12, 14
neck **cuello** *m.* 10
need **faltar** *v.* 7; **necesitar** *v.* **(+** *inf.***)** 2
neighbor **vecino/a** *m., f.* 12
neighborhood **barrio** *m.* 12
neither **tampoco** *adv.* 7
neither… nor **ni… ni** *conj.* 7
nephew **sobrino** *m.* 3
nervous **nervioso/a** *adj.* 5
network **red** *f.* 11
never **nunca** *adj.* 7; **jamás** 7
new **nuevo/a** *adj.* 6
newlywed **recién casado/a** *m., f.* 9
news **noticias** *f., pl.* 18; **actualidades** *f., pl.* 18; **noticia** *f.* 11
newscast **noticiero** *m.* 18
newspaper **periódico** 4; **diario** *m.* 18
next **próximo/a** *adj.* 3, 16
  next to **al lado de** *prep.* 2
nice **simpático/a** *adj.* 3; **amable** *adj. m., f.* 5
niece **sobrina** *f.* 3
night **noche** *f.* 1
  night stand **mesita** *f.* **de noche** 12
nine **nueve** 1
nine hundred **novecientos/as** 2
nineteen **diecinueve** 1
ninety **noventa** 2
ninth **noveno/a** 5
no **no** 1; **ningún, ninguno/a(s)** *adj.* 7
  no one **nadie** *pron.* 7
  No problem. **No hay problema.**
nobody **nadie** 7
none **ningún, ninguno/a(s)** *adj.* 7

noon **mediodía** m. 1
nor **ni** conj. 7
north **norte** m. 14
  to the north **al norte** 14
nose **nariz** f. 10
not **no** 1
  not any **ningún, ninguno/a(s)**
    adj. 7
  not anyone **nadie** pron. 7
  not anything **nada** pron. 7
  not bad at all **nada mal** 5
  not either **tampoco** adv. 7
  not ever **nunca** adv. 7; **jamás**
    adv. 7
  not very well **no muy bien** 1
  not working **descompuesto/a**
    adj. 11
outside **afuera** adv. 5
notebook **cuaderno** m. 1
nothing **nada** 1; 7
noun **sustantivo** m.
November **noviembre** m. 5
now **ahora** adv. 2
nowadays **hoy día** adv.
nuclear **nuclear** adj. m., f. 13
  nuclear energy **energía**
    nuclear 13
number **número** m. 1
nurse **enfermero/a** m., f. 10
nutrition **nutrición** f. 15
nutritionist **nutricionista** m.,
  f. 15

O

o'clock: It's... o'clock **Son**
  las... 1
  It's one o'clock. **Es la una.** 1
obey **obedecer** v. 18
obligation **deber** m. 18
obtain **conseguir (e:i)** v. 4;
  obtener v. 16
obvious **obvio/a** adj. 13
  it's obvious **es obvio** 13
occupation **ocupación** f. 16
occur **ocurrir** v. 18
October **octubre** m. 5
of **de** prep. 1
  Of course. **Claro que sí.;**
    Por supuesto.
offer **oferta** f. 12; **ofrecer (c:zc)**
  v. 6
office **oficina** f. 12
  doctor's office **consultorio** m.
    10
often **a menudo** adv. 10
Oh! **¡Ay!**
oil **aceite** m. 8
OK **regular** adj. 1
  It's okay. **Está bien.**
old **viejo/a** adj. 3
old age **vejez** f. 9
older **mayor** adj. m., f. 3
  older brother, sister **hermano/a**
    mayor m., f. 3
oldest **el/la mayor** 8

on **en** prep. 2; **sobre** prep. 2
  on behalf of **por** prep. 11
  on the dot **en punto** 1
  on time **a tiempo** 10
  on top of **encima de** 2
once **una vez** 6
one **un, uno/a** m., f., sing. pron. 1
  one hundred **cien(to)** 2
  one million **un millón** m. 2
  one more time **una vez más** 9
  one thousand **mil** 2
  one time **una vez** 6
onion **cebolla** f. 8
only **sólo** adv. 3; **único/a** adj. 3
  only child **hijo/a único/a**
    m., f. 3
open **abierto/a** adj. 5, 14;
  abrir v. 3
open-air **al aire libre** 6
opera **ópera** f. 17
operation **operación** f. 10
opposite **enfrente de** prep. 14
or **o** conj. 7
orange **anaranjado/a** adj. 6;
  naranja f. 8
orchestra **orquesta** f. 17
order **mandar** 12; (food) **pedir**
  (e:i) v. 8
  in order to **para** prep. 11
orderly **ordenado/a** adj. 5
ordinal (numbers) **ordinal** adj.
organize oneself **organizarse** v. 12
other **otro/a** adj. 6
ought to **deber** v. (+ inf.) adj. 3
our **nuestro(s)/a(s)** poss. adj. 3;
  poss. pron. 11
out of order **descompuesto/a**
  adj. 11
outside **afuera** adv. 5
outskirts **afueras** f., pl. 12
oven **horno** m. 12
over **sobre** prep. 2
(over)population
  (sobre)población f. 13
over there **allá** adv. 2
own **propio/a** adj. 16
owner **dueño/a** m., f. 8

P

p.m. **tarde** f. 1
pack (one's suitcases) **hacer** v. **las**
  maletas 5
package **paquete** m. 14
page **página** f. 11
pain **dolor** m. 10
  have a pain **tener** v. **dolor** 10
paint **pintar** v. 17
painter **pintor(a)** m., f. 16
painting **pintura** f. 12, 17
pair **par** m. 6
  pair of shoes **par** m. **de**
    zapatos 6
pale **pálido/a** adj. 14
pants **pantalones** m., pl. 6

pantyhose **medias** f., pl. 6
paper **papel** m. 2; (report)
  informe m. 18
Pardon me. (May I?) **Con**
  permiso. 1; (Excuse me.)
  Pardon me. **Perdón.** 1
parents **padres** m., pl. 3; **papás**
  m., pl. 3
park **estacionar** v. 11; **parque**
  m. 4
parking lot **estacionamiento**
  m. 14
partner (one of a married couple)
  pareja f. 9
party **fiesta** f. 9
passed **pasado/a** p.p.
passenger **pasajero/a** m., f. 1
passport **pasaporte** m. 5
past **pasado/a** adj. 6
pastime **pasatiempo** m. 4
pastry shop **pastelería** f. 14
patient **paciente** m., f. 10
patio **patio** m. 12
pay **pagar** v. 6
pay in cash **pagar** v. **al contado;**
  pagar en efectivo 14
pay in installments **pagar** v. **a**
  plazos 14
pay the bill **pagar la cuenta** 9
pea **arveja** m. 8
peace **paz** f. 18
peach **melocotón** m. 8
peak **cima** f. 15
pear **pera** f. 8
pen **pluma** f. 2
pencil **lápiz** m. 1
penicillin **penicilina** f. 10
people **gente** f. 3
pepper (black) **pimienta** f. 8
per **por** prep. 11
perfect **perfecto/a** adj. 5
period of time **temporada** f. 5
person **persona** f. 3
pharmacy **farmacia** f. 10
phenomenal **fenomenal** adj. 5
photograph **foto(grafía)** f. 1
physical (exam) **examen** m.
  médico 10
physician **doctor(a), médico/a**
  m., f. 3
physics **física** f. sing. 2
pick up **recoger** v. 13
picture **cuadro** m. 12;
  pintura f. 12
pie **pastel** m. 9
pill (tablet) **pastilla** f. 10
pillow **almohada** f. 12
pineapple **piña** f. 8
pink **rosado/a** adj. 6
place **lugar** m. 2, 4; **sitio** m. 3;
  poner v. 4
plaid **de cuadros** 6
plans **planes** m., pl. 4
  have plans **tener planes** 4
plant **planta** f. 13
plastic **plástico** m. 13
  (made) of plastic **de**
    plástico 13

plate **plato** *m.* 12
play **drama** *m.* 17; **comedia** *f.* 17
  jugar (u:ue) *v.* 4; (*a musical instrument*) **tocar** *v.* 17; (*a role*) **hacer el papel de** 17; (*cards*) **jugar a (las cartas)** 5; (*sports*) **practicar deportes** 4
player **jugador(a)** *m., f.* 4
playwright **dramaturgo/a** *m., f.* 17
plead **rogar (o:ue)** *v.* 12
pleasant **agradable** *adj.* 5
please **por favor** 1
Pleased to meet you. **Mucho gusto.** 1; **Encantado/a.** *adj.* 1
pleasing: be pleasing to **gustar** *v.* 7
pleasure **gusto** *m.* 1; **placer** *m.* 15
  It's a pleasure to... **Gusto de** (*+ inf.*) 18
  It's been a pleasure. **Ha sido un placer.** 15
  The pleasure is mine. **El gusto es mío.** 1
poem **poema** *m.* 17
poet **poeta** *m., f.* 17
poetry **poesía** *f.* 17
police (force) **policía** *f.* 11
political **político/a** *adj.* 18
politician **político/a** *m., f.* 16
politics **política** *f.* 18
polka-dotted **de lunares** 6
poll **encuesta** *f.* 18
pollute **contaminar** *v.* 13
polluted **contaminado/a** *m., f.* 13
  be polluted **estar contaminado/a** 13
pollution **contaminación** *f.* 13
pool **piscina** *f.* 4
poor **pobre** *adj., m., f.* 6
  poor thing **pobrecito/a** *adj.* 3
popsicle **paleta helada** *f.* 4
population **población** *f.* 13
pork **cerdo** *m.* 8
  pork chop **chuleta** *f.* **de cerdo** 8
portable **portátil** *adj.* 11
  portable computer **computadora** *f.* **portátil** 11
position **puesto** *m.* 16
possessive **posesivo/a** *adj.* 3
possible **posible** *adj.* 13
  it's (not) possible **(no) es posible** 13
post office **correo** *m.* 14
postcard **postal** *f.* 4
poster **cartel** *m.* 12
potato **papa** *f.* 8; **patata** *f.* 8
pottery **cerámica** *f.* 17
practice **entrenarse** *v.* 15; **practicar** *v.* 2; (a degree/profession) **ejercer** *v.* 16
prefer **preferir (e:ie)** *v.* 4
pregnant **embarazada** *adj. f.* 10
prepare **preparar** *v.* 2
preposition **preposición** *f.*
prescribe (*medicine*) **recetar** *v.* 10

prescription **receta** *f.* 10
present **regalo** *m.*; **presentar** *v.* 17
press **prensa** *f.* 18
pressure **presión** *f.*
  be under a lot of pressure **sufrir muchas presiones** 15
pretty **bonito/a** *adj.* 3; **bastante** *adv.* 13
price **precio** *m.* 6
  (fixed, set) price **precio** *m.* **fijo** 6
print **estampado/a** *adj.*; **imprimir** *v.* 11
printer **impresora** *f.* 11
private (*room*) **individual** *adj.*
prize **premio** *m.* 17
probable **probable** *adj.* 13
  it's (not) probable **(no) es probable** 13
problem **problema** *m.* 1
profession **profesión** *f.* 3; 16
professor **profesor(a)** *m., f.*
program **programa** *m.* 1
programmer **programador(a)** *m., f.* 3
prohibit **prohibir** *v.* 10
project **proyecto** *m.* 11
promotion (*career*) **ascenso** *m.* 16
pronoun **pronombre** *m.*
protect **proteger** *v.* 13
protein **proteína** *f.* 15
provided (that) **con tal (de) que** *conj.* 13
psychologist **psicólogo/a** *m., f.* 16
psychology **psicología** *f.* 2
publish **publicar** *v.* 17
Puerto Rican **puertorriqueño/a** *adj.* 3
Puerto Rico **Puerto Rico** *m.* 1
pull a tooth **sacar una muela**
purchases **compras** *f., pl.* 5
pure **puro/a** *adj.* 13
purple **morado/a** *adj.* 6
purse **bolsa** *f.* 6
put **poner** *v.* 4; **puesto/a** *p.p.* 14
  put (a letter) in the mailbox **echar (una carta) al buzón** 14
  put on (*a performance*) **presentar** *v.* 17
  put on (*clothing*) **ponerse** *v.* 7
  put on makeup **maquillarse** *v.* 7

Q

quality **calidad** *f.* 6
quarter (*academic*) **trimestre** *m.* 2
  quarter after (*time*) **y cuarto** 1; **y quince** 1
  quarter to (*time*) **menos cuarto** 1; **menos quince** 1
question **pregunta** *f.* 2
quickly **rápido** *adv.* 10
quiet **tranquilo/a** *adj.* 15
quit **dejar** *v.* 16
quiz **prueba** *f.* 2

R

racism **racismo** *m.* 18
radio (*medium*) **radio** *f.* 2
  radio (set) **radio** *m.* 11
rain **llover (o:ue)** *v.* 5; **lluvia** *f.* 13
  It's raining. **Llueve.** 5; **Está lloviendo.** 5
raincoat **impermeable** *m.* 6
rainforest **bosque** *m.* **tropical** 13
raise (*salary*) **aumento de sueldo** 16
rather **bastante** *adv.* 10
reality show **programa de realidad** *m.* 17
read **leer** *v.* 3; **leído/a** *p.p.* 14
  read e-mail **leer correo electrónico** 4
  read a magazine **leer una revista** 4
  read a newspaper **leer un periódico** 4
ready **listo/a** *adj.* 5
  (Are you) ready? **¿(Están) listos?** 15
reap the benefits (of) *v.* **disfrutar** *v.* **(de)** 15
receive **recibir** *v.* 3
recommend **recomendar (e:ie)** *v.* 8; 12
record **grabar** *v.* 11
recover **recuperar** *v.* 11
recreation **diversión** *f.* 4
recycle **reciclar** *v.* 13
recycling **reciclaje** *m.* 13
red **rojo/a** *adj.* 6
red-haired **pelirrojo/a** *adj.* 3
reduce **reducir** *v.* 13; **disminuir** *v.* 16
  reduce stress/tension **aliviar el estrés/la tensión** 15
refrigerator **refrigerador** *m.* 12
region **región** *f.* 13
regret **sentir (e:ie)** *v.* 13
related to sitting **sedentario/a** *adj.* 15
relatives **parientes** *m., pl.* 3
relax **relajarse** *v.* 9
  Relax, sweetie. **Tranquilo/a, cariño.** 11
remain **quedarse** *v.* 7
remember **acordarse (o:ue)** *v.* **(de)** 7; **recordar (o:ue)** *v.* 4
remote control **control remoto** *m.* 11
renewable **renovable** *adj.* 13
rent **alquilar** *v.* 12; (payment) **alquiler** *m.* 12
repeat **repetir (e:i)** *v.* 4
report **informe** *m.* 18; **reportaje** *m.* 18
reporter **reportero/a** *m., f.* 16
representative **representante** *m., f.* 18
request **pedir (e:i)** *v.* 4
reservation **reservación** *f.* 5

resign (from) **renunciar (a)** *v.* 16
resolve **resolver (o:ue)** *v.* 13
resolved **resuelto/a** *p.p.* 14
resource **recurso** *m.* 13
responsibility **deber** *m.* 18
  responsabilidad *f.*
responsible **responsable** *adj.* 8
rest **descansar** *v.* 2
restaurant **restaurante** *m.* 4
résumé **currículum** *m.* 16
retire (from work) **jubilarse** *v.* 9
return **regresar** *v.* 2; **volver
  (o:ue)** *v.* 4
returned **vuelto/a** *p.p.* 14
rice **arroz** *m.* 8
rich **rico/a** *adj.* 6
ride a bicycle **pasear** *v.* **en
  bicicleta** 4
ride a horse **montar** *v.* **a
  caballo** 5
ridiculous **ridículo/a** *adj.* 13
  it's ridiculous **es ridículo** 13
right **derecha** *f.* 2
  be right **tener razón** 3
  right? (*question tag*) **¿no?** 1;
    ¿verdad? 1
  right away **enseguida** *adv.*
  right here **aquí mismo** 11
  right now **ahora mismo** 5
  right there **allí mismo** 14
  to the right of **a la
    derecha de** 2
rights **derechos** *m.* 18
ring **anillo** *m.* 17
ring (*a doorbell*) **sonar (o:ue)**
  v. 11
river **río** *m.* 13
road **camino** *m.*
roast **asado/a** *adj.* 8
roast chicken **pollo** *m.* **asado** 8
rollerblade **patinar en línea** *v.*
romantic **romántico/a** *adj.* 17
room **habitación** *f.* 5; **cuarto**
  m. 2; 7
  living room **sala** *f.* 12
roommate **compañero/a**
  m., f. **de cuarto** 2
roundtrip **de ida y vuelta** 5
  roundtrip ticket **pasaje** *m.* **de
    ida y vuelta** 5
routine **rutina** *f.* 7
rug **alfombra** *f.* 12
run **correr** *v.* 3
  run errands **hacer
    diligencias** 14
  run into (*have an accident*)
    chocar (con) *v.*; (*meet
    accidentally*) **encontrar(se)
    (o:ue)** *v.* 11; (*run into
    something*) **darse (con)** 10
  run into (each other)
    encontrar(se) (o:ue) *v.* 11
rush **apurarse, darse prisa** *v.* 15
Russian **ruso/a** *adj.* 3

S

sad **triste** *adj.* 5; 13
  it's sad **es triste** 13
safe **seguro/a** *adj.* 5
said **dicho/a** *p.p.* 14
sailboard **tabla de windsurf** *f.* 5
salad **ensalada** *f.* 8
salary **salario** *m.* 16; **sueldo**
  m. 16
sale **rebaja** *f.* 6
salesperson **vendedor(a)** *m., f.* 6
salmon **salmón** *m.* 8
salt **sal** *f.* 8
same **mismo/a** *adj.* 3
sandal **sandalia** *f.* 6
sandwich **sándwich** *m.* 8
Saturday **sábado** *m.* 2
sausage **salchicha** *f.* 8
save (*on a computer*) **guardar**
  v. 11; save (money) **ahorrar**
  v. 14
savings **ahorros** *m.* 14
  savings account **cuenta** *f.* **de
    ahorros** 14
say **decir** *v.* 4; **declarar** *v.* 18
say (that) **decir (que)** *v.* 4, 9
  say the answer **decir la
    respuesta** 4
scan **escanear** *v.* 11
scarcely **apenas** *adv.* 10
scared: be (very) scared (of) **tener
  (mucho) miedo (de)** 3
schedule **horario** *m.* 2
school **escuela** *f.* 1
science *f.* **ciencia** 2
  science fiction **ciencia ficción**
    f. 17
scientist **científico/a** *m., f.* 16
scream **grito** *m.* 5; **gritar** *v.* 7
screen **pantalla** *f.* 11
scuba dive **bucear** *v.* 4
sculpt **esculpir** *v.* 17
sculptor **escultor(a)** *m., f.* 17
sculpture **escultura** *f.* 17
sea **mar** *m.* 5
  (sea) turtle **tortuga (marina)**
    f. 13
season **estación** *f.* 5
seat **silla** *f.* 2
second **segundo/a** 5
secretary **secretario/a** *m., f.* 16
sedentary **sedentario/a** *adj.* 15
see **ver** *v.* 4
  see (you, him, her) again **volver
    a ver(te, lo, la)** 18
  see movies **ver películas** 4
  See you. **Nos vemos.** 1
  See you later. **Hasta la vista.** 1;
    Hasta luego. 1
  See you soon. **Hasta pronto.** 1
  See you tomorrow. **Hasta
    mañana.** 1
seem **parecer** *v.* 6
seen **visto/a** *p.p.* 14
sell **vender** *v.* 6
semester **semestre** *m.* 2
send **enviar; mandar** *v.* 14
separate (from) **separarse** *v.*
  (de) 9

separated **separado/a** *adj.* 9
September **septiembre** *m.* 5
sequence **secuencia** *f.*
serious **grave** *adj.* 10
serve **servir (e:i)** *v.* 8
service **servicio** *m.* 15
set (*fixed*) **fijo** *adj.* 6
  set the table **poner la mesa** 12
seven **siete** 1
seven hundred **setecientos/as** 2
seventeen **diecisiete** 1
seventh **séptimo/a** 5
seventy **setenta** 2
several **varios/as** *adj. pl.* 8
sexism **sexismo** *m.* 18
shame **lástima** *f.* 13
  it's a shame **es una lástima** 13
shampoo **champú** *m.* 7
shape **forma** *f.* 15
  be in good shape **estar en
    buena forma** 15
  stay in shape **mantenerse en
    forma** 15
share **compartir** *v.* 3
sharp (*time*) **en punto** 1
shave **afeitarse** *v.* 7
shaving cream **crema** *f.* **de
  afeitar** 5, 7
she **ella** 1
shellfish **mariscos** *m., pl.* 8
ship **barco** *m.*
shirt **camisa** *f.* 6
shoe **zapato** *m.* 6
  shoe size **número** *m.* 6
  shoe store **zapatería** *f.* 14
  tennis shoes **zapatos** *m., pl.* **de
    tenis** 6
shop **tienda** *f.* 6
shopping, to go **ir de compras** 5
  shopping mall **centro
    comercial** *m.* 6
short (*in height*) **bajo/a** *adj.* 3; (*in
  length*) **corto/a** *adj.* 6
short story **cuento** *m.* 17
shorts **pantalones cortos**
  m., pl. 6
should (*do something*) **deber** *v.*
  (+ inf.) 3
shout **gritar** *v.* 7
show **espectáculo** *m.* 17;
  mostrar (o:ue) *v.* 4
  game show **concurso** *m.* 17
shower **ducha** *f.* 7; **ducharse** *v.* 7
shrimp **camarón** *m.* 8
siblings **hermanos/as** *pl.* 3
sick **enfermo/a** *adj.* 10
  be sick **estar enfermo/a** 10
  get sick **enfermarse** *v.* 10
sign **firmar** *v.* 14; **letrero** *m.* 14
silk **seda** *f.* 6
  (made of) **de seda** 6
silly **tonto/a** *adj.* 3
since **desde** *prep.*
sing **cantar** *v.* 2
singer **cantante** *m., f.* 17
single **soltero/a** *adj.* 9
  single room **habitación** *f.*
    individual 5
sink **lavabo** *m.* 7

sir **señor (Sr.), don** m. 1;
caballero m. 8

sister **hermana** f. 3

sister-in-law **cuñada** f. 3

sit down **sentarse (e:ie)** v. 7

six **seis** 1

six hundred **seiscientos/as** 2

sixteen **dieciséis** 1

sixth **sexto/a** 5

sixty **sesenta** 2

size **talla** f. 6

shoe size m. **número** 6

(in-line) skate **patinar (en línea)** 4

skateboard **andar en patineta**
v. 4

ski **esquiar** v. 4

skiing **esquí** m. 4

water-skiing **esquí** m.
acuático 4

skirt **falda** f. 6

skull made out of sugar **calavera**
de azúcar f. 9

sky **cielo** m. 13

sleep **dormir (o:ue)** v. 4; **sueño**
m. 3

go to sleep **dormirse**
(o:ue) v. 7

sleepy: be (very) sleepy **tener**
(mucho) sueño 3

slender **delgado/a** adj. 3

slim down **adelgazar** v. 15

slippers **pantuflas** f. 7

slow **lento/a** adj. 11

slowly **despacio** adv. 10

small **pequeño/a** adj. 3

smart **listo/a** adj. 5

smile **sonreír (e:i)** v. 9

smiled **sonreído** p.p. 14

smoggy: It's (very) smoggy. **Hay**
(mucha) contaminación. 4

smoke **fumar** v. 8; 15

(not) to smoke **(no) fumar** 15

smoking section **sección** f. **de**
fumar 8

(non) smoking section f. **sección**
de (no) fumar 8

snack **merendar** v. 8; 15;
afternoon snack **merienda**
f. 15

have a snack **merendar** v.

sneakers **los zapatos de tenis** 6

sneeze **estornudar** v. 10

snow **nevar (e:ie)** v. 5; **nieve** f.

snowing: It's snowing. **Nieva.** 5;
Está nevando. 5

so (in such a way) **así** adv. 10;
tan adv. 5; **tan** adv. 5, 7

so much **tanto** adv.

so-so **regular** 1

so that **para que** conj. 13

soap **jabón** m. 7

soap opera **telenovela** f. 17

soccer **fútbol** m. 4

sociology **sociología** f. 2

sock(s) **calcetín (calcetines)** m. 6

sofa **sofá** m. 12

soft drink **refresco** m. 8

software **programa** m. **de**
computación 11

soil **tierra** f. 13

solar **solar** adj., m., f. 13

solar energy **energía solar** 13

soldier **soldado** m., f. 18

solution **solución** f. 13

solve **resolver (o:ue)** v. 13

some **algún, alguno/a(s)** adj. 7;
unos/as pron./ m., f., pl; indef.
art. 1

somebody **alguien** pron. 7

someone **alguien** pron. 7

something **algo** pron. 7

sometimes **a veces** adv. 10

son **hijo** m. 3

song **canción** f. 17

son-in-law **yerno** m. 3

soon **pronto** adv. 10

See you soon. **Hasta pronto.** 1

sorry: be sorry **sentir (e:ie)** v. 13

I'm sorry. **Lo siento.** 1

soul **alma** f. 9

soup **caldo** m. **sopa** f.

south **sur** m. 14

to the south **al sur** 14

Spain **España** f. 1

Spanish (language) **español** m. 2;
español(a) adj. 3

spare (free) time **ratos libres** 4

speak **hablar** v. 2

Speaking. (on the telephone)
Con él/ella habla. 11

special: today's specials **las**
especialidades del día 8

spectacular **espectacular** adj. m.,
f. 15

speech **discurso** m. 18

speed **velocidad** f. 11

speed limit **velocidad** f.
máxima 11

spelling **ortografía** f.,
ortográfico/a adj.

spend (money) **gastar** v. 6

spoon (table or large) **cuchara**
f. 12

sport **deporte** m. 4

sports-related **deportivo/a**
adj. 4

spouse **esposo/a** m., f. 3

sprain (one's ankle) **torcerse**
(o:ue) v. (el tobillo) 10

sprained **torcido/a** adj. 10

be sprained **estar torcido/a** 10

spring **primavera** f. 5

(city or town) square **plaza** f. 4

stadium **estadio** m. 2

stage **etapa** f. 9

stairs **escalera** f. 12

stairway **escalera** f. 12

stamp **estampilla** f. 14; **sello**
m. 14

stand in line **hacer** v. **cola** 14

star **estrella** f. 13

start (a vehicle) **arrancar** v. 11

station **estación** f. 5

statue **estatua** f. 17

status: marital status **estado** m.
civil 9

stay **quedarse** v. 7

stay in shape **mantenerse en**
forma 15

steak **bistec** m. 8

steering wheel **volante** m. 11

step **escalón** m. 15

stepbrother **hermanastro** m. 3

stepdaughter **hijastra** f. 3

stepfather **padrastro** m. 3

stepmother **madrastra** f. 3

stepsister **hermanastra** f. 3

stepson **hijastro** m. 3

stereo **estéreo** m. 11

still **todavía** adv. 5

stockbroker **corredor(a)** m., f. **de**
bolsa 16

stockings **medias** f., pl. 6

stomach **estómago** m. 10

stone **piedra** f. 13

stop **parar** v. 11

stop (doing something) **dejar de**
(+ inf.) 13

store **tienda** f. 6

storm **tormenta** f. 18

story **cuento** m. 17; **historia**
f. 17

stove **cocina, estufa** f. 9, 12

straight **derecho** adj. 14

straight (ahead) **derecho** 14

straighten up **arreglar** v. 12

strange **extraño/a** adj. 13

it's strange **es extraño** 13

strawberry **frutilla** f. 8, **fresa**

street **calle** f. 11

stress **estrés** m. 15

stretching **estiramiento** m. 15

do stretching exercises **hacer**
ejercicios; m. pl. **de**
estiramiento 15

strike (labor) **huelga** f. 18

stripe **raya** f. 6

striped **de rayas** 6

stroll **pasear** v. 4

strong **fuerte** adj. m. f. 15

struggle (for/against) **luchar** v.
(por/contra) 18

student **estudiante** m., f. 1; 2;
estudiantil adj. 2

study **estudiar** v. 2

stuffed-up (sinuses)
congestionado/a adj. 10

stupendous **estupendo/a** adj. 5

style **estilo** m.

suburbs **afueras** f., pl. 12

subway **metro** m. 5

subway station **estación** f.
del metro 5

success **éxito** m. 16

successful: be successful **tener**
éxito 16

such as **tales como**

suddenly **de repente** adv. 6

suffer **sufrir** v. 10

suffer an illness **sufrir una**
enfermedad 10

sugar **azúcar** m. 8

suggest **sugerir (e:ie)** v. 12

suit **traje** m. 6

suitcase **maleta** f. 1

summer **verano** m. 5

sun **sol** m. 5; 13

sunbathe **tomar** *v.* **el sol** 4
Sunday **domingo** *m.* 2
(sun)glasses **gafas** *f., pl.*
   (oscuras/de sol) 6; **lentes** *m.*
   pl. **(de sol)** 6
sunny: It's (very) sunny. **Hace**
   (mucho) sol. 5
supermarket **supermercado**
   m. 14
suppose **suponer** *v.* 4
sure **seguro/a** *adj.* 5
   be sure **estar seguro/a** 5
surf (*the Internet*) **navegar** *v.* **(en**
   Internet) 11
surfboard **tabla de surf** *f.* 5
surprise **sorprender** *v.* 9;
   sorpresa *f.* 9
survey **encuesta** *f.* 18
sweat **sudar** *v.* 15
sweater **suéter** *m.* 6
sweep the floor **barrer el suelo** 12
sweets **dulces** *m., pl.* 9
swim **nadar** *v.* 4
swimming **natación** *f.* 4
   swimming pool **piscina** *f.* 4
symptom **síntoma** *m.* 10

T

table **mesa** *f.* 2
tablespoon **cuchara** *f.* 12
tablet (*pill*) **pastilla** *f.* 10
take **tomar** *v.* 2; **llevar** *v.* 6;
   take care of **cuidar** *v.* 13
   take someone's temperature
      tomar *v.* **la temperatura** 10
   take (*wear*) a shoe size
      calzar *v.* 6
   take a bath **bañarse** *v.* 7
   take a shower **ducharse** *v.* 7
   take off **quitarse** *v.* 7
   take out the trash *v.* **sacar la**
      basura 12
   take photos **tomar** *v.* **fotos** 5;
      sacar *v.* **fotos** 5
talented **talentoso/a** *adj.* 17
talk **hablar** *v.* 2
   talk show **programa** *m.* **de**
      entrevistas 17
tall **alto/a** *adj.* 3
tank **tanque** *m.* 11
taste **probar (o:ue)** *v.* 8; **saber** *v.* 8
   taste like **saber a** 8
tasty **rico/a** *adj.* 8; **sabroso/a**
   adj. 8
tax **impuesto** *m.* 18
taxi **taxi** *m.* 5
tea **té** *m.* 8
teach **enseñar** *v.* 2
teacher **profesor(a)** *m., f.* 1, 2;
   maestro/a *m., f.* 16
team **equipo** *m.* 4
technician **técnico/a** *m., f.* 16
telecommuting **teletrabajo** *m.* 16
telephone **teléfono** *m.*
   (cell) phone **(teléfono)** *m.*
      celular 11
television **televisión** *f.* 2; 11
   television set **televisor** *m.* 11

tell **contar** *v.* 4; **decir** *v.* 4
tell (that) **decir** *v.* **(que)** 4, 9
   tell lies **decir mentiras** 4
   tell the truth **decir la verdad** 4
temperature **temperatura** *f.* 10
ten **diez** 1
tennis **tenis** *m.* 4
   tennis shoes **zapatos** *m., pl.* **de**
      tenis 6
tension **tensión** *f.* 15
tent **tienda** *f.* **de campaña**
tenth **décimo/a** 5
terrible **terrible** *adj. m., f.* 13
   it's terrible **es terrible** 13
terrific **chévere** *adj.*
test **prueba** *f.* 2; **examen** *m.* 2
text message **mensaje** *m.* **de**
   texto 11
Thank you. **Gracias.** *f., pl.* 1
   Thank you (very much).
      (Muchas) gracias. 1
   Thank you very, very much.
      Muchísimas gracias. 9
   Thanks (a lot). **(Muchas)**
      gracias. 1
   Thanks for having me. **Gracias**
      por invitarme. 9
that **que, quien(es), lo que**
   pron. 12
   that (one) **ése, ésa, eso**
      pron. 6; **ese, esa,** *adj.* 6
   that (*over there*) **aquél,**
      aquélla, aquello *pron.* 6;
      aquel, aquella *adj.* 6
   that which **lo que** *conj.* 12
   that's me **soy yo**
   that's why **por eso** 11
the **el** *m.,* **la** *f. sing.,* **los** *m.,*
   las *f., pl.* 1
theater **teatro** *m.* 17
their **su(s)** *poss. adj.* 3;
   suyo(s)/a(s) *poss. pron.* 11
them **los/las** *pl., d.o. pron.* 5
   to/for them **les** *pl., i.o. pron.* 6
then (*afterward*) **después** *adv.* 7;
   (*as a result*) **entonces** *adv.* 5, 7;
   (*next*) **luego** *adv.* 7; **pues**
   adv. 15
there **allí** *adv.* 2
   There is/are... **Hay...** 1;
   There is/are not... **No hay...** 1
therefore **por eso** 11
these **éstos, éstas** *pron.* 6;
   estos, estas *adj.* 6
they **ellos** *m.,* **ellas** *f. pron.*
   They all told me to ask you to
   excuse them/forgive them.
   Todos me dijeron que te
   pidiera disculpas de su
   parte. 18
thin **delgado/a** *adj.* 3
thing **cosa** *f.* 1
think **pensar (e:ie)** *v.* 4; (*believe*)
   creer *v.*
   think about **pensar en** *v.* 4
third **tercero/a** 5
thirst **sed** *f.* 3
thirsty: be (very) thirsty **tener**
   (mucha) sed 3
thirteen **trece** 1
thirty **treinta** 1, 2; thirty (*minutes*
   past the hour) **y treinta; y**
   media 1

this **este, esta** *adj.;* **éste, ésta,**
   esto *pron.* 6
   This is... (*introduction*)
      Éste/a es... 1
   This is he/she. (*on telephone*)
      Con él/ella habla. 11
those **ésos, ésas** *pron.* 6; **esos,**
   esas *adj.* 6
those (*over there*) **aquéllos,**
   aquéllas *pron.* 6; **aquellos,**
   aquellas *adj.* 6
thousand **mil** *m.* 6
three **tres** 1
three hundred **trescientos/as** 2
throat **garganta** *f.* 10
through **por** *prep.* 11
throughout: throughout the world
   en todo el mundo 13
Thursday **jueves** *m., sing.* 2
thus (*in such a way*) **así** *adj.*
ticket **boleto** *m.* 2, 17; **pasaje** *m.* 5
tie **corbata** *f.* 6
time **vez** *f.* 6; **tiempo** *m.* 4
   have a good/bad time **pasarlo**
      bien/mal 9
   I've had a fantastic time. **Lo**
      he pasado de película. 18
   What time is it? **¿Qué hora**
      es? 1
   (At) What time...? **¿A qué**
      hora...? 1
times **veces** *f., pl.* 6
   many times **muchas veces** 10
   two times **dos veces** 6
tip **propina** *f.* 9
tire **llanta** *f.* 11
tired **cansado/a** *adj.* 5
   be tired **estar cansado/a** 5
to **a** *prep.* 1
toast (*drink*) **brindar** *v.* 9
toast **pan** *m.* **tostado**
toasted **tostado/a** *adj.* 8
   toasted bread **pan tostado** *m.* 8
toaster **tostadora** *f.* 12
today **hoy** *adv.* 2
   Today is... **Hoy es...** 2
toe **dedo** *m.* **del pie** 10
together **juntos/as** *adj.* 9
toilet **inodoro** *m.* 7
tomato **tomate** *m.* 8
tomorrow **mañana** *f.* 1
   See you tomorrow. **Hasta**
      mañana. 1
tonight **esta noche** *adv.* 4
too **también** *adv.* 2; 7
   too much **demasiado** *adv.* 6;
      en exceso 15
tooth **diente** *m.* 7
toothpaste **pasta** *f.* **de dientes** 7
top **cima** *f.* 15
   to the top **hasta arriba** 15
tornado **tornado** *m.* 18
tortilla **tortilla** *f.* 8
touch **tocar** *v.* 13; 17
   touch screen **pantalla táctil** *f.* 11
tour **excursión** *f.* 4; **recorrido**
   m. 13
tour an area **recorrer** *v.*
tourism **turismo** *m.* 5

tourist **turista** *m., f.* 1;
  turístico/a *adj.*
toward **hacia** *prep.* 14;
  para *prep.* 11
towel **toalla** *f.* 7
town **pueblo** *m.* 4
trade **oficio** *m.* 16
traffic **circulación** *f.* 11; **tráfico**
  m. 11
  traffic light **semáforo** *m.* 14
tragedy **tragedia** *f.* 17
trail **sendero** *m.* 13
  trailhead **sendero** *m.* 13
train **entrenarse** *v.* 15; **tren** *m.* 5
  train station **estación** *f.* (de)
    tren *m.* 5
trainer **entrenador(a)** *m., f.* 15
translate **traducir** *v.* 6
trash **basura** *f.* 12
travel **viajar** *v.* 2
  travel agent **agente** *m., f.*
    de viajes 5
traveler **viajero/a** *m., f.* 5
  (traveler's) check **cheque (de**
    viajero) 14
treadmill **cinta caminadora** *f.* 15
tree **árbol** *m.* 13
trillion **billón** *m.*
trimester **trimestre** *m.* 2
trip **viaje** *m.* 5
  take a trip **hacer un viaje** 5
tropical forest **bosque** *m.*
  tropical 13
true **verdad** *adj.* 13
  it's (not) true **(no) es verdad** 13
trunk **baúl** *m.* 11
truth **verdad** *f.*
try **intentar** *v.*; **probar (o:ue)** *v.* 8
  try (*to do something*) **tratar de**
    (+ *inf.*) 15
  try on **probarse (o:ue)** *v.* 7
t-shirt **camiseta** *f.* 6
Tuesday **martes** *m., sing.* 2
tuna **atún** *m.* 8
turkey **pavo** *m.* 8
turn **doblar** *v.* 14
  turn off (*electricity/appliance*)
    apagar *v.* 11
  turn on (*electricity/appliance*)
    poner *v.* 11; **prender** *v.* 11
twelve **doce** 1
twenty **veinte** 1
twenty-eight **veintiocho** 1
twenty-five **veinticinco** 1
twenty-four **veinticuatro** 1
twenty-nine **veintinueve** 1
twenty-one **veintiún,**
  veintiuno/a 1
twenty-seven **veintisiete** 1
twenty-six **veintiséis** 1
twenty-three **veintitrés** 1
twenty-two **veintidós** 1
twice **dos veces** 6
twin **gemelo/a** *m., f.* 3
twisted **torcido/a** *adj.* 10
  be twisted **estar torcido/a** 10
two **dos** 1
  two hundred **doscientos/as** 2
  two times **dos veces** 6

U

ugly **feo/a** *adj.* 3
uncle **tío** *m.* 3
under **bajo** *adv.* 7;
  debajo de *prep.* 2
understand **comprender** *v.* 3;
  entender (e:ie) *v.* 4
underwear **ropa interior** 6
unemployment **desempleo** *m.* 18
unique **único/a** *adj.* 9
United States **Estados Unidos**
  (EE.UU.) *m. pl.* 1
university **universidad** *f.* 2
unless **a menos que** *adv.* 13
unmarried **soltero/a** *adj.*
unpleasant **antipático/a** *adj.* 3
until **hasta** *prep.* 6; **hasta que**
  conj. 13
up **arriba** *adv.* 15
urgent **urgente** *adj.* 12
  It's urgent that... **Es urgente**
    que... 12
us **nos** *pl., d.o. pron.* 5
  to/for us **nos** *pl., i.o. pron.* 6
use **usar** *v.* 6
used for **para** *prep.* 11
useful **útil** *adj. m., f.*

V

vacation **vacaciones** *f., pl.* 5
  be on vacation **estar de**
    vacaciones 5
  go on vacation **ir de**
    vacaciones 5
vacuum **pasar** *v.* **la aspiradora** 12
  vacuum cleaner **aspiradora** *f.* 12
valley **valle** *m.* 13
various **varios/as** *adj. m., f. pl.* 8
vegetables **verduras** *pl., f.* 8
verb **verbo** *m.*
very **muy** *adv.* 1
  very much **muchísimo** *adv.* 2
  (Very) well, thank you. **(Muy)**
    bien, gracias. 1
video **video** *m.* 1, 11
  video camera **cámara** *f.* **de**
    video 11
videoconference
  videoconferencia *f.* 16
  video game **videojuego** *m.* 4
vinegar **vinagre** *m.* 8
violence **violencia** *f.* 18
visit **visitar** *v.* 4
  visit monuments **visitar**
    monumentos 4
vitamin **vitamina** *f.* 15
voice mail **correo de voz** *m.* 11
volcano **volcán** *m.* 13
volleyball **vóleibol** *m.* 4
vote **votar** *v.* 18

W

wait (for) **esperar** *v.* **(+ *inf.*)** 2
waiter/waitress **camarero/a**
  m., f. 8
wake up **despertarse (e:ie)** *v.* 7
walk **caminar** *v.* 2
  take a walk **pasear** *v.* 4;
  walk around **pasear por** 4
walkman *walkman m.*
wall **pared** *f.* 12; **muro** *m.* 15
wallet **cartera** *f.* 4, 6
want **querer (e:ie)** *v.* 4
war **guerra** *f.* 18
warm (oneself) up **calentarse**
  (e:ie) *v.* 15
wash **lavar** *v.* 12
  wash one's face/hands **lavarse**
    la cara/las manos 7
  wash (the floor, the dishes)
    lavar (el suelo, los
    platos) 12
  wash oneself **lavarse** *v.* 7
washing machine **lavadora** *f.* 12
wastebasket **papelera** *f.* 2
watch **mirar** *v.* 2; **reloj** *m.* 2
  watch television **mirar (la)**
    televisión 2
water **agua** *f.* 8
  water pollution **contaminación**
    del agua 13
  water-skiing **esquí** *m.*
    acuático 4
way **manera** *f.* 16
we **nosotros(as)** *m., f.* 1
weak **débil** *adj. m., f.* 15
wear **llevar** *v.* 6; **usar** *v.* 6
weather **tiempo** *m.*
  The weather is bad. **Hace mal**
    tiempo.
  The weather is good. **Hace**
    buen tiempo. 5
weaving **tejido** *m.* 17
Web **red** *f.* 11
website **sitio** *m.* **web** 11
wedding **boda** *f.* 9
Wednesday **miércoles** *m., sing.* 2
week **semana** *f.* 2
weekend **fin** *m.* **de semana** 4
weight **peso** *m.* 15
  lift weights **levantar** *v.* **pesas**
    f., pl. 15
welcome **bienvenido(s)/a(s)**
  adj. 12
well: (Very) well, thanks. **(Muy)**
  bien, gracias. 1
well-being **bienestar** *m.* 15
well organized **ordenado/a** *adj.*
west **oeste** *m.* 14
  to the west **al oeste** 14
western (*genre*) **de vaqueros** 17
whale **ballena** *f.* 13
what **lo que** *pron.* 12
what? **¿qué?** 1
  At what time...? **¿A qué**
    hora...? 1

What a pleasure to...! **¡Qué gusto (+ inf.)...!** 18

What day is it? **¿Qué día es hoy?** 2

What do you guys think? **¿Qué les parece?** 9

What happened? **¿Qué pasó?** 11

What is today's date? **¿Cuál es la fecha de hoy?** 5

What nice clothes! **¡Qué ropa más bonita!** 6

What size do you take? **¿Qué talla lleva (usa)?** 6

What time is it? **¿Qué hora es?** 1

What's going on? **¿Qué pasa?** 1

What's happening? **¿Qué pasa?** 1

What's... like? **¿Cómo es...?** 3

What's new? **¿Qué hay de nuevo?** 1

What's the weather like? **¿Qué tiempo hace?** 5

What's up? **¿Qué onda?** 14

What's wrong? **¿Qué pasó?** 11

What's your name? **¿Cómo se llama usted?** *form.* 1

What's your name? **¿Cómo te llamas (tú)?** *fam.* 1

when **cuando** *conj.* 7; 13

When? **¿Cuándo?** 2

where **donde**

where (to)? *(destination)* **¿adónde?** 2; *(location)* **¿dónde?** 1

Where are you from? **¿De dónde eres (tú)?** *(fam.)* 1; **¿De dónde es (usted)?** *(form.)* 1

Where is...? **¿Dónde está...?** 2

(to) where? **¿adónde?** 2

which **que** *pron.,* **lo que** *pron.* 12

which? **¿cuál?** 2; **¿qué?** 2

In which...? **¿En qué...?** 2

which one(s)? **¿cuál(es)?** 2

while **mientras** *adv.* 10

white **blanco/a** *adj.* 6

white wine **vino blanco** 8

who **que** *pron.* 12; **quien(es)** *pron.* 12

who? **¿quién(es)?** 1

Who is...? **¿Quién es...?** 1

Who is speaking/calling? *(on telephone)* **¿De parte de quién?** 11

Who is speaking? *(on telephone)* **¿Quién habla?** 11

whole **todo/a** *adj.*

whom **quien(es)** *pron.* 12

whose? **¿de quién(es)?** 1

why? **¿por qué?** 2

widower/widow **viudo/a** *adj.* 9

wife **esposa** *f.* 3

win **ganar** *v.* 4

wind **viento** *m.* 5

window **ventana** *f.* 2

windshield **parabrisas** *m., sing.* 11

windy: It's (very) windy. **Hace (mucho) viento.** 5

wine **vino** *m.* 8

red wine **vino tinto** 8

white wine **vino blanco** 8

wineglass **copa** *f.* 12

winter **invierno** *m.* 5

wireless (connection) **conexión inalámbrica** *f.* 11

wish **desear** *v.* 2; **esperar** *v.* 13

I wish (that) **ojalá (que)** 13

with **con** *prep.* 2

with me **conmigo** 4; 9

with you **contigo** *fam.* 5, 9

within (ten years) **dentro de (diez años)** *prep.*

without **sin** *prep.* 2; 13; 15; **sin que** *conj.* 13

woman **mujer** *f.* 1

wool **lana** *f.* 6

(made of) wool **de lana** 6

word **palabra** *f.* 1

work **trabajar** *v.* 2; **funcionar** *v.* 11; **trabajo** *m.* 16

work (*of art, literature, music, etc.*) **obra** *f.* 17

work out **hacer gimnasia** 15

world **mundo** *m.* 8, 13

worldwide **mundial** *adj. m., f.*

worried (about) **preocupado/a (por)** *adj.* 5

worry (about) **preocuparse** *v.* **(por)** 7

Don't worry. **No se preocupe.** *form.* 7; **Tranquilo.**; **No te preocupes.** *fam.* 7

worse **peor** *adj. m., f.* 8

worst **el/la peor** 8

Would you like to...? **¿Te gustaría...?** *fam.* 4

Would you do me the honor of marrying me? **¿Me harías el honor de casarte conmigo?** 17

wow **híjole** *interj.* 6

wrench **llave** *f.* 11

write **escribir** *v.* 3

write a letter/post card/e-mail message **escribir una carta/postal/mensaje electrónico** 4

writer **escritor(a)** *m., f* 17

written **escrito/a** *p.p.* 14

wrong **equivocado/a** *adj.* 5

be wrong **no tener razón** 3

X

X-ray **radiografía** *f.* 10

Y

yard **jardín** *m.* 12; **patio** *m.* 12

year **año** *m.* 5

be... years old **tener... años** 3

yellow **amarillo/a** *adj.* 6

yes **sí** *interj.* 1

yesterday **ayer** *adv.* 6

yet **todavía** *adv.* 5

yogurt **yogur** *m.* 8

You **tú** *fam.* **usted (Ud.)** *form. sing.* **vosotros/as** *m., f. fam.* **ustedes (Uds.)** *form.* 1; (to, for) you *fam. sing.* **te** *pl.* **os** 6; *form. sing.* **le** *pl.* **les** 6

you **te** *fam., sing.,* **lo/la** *form., sing.,* **os** *fam., pl.,* **los/las** *form., pl, d.o. pron.* 5

You don't say! **¡No me digas!** *fam.;* **¡No me diga!** *form.* 11

You are... **Tú eres...** 1

You're welcome. **De nada.** 1; **No hay de qué.** 1

young **joven** *adj., sing.* (**jóvenes** *pl.*) 3

young person **joven** *m., f., sing.* (**jóvenes** *pl.*) 1

young woman **señorita (Srta.)** *f.*

younger **menor** *adj. m., f.* 3

younger: younger brother, sister *m., f.* **hermano/a menor** 3

youngest **el/la menor** *m., f.* 8

your **su(s)** *poss. adj. form.* 3

your **tu(s)** *poss. adj. fam. sing.* 3

your **vuestro/a(s)** *poss. adj. form. pl.* 3

your(s) *form.* **suyo(s)/a(s)** *poss. pron. form.* 11

your(s) **tuyo(s)/a(s)** *poss. fam. sing.* 11

your(s) **vuestro(s)/a(s)** *poss. fam.* 11

youth *f.* **juventud** 9

Z

zero **cero** *m.* 1

Text Credits

31 © Joaquín Salvador Lavado (QUINO). *Toda Mafalda* – Ediciones de La Flor, 1993.

394–395 © Juan Matías Loiseau "Tute", *El celular*, reprinted by permission of the author.

498–499 © Denevi, Marco, *Cartas peligrosas y otros cuentos. Obras completas, Tomo 5*, Buenos Aires, Corregidor, 1999, págs. 192–193.

530–531 © Gabriel García Márquez, *Un día de éstos*, reprinted by permission of Carmen Balcells.

564–565 © Julia de Burgos, "A Julia de Burgos" from *Song of the Simple Truth: The Complete Poems of Julia de Burgos*, 1996. Published by Curbstone Press. Distributed by Consortium.

600–601 © Federico García Lorca, *Danza, Las seis cuerdas, La guitarra*. Reprinted by permission of Herederos de Federico García Lorca.

Photography Credits

All images © Vista Higher Learning unless otherwise noted.

Cover: © Jean-Dominique Dallet/Getty Images

Frontmatter: iii (l) © Andresr/Shutterstock; **xxviii** (tl, tml, ml, tr, tmr, mr, ml, bl) Carolina Zapata; **xxix** (tl, tr, b) Carolina Zapata.

All Fotonovela photos taken by Carolina Zapata.

Lesson One: 1 (full pg) Paula Díez; **2** © John Henley/Corbis; **3** Martín Bernetti; **4** Martín Bernetti; **10** (l) Rachel Distler; (r) Ali Burafi; **11** (l) © Mark Mainz/Getty Images; (m) Paola Rios-Schaaf; (r) © Hans Georg Roth/Corbis; **12** (l) Janet Dracksdorf; (r) © Tom Grill/Corbis; **16** (l) © José Girarte/iStockphoto; (r) © Blend Images/Alamy; **19** (m) Anne Loubet; (r) © Getty Images/Digital Vision; **31** (ml) Ana Cabezas Martín; (mml) Martín Bernetti; (mmr) © Serban Enache/Dreamstime; (mr) Vanessa Bertozzi; (bl) © Corey Hochachka/Design Pics/Corbis; (br) Ramiro Isaza © Fotocolombia.com; **32** Carolina Zapata; **33** Paula Díez; **36** (t) © Robert Holmes/Corbis; (m) © Jon Arnold Images Ltd./Alamy; (b) © Andresr/Shutterstock; **37** (tl) © PhotoDisc; (tr) © Tony Arruza/Corbis; (ml) © Schwarz Shaul/Corbis SYGMA; (br) Marta Mesa.

Lesson Two: 39 (full pg) Paula Díez; **42** Martín Bernetti; **48** (r) © Pablo Corral V/Corbis; **49** (t) © Murle/Dreamstime; (b) © Paul Almasy/Corbis; **57** © Stephen Coburn/Shutterstock; **59** (l) Paola Rios-Schaaf; (r) © Image Source/Corbis; **67** (l) © Rick Gomez/Corbis; (r) © Hola Images/Workbook.com; **68** José Blanco; **69** (r) Pascal Pernix; **70** (b) Martín Bernetti; **71** Nora y Susana © Fotocolombia.com; **74** (tl) Sarah Kenney; (tr) José Blanco; (m) © Elke Stolzenberg/Corbis; (b) © Reuters/Corbis; **75** (tl) © Washington Post/Getty Images; (tmr) José Blanco; (ml) Diego Velázquez. *Las meninas*. 1656. Derechos reservados © Museo Nacional del Prado, Madrid. © Erich Lessing/Art Resource; (bl) © Iconotec/Fotosearch; (mbr) © Owen Franken/Corbis.

Lesson Three: 77 (full pg) © Ronnie Kaufman/Corbis; **79** Martín Bernetti; **80** (tl) Anne Loubet; (tr) © Blend Images/Alamy; (tml) Ana Cabezas Martín; (bml, br) Martín Bernetti; (bl) © Ariel Skelley/Corbis; **86** (tl) © David Cantor/AP Wide World Photos; (tr) © Rafael Perez/Reuters/Corbis; (b) © Martial Trezzini/epa./Corbis; **87** (t) © Dani Cardona/Reuters/Corbis; (b) © Ballesteros/epa/Corbis; **90** (l, r) Martín Bernetti; **92** © Andres Rodriguez/Alamy; **97** (l) © Warren Morgan/Corbis; (r) Martín Bernetti; **98** Martín Bernetti; **106** (t, m, b) Martín Bernetti; **107** (t) Nora y Susana © Fotocolombia.com; (m) © Chuck Savage/Corbis; (b) Martín Bernetti; **108** © Tom & Dee Ann McCarthy/Corbis; **109** Martín Bernetti; **112** (tr, tl, ml, b) Martín Bernetti; (mr) Lauren Krolick; **113** (tl, ml, bl) Martín Bernetti; (tr) Oswaldo Guayasamín. *Madre y niño en azul*. 1986. Cortesía Fundación Guayasamín. Quito, Ecuador.; (br) © Gerardo Mora.

Lesson Four: 115 (full pg) © Digital Vision/Getty Images; **117** © George Shelley/Corbis; **119** © Nora y Susana/fotocolombia.com; **124** (l) © Javier Soriano/AFP/Getty Images; (r) © Alberto Estévez/EFE/Corbis; **125** (t) © sportgraphic/Shutterstock; (b) © Aurora Photos/Alamy; **135** © Twentieth Century-Fox Film Corporation/The Kobal Collection/The Picture-desk; **139** Anne Loubet; **141** © Images.com/Corbis; **142** Martín Bernetti; **143** © Fernando Llano/AP Wide World Photos; **144** Martín Bernetti; **145** © Rick Gomez/Corbis; **148** (tl) © Randy Miramontez/Shutterstock; (tr) Frida Kahlo. *Autorretrato con mono*. 1938. Oil on masonite, overall 16 x 12" (40.64 x 30.48 cms.). Albright-Knox Art Gallery, Buffalo, New York. Bequest of A Conger Goodyear, 1966. © Albright-Knox Art Gallery/Corbis; (ml) Ruben Varela; (mr) Isabelle Alouane; (b) © Henry Romero/Reuters/Corbis; **149** (tl) © Radius Images/Alamy; (tr) © Bettmann/Corbis; (b) © David R. Frazier Photolibrary, Inc./Alamy.

Lesson Five: 151 (full pg) © Gavin Hellier/Getty Images; **162** © Gary Cook/Alamy; **163** (t) © AFP/Getty Images; (b) © Mark A. Johnson/Corbis; **180** Carlos Gaudier; **181** (tr, m, b) Carlos Gaudier; **182** Carolina Zapata; **186** (tl) © Nanniqui/Dreamstime; (tr) José Blanco; (ml) Carlos Gaudier; (mr) © Capricornis Photographic Inc./Shutterstock; (b) © Dave G. Houser/Corbis; **187** (tl, bl) Carlos Gaudier; (tr) © Lawrence Manning/Corbis; (br) © StockTrek/Getty Images.

Lesson Six: 189 (full pg) © Asiapix Royalty-Free/Inmagine; **198** (l) © Robert Frerck/Odyssey; (b) Janet Dracksdorf; **199** (t) © Carlos Alvarez/Getty Images; (bl) © Guiseppe Carace/Getty Images; (br) © Mark Mainz/Getty Images; **204** (tl, tm, tr, bl, bm, br) Pascal Pernix; **209** (tl, tr, ml, mr) Martín Bernetti; **210** (t, b) Paula Díez; **211** Paula Díez; **216** Paula Díez; **217** Paula Díez; **218** © Noam/fotolia; **222** (t, mtl, mtr, mb) Pascal Pernix; (b) © PhotoDisk/Getty Images; **223** (tl) © Don Emmert/AFP/Getty Images; (tr, bl) Pascal Pernix; (br) © Road Movie Prods/The Kobal Collection/The Picture-desk.

Lesson Seven: 225 (full pg) © Flying Colours Ltd/Getty Images; **234** © Stewart Cohen/Blend Images/Corbis; **235** (t) Ali Burafi; (b) Janet Dracksdorf; **237** (l, r) Martín Bernetti; **239** (l) Martín Bernetti; (r) © Ariel Skelley/Corbis; **242** José Blanco; **243** (b) Martín Bernetti; **252-253** © DIDEM HIZAR/fotolia; **254** © i love images/Alamy; **255** Martín Bernetti; **256** © Kevin Dodge/Masterfile; **258** (t, mtr) Martín Bernetti; (mbl) © RICHARD SMITH/CORBIS SYGMA; (mbr) © Charles & Josette Lenars/Corbis; (b) © Yan Arthus-Peleaz Inc./Corbis; **259** (tr) © Mick Roessler/Corbis; (bl) © Jeremy Horner/Corbis; (br) © Marshall Bruce/iStockphoto.

About the Authors

José A. Blanco founded Vista Higher Learning in 1998. A native of Barranquilla, Colombia, Mr. Blanco holds a B.A. in Literature from the University of California, Santa Cruz, and a M.A. in Hispanic Studies from Brown University. He has worked as a writer, editor, and translator for Houghton Mifflin and D.C. Heath and Company and has taught Spanish at the secondary and university levels. Mr. Blanco is also the co-author of several other Vista Higher Learning programs: **Panorama, Aventuras,** and **¡Viva!** at the introductory level, **Ventanas, Facetas, Enfoques, Imagina,** and **Sueña** at the intermediate level, and **Revista** at the advanced conversation level.

Philip Redwine Donley received his M.A. in Hispanic Literature from the University of Texas at Austin in 1986 and his Ph.D. in Foreign Language Education from the University of Texas at Austin in 1997. Dr. Donley taught Spanish at Austin Community College, Southwestern University, and the University of Texas at Austin. He published articles and conducted workshops about language anxiety management, and the development of critical thinking skills, and was involved in research about teaching languages to the visually impaired. Dr. Donley was also the co-author of **Aventuras** and **Panorama**, two other introductory college Spanish textbook programs published by Vista Higher Learning.

About the Illustrators

Yayo, an internationally acclaimed illustrator, was born in Colombia. He has illustrated children's books, newspapers, and magazines, and has been exhibited around the world. He currently lives in Montreal, Canada.

Pere Virgili lives and works in Barcelona, Spain. His illustrations have appeared in textbooks, newspapers, and magazines throughout Spain and Europe.

Born in Caracas, Venezuela, **Hermann Mejía** studied illustration at the *Instituto de Diseño de Caracas*. Hermann currently lives and works in the United States.

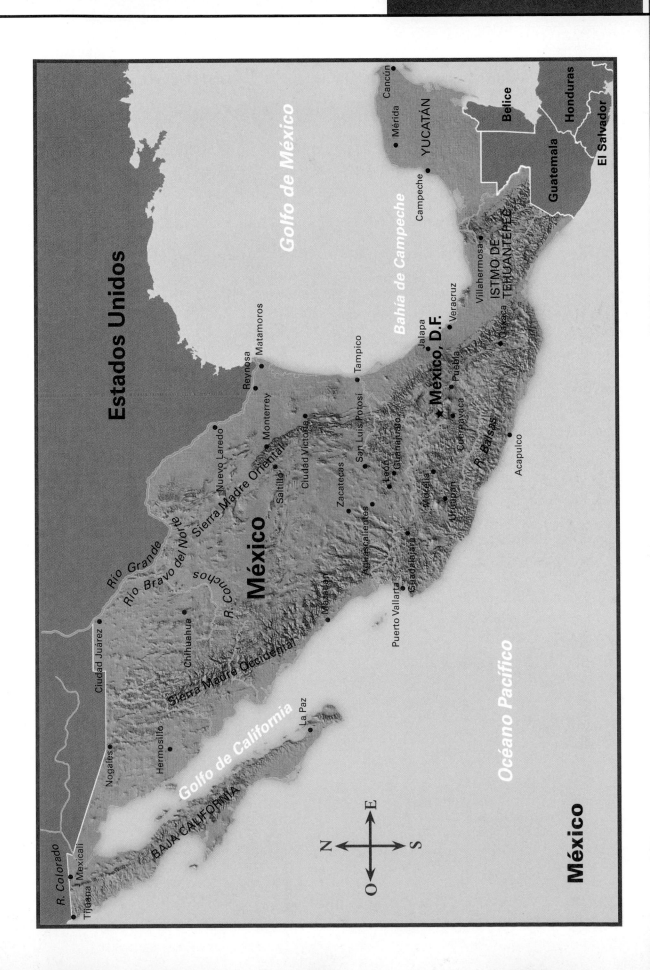

Estados Unidos

México

Golfo de México

Bahía de Campeche

Océano Pacífico

Golfo de California

BAJA CALIFORNIA

Sierra Madre Occidental

Sierra Madre Oriental

Río Grande

Río Bravo del Norte

R. Conchos

R. Balsas

ISTMO DE TEHUANTEPEC

YUCATÁN

Belice

Guatemala

Honduras

El Salvador

México, D.F.

Cancún
Mérida
Campeche
Villahermosa
Veracruz
Jalapa
Oaxaca
Puebla
Cuernavaca
Acapulco
Uruapan
Morelia
León
Guanajuato
San Luis Potosí
Tampico
Matamoros
Reynosa
Monterrey
Nuevo Laredo
Ciudad Victoria
Saltillo
Zacatecas
Aguascalientes
Guadalajara
Puerto Vallarta
Mazatlán
Chihuahua
Ciudad Juárez
Hermosillo
Nogales
Mexicali
Tijuana
La Paz

R. Colorado

N
E
S
O

México

América del Sur

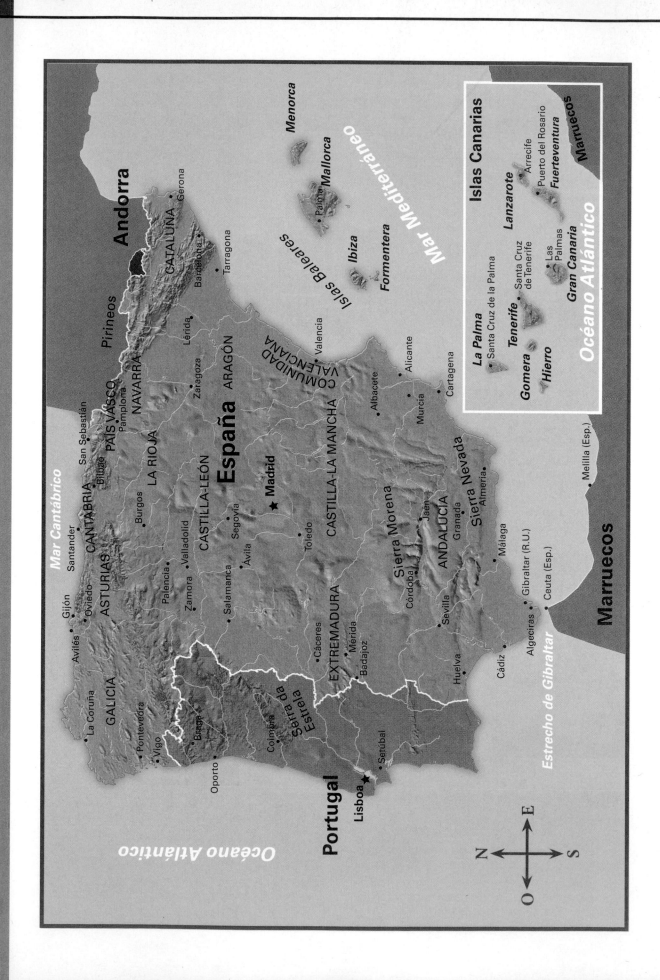